आर्थिक वातावरण
बदलते आयाम

आर्थिक वातावरण बदलते आयाम

डॉ. वंदना डांगी

प्रभात पेपरबैक्स
www.prabhatbooks.com

पुस्तक में दिए गए आँकड़े विश्वस्त स्रोतों से प्राप्त किए गए हैं और उनके विश्लेषण द्वारा की गई विवेचना लेखिका की व्यक्तिगत राय है। लेखिका अपने सभी पाठकों को सचेत करती है कि वे किसी भी प्रकार के वित्तीय कारोबार या निवेश आदि से संबंधित निर्णय लेने से पूर्व सभी जरूरी तथ्यों, आँकड़ों और अन्य जानकारी को स्वयं जाँच-परख लें तथा अपने विवेक का इस्तेमाल करते हुए अपनी जिम्मेदारी पर कार्य करें। इस पुस्तक में प्रकाशित सभी लेख एक समय-बिंदु या काल में समसामयिक परिस्थितियों, घोषणाओं, तथ्यों और विवेचनाओं आदि के परिप्रेक्ष्य में लिखे गए हैं, जो वक्त के साथ बदल सकते हैं।

प्रकाशक

प्रभात पेपरबैक्स

4/19 आसफ अली रोड, नई दिल्ली-110002

फोन : 23289777 • हेल्पलाइन नं. : 7827007777

इ-मेल : prabhatbooks@gmail.com ❖ वेब ठिकाना : www.prabhatbooks.com

संस्करण

प्रथम, 2018

मूल्य

तीन सौ पचास रुपए

अ.मा.पु.स. 978-93-5266-952-3

मुद्रक

आर-टेक ऑफसेट प्रिंटर्स, दिल्ली

★

AARTHIK VATAVARAN : Badalte Aayam
by Dr. Vandna Dangi

Published by **PRABHAT PAPERBACKS**
4/19 Asaf Ali Road, New Delhi-110002

ISBN 978-93-5266-952-3

₹350.00

मातृ चरणों में
समर्पित

डांगी का प्रयास स्तुत्य

पिछले लगभग एक दशक से देश और राज्य की विभिन्न आर्थिक गतिविधियों का आईना बन चुकी वंदना डांगी का 'हमारा महानगर' में छपनेवाला साप्ताहिक स्तंभ किताब के स्वरूप में पुन: प्रकाशित हो रहा है। इसके लिए श्रीमती डांगी को बहुत-बहुत शुभकामनाएँ।

अर्थ जगत् और उसके क्रिया-कलाप काफी कठिन हैं। आम अवाम को वे सहजता से समझ नहीं आते। जिस सरलता से आम जन की शैली में डांगीजी अपना लेख लिखती हैं नि:संदेह इससे एक बड़ा वर्ग लाभान्वित होता है। कोई भी देश, राज्य या समाज तभी आगे जा सकता है, जब उसके उत्थान के लिए संबंधित सरकारों द्वारा उठाए जा रहे कदमों की उसे सही जानकारी और सही समझ हो। यह तभी संभव है कि जब उसे सही-सहज तरीके से आम अवाम के समक्ष रखा जाए। इस दृष्टि से वंदनाजी का कार्य स्तुत्य है। लगातार लगभग 10 वर्ष तक किसी विषय पर उसके नए-नए बदलावों पर लिखना, वह भी एक ऐसी महिला का लिए जो सफल उद्यमी, सफल गृहणी हैं, आसान नहीं होता। बावजूद इसके उनके द्वारा यह कार्य सतत् करना और पूरे मनोयोग से करना प्रेरणादायक के साथ-साथ अनुकरणीय भी है।

ईश्वर उन्हें स्वस्थ रखे और जिस सूझ-बूझ और आम-अवाम के प्रति संवेदनशीलता के साथ-साथ वे अपनी दायित्वों का निर्वहन कर रही हैं, करती रही हैं, यही इस अवसर पर कामना। जिस तरह से वे आर्थिक योजनाओं की बारीकियों को उससे फायदे-नुकसान को भावी आवश्यकताओं को अपने लेखन के माध्यम से पाठक जगत् के सामने रखती हैं, वह उनके जैसा उच्च शिक्षित और अनुभवी व्यक्ति ही कर सकता है। स्तंभ पहले ही एक किताब का आकार ले चुका है अब इस दूसरी किताब के अवसर पर भी अनंत शुभकामनाएँ। विश्वास है कि यह किताब भी समाज के हर वर्ग के लिए उपयोगी होगी। अनंत

शुभकामनाओं सहित।

—आर.एन. सिंह,

विधायक, संपादक, हमारा महानगर

विकास को धरातल तक देखना चाहती हैं

डांगी '**वंदना डांगी**' और '**हमारा महानगर**' अब अनजाने शब्द नहीं रह गए हैं। यह 'हमारा महानगर' पाठकों का एक चहेता नाम है, जो हर शुक्रवार को अपने स्तंभ में जटिल और दुरूह आर्थिक मुद्दों को सहज, सरल और समझ में आनेवाली भाषा में पाठकों के सामने उसके हर पहलुओं को विश्लेषित करते हुए रखता है, आलोचना भी करता है, कमियाँ भी गिनाता है व समाधान की राह भी सुझाता है। जो खास बात इन लेखों की है, वह यह कि लेखक देश में समतोल विकास का समर्थक है। वह विकास की आर्थिक गतिविधियों की गाड़ी इस तरह चलाने का समर्थक है कि उसका फल धरातल तक पहुँचे, अंतिम पायदान पर खड़े व्यक्ति को भी अपने को आगे बढ़ाने का, विकास करने का अपनी मूलभूत आवश्यकताएँ पूरी करने का अवसर प्राप्त हो। यह कसक और संवेदनात्मक प्रयास हर स्तंभ में श्रीमती डांगी के लेखन को वह उदात्तता प्रदान करता है, वह ध्येय पूरा करता है, जिसके लिए ये लेख लिखे जा रहे हैं। इसमें आम और खास, दोनों को जटिल आर्थिक जगत् की समझ मिलती है, सीख मिलती है और समाधान के साथ-साथ विभिन्न आर्थिक योजनाओं, क्रिया-कलापों और कार्यक्रमों का एक निरपेक्ष मूल्यांकन भी। उच्च शिक्षित चार्टर्ड एकाउंटेंट और सफल उद्यमी का जो संगम आपके व्यक्तित्व में है, वह उन्हें ऐसा करने का सर्वथा पात्र बनाता है। प्रस्तुत पुस्तक का एक खंड हम पहले पढ़ चुके हैं। इस द्वितीय खंड में नवंबर 2012 से लेकर जनवरी 2015 तक के स्तंभ संग्रहीत हैं।

आशा ही नहीं, विश्वास है कि यह भारतीय अर्थव्यवस्था के जिज्ञासुओं, शोधार्थियों और आम पाठकों के लिए, जो विशेष कालखंड की जानकारी चाहते हैं, नितांत उपयोगी होगी। लेखन एक यात्रा है। श्रीमती डांगी की यात्रा भी अब शनैः-शनैः एक दशक से

ज्यादा का समय पूरा कर रही है। हिंदी और अंग्रेजी, दोनों भाषाओं में निरंतर कार्यरत और समाज के एक बड़े वर्ग की मार्गदर्शक श्रीमती डांगी की लेखनी ऐसे ही निरंतर चिरंतन काल तक चलती रहे और हर तरह से वंचित, पिछड़ों को भी आगे बढ़ाने का मार्ग प्रशस्त करती रहे, यही ईश्वर से कामना।

अनंत शुभकामनाओं सहित,

—राघवेंद्रनाथ द्विवेदी

कार्यकारी संपादक, हमारा महानगर

आमुख

किसी ने सत्य कहा है कि बदलाव अपरिहार्य है और जब आप किसी लक्ष्य का पीछा करते हैं, तब आपको हर वो आदत या व्यवहार बदलने होंगे जो आपके लिए उस लक्ष्य को हासिल करना मुश्किल बनाते हैं। बात सीधी सी है, लेकिन जब यही बात देश की अर्थव्यवस्था के संदर्भ में कही जाए तो इसके मायने आर्थिक विकास के संदर्भ में हर नीति, कार्य प्रणाली और मूलभूत सुधारों से जुड़ जाते हैं, जहाँ बदलाव एक आवश्यक प्रक्रिया है, जिससे आर्थिक विकास की गति और आकार तय किए जाने हैं।

जब सन् 2013 में 'भारतीय अर्थव्यवस्था-बदलते स्वरूप' प्रकाशित हुई तब भारत के आर्थिक-राजनीतिक पटल पर बदलाव की सुगबुगाहट चहुँ ओर महसूस की जा रही थी। हालाँकि बदलाव एक निरंतर प्रक्रिया है, क्योंकि जहाँ परिवर्तन रुक जाए वहाँ ठहराव लाजमी है और भारत जैसे विकासशील देश में यह कतई गवारा नहीं। इस पुस्तक में 3 अगस्त, 2010 से 2 नवंबर, 2012 तक के अंतराल में लिखे गए 111 लेखों में भारतीय अर्थव्यवस्था के बदलते स्वरूप की व्याख्या तो की ही गई है, साथ ही वैश्वीकरण के समकालीन युग में यूरोप, चीन, जापान, अमेरिका सहित समूची वैश्विक अर्थव्यवस्था में आ रहे बदलाव और उसके भारत की अर्थव्यवस्था पर पड़ने वाले संभावित प्रभावों की विवेचना भी की गई।

यही सिलसिला इस कड़ी में प्रस्तुत 'आर्थिक वातावरण : बदलते आयाम' में भी बरकरार रहा है, जिसमें 9 नवंबर, 2012 से लेकर 2 जनवरी, 2015 के दरम्यान लिखे गए 113 लेखों का संकलन है।

इस दौरान राजनीतिकि पटल पर आए बदलावों का भारत के अर्थ-तंत्र पर प्रभाव पड़ना लाजमी था, क्योंकि जहाँ एक ओर किसी भी देश की अर्थव्यवस्था पर उसके सामाजिक, राजनीतिक और ऐतिहासिक परिवेश का सीधा असर पड़ता है वहीं दूसरी ओर आर्थिक विकास की दर भी उसके बदलते सामाजिक एवं राजनीतिक समीकरणों को प्रभावित करती है।

बदलते परिवेश में भारत की अर्थव्यवस्था के समक्ष डबल डिजिट विकास दर का लक्ष्य का पीछा करती, नई सरकार ने एक ओर भारी आर्थिक सुधारों के नवीन युग का आगाज किया तो दूसरी ओर समाज में हर भारतीय की आँखों से आँसू पोंछने के आधारभूत लक्ष्य को सामने रखते हुए युवा, मध्यमवर्गीय और महत्त्वाकांक्षी भारत को अपनी अधिकतम क्षमता के अनुरूप विकास करने का संकल्प लिया। भारत के आर्थिक सर्वेक्षण (2014-2015) में उद्धत ये अंश जिस पृष्ठभूमि में उभरे वहाँ महँगाई की घटती दरें, चालू खाता घाटे में कमी, विदेशी मुद्रा के बढ़ते भंडार आदि से भारत की अर्थव्यवस्था में स्थिरता के साथ विकास की नई संभावनाएँ बनती भी नजर आ रही थी। साथ ही बदली गई सकल राष्ट्रीय आय की गणना पद्धति, जिससे भारत की आर्थिक विकास दर को नई उछाल मिली।

भारतीय और वैश्विक अर्थव्यवस्था में होने वाले छोटे-बड़े बदलावों की विवेचना, व्याख्या और समीक्षा करना इस पुस्तक में शामिल लेखों का उद्देश्य है।

हिंदी में तकनीकी या कानूनी भाषा को काम में लेने की अपनी सीमाएँ हैं। कहीं-कहीं मेरी लेखनी में अंग्रेजी और उर्दू लफ्जों का इस्तेमाल हुआ है। अर्थ-तंत्र से जुड़े जटिल मुद्दों को सहज-सरल या यूँ कहें कि बोलचाल की भाषा में प्रस्तुत करने का प्रयास भी किया है।

उम्मीद है, मेरी यह प्रस्तुति समकालीन आर्थिक वातावरण में भारतीय अर्थव्यवस्था के निरंतर बदल रहे स्वरूप से पाठकों को अवगत कराने में सफल होगी।

—डॉ. वंदना डांगी

धन्यवाद

मैं सर्वप्रथम धन्यवाद देना चाहती हूँ, अपने स्नेहिल जीवनसाथी श्री ललितजी डांगी को, जिन्होंने सदैव मेरे सभी प्रयोजनों में सक्रिय सहयोग प्रदान किया और सही मायने में एक मित्र, दार्शनिक और पथ-प्रदर्शक की भूमिका निभाते रहे हैं। साथ ही उपासना, विक्रमादित्य और श्रद्धा की भी आभारी हूँ, जिनका बहुआयामी व्यक्तित्व और सतत क्रियाशील जीवन-शैली मेरे लिए भी प्रेरणा का स्रोत रहे हैं।

साथ ही मैं 'हमारा महानगर' समाचार-पत्र के संपादक श्री आर.एन. सिंह और कार्यकारी संपादक श्री राघवेंद्रनाथ द्विवेदी के प्रति आभार प्रकट करना चाहती हूँ, जिन्होंने मेरे लेखों को अपने समाचार-पत्र में स्थान दिया और उन्हें पुस्तक के रूप में संकलित करने के लिए सहमति जताई। मैं उप-संपादक श्री ब्रजेश मेहर सहित समग्र 'हमारा महानगर' परिवार को उनके द्वारा प्रदत्त सहयोग के लिए भी धन्यवाद देती हूँ।

अनुक्रम

1

भारतीय ऋण बाजार में तेजी से बढ़ रहा है प्रत्यक्ष विदेशी निवेश

हाल ही में प्राप्त आँकड़ों के अनुसार, विदेशी संस्थागत निवेशकों ने भारतीय ऋण बाजार में अक्तूबर माह में ही 7,852 करोड़ रुपए (करीब 1.5 बिलियन डॉलर) का निवेश किया है। यह आँकड़ा पिछले आठ महीनों का उच्चतम स्तर है। ऐसा प्रतीत होता है कि ऋणों के आवंटन से संबंधित प्रावधानों में ढील दिए जाने की वजह से भी ऋण बाजार में प्रत्यक्ष विदेशी संस्थागत निवेश इतनी तेजी से बढ़ा है। इस दौरान इन निवेशकों ने करीब 18,904 करोड़ रुपए के बॉण्ड खरीदे, जबकि 11,052 करोड़ रुपए की ऋण प्रतिभूतियाँ बेचीं और इस लिहाज से वे 7,852 करोड़ के शुद्ध क्रेता रहे।

उल्लेखनीय है कि पिछले ही महीने सिक्योरिटीज एक्सचेंज बोर्ड ऑफ इंडिया (सेबी) ने विदेशी निवेशकों को अपने ऋणों का 50 प्रतिशत अगले कैलेंडर वर्ष तक फॉर्वर्ड करने की अनुमति प्रदान की थी। साथ ही, सेबी ने यह भी कहा था कि इन निवेशकों को दीर्घकालीन इंफ्रा ऋण बांडों में निवेश किए गए, कॉर्पोरेट ऋणों के बाकी बचे निवेश का उपयोग करने के लिए पूर्व अनुमति लेने की आवश्यकता तब तक नहीं पड़ेगी जब तक कि वह कुल विदेशी संस्थागत निवेश हेतु तय सीमा के 90 प्रतिशत तक नहीं पहुँच जाता। इसके अलावा, डॉलर के सापेक्ष रुपए के कमजोर पड़ने से भी मौजूदा विदेशी संस्थागत निवेशकों के अभी ऋण बाजार में टिके रहने की संभावना है।

सवाल यह है कि आखिर भारत में यूँ विदेशी निवेश बढ़ने से परेशानी क्या है? सर्वप्रथम तो जिस प्रकार पिछले महीने तेजी से ऋण बाजार में तेजी से विदेशी निवेश बढ़ा है, उससे इनका स्तर इस कैलेंडर वर्ष में बढ़कर अब तक 32,581 करोड़ रुपए हो गया है। दूसरा यह कि अल्पकालीन ऋणों का प्रतिशत लगातार बढ़ता जा रहा है। इस वजह से भारत की अर्थव्यवस्था कभी भी वैश्विक स्तर पर आए व्यापक उठा-पटक या बदलावों

की वजह से चरमरा या लड़खड़ा सकती है। भारत में गर्म मुद्रा का प्रवाह कभी भी रिवर्स हुआ तो न सिर्फ भुगतान संतुलन पर प्रतिकूल प्रभाव पड़ सकता है, बल्कि हमारी मुद्रा की विनिमय दर भी प्रभावित हो सकती है।

उल्लेखनीय है कि सन् 1990 तक भारत सहित अनेक विकासशील देशों में पूँजी प्रवाह पर काफी हद तक नियंत्रण रखा जाता था, लेकिन भारी मात्रा में वैश्वीकरण के चलते इन नियंत्रणों में शनैः-शनैः ढील दी जाने लगी ताकि उदीयमान अर्थव्यवस्थाओं में ये निवेश पूँजी के बड़े स्रोत के रूप में उपलब्ध हो सकें। धीरे-धीरे हमने देखा कि विश्व भर के वित्तीय बाजारों में ज्यादा नजदीकियाँ आईं, सूचना एवम् प्रौद्योगिकी में विकास हुआ और विदेशी संस्थागत निवेशकों ने इस उदारता और बढ़ी हुई पारदर्शिता का स्वागत करते हुए अपने वैश्विक निवेश में विविधता लाने और जोखिम कम करने के उद्देश्य से भी भारी मात्रा में इन उदीयमान अर्थव्यवस्थाओं में निवेश किया।

दरअसल, यदि विदेशी निवेश दीर्घकालीन इक्विटी में हो तो निश्चित तौर पर देश में पूँजी निर्माण की प्रक्रिया को बल मिलता है, परंतु यदि यह निवेश ऋण प्रतिभूतियों या उपकरणों में बढ़े और वह भी अधिकतर अल्पकालीन निवेश के रूप में, तो हमेशा एक संभावना रहती है कि दूसरे उदीयमान राष्ट्रों को अन्य किसी भी अर्थव्यवस्था में निवेश के बेहतर विकल्प दिखाई पड़ें, तो यह निवेशक कभी भी भारत के पूँजी बाजार से निकल भाग सकते हैं और यही संभावना अकसर रिजर्व बैंक को भी परेशान करती है, जो चाहता है कि गैर ऋण निवेश भारत में बेहतर विकल्प के रूप में पनपे।

गौरतलब है कि सन् 2011 में 8.56 बिलियन डॉलर के ऋणों में विदेशी निवेश हुआ, जबकि इक्विटी में 357 मिलियन डॉलर का शुद्ध निकास (नेट आउटफ्लो) हुआ। एक ओर जहाँ भारत का विदेशी मुद्रा भंडार (फॉरेन एक्सचेंज रिजर्व्स) गिरकर 293 बिलियन डॉलर हो गया, वहीं विदेशी ऋणों का आकार 326 बिलियन डॉलर हो गया। चालू कैलेंडर वर्ष में विदेशी संस्थागत निवेशकों ने भारतीय ऋण बाजार में 32,581 करोड़ रुपए अब तक डाले हैं और इक्विटी मार्केट में 94,381 करोड़ रुपए।

हैरत की बात यह है कि सेबी में कुल मिलाकर 1754 विदेशी संस्थागत निवेशक रजिस्टर्ड हैं और उनके करीब 6250 उप-खाता धारक हैं, जो भारत में विदेशों से निवेश करते हैं। ऐसे में यदि कोई बड़ा निवेशक दिवालिया हो जाए तो भारत के पूँजी बाजार और अर्थव्यवस्था पर इसके व्यापक प्रभाव पड़ सकते हैं। फिर इन निवेशकों को 'अच्छे दिनों के साथी' के रूप में ही देखा जा सकता है।

यदि घरेलू स्तर पर सभी अवयव ठीक हों, जैसे कि आर्थिक व राजनीतिक स्थिरता, पारदर्शिता और आकर्षक ब्याज दर आदि तो भी यदि उन्हें भारत से बेहतर 'रिटर्न' मिले तो वे यहाँ से तुरंत हाथ खींच लेने की कवायद करेंगे। साथ ही, अनेक प्रकार के दबाव

भी भारत को झेलने पड़ते हैं। उदाहरण के लिए प्रमुख रेटिंग ऐजेंसियाँ यदि भारत को कबाड़ की रेटिंग दे दें, जैसी कि चेतावनी वे पहले से दे रही हैं, तो भी ये निवेशक भाग खड़े होंगे। अत: बहुत आवश्यक है कि विदेशी ऋणों पर अत्याधिक निर्भरता न बढ़ाई जाए, बल्कि दीर्घ काल में आकर्षक विकास दर हासिल करते हुए गैर ऋण क्षेत्र में पूँजी निवेश को बढ़ाने का प्रयास हो।

(मुंबई में प्रकाशित दैनिक 'हमारा महानगर' में शुक्रवार 9-11-2012 को व्यापार पृष्ठ पर प्रकाशित)

□

2

बेहाल है भारत की अर्थव्यवस्था

हाल ही में जारी आँकड़ों के अनुसार, सितंबर माह में औद्योगिक उत्पादन सूचकांक 0.4 प्रतिशत की दर से गिर गया, जो भारत की अर्थव्यवस्था के लिए एक नकारात्मक दौर की शुरुआत के रूप में देखा जा रहा है।

गौरतलब है कि पिछले वर्ष इस माह में आईआईपी करीब 2.5 प्रतिशत की दर से बढ़ा था। यदि सितंबर में समाप्त हुई तिमाही का औसत लें तो औद्योगिक विकास दर महज 0.5 प्रतिशत रही, जबकि मार्च से जून तक की तिमाही में यह 0.1 प्रतिशत रही थी। अतः यह साफतौर पर दिखाई दे रहा है कि अनेक प्रकार के आर्थिक सुधारों की घोषणाओं के बावजूद भारत में उद्योगों के सेंटीमेंट में कोई खास सुधार नहीं हो पा रहा है। चिंता यों भी बढ़ जाती है, जब विकास की रफ्तार को गति प्रदान करनेवाले पूँजीगत उत्पादों की विकास दर में 12.2 प्रतिशत की गिरावट दर्ज की जाती है और यहाँ तक कि उपभोक्ताओं की वस्तुओं का उत्पादन भी 1.7 प्रतिशत की दर से घट जाता है।

इससे पूर्व अगस्त माह में जब औद्योगिक उत्पादन 2.24 प्रतिशत की संशोधित दर से बढ़ा था, तो ऐसा लगा कि शायद सरकार द्वारा की गई आर्थिक सुधारों की घोषणाओं का सकारात्मक प्रभाव पड़ा है और यह उम्मीद जगी थी कि शायद भारत की लगभग ठप्प पड़ती जा रही आर्थिक विकास दर को आनेवाले उत्सवों के मौसम में कुछ संबल मिलेगा और आर्थिक जकड़न से निजात मिल पाएगी। अर्थात् देश की आर्थिक विकास दर में तेजी से सुधार हो सकेगा, ऐसी अपेक्षा थी, लेकिन सब अपेक्षाओं को धराशायी करते हुए, जब सितंबर माह के आँकड़े सामने आए तो फिर से लगा कि वाकई विकास का एक अस्थायी दौर था, जो अगस्त में दिखाई दिया और आगे आनेवाले छह महीने में भारत की अर्थव्यवस्था में कोई बड़े सुधार की उम्मीद फिलहाल दिखाई नहीं दे रही। कारण है—हर तरफ निराशा का वातावरण, जो इतना गहन है कि अब तो केंद्रीय वित्त

मंत्री को भी लग रहा है कि चालू वित्तीय वर्ष में एशिया की तीसरी बड़ी अर्थव्यवस्था अपने पिछले दस वर्षों की न्यूनतम आर्थिक विकास दर दर्ज करेगी। हालाँकि उन्हें उम्मीद है कि सन 2013-14 में हालात सुधरेंगे और भारत फिर से 8 प्रतिशत की विकास दर हासिल कर पाएगा।

सवाल यह है कि क्या आर्थिक रुख को दर्शानेवाले विभिन्न रुझानों में अगले छह महीनों में कोई बड़ा परिवर्तन आ सकता है? पहले तो यदि अंतरराष्ट्रीय मुद्रा बाजार को लें तो डॉलर के सापेक्ष यूरो की विनिमय दर कमजोर पड़ने से रुपए की विनिमय दर कमजोर पड़ती जा रही है। बढ़ते तेल आयात बिल ने मुश्किलें और बढ़ा दी हैं। व्यापार क्षेत्र में भी घाटा बढ़ता जा रहा है।

वाणिज्यिक मंत्रालय द्वारा जारी आँकड़ों के अनुसार, अक्तूबर माह में निर्यात वर्ष दर वर्ष आधार पर 1.63 प्रतिशत की दर से बढ़े, जबकि आयात 7.37 प्रतिशत की दर से बढ़े, जिसकी वजह से 21.96 बिलियन डॉलर का व्यापार घाटा हुआ जो सितंबर माह में 18.1 बिलियन डॉलर था।

उल्लेखनीय है कि जून माह में वाणिज्यिक मंत्रालय द्वारा श्रम प्रधान उत्पादों का निर्यात बढ़ाने हेतु 1600 करोड़ रुपए के प्रोत्साहन पैकेज की घोषणा भी की गई थी, लेकिन यूएस और यूरोप में आर्थिक मंदी के चलते भारतीय उत्पादों की माँग अधिक नहीं बढ़ सकने की वजह से वांछित परिणाम नजर नहीं आ सके। दूसरे, महँगाई की दर अक्तूबर माह में 9.75 प्रतिशत रही जो कि सितंबर माह में भी 9.73 प्रतिशत के उच्च स्तर पर दर्ज की गई थी। विशेष रूप से शक्कर (17.92 प्रतिशत), दालों (14.89 प्रतिशत), सब्जियों (10.74 प्रतिशत) और वस्त्रों (10.47 प्रतिशत) की कीमतों में जबरदस्त उछाल आने से आम आदमी के बजट गड़बड़ा सकते हैं।

ऐसे में, रिजर्व बैंक ने यदि अगली मौद्रिक समीक्षा में रेपो दर में कटौती नहीं की तो बचत और निवेश में कोई उल्लेखनीय वृद्धि की अपेक्षा नहीं की जा सकेगी। तीसरे, बिजनेस सेंटीमेंट की बात करें तो टेलीकॉम सेक्टर में 2जी स्पेक्ट्रम में नीलामी का दौर फिलहाल स्थगित कर दिया गया है, क्योंकि नीलामी के सात दौर होने के बावजूद 45 प्रतिशत स्पेक्ट्रम अभी तक नहीं बिक पाया, जिसमें मुंबई, दिल्ली जैसे आकर्षक सर्किल भी शामिल हैं। यदि विद्युत् क्षेत्र को लें तो 33 पॉवर स्टेशन ऐसे हैं, जहाँ नाममात्र का कोयला भंडार बचा है और पॉवर संकट मँडरा रहा है। उधर, आईटी क्षेत्र की प्रतिनिधि नेशनल एसोसिएशन ऑफ सॉफ्टवेयर एंड सर्विसेज कंपनीज ने आईटी सेक्टर की विकास दर का पूर्वानुमान 14 प्रतिशत से घटाकर 11 प्रतिशत कर दिया है।

सवाल है कि घरेलू स्तर पर कई जरूरी कानूनी सुधार अभी भी अटके हैं, नए प्रोजेक्ट्स की घोषणाएँ सुस्त हैं, सरकार और प्राइवेट सेक्टर वित्तीय तरलता की कमी

महसूस कर रहे हैं, महँगाई की दर कम न हो पाने की वजह से रिजर्व बैंक रेपो रेट में कटौती नहीं कर पा रहा और वैश्विक अर्थव्यवस्था में मंदी का दौर थम नहीं पा रहा है, ऐसे में क्या आर्थिक विकास दर में निकट भविष्य में भारी उछाल की उम्मीद की जा सकती है ? आवश्यकता है कि हर उद्योग की विशिष्ट समस्याओं पर फोकस किया जाए (माइक्रो स्तर पर)। साथ ही, आर्थिक सुधार और नीतियों को गंभीरता से लिया जाए (मेक्रो स्तर पर) तभी आनेवाला नया वर्ष उज्ज्वल साबित हो सकेगा।

(मुंबई में प्रकाशित दैनिक 'हमारा महानगर' में शुक्रवार 16-11-2012 को व्यापार पृष्ठ पर प्रकाशित)

□

3

उद्योगों और बैंकों पर ऋणों को लेकर बढ़ रहा है दबाव

भारतीय अर्थव्यवस्था में अस्थिरता के माहौल के चलते बैंकों द्वारा उद्योगों को दिए जानेवाले ऋणों में वृद्धि की दर लगातार धीमी होती जा रही है। यह इस बात का द्योतक है कि आर्थिक सुधार की अनेक घोषणाओं के बावजूद वो आत्मविश्वास नहीं पनप पा रहा है, जिससे कि उद्योग जगत् नए प्रोजेक्ट या मौजूदा प्रोजेक्ट में उत्तरोत्तर निवेश हेतु जोखिम उठाएँ। यह एक ऐसी विकट मन:स्थिति है, जिसमें उद्योग तो उद्योग, बल्कि बैंक भी उलझे हुए हैं।

एक ओर बैंकों को अपेक्षा है कि रिजर्व बैंक कैश रिजर्व रेश्यो में कुछ और कटौती कर बैंकों में अतिरिक्त तरलता का संचार करे तो वहीं एक आश्चर्यजनक जानकारी सामने आ रही है कि अनेक बैंक जोखिम न उठाने की रणनीति के तहत अपने अतिरिक्त फंड्स को सरकारी प्रतिभूतियों में 'पार्क' करके रख रहे हैं।

गौरतलब है कि मौजूदा प्रावधानों के तहत अनुसूचित बैंकों को अपने कुल टाइम और डिमांड डिपॉजिट का 23 प्रतिशत सरकारी प्रतिभूतियों आदि में निवेश करना जरूरी है, जबकि अनुमान है कि अधिकांश बैंकों ने न्यूनतम सीमा से 6 से 7 प्रतिशत ज्यादा ही निवेश इन प्रतिभूतियों में किया हुआ है।

उल्लेखनीय यह भी है कि जुलाई 2012 ही में घोषित मौद्रिक नीति में महँगाई के ऊँचे स्तर पर बने रहने की वजह से रिजर्व बैंक ने नीतिगत दरों में कटौती की गुंजाइश न देखते हुए एसएलआर में एक प्रतिशत की कटौती करके इसे तत्कालीन 24 प्रतिशत से घटाकर 23 प्रतिशत कर दिया था, जिससे करीब 60,000 करोड़ रुपए की अतिरिक्त वित्तीय तरलता का बैंकिंग सिस्टम में संचार हुआ था। अब यदि बैंक स्वेच्छा से न्यूनतम सीमा से भी अधिक फंड्स अपेक्षाकृत तरल निवेश के रूप में रखना चाह रहे हैं, तो इसके

दो प्रमुख कारण हैं। एक तो बैंकों के बढ़ते नॉन परफॉर्मिंग असेट्स (एनपीए) और दूसरा, उद्योगों द्वारा नए ऋण लेने की प्रवृत्ति में शिथिलता आ जाना। यद्यपि ऋणों की मात्रा में वृद्धि की अनुमानित दर 17 प्रतिशत रखी गई है, पर जिस प्रकार के रुझान दिखाई पड़ रहे हैं, उस आधार पर तो इस वित्तीय वर्ष में इसके 14-15 प्रतिशत ही रहने की संभावना है, जो पिछले एक दशक में न्यूनतम वृद्धि दर मानी जा सकती है।

यहाँ तक कि अल्पकालीन ऋणों के लिए भी बैंकों को अधिक आवेदन नहीं मिल रहे। 21 सितंबर, 2012 को समाप्त हुए 12 महीनों के आँकड़ों का यदि वर्ष दर वर्ष आधार पर विश्लेषण करें, तो जहाँ 24 सितंबर, 2010 और 23 सितंबर, 2011 के दरम्यान गैर खाद्य ऋणों में वृद्धि की दर 18.7 प्रतिशत थी, वो 23 सितंबर, 2011 एवं 21 सितंबर, 2012 के दरम्यान महज 15.9 प्रतिशत रही है। यदि विभिन्न क्षेत्रों का विश्लेषण करें, तो खनन क्षेत्र में यह वृद्धि दर इन दोनों ही वार्षिक अंतरालों में क्रमश: 43.9 प्रतिशत और 30.7 प्रतिशत रही। इसी प्रकार सड़क निर्माण (32 प्रतिशत से घटकर 19 प्रतिशत), विद्युत् क्षेत्र (32 प्रतिशत से घटकर 11 प्रतिशत), फूड प्रोसेसिंग (25.5 प्रतिशत से 19.6 प्रतिशत) और टेक्सटाइल्स में 17.5 प्रतिशत से घटकर 8 प्रतिशत ही रह गई है। यही हाल दूसरे क्षेत्रों का भी है। हालाँकि रिटेल क्षेत्र में ऋणों की वृद्धि दर में अपेक्षाकृत कम गिरावट देखी गई, जहाँ ऋणों की वृद्धि दर 15.2 प्रतिशत से कम होकर 12.6 प्रतिशत दर्ज की गई है। यही कारण है कि फिलहाल बैंकों का काफी ध्यान इसी क्षेत्र पर है कि किसी प्रकार ब्याज की दरें यदि कुछ कम की जा सकें तो उपभोक्ता ऋणों में भी वृद्धि की उम्मीद की ही जा सकती है।

सवाल है कि ऐसे माहौल में यदि रिजर्व बैंक रेपो रेट में कटौती कर भी दे तो क्या उद्योगों द्वारा ऋणों की माँग बढ़ सकेगी? हो सकता है कि खुदरा ऋणों में वृद्धि होने पर उपभोक्ता वस्तुओं या प्रॉपर्टी की माँग बढ़ भी जाए। परंतु फिर भी इसमें महँगाई ही को और हवा मिलने की संभावना निहित है। वह इसलिए कि उपभोक्ता द्वारा माँग बढ़ने पर पर्याप्त मात्रा में आपूर्ति न बढ़ पाने की स्थिति में उत्पादक कीमतें बढ़ाकर अधिक मुनाफा बुक करने की कोशिश कर सकते हैं।

अत: देश के विकास दर में दीर्घकाल में तीव्र वृद्धि लाने के लिए महज ब्याज की दरें कम कर देना ही काफी नहीं है। उपभोक्ता बाजारों में संतुलन बने रहने के लिए डिमांड और सप्लाई में तालमेल होना चाहिए। दरअसल, औद्योगिक उत्पादन और पूँजी विनिर्माण तभी बढ़ेगा, जब हर उद्योग से जुड़ी विशिष्ट समस्याओं का, या यूँ कहें कि लिमिटिंग फेक्टर्स का निराकरण किया जाए।

आर्थिक सुधार की घोषणाओं से निवेश का सेंटीमेंट अवश्य बढ़ता है पर वह बरकरार तभी रह सकेगा, जब हर उद्योग विकास की संभावना को स्पष्ट रूप से महसूस

कर पाए। अतः सबसे पहले उद्योगपतियों और बैंकों में जो आत्मविश्वास की कमी है वह दूर किए जाने की आवश्यकता है। यह तभी संभव होगा, जब आर्थिक नीतियों में सुधार अखबारों की हेड लाइनों से गुजरता हुआ त्वरित क्रियान्वयन के माध्यम से उद्योगों की बॉटम लाइन (लाभांशों) में परीलक्षित हो सके।

(मुंबई में प्रकाशित दैनिक 'हमारा महानगर' में शुक्रवार 23-11-2012 को व्यापार पृष्ठ पर प्रकाशित)

□

4

भूमि अधिग्रहण विधेयक में प्रस्तावित बदलाव कितना सार्थक?

हाल ही में प्राप्त जानकारी के अनुसार भूमि अधिग्रहण कानून, जो कि कैबिनेट स्तर पर स्वीकृति मिलने पर संसद के शीत सत्र में ही पेश किया जानेवाला है, इस में दो बड़े बदलाँव अपेक्षित हैं। एक तो यह कि किसी प्रोजेक्ट के लिए भूमि का अधिग्रहण करते समय कितने प्रतिशत प्रभावित लोगों की सहमति लेना आवश्यक होगा, यह प्रावधान सरकार और निजी कंपनियों के संदर्भ में अलग-अलग किया जा सकता है। अब यदि सरकार द्वारा किसी सार्वजनिक उद्देश्य हेतु पब्लिक प्राइवेट पार्टनरशिप (पीपीपी) के तहत भूमि का अधिग्रहण किया जाना है, तो 70 प्रतिशत प्रभावित भूमि मालिकों/आश्रित लोगों की सहमति लेना आवश्यक होगा, जबकि यदि कोई निजी कंपनी द्वारा पूर्णत: निजी उद्देश्य हेतु भूमि का अधिग्रहण किया जाना है तो 80 प्रतिशत लोगों की स्वीकृति लेना आवश्यक होगा।

गौरतलब है कि अक्तूबर ही में एक मंत्री समूह द्वारा काफी विचार-विमर्श के बाद यह सिफारिश की गई थी कि चाहे निजी क्षेत्र के प्रोजेक्ट हो या फिर संयुक्त सार्वजनिक निजी पार्टनरशिप (पीपीपी) प्रोजेक्ट, भूमि अधिग्रहण हेतु सिर्फ दो तिहाई (लगभग 67 प्रतिशत) भूमि मालिकों की सहमति की आवश्यकता पड़ेगी। किसानों और अन्य हितधारकों द्वारा व्यापक विरोध जताए जाने पर लगता है, अब इसमें बदलाव प्रस्तावित किया गया है।

इसके अलावा, यदि संसदीय ग्रामीण विकास स्थायी समिति की सिफारिशों की विवेचना करें तो इसके मई माह में पेश रिपोर्ट में कहा था कि यद्यपि सरकार भूमि अधिग्रहण सुलभ कराने में अपना योगदान दे सकती है, परंतु फिर भी उसे सीधे तौर पर भूमि अधिग्रहण नहीं करना चाहिए, चाहे वह निजी कंपनियों द्वारा हो या फिर सार्वजनिक

कंपनी द्वारा हो। साथ ही, उसने 'सार्वजनिक उद्देश्य' की परिभाषा को भी सीधे तौर पर सिंचाई और आधारभूत क्षेत्र से संबंधित होना या फिर सामाजिक क्षेत्र में अस्पताल, स्कूल, पीने का पानी या सेनीटेशन जैसे प्रोजेक्टों तक सीमित रखने की सिफारिश की थी। साथ ही, मूल विधेयक से पीपीपी प्रोजेक्ट्स क्लॉज निकालने की बात भी की थी।

हालाँकि इन सिफारिशों को ग्रामीण विकास मंत्रालय द्वारा यह कहकर नहीं स्वीकारा गया कि सार्वजनिक उद्देश्यों के लिए भूमि का अधिग्रहण करना उचित है। साथ ही, उसमें इस प्रकार की चेतावनी डाली जा सकती है कि इस अधिग्रहण के लिए 80 प्रतिशत प्रभावित परिवारों की सहमति हो।

उधर, उद्योगों की प्रतिनिधि संस्था 'एसोचैम' ने इस बिल का यह कहते हुए विरोध जताया है कि यह बिल ज्यादातर भूमि मालिकों के पक्ष में है और भारत में आर्थिक विकास हेतु सहायक वातावरण बनाने में सक्षम नहीं हो सकेगा।

बहरहाल किसानों और उद्योगों, दोनों ओर से की जा रही व्यापक आलोचना के मद्देनजर नए प्रावधान में साफ तौर पर एक बीच का आँकड़ा लिया गया है, जो 67 प्रतिशत से कुछ अधिक और 80 प्रतिशत से कुछ कम 70 प्रतिशत उन प्रोजेक्ट्स के लिए रखा गया है, जो पीपीपी क्षेत्र में हैं और जहाँ सरकार का वर्चस्व है। हालाँकि निजी क्षेत्र को अपने प्रोजेक्ट के लिए 80 प्रतिशत सहमति की आवश्यकता होगी और यह भी साफ किया जा सकता है कि सरकार द्वारा वे भूमि अधिग्रहण में किसी मदद की अपेक्षा न रखें और हो सकता है कि किसानों या प्रभावित लोगों को उन्हें ऊँची रकम भी चुकानी पड़े।

एक विकासशील देश होने के नाते एक ओर जहाँ भारत में आर्थिक विकास को लेकर खासा दबाव है, वहीं एक अनुमान के अनुसार अगले 15 वर्षों में करीब 200 मिलियन नए रोजगारों का सृजन किए जाने की आवश्यकता होगी। कृषि क्षेत्र से विस्थापित लोगों के लिए संगठित क्षेत्र में नौकरियाँ बढ़ाने के लिए बड़े-बड़े औद्योगिक प्रोजेक्ट्स लगाने होंगे और उसके लिए भूमि अधिग्रहण यदि पेचीदा हुआ तो अनेक प्रोजेक्ट्स के क्रियान्वयन में व्यावधान या देरी भी हो सकती है। अतः भूमि अधिग्रहण विधेयक द्वारा विस्थापितों और उद्योगों की अपेक्षाओं में तालमेल बिठाना एक चुनौतीपूर्ण कार्य होगा।

दूसरा बदलाव जो इस विधेयक में किया जाना अपेक्षित है, वो उन प्रोजेक्ट्स के बारे में है, जहाँ भूमि अधिग्रहण की प्रक्रिया पिछले पाँच या अधिक वर्षों से चालू है पर पूरी नहीं हुई, वे पूरी तरह से अमान्य करार दिए जाएँगे और सारी प्रक्रियाओं को नए नियमों के तहत पूरा किया जाएगा। इस प्रकार जो विधेयक बन कर तैयार हो रहा है वो मूल विधेयक से काफी भिन्न है। यहाँ तक कि इसका नामकरण भी बदल दिए जाने का प्रस्ताव है।

देखना है कि केंद्रीय कैबिनेट द्वारा मंजूरी मिलने के बाद भी संसद में जाने पर इसमें अंततः कितने बदलाव और लाए जाते हैं? वस्तुतः विधेयक तभी प्रभावी होगा,

जब कि विस्थापितों और उद्योगों की परस्पर विरोधी अपेक्षाओं को उस हद तक संतुलित किया जा सके, जहाँ यह कानून आर्थिक विकास के साथ-साथ सामाजिक न्याय दोनों ही सुनिश्चित कर सके।

(मुंबई में प्रकाशित दैनिक 'हमारा महानगर' में शुक्रवार 30-11-2012 को व्यापार पृष्ठ पर प्रकाशित)

□

5

क्या भारत में आनेवाला है आर्थिक संकट ?

भारत सरकार के केंद्रीय सांख्यिकी दफ्तर द्वारा हाल ही में जारी एक रिपोर्ट के अनुसार, भारत की सकल राष्ट्रीय आय सितंबर में समाप्त हुई तिमाही के दरम्यान महज 5.3 प्रतिशत से बढ़ी है। यदि चालू वित्त वर्ष की प्रथम दो तिमाही का औसत आँकड़ा लें तो यह वृद्धि दर 5.4 प्रतिशत रही है। भारत की विकास दर का यों धीमा पड़ जाना आनेवाले समय में चिंता का कारण बन सकता है।

उल्लेखनीय है कि अर्थव्यवस्था में सुधार की प्रक्रिया शुरू होने की अनेक घोषणाओं के बावजूद साफ तौर पर अब ऐसा लगने लगा है कि रिजर्व बैंक द्वारा संशोधित विकास दर का अनुमान जो कि 5.8 प्रतिशत है, वह भी प्राप्त कर पाना भारतीय अर्थव्यवस्था के लिए बहुत कठिन होगा। इसके कई कारण हैं। बेलगाम महँगाई के चलते ब्याज की दरें ऊँचे स्तर पर बनी हुई हैं, यूरोप का आर्थिक संकट बरकरार है और इस वजह से हमारे निर्यात वांछित दर से नहीं बढ़ पा रहे। इसके अलावा नीतिगत अस्थिरता और भ्रष्टाचार के नित नए उजागर होते मामलों के चलते घरेलू एवं विदेशी निवेशकों में चिंता है और यही सब कारण है कि भारत में आर्थिक विकास की दर लगातार घटती जा रही है।

एक ऐसी अर्थव्यवस्था, जिसने पिछले कई वर्षों में तमाम विपरीत और नकारात्मक तत्त्वों के बीच बेहतरीन प्रदर्शन किया है, ये आँकड़े निश्चय ही निराशाजनक हैं। एक विकासशील देश में 5.5 प्रतिशत की विकास दर विश्व के कई प्रमुख देशों की धीमी विकास दर के मुकाबले काफी संतोषजनक भले ही दिखाई दे, पर यह भी उतना ही महत्त्वपूर्ण है कि यह विकास दर भारत में गरीबी दूर करने के लिए जरूरी डबल डिजिट विकास दर से काफी कम है। कई रेटिंग एजेसिंयों द्वारा लगातार यह दबाव भी बनाया जा रहा है कि हालात और न सुधरने की स्थिति में भारत को कबाड़ की रेटिंग तक दी जा सकती है।

ऐसे में विदेशों से भारत में होने वाले निवेश में कमी आ सकती है। उधर, निरंतर राजकोषीय और चालू खाता घाटे का आकार भी बढ़ता जा रहा है और महँगाई की दर भी

लगातार ऊँचे स्तर पर बनी हुई है, जिसकी वजह से रिजर्व बैंक नीतिगत दरों में कटौती करने का साहस नहीं जुटा पा रहा है। ब्याज की ऊँची दरों की वजह से उपभोक्ता वस्तुओं की कीमतों में वृद्धि होती है और उनकी बाजार में प्रभावी माँग कम होती जा रही है। यह एक तरह का वित्तीय और आर्थिक संकट का कुचक्र जैसा बनता जा रहा है, जहाँ निवेश के लिए उपयुक्त वातावरण नहीं पनप पा रहा है।

एक अनुमान के अनुसार, अनेक भारतीय उद्योग एक बार ऋणों के पुनर्गठन प्रक्रिया से गुजरने के बावजूद दोबारा अपने ऋणों के पुनर्गठन के प्रस्ताव बैंकों के समक्ष पेश कर रहे हैं। सितंबर माह के अंत तक ऋणों के पुनर्गठन प्रस्तावों का आकार 1,87,400 करोड़ रुपए तक पहुँच चुका है। इनमें से अनेक मामले ऐसे हैं, जो पुन: ऋणों के भुगतान की दिक्कतों के मद्देनजर पुनर्गठन के आवेदन लेकर आए हैं, जिन्हें रिजर्व बैंक के मानदंडों के अनुसार एनपीए में वर्गीकृत भी किया जा सकता है। नए प्रोजेक्ट के लिए निवेश की माँग यूँ ही कम है और पुराने ऋणों की गुणवत्ता भी कोई ठीक नहीं है, इस वजह से भारतीय बैंकों पर दबाव बढ़ रहा है।

रिजर्व बैंक ने हालात की गंभीरता देखते हुए इन ऋणों के लिए की जानेवाली प्रोव्हिजनिंग का प्रतिशत दो प्रतिशत से बढ़ाकर 2.75 प्रतिशत कर दिया है, जिससे बैंकों के लाभांश भी घट सकते हैं। उधर, कृषि क्षेत्र से भी खबरें ठीक नहीं आ रहीं। इस बार खरीफ की फसल उम्मीद से कम रही है। अनाज के उत्पादन में 18.4 प्रतिशत और दालों में 14.5 प्रतिशत कमी हुई है। अत: महँगाई बढ़ने के आसार काफी अधिक हैं और ब्याज दरें घटने के आसार कम।

यह एक तरह का कुचक्र है, जहाँ निवेश की कमी विकास को बाधित कर सकती है और आर्थिक विकास की सुस्त चाल निवेश को। जहाँ महँगाई की ऊँची दर की वजह से ब्याज की दरें कम नहीं हो पा रहीं, तो ब्याज की ऊँची दरे महँगाई को और हवा ही दे रही हैं। जहाँ नीतिगत लकवे की स्थिति आर्थिक सुधार बाधित कर रही है, तो आर्थिक सुधार की धीमी गति अनेक नीतियों के क्रियान्वयन में व्यावधान डाल रही है।

अत: यह एक ऐसी स्थिति है, जहाँ आर्थिक विकास की दर को तेजी से न बढ़ाया गया तो देश में आर्थिक संकट आ जाने की काफी संभावना है। ऐसे में रिटेल क्षेत्र में एफडीआई मानो एक रामबाण दवा के रूप में प्रस्तुत किया जा रहा है, पर हकीकत यह है कि भारतीय अर्थव्यवस्था में आ रहे परिवर्तन आधारभूत हैं और इन्हें कहीं अधिक गंभीरता से देखे जाने की आवश्यकता है।

(मुंबई में प्रकाशित दैनिक 'हमारा महानगर' में शुक्रवार
7-12-2012 को व्यापार पृष्ठ पर प्रकाशित)

□

6

गेहूँ के रिकॉर्ड स्टॉक का भंडारण कितना प्रभावी ?

सितंबर 2011 में अनाज के निर्यात से प्रतिबंध हटाने के निर्णय के फलस्वरूप जुलाई 2012 तक भारत से करीब 1.3 मिलियन टन गेहूँ का निर्यात हुआ। उल्लेखनीय है कि गेहूँ की बंपर फसल होने के मद्देनजर यह प्रतिबंध हटाया गया था। भारत से ज्यादातर दक्षिण पश्चिमी एशियाई देशों जैसे बाँग्लादेश, दक्षिण कोरिया, थाईलैंड, वियतनाम, इंडोनेशिया एवं यमन तथा ओमान में गेहूँ का निर्यात किया जाता है।

देश में आई हरित क्रांति के फलस्वरूप जहाँ देश गेहूँ के उत्पादन में आत्मनिर्भर बन चुका है, वहीं यह भी एक कटु सत्य है कि लाखों टन गेहूँ और चावल के भंडार या तो चूहे खा जाते हैं या फिर मौसम की मार झेलते हुए टुकड़ा-टुकड़ा हो सड़ या गल जाते हैं और एक कठोर तथ्य है कि हर रोज करीब 3,000 भारतीय बच्चे कुपोषण के कारण उपजी बीमारियों की वजह से मर जाते हैं। एक अन्य अनुमान के अनुसार, करीब 350 मिलियन भारतीय हर रात भूख को थामते हुए सो जाते हैं और फिर जब कहीं दूर किसी गाँव में कुछ लोगों द्वारा घास की बनी रोटी खाने की खबर आती है तो निश्चय ही इस गंभीर विसंगति की ओर ध्यान आकृष्ट हो ही जाता है। फूड कॉर्पोरेशन ऑफ इंडिया द्वारा हाल ही में जारी आँकड़ों के मुताबिक, भारत सरकार के पास आवश्यकता से तीन गुना अधिक खाद्यान्नों के भंडार हैं।

अगर सिर्फ गेहूँ की बात करें तो सन् 2007 के मुकाबले अब तक गेहूँ की समर्थन कीमतों में 70 प्रतिशत की वृद्धि की जा चुकी है। जाहिर तौर पर सरकार द्वारा गेहूँ के उत्पादन को अधिक प्रोत्साहन देने के लिए कीमतें बढ़ाई गईं। परिणाम भी अच्छा रहा। आज सरकार के पास गेहूँ का रिकॉर्ड भंडार है। जहाँ देश में 21 मिलियन टन के सुरक्षित भंडार बनाए रखने की आवश्यकता है, वहीं सरकार के पास 70 मिलियन टन के गेहूँ

और चावल के भंडार हैं। अप्रैल से लेकर अक्तूबर तक गेहूँ की कीमतों में 15 प्रतिशत की वृद्धि हुई, जो कि बाजार में और अधिक गेहूँ की आपूर्ति होने पर शायद नहीं बढ़तीं।

लेकिन जहाँ एक ओर इस देश की धरती अनाज के रूप में सोना उगल रही है, वहीं देश में अनाज के भंडारण की पर्याप्त व्यवस्था न होने की वजह से एक ओर गरीबी की रेखा के नीचे रहनेवालों को गेहूँ पर्याप्त मात्रा में नहीं मिल पा रहा तो दूसरी ओर खुले या दलदली मैदानों में पड़े गेहूँ के अतिरिक्त भंडार चूहों को दावत दे रहे हैं।

उल्लेखनीय है कि भारत में 70 मिलियन टन गेहूँ को सहेज कर भंडारण करने के लिए सिर्फ 45 मिलियन टन की उचित भंडारण व्यवस्था है। इसके अतिरिक्त 16 मिलियन टन अनाज 'खुला पर ढका हुआ' क्षेत्र में रखा जा सकता है। अत: करीब 10 मिलियन टन गेहूँ यूँ ही, कहीं भी खुले आसमान के नीचे पड़ा हुआ है, जो बर्बाद होने की कगार पर ही रहता है। यदि इस अतिरिक्त 10 मिलियन टन गेहूँ को भी बाजार में बेच दिया जाए, तो घरेलू बाजार में इसकी आपूर्ति बढ़ सकती है और कहीं इसे अंतरराष्ट्रीय बाजार में बेच दिया जाए, तो मौजूदा 328 डॉलर (करीब 17,700 रुपए) प्रति टन के हिसाब से भारत सरकार को काफी मात्रा में विदेशी मुद्रा या आमदनी भी मिल सकती है। यदि इस मूल्य में गेहूँ के रखरखाव पर खर्च होने वाले करीब 2,400 रुपए प्रति टन की बचत को आय के रूप आँका जाए तो सरकार को 20,100 रुपए प्रति टन के हिसाब से 10 मिलियन गेहूँ बेचने पर 20,100 करोड़ रुपए की अतिरिक्त आय हो सकती है।

हालाँकि सरकार ने भी हाल ही में 25 लाख टन का गेहूँ अपने भंडारों से बेचने का निर्णय लिया है। लेकिन, फिर भी इस मुद्दे को और अधिक गंभीरता से लिए जाने की आवश्यकता है। कुछ महीनों पहले ही सरकार द्वारा समर्थित एक सर्वेक्षण में पता चला कि पाँच वर्ष की उम्र से कम 42 प्रतिशत भारतीय बच्चों का वजन सामान्य मानदंड से कम है। तब भारत के प्रधानमंत्री ने कुपोषण को एक 'राष्ट्रीय शर्म' के तौर पर स्वीकार किया था। हालाँकि कुपोषण के अनेक कारण और भी हैं, पर फिर भी अनाज का पर्याप्त मात्रा में उपलब्ध न हो पाना भी एक महत्त्वपूर्ण कारण है। ऐसे में जहाँ एक ओर खाद्य सुरक्षा योजना पर काम जारी है, वहीं अनाज के उचित भंडारण व्यवस्था मजबूत किए जाने की आवश्यकता को प्राथमिकता से लिया जाना चाहिए।

(मुंबई में प्रकाशित दैनिक 'हमारा महानगर' में शुक्रवार 14-12-2012 को व्यापार पृष्ठ पर प्रकाशित)

□

7

नया कंपनीज विधेयक 2011 कितना सार्थक ?

हाल ही में सन् 2008 से कानून की शक्ल अक्तयार करने के लिए लंबित नया कंपनीज विधेयक 2011 को लोकसभा ने पास कर दिया है। अब इसे राज्यसभा से समर्थन मिलने की देर भर है कि यह 55 वर्ष पुराने कंपनीज एक्ट को बदल डालेगा। पुराने कानून में बदलाव इसलिए जरूरी समझा जा रहा था, क्योंकि भारतीय और वैश्विक अर्थव्यवस्था में पिछले दो दशकों से वैश्वीकरण और उदारीकरण नीतियों के मद्देनजर भारी परिवर्तन आ गए हैं और नए परिप्रेक्ष्य में कंपनीज एक्ट के मौजूदा प्रारूप में काफी बदलाव, या यूँ कहें कि सुधार की आवश्यकता महसूस की जा रही थी, जिससे कि नए आर्थिक वातावरण में काम कर रहे कॉर्पोरेट सेक्टर और कंपनीज का बेहतर ढंग से नियमन किया जा सके।

खासतौर पर जब वैश्वीकरण के तहत कंपनियाँ अपने देश की भौगोलिक सीमाओं के परे जाकर बिजनेस कर रही हैं तो विभिन्न देशों के कानून में नियमन और कॉर्पोरेट गवर्नेंस के प्रावधान अंतरराष्ट्रीय स्तर पर मान्य मानदंडों के समकक्ष होने चाहिए ताकि कंपनियों और उनके हितधारक एक ज्यादा पारदर्शी और उत्तरदायी कंपनी प्रशासन के तहत निश्चिंतता से काम कर सकें।

नए कंपनीज कानून के तहत अब प्राइवेट कंपनी में मौजूदा 50 के स्थान पर अधिकतम 200 सदस्य रखे जा सकेंगे। एक डॉरमेंट (निष्क्रिय) कंपनी भी बना सकने का प्रावधान है, जिसके तहत भविष्य में किसी प्रोजेक्ट पर काम करने हेतु वर्तमान में एक डोरमेंट कंपनी रजिस्ट्रर कराई जा सकती है, जो अभी तो निष्क्रिय है पर उसमें प्रॉपर्टी (असेट आदि) खरीदकर रखी जा सकती है।

इसी प्रकार विदेशी कंपनियों की परिभाषा में भी बदलाव लाया गया है। अब कोई भी बाहर की कंपनी जो भारत में किसी भी प्रकार की व्यापारिक गतिविधि में लिप्त है

या उसका कार्यस्थल यहाँ है, स्वयं या एजेंट के द्वारा चाहे भौतिक रूप में या फिर इलेक्ट्रॉनिक रूप में, उसे विदेशी कंपनी मान लिया जाएगा। नए कानून में कंपनीज के रजिस्ट्रेशन की प्रक्रिया को त्वरित बनाए जाने का प्रावधान है।

नए कानून में पहली बार कंपनी डायरेक्टरों के कर्तव्यों को पारिभाषित किया गया है। अब उन्हें अपने कर्तव्यों का निर्वाह उचित देखभाल, निपुणता, यथोचित परिश्रम और स्वतंत्र निर्णय लेने की क्षमता के साथ करना होगा। ऐसा करते समय उन्हें कंपनी के सभी हितधारकों के हितों का ध्यान रखते हुए ही कंपनी के लक्ष्यों और लाभ के लिए कार्य करना होगा। उनके अन्य कर्तव्यों में कंपनी के कारोबार से प्रत्यक्ष या परोक्ष रूप से हितों के टकराहट की स्थिति टालने और अनुचित लाभ न उठाने आदि बातों का समावेश है।

कंपनी बोर्ड द्वारा गठित विभिन्न कमिटियों में स्वतंत्र निदेशकों और सदस्यों की भूमिका और अधिक प्रभावी हो जाने की व्यवस्था भी नए कानून के तहत की गई है। कंपनी डायरेक्टर्स (निदेशक मंडल) की रिपोर्ट में अब और अधिक जानकारी और विस्तृत खुलासे देने का प्रावधान भी रखा गया है।

सबसे महत्त्वपूर्ण बात है कि जिन कंपनियों की नेटवर्थ 5,000 करोड़ रुपए या अधिक है या जिनका कारोबार 1,000 करोड़ रुपए से अधिक है या जिनका शुद्ध लाभांश पाँच करोड़ रुपए से अधिक है, उन्हें एक कॉर्पोरेट सामाजिक उत्तरदायित्व कमेटी बनानी होगी, जिसमें तीन या अधिक निदेशक सदस्य होंगे, जिनमें कम-से-कम एक स्वतंत्र निदेशक भी होगा। यह कमेटी सीएसआर (कॉर्पोरेट सोशल रेस्पोंसिबिलिटी) नीति बनाएगी और सिफारिश करेगी। इन कंपनियों को पिछले तीन वर्षों के औसत शुद्ध लाभ का दो प्रतिशत सामाजिक उत्तरदायित्व गतिविधियों पर खर्च करना होगा और ऐसा न कर पाने पर बोर्ड की रिपोर्ट में उसके कारणों का खुलासा करना होगा।

नए बिल में कुछ निर्धारित कंपनियों के निदेशक मंडल में कम-से-कम एक सदस्य के रूप में महिला को नियुक्त किया जाना अनिवार्य बनाया जा सकता है। नए प्रावधानों के तहत स्वतंत्र डॉयरेक्टरों को भी पहली बार शामिल किया गया है। अब हर लिस्टेड कंपनी के निदेशक मंडल में कम-से-कम एक तिहाई सदस्य स्वतंत्र निदेशक होंगे।

एक अन्य महत्त्वपूर्ण बदलाव कंपनी के ऑडिटरों की नियुक्त के बारे में है। अब किसी सीए या सीए फर्म को कंपनी की एजीएम (वार्षिक सामान्य बैठक) में पाँच वर्षों के लिए नियुक्त किया जाएगा। हालाँकि कंपनी प्रत्येक एजीएम में उस पर संशोधन कर पाएगी। कोई भी लिस्टेड कंपनी या अन्य निर्धारित कंपनी एक सीए को एक बार (पाँच वर्षों तक के लिए एक साथ) और सीए फर्म को दो बार (दस वर्षें तक एक साथ) से अधिक नियुक्त नहीं कर सकेगी। ऑडिटरों के रोटेशन का विकल्प भी कंपनी के सदस्यों द्वारा निर्धारित किया जा सकेगा। कुछ कंपनियों के लिए आंतरिक ऑडिटर नियुक्त करना

अनिवार्य भी किया जा सकता है।

छोटे निवेशकों के लिए पहली बार अनेक नए प्रावधान बताए गए हैं। अब निर्धारित संख्या में सदस्य या अन्य हितधारक कंपनी प्रबंधन के खिलाफ ट्रिब्यूनल में सामूहिक कारवाई मुकदमा दर्ज करा सकते हैं, अगर उन्हें ऐसा प्रतीत हो कि वे कंपनी के हितों को आहत कर रहे हैं। इसके अलावा, यदि कोई कंपनी आईपीओ के जरिए उगाहे गए संसाधनों का उपयोग प्रॉस्पेक्टस में निर्धारित उद्देश्यों या शर्तों में बदलाव द्वारा कहीं और करना चाहती है, तो उसे मौजूदा निवेशकों को निकास का विकल्प देना होगा। इसी प्रकार अनेक अन्य बदलाव नए विधेयक में किए गए हैं, जिसके कानून बनने पर कंपनियों के नियमन में भारी बदलाव की अपेक्षा की जा सकती है।

(मुंबई में प्रकाशित दैनिक 'हमारा महानगर' में शुक्रवार 21-12-2012 को व्यापार पृष्ठ पर प्रकाशित)

□

8

कॉर्पोरेट सामाजिक उत्तरदायित्व बदलते आयाम

भारत में अनेक बिजनेस समूह और कंपनियाँ स्वैच्छिक रूप से अपने सामाजिक उत्तरदायित्व के प्रति सजग रहते हुए अनेक कल्याणकारी प्रोजेक्ट या कार्यक्रमों को स्वयं या एनजीओ या अन्य माध्यमों से प्रोत्साहन देते रहे हैं लेकिन पिछले कुछ दशकों में जिस प्रकार वैश्वीकरण, उदारीकरण तथा निजीकरण के दौर में अनेक कंपनियों के आकार और कार्यक्षेत्र में अभूतपूर्व वृद्धि हुई है, उससे बिजनेस के सामाजिक उत्तरदायित्व के प्रति समाज और सरकार—दोनों की ही अपेक्षाएँ बढ़ी हैं।

हालाँकि एक अपेक्षाकृत संकीर्ण दृष्टिकोण यह भी है कि यदि उद्योग जगत् अपने सभी हितधारकों के हितों में तालमेल बैठाते हुए लाभकारी ढंग से समाज द्वारा प्रदत्त संसाधनों का उपयोग करता है, तो वह भी एक तरह से उनके सामाजिक उत्तर दायित्व का उचित निर्वाह माना जाएगा। लेकिन पिछले कुछ दशकों में एक व्यापक दृष्टिकोण के तहत इस विचारधारा को बल मिल रहा है कि बिजनेस न सिर्फ लाभकारी ढंग से काम करे बल्कि वृहत्तर समाज और यहाँ तक कि प्राकृतिक पर्यावरण के प्रति भी अपनी जिम्मेदारी समझे और समाज की विभिन्न समस्याओं का समाधान करने में यथोचित योगदान करे।

हालाँकि जो कंपनियाँ स्वेच्छा से अपनी दूरगामी बिजनेस पॉलिसी के तहत सामाजिक उत्तरदायित्व का निर्वाह करती हैं, वे समझती हैं कि ऐसा करने से उनकी कॉर्पोरेट इमेज अधिक बलशाली बनती है और समाज के व्यापक समर्थन से उनके उत्पादों और सेवाओं से बिक्री में दीर्घ काल में इजाफा होता है, परंतु फिर भी जिस प्रकार वैश्विक स्तर पर आर्थिक असमानता बढ़ती जा रही है उससे एक धारणा बन रही है कि क्यों न बड़े-बड़े बिजनेस समूहों या कंपनियों पर सामाजिक उत्तरदायित्व अनिवार्य रूप से लागू कर दिया जाए। ऐसा इसलिए भी आवश्यक है ताकि बिजनेस समाज के प्रति अपने दायित्व को

कुछ और गंभीरता से ले और यह महज कागजी काररवाई या पब्लिसिटी या अपेक्षाकृत कम जरूरी खर्चा मात्र न रहे, बल्कि समाज की विभिन्न समस्याओं या आवश्यकताओं पर सीधे तौर पर कारगर ढंग से प्रभाव डाल सके।

कंपनीज विधेयक 2011 में निर्धारित कंपनियों को, जिनकी नेटवर्थ 500 करोड़ या करोबार 1,000 करोड़ या फिर शुद्ध लाभांश पाँच करोड़ रुपए से अधिक है, उनको पिछले तीन वर्षों के औसत लाभांश का दो प्रतिशत कॉर्पोरेट सोशल रेसपांसिबिलीटी (सीएसआर) पर खर्च करना होगा और यह खर्च किन क्षेत्रों में किया जाए, यह भी सूचीबद्ध किया गया है। इनमें भयंकर गरीबी या भूख से निजात दिलाना, शिक्षा का प्रसार, महिला समानता और सशक्तीकरण करना, बच्चों की मृत्यु दर कम करना, जानलेवा बीमारियों से सुरक्षा, पर्यावरणीय सुरक्षा और इसी प्रकार के अन्य प्रोजेक्ट शामिल हैं।

उधर, सिक्योरिटीज एंड एक्सचेंज बोर्ड ऑफ इंडिया (सेबी) ने अगस्त 2012 में ही बीएसई तथा एनएसई पर लिस्टेड शीर्ष 100 कंपनियों (31 मार्च, 2012 पर उनके मार्केट कैपीटलाइजेशन के आधार पर) के लिए उनकी बिजनेस उत्तरादायित्त्व रिपोर्ट को कंपनी को वार्षिक रिपोर्ट में शामिल करना अनिवार्य किया है। बाकी सभी लिस्टेड कंपनियाँ स्वेच्छा से यह रिपोर्ट शामिल कर सकती हैं।

गौरतलब है कि इससे पूर्व सन् 2011 में कॉर्पोरेट मामलों के मंत्रालय द्वारा सामाजिक, पर्यावरणीय और आर्थिक उत्तरदायित्व पर एक राष्ट्रीय स्वैच्छिक गाइड लाइन भी जारी की गई थी। इस गाइड लाइन में व्यापक सिद्धांत शामिल किए गए हैं जिन्हें किसी भी कंपनी को अपनी व्यापार नीति के तहत स्वीकार करना, क्रियान्वयन और रिपोर्टिंग करना भी चाहिए।

वस्तुतः बिजनेस, समाज और सरकार में एक ऐसा विशिष्ट संबंध है कि कोई भी एक-दूसरे के वांछित सहयोग के बिना अपने उत्तम स्तर पर कार्य नहीं कर सकता। परस्पर सहयोग, विश्वास और सहभागिता से सभी अपने सर्वोत्तम स्तर पर काम करते हुए किसी भी देश को समृद्धि के उच्च शिखर तक ले जा सकते हैं।

इन तीनों में बिजनेस की भूमिका अहम है, क्योंकि उसके पास भारी मात्रा में संसाधनों पर स्वामित्व है और आर्थिक सत्ता का केंद्रीयकरण है। संयुक्त राष्ट्र यूनिवर्सिटी में किए गए एक शोध के अनुसार, विश्व में शीर्षस्थ करीब 2 प्रतिशत वयस्कों के पास कुल वैश्विक संपत्ति के 50 प्रतिशत से भी अधिक हिस्से पर स्वामित्व है, जबकि निम्नतम 50 प्रतिशत वयस्कों के पास सिर्फ 2 प्रतिशत वैश्विक संपत्ति है। अब कॉर्पोरेट जगत् को स्वयं समाज के प्रति अपने उत्तरदायित्व का भान होना चाहिए, क्योंकि यह उसके अपने हित ही में है। फिर भी, सरकार द्वारा यह कोशिश की जा रही है कि कम-से-कम सूचीबद्ध या बड़ी कंपनियाँ तो सामाजिक उत्तरदायित्व को गंभीरता से लें।

जो भी हो, यह स्पष्ट है कि कंपनियों को सामाजिक व्यवस्था के एक महत्त्वपूर्ण अंग के रूप में देखा जा रहा है, जहाँ वे सिर्फ अपने शेयरधारकों के प्रति आमदनी या लाभांश को बढ़ाते रहने के लिए ही उत्तरदायी नहीं हैं, बल्कि पूरे समाज के प्रति उनकी एक जिम्मेदारी है, क्योंकि समाज बिजनेस के एक बड़े और महत्त्वपूर्ण हितधारक के रूप में स्थापित है तथा अपनी छोटी-बड़ी समस्याओं के निदान के लिए बिजनेस से उसकी अपेक्षाएँ बढ़ रही हैं।

(मुंबई से प्रकाशित दैनिक 'हमारा महानगर' में शुक्रवार 28-12-2012 को व्यापार पृष्ठ पर प्रकाशित)

□

9

अमेरिकी अर्थव्यवस्था में बढ़ रही है अस्थिरता

पिछले वर्ष फरवरी के अंतिम सप्ताह में यूएस फेडरल बैंक के अध्यक्ष ने कहा था कि एक जनवरी 2013 से अमेरिका में राजकोषीय घाटे को तीव्रता से कम करने की प्रक्रिया शुरू होगी, जिसके तहत खर्चों में भारी कमी और करों में भारी इजाफा किया जाएगा। ऐसा अनुमान भी लगाया गया कि इस प्रक्रिया, जिसे लोकप्रिय शब्दों में 'फिस्कल क्लिफ' कहकर पुकारा गया, के फलस्वरूप अमेरिकी राजकोषीय घाटे में 50 प्रतिशत तक कटौती संभव हो सकेगी। हो सकता है कि इससे 2013 के पूर्वार्ध में कुछ मंदी जैसे हालात पैदा हो जाएँ, लेकिन उत्तरार्ध में विकास की दर कुछ जोर पकड़ लेगी। लेकिन सन् 2008-09 के महामंदी के दौर से किसी तरह निकल आने की पुरजोर कोशिशों के बावजूद कुछ खास अच्छा प्रदर्शन नहीं कर पा रही अमेरिकी अर्थव्यवस्था में फिर से आर्थिक मंदी आने की संभावना की खबर मात्र से ही वहाँ के नागरिकों, निवेशकों और नीतिविधिकों से लेकर विश्व की हर अर्थव्यवस्था में एक चिंता का माहौल था।

वर्तमान में अमेरिका के राजकोषीय घाटे का स्तर वहाँ की सकल राष्ट्रीय आय का 7.3 प्रतिशत है, जिसे फिस्कल क्लिक के द्वारा 4 प्रतिशत की दर पर ले आने की प्रक्रिया 2013 की शुरुआत में ही लागू होने वाली थी।

दरअसल, राजकोषीय संकट को दूर करने के लिए वहाँ टैक्स छूट कानून 2010 की समाप्ति और बजट कंट्रोल कानून 2011 के तहत नियोजित ढंग से सार्वजनिक खर्चों में कमी लाए जाने की व्यवस्था सोची गई थी। खास बात यह है कि राजकोषीय घाटे को कम किए जाने की रणनीति को लेकर अमेरिकी राजनीतिक पार्टियों में वैचारिक मतभेद और नीतिगत असमजंस की स्थिति लगातार बनी रही है। काफी सस्पेंस के बाद आखिरकार जो समझौता हुआ, उसके तहत डेडलाइन समाप्त होने के पूर्व ही टैक्स में बढ़ोतरी और खर्चों में भारी कटौती जैसे कठोर फैसले वाले विधेयक को दो महीनों के लिए फिलहाल टाल दिया गया है।

यह समस्या कितनी विकट रही होगी कि इस फैसले के स्थगित हो जाने की सूचना मात्र से अमेरिका सहित अनेक शेयरबाजारों में उछाल देखा गया, मानो निवेशकों ने राहत की साँस ले ली हो। सवाल यह है कि आखिर फिस्कल क्लिफ को लेकर इतनी गहमागहमी क्यों हैं? दरअसल, किसी भी देश के राजकोषीय घाटे को कम करने के दो मुख्य उपाय हैं। एक तो यह कि सरकार टैक्स बढ़ा दे और दूसरा यह कि अपने खर्चों में कमी लाए या फिर दोनों ही उपाय एक साथ अपनाए। लेकिन यदि अर्थव्यवस्था में मंदी जैसे हालात हों या फिर विकास की दर नगण्य या सुस्त हो, तब ये दोनों ही तरीके आर्थिक विकास की प्रक्रिया को आहत करते हैं।

अमेरिका एक आर्थिक महाशक्ति के रूप में जाना जाता है। उसकी करेंसी डॉलर अंतरराष्ट्रीय स्तर पर मान्य करेंसी है। अनेक राष्ट्र डॉलर को अपने विदेशी मुद्राकोष में जमा करके रखते हैं। अब यह देश, जो पहले ही सन् 2008–09 की महामंदी के दौर से ठीक तरह से निकल नहीं पा रहा, यदि फिस्कल क्लिफ के तहत राजकोषीय घाटे को तीव्रता से कम करने की कवायद करता है, तो आर्थिक मंदी जैसे हालात पैदा हो सकते हैं, जो कि विश्व भर की अर्थव्यवस्था के लिए भी कुछ अच्छा संकेत नहीं है। अमेरिका में फिस्कल घाटे को कम करने पर बेरोजगारी की दर सन् 2013 के अंत तक 9 प्रतिशत पहुँच सकती है। अब समस्या यह है कि अमेरिका में ऋणों का स्तर पहले ही 16.4 ट्रिलियन डॉलर की उच्चतम सीमा को छू रहा है। बढ़ते खर्चों को पूरा करने के लिए और अधिक ऋण लेने का विकल्प भी नहीं है, जब तक कि इसकी सीमा को और ऊँचा न किया जाए।

गौरतलब है कि एक वर्ष पहले ही रेटिंग एजेंसी 'स्टैंडर्ड एंड पूअर्स' ने ऋणों के अधिकतम स्तर पर पहुँचने पर भी राजनीतिक असमंजसता की स्थिति बने रहने पर उसकी सार्वभौमिक रेटिंग घटा दी थी। तब इस स्थिति से निपटने के लिए ऋणों की अधिकतम सीमा 2.4 ट्रिलियन डॉलर से बढ़ा दी गई थी और अब ऋणों का पहाड़ उस बढ़ी हुई सीमा तक भी पहुँच गया है। अब असाधारण कदम न लिए गए तो फिर से डिफॉल्ट जैसी स्थिति हो सकती है और अमेरिका आर्थिक संकट के कुचक्र में फँस सकता है।

बहरहाल, यदि फिस्कल क्लिक लागू होता है तो 4 लाख डॉलर प्रतिव्यक्ति और 4.5 लाख डॉलर प्रति दपंत्ति तक कोई टैक्स नहीं होगा, पर इससे अधिक आय पर देय टैक्स की दर मौजूदा 35 प्रतिशत से बढ़ाकर 39.6 प्रतिशत हो जाएगी। कैपिटल गेन टैक्स और डिविडेंट टैक्स मौजूदा 15 प्रतिशत से बढ़कर 20 प्रतिशत हो जाएगा। प्रति परिवार 10 मिलियन डॉलर से अधिक मूल्य की प्रॉपर्टी खरीदने पर एस्टेट टैक्स 35 प्रतिशत से बढ़कर 40 प्रतिशत हो जाएगा। वेतन पर देय टैक्स पर मिली 2 प्रतिशत की छूट समाप्त होने से यह मौजूदा 4.2 से बढ़कर 6.2 प्रतिशत होगा।

इसके अलावा बेरोजगारी बीमा, मेडीकल रिलीफ और विभिन्न टैक्स छूटों की बदौलत सरकारी खर्च भी बढ़ेगा। कुल मिलाकर अमेरिकी नीतिर्धारकों ने राजकोषीय घाटे को कम करने के तहत जो नीति बनाई है, उससे कोई स्पष्ट संकट नहीं मिल पा रहा है कि आखिर इसका अमेरिकी अर्थव्यवस्था पर कैसा प्रभाव पड़ेगा? हो सकता है, फिर एक बार ऋणों की अधिकतम सीमा बढ़ा दी जाए या फिर इसे हमेशा के लिए समाप्त कर दिया जाए। जो भी हो, अमेरिकी अर्थव्यवस्था में अनिश्चितता और अस्थितरता का दौर जल्दी समाप्त हो सके, वह अमेरिका सहित पूरी वैश्विक अर्थव्यवस्था के लिए नए वर्ष में शुभ सिद्ध होगा।

(मुंबई में प्रकाशित दैनिक 'हमारा महानगर' में शुक्रवार 04-01-2013 को व्यापार पृष्ठ पर प्रकाशित)

□

10

फिच की रेटिंग : नकारात्मक आउटलुट कितनी सही ?

भारतीय अर्थव्यवस्था पर जिस प्रकार लगातार महँगाई की वजह से दबाव बढ़ रहा है, राजकोषीय घाटे को लेकर असमंजस की स्थिति बनी हुई है और आर्थिक विकास की दर में गिरावट का दौर चालू है। इन्हीं सब तत्त्वों की वजह से रेटिंग एजेंसी 'फिच' ने भारत की सार्वभौमिक रेटिंग को नकारात्मक आउटलुट के साथ ही जारी रखने की बात दोहराई है। इस नकारात्मक दृष्टिकोण का अभिप्राय यह है कि आगामी 12-24 महीनों में भारत की रेटिंग के और अधिक कम किए जाने की संभावना 50 प्रतिशत है।

गौरतलब है कि मौजूदा रेटिंग से कम रेटिंग को 'कबाड़' यानी कि 'जंक रेटिंग' कहा जाता है, जिसके मिलने पर भारत का नाम 'निवेश के लिए उपयुक्त' देशों की फेहरिस्त से निकाला जा सकता है। यदि ऐसा हुआ तो भारत में विदेशी संस्थागत निवेश और प्रत्यक्ष विदेशी निवेश—दोनों ही आहत होंगे।

रेटिंग एजेंसी के अनुसार, भारत में पिछले वर्ष किए गए आर्थिक और राजकोषीय सुधारों को यद्यपि सही दिशा में उठाए गए कदम माना जा सकता है, लेकिन फिर भी तमाम कोशिशों के बावजूद उसे लगता है कि भारत का राजकोषीय घाटा अपने निर्धारित स्तर से अधिक होने की पूरी संभावना है। उसे तो यह भी लगता है कि भारत में शुरू किए गए आर्थिक सुधारों की प्रक्रिया धीमी गति से चल रही है, जिसकी वजह से कोई बड़ा या विशिष्ट बदलाव फिलहाल भारत की अर्थव्यवस्था में आने की संभावना कम ही नजर आ रही है।

यदि अर्थव्यवस्था के विकास की दर धीमी पड़ी तो देश के लोगों की औसत आय भी प्रभावित होगी तथा सरकारी खजाने में राजस्व भी। भारत में सितंबर में समाप्त हुई तिमाही में विकास दर 5.3 प्रतिशत रही, जबकि पिछली तिमाही (अप्रैल-जून) में भी यह

5.5 प्रतिशत ही रही थी, जो टार्गेट विकास दर से काफी कम प्रदर्शन रहा है। और अभी भी स्थिति में कोई विशेष सुधार आने की संभावना नहीं दिख रही।

'फिच' को लगता है कि जब चारों ओर निराशा का माहौल है तो भारत की रेटिंग सकारात्मक कैसे दी जा सकती है, विशेषकर जबकि भारत का विदेशी व्यापार भी संतोषजनक नहीं है और चालू खाता घाटा भी सितंबर 2012 में 5.4 प्रतिशत के रिकॉर्ड स्तर पर दर्ज हुआ है जो कि सामान्य, या यूँ कहें 'आरामदायक' 3 प्रतिशत के स्तर से काफी ऊँचा है। अब यदि हालात और न सुधरे तो हो सकता है कि रुपए की विनिमय दर और घट जाए। तब विदेशी निवेशकों को भारत में निवेश करना आकर्षक नहीं जान पड़ेगा।

उल्लेखनीय है कि पिछले वर्ष एक अन्य रेटिंग एजेंसी 'एस एंड पी' ने भी भारत की रेटिंग को नकारात्मक आउटलुट के साथ ट्रिपल बी माइनस कर दिया था। तभी से यह चर्चा गर्म है कि भारत को नीतिगत लकवे की स्थिति से उबरकर शीघ्र ही आर्थिक सुधारों को व्यापक स्तर पर लागू करना होगा।

हालाँकि बावजूद इन चेतावनियों के, पिछले कैलेंडर वर्ष में करीब 24 बिलियन डॉलर का विदेशी निवेश भारतीय इक्विटी मार्केट में हुआ। रुपए के मूल्य में गिरावट, धीमी आर्थिक विकास दर, महँगाई और बढ़ते राजकोषीय घाटे के बावजूद भी यह निवेश बढ़ा, क्योंकि भारतीय पूँजी बाजार ने इन निवेशकों को विश्व के अन्य शेयर बाजारों की तुलना में काफी बेहतर रिटर्न्स दिए। ऐसे में, रेटिंग डाउनग्रेड की चेतावनी दोहराने के पीछे लगता है कि एजेंसी द्वारा भारत में आर्थिक सुधार के कथित एजेंडे में रिटेल क्षेत्र में एफडीआई जैसे बड़े और व्यापक रूप से आलोचना में घिरे हुए निर्णयों के त्वरित क्रियान्वयन के लिए दबाव बनाना भी एक मकसद है।

इन सबके बीच भारतीय वित्त मंत्रालय की मानें तो नकारात्मक आउटलुक वाली रेटिंग जारी रहने पर भारत के लिए कोई चिंता की बात नहीं है, क्योंकि राजकोषीय कंसोलिडेशन के लिए जो कदम उठाए गए हैं उनकी वजह से राजकोषीय घाटे का आकार, जिसे पहले ही भारतीय अर्थव्यवस्था की धीमी रफ्तार और अन्य समस्याओं के मद्देनजर बजट स्तर के 5.1 प्रतिशत से बढ़ाकर 5.3 प्रतिशत कर दिया गया है, उससे अधिक नहीं बढ़ेगा। भारत के आर्थिक मामलों के विभाग के अनुसार, भारत की विकास यात्रा सही रास्ते पर है, लेकिन फिर भी कुछ लोगों को अभी भी भरोसा नहीं है कि राजकोषीय घाटे का टार्गेट पूरा हो सकेगा।

सवाल यह है कि यदि राजकोषीय घाटा 5.3 प्रतिशत तक सीमित कर भी लिया गया भी तो क्या इसे भारतीय अर्थव्यवस्था के लिए सकारात्मक संकेत समझा जा सकता है, जबकि सामान्यतः इस घाटे का आकार 3-4 प्रतिशत तक हो तो उसे आरामदायक स्तर समझा जाता है।

अतः यह सामान्य स्तर से काफी ऊँचा है। यही कारण है कि रेटिंग एजेंसियों को विश्वास नहीं है कि भारत की आउटलुक अभी सकारात्मक की जा सकने लायक बन सकती है। जरूरत है कि आँकड़ों के गणित में न उलझते हुए ऐसे सकारात्मक, विकासोन्मुख और त्वरित कदम उठाए जाएँ, जिससे कि देश की आर्थिक विकास दर को गति मिले और भारत फिर से अपनी प्लस आउटलुक प्राप्त करे।

(मुंबई में प्रकाशित दैनिक 'हमारा महानगर' में शुक्रवार 11-01-2013 को व्यापार पृष्ठ पर प्रकाशित)

□

11

क्या जारी रहेगा 2013 में शेयर बाजार का उछाल ?

हाल ही में भारतीय शेयर बाजार के सूचकांक 'सेंसेक्स' में जबरदस्त उछाल आया और वह 20,000 के जादुई आँकड़े के पार जा पहुँचा। एक अन्य सूचकांक 'निफ्टी' ने भी 6,000 का आँकड़ा पार किया, जो इन दोनों ही शेयर सूचकांकों का पिछले दो वर्षों का श्रेष्ठतम प्रदर्शन रहा।

दरअसल, पिछले कुछ दिनों में लगातार कुछ ऐसे घटनाक्रम बने कि शेयर बाजार में काफी तेज सकारात्मक रुख नजर आया। इसमें दो तत्त्व महत्त्वपूर्ण रहे। पहला तो यह कि दिसंबर माह में मुद्रास्फीति की दर का रिजर्व बैंक की पूर्वानुमानित दर से कम ही रहने की संभावना का दिखना।

उल्लेखनीय है कि महँगाई की दर 7.5 पर रहने का अनुमान है, जबकि रिजर्व बैंक का पूर्वानुमान था कि यह 8 प्रतिशत के करीब रहेगी। ऐसे में बैंकों से लेकर पूँजी बाजार तक यह धारणा बन रही है कि शायद इस बार तो रिजर्व बैंक द्वारा नीतिगत दरों में कटौती किए जाने की पूरी संभावना है। सामान्यतया रिजर्व बैंक विकास करने और महँगाई रोकने के परस्पर विरोधी लक्ष्यों में तालमेल बैठाने की दुविधा झेलता रहा है और महँगाई रोकने की प्राथमिकता रखते हुए नीतिगत दरों में कटौती से पिछले कुछ समय में परहेज रखता रहा है। अत: जब महँगाई की दर कुछ नरम पड़ने के संकेत दिख रहे हैं, तो हो सकता है इस बार की मौद्रिक समीक्षा में नीतिगत दरों में कटौती संबंधी कोई घोषणा केंद्रीय बैंक द्वारा की जाए। इस बार यदि ब्याज की दरें घंटी तो भारत की चरमराती विकास दर कुछ सँभल सकेगी। इसी उम्मीद में लगता है कि शेयर बाजार ने आकर्षक उछाल ली है।

शेयर बाजार को संवारने में दूसरा महत्त्वपूर्ण तत्त्व रहा—दिसंबर माह में समाप्त हुई तिमाही में कई कंपनियों द्वारा दर्ज किया गया बेहतर प्रदर्शन। कई 'ब्लू चिप' अर्थात् शेयर

बाजार में राष्ट्रीय स्तर पर प्रतिष्ठित कंपनियों जैसे कि आईटीसी, आईसीआईसीआई, टाटा मोटर्स और ओएनजीसी आदि ने बेहतर कारोबार की बदौलत अच्छा प्रदर्शन किया और इनकी कीमतों में खासा उछाल देखा गया।

इसके अलावा टीसीएस, एचसीएल और एक्सिस बैंक जैसी निवेशकों की पसंदीदा कंपनियों ने भी काफी अच्छे परिणाम दिए। यहीं नहीं, जब ब्याज की दरें घटाई जाने की अटकलें लगाई जा रही हों, तो इन दरों के प्रति संवेदनशील रहनेवाले रियलिटी सेक्टर, ऑटोमोबील और बैंकिंग सेक्टर में कार्यरत कंपनियों के शेयरों की भी कीमतों में इजाफा हुआ।

फिर जैसे यह सब पर्याप्त न था। इसी दौरान भारत के वित्त मंत्री ने अचानक घोषणा की कि पिछले बजट सेशन से ही चर्चाग्रस्त रहे विवादास्पद 'जनरल एंटी-अवायडेंस रुल्स' (गार) जिसे पहले ही एक वर्ष के लिए स्थगित कर दिया गया था, उसका क्रियान्वयन फिलहाल दो वर्षों के लिए टाल दिया गया है। उन्हें लगता है कि कर परिहार रोकने के लिए मौजूदा कानून में ही पर्याप्त प्रावधान है। साथ ही, 30 अगस्त 2010 से पूर्व लागू प्रावधानों के तहत निवेश करनेवाले निवेशकों, अप्रवासी (नॉन रेजीडेंट) विदेशी संस्थागत निवेशकों तथा किसी भी करार के तहत कर-लाभ न उठानेवालों पर भी प्रस्तावित नई 'गार' गाइड लाइन लागू नहीं होगी। भारतीय पूँजीबाजार में 'पी नोट्स' के जरिए आनेवाले निवेशक भी इसकी परिधि से बाहर रहेंगे।

गौरतलब है कि आमतौर पर ऐसे नीतिगत निर्णय केंद्रीय बजट के माध्यम से भी अवगत कराए जाते हैं, लेकिन फिर भी अचानक इस प्रकार की गई घोषणा से मार्केट सेंटीमेंट जरूर बढ़ा है। इस प्रकार यों अनेक निवेशक प्रिय रुझानों, नीतिगत निर्णयों और पसंदीदा उद्योगों के अनुकूल त्रैमासिक नतीजों आदि की वजह से शेयर बाजार में तो उछाल आया है, क्या उसे टिकाऊ या लंबे समय तक बने रहने वाला रुझान समझा जा सकता है?

सवाल यह है कि यदि बाजार कुछ सकारात्मक घोषणाओं या प्रदर्शन की वजह से ऊपर जा सकता है तो कुछ नकारात्मक नतीजों, घोषणाओं या रुझानों की वजह से उतनी ही तेजी से नीचे भी तो आ सकता है। इसके कई कारण हो सकते हैं। पहला तो यह कि यद्यपि दिसंबर माह में महँगाई भले ही रिजर्व बैंक के पूर्वानुमान से कम आँकी जा रही हो पर फिर भी यह नवंबर माह की तुलना में कुछ बढ़ी ही है। फिर, ये प्रोव्हिजनल आँकड़े हैं। हो सकता है कि जब फाइनल आँकड़े तैयार हों तो यह कुछ ज्यादा ही ऊँची दर से भी बढ़ी दिखे जैसा कि अक्तूबर में हुआ था और यदि ऐसा हुआ, तो हो सकता है कि रिजर्व बैंक फिलहाल नीतिगत दारों में कटौती न भी करे।

दूसरा, यद्यपि चुनिंदा बड़ी कंपनियों ने विभिन्न कारकों की वजह से अपना प्रदर्शन

सुधारा है, लेकिन कुछ अन्य कंपनियाँ जिनके प्रतिकूल स्वास्थ्य का शेयर मार्केट पर विपरीत प्रभाव पड़ता है, उनका प्रदर्शन उम्मीद से कम भी रहा है।

तीसरा, 'गार' का क्रियान्वयन यों अचानक टाल देने के पीछे रुपए की कमजोर विनिमय दर और भुगतान संतुलन को स्थिर रखने का प्रायोजन भी हो सकता है। पिछले चार महीने में 14 बिलियन डॉलर का पोर्टफोलियो निवेश भारत में हुआ है। बावजूद इसके, इसी अंतराल में रुपए की विनिमय दर में 1.95 प्रतिशत का मामूली सुधार आना यह इंगित करता है कि तेल और स्वर्ण जैसे आयातों के बढ़ने से भारत का बाह्य खाता घाटा बढ़ा है। अनुमान है कि भारत का चालू खाता बढ़कर सकल राष्ट्रीय आय के 5.4 प्रतिशत तक पहुँच चुका है। यह काफी ऊँचा स्तर है और इसे कवर करना आसान नहीं है।

कुल मिलाकर शेयर बाजार ने ऊँची छलांग तो ली है पर इसका आधार वे रुझान हैं जो अभी भी अस्थिर हैं। नए बजट में सरकारी आमदनी और खर्चे में तालमेल बिठाना आसान नहीं होगा। ऐसे में आम खुदरा निवेशकों को संयम बरतते हुए उन्हीं कंपनियों में फिलहाल निवेश करना चाहिए जो बेहर आधारभूत तत्त्वों के बल पर अच्छा कारोबार कर रही हैं।

(मुंबई में प्रकाशित दैनिक 'हमारा महानगर' में शुक्रवार 18-01-2013) को व्यापार पृष्ठ पर प्रकाशित)

□

12

सोने के आयात पर बढ़ा सीमा शुल्क कितना सार्थक?

हाल ही में भारत के वित्त मंत्री ने स्वर्ण और प्लेटिनम के आयात पर लागू सीमा शुल्क को मौजूदा 4 प्रतिशत से बढ़ा कर 6 प्रतिशत कर दिया है। इसके अतिरिक्त गोल्ड डोर बारों पर लागू ड्यूटी मौजूदा 2 प्रतिशत से बढ़ा कर 5 प्रतिशत कर दी गई है।

उल्लेखनीय है कि डोर एक तरह की मिश्र धातु है, जो चाँदी और सोने के मिश्रण से बनी होती है। इसका रिफायनरीज द्वारा आयात किया जाता है। सोने तथा बुलियन पर इस प्रकार ड्यूटी बढ़ाए जाने से सोने की कीमतों में खासा उछाल आ सकता है।

भारत अपनी घरेलू माँग का बड़ा हिस्सा विदेशों से आयात करता है। वित्तीय वर्ष 2011-12 में सोने का आयात बिल 56.5 बिलियन डॉलर रहा था, जबकि चालू वित्तीय वर्ष में इसकी बढ़ी हुई कीमतों के बावजूद भी दिसंबर तक करीब 38 बिलियन डॉलर के मूल्य के सोने का आयात किया जा चुका है। ऐसे में जबकि चालू खाता घाटे का आकार भारत की सकल राष्ट्रीय आय के 4.6 प्रतिशत के ऊँचे स्तर पर पहुँच चुका है, सोने पर सीमा शुल्क को और बढ़ा दिया गया है, जिससे कि उसकी कीमतें कुछ और बढ़ें और बाजार में उसकी प्रभावी माँग का स्तर कुछ कम हो सके।

इस प्रकार सोने के आयात को हतोत्साहित करने के उद्देश्य से ही सीमा शुल्क बढ़ाया गया है और साथ ही यह भी स्पष्ट कर दिया गया है कि यदि वाकई इससे सोने का आयात घटा, तो इस फैसले पर पुनर्विचार भी किया जा सकता है। यह भी एक रणनीतिक घोषणा है, क्योंकि भविष्य में सीमा शुल्क में कटौती की संभावना नजर आने पर हो सकता है, लोग फिलहाल अपनी खरीदी आगे के लिए टाल दें, जिससे भी गोल्ड की डिमांड में कमी लाई जा सकेगी।

साथ ही, घरेलू स्तर पर ही सोने की आपूर्ति बढ़ाए जाने के लिए वित्त मंत्रालय

गोल्ड एक्सचेंज ट्रेडेज फंड्स (ईटीएफ) और गोल्ड डिपॉजिट स्कीम को जोड़ने जा रहा है। इसके तहत अब म्यूचुल फंडों के द्वारा गोल्ड ईटीएफ के तहत जमा सोने को बैंकों की गोल्ड डिपॉजिट स्कीमों में निवेश किया जा सकेगा। यहाँ तक कि खुदरा निवेशकों (व्यक्तियों) को भी इस स्कीम में शामिल होने का मौका दिया जा सकता है, जिसके लिए बैंक वह न्यूनतम सीमा कम करके देंगे, जिस पर बैंक में सोना जमा कराया जा सकता है और हो सकता है कि उसकी न्यूनतम मियाद को मौजूदा तीन वर्ष से कम करके छह महीने भी कर दिया जाए। अनुमान है कि गोल्ड डिपॉजिट स्कीम में सेबी तथा रिजर्व बैंक द्वारा अगले दो-तीन हफ्तों में नोटिस जारी किया जा सकता है, जिसके बाद लोग अपना यूँ ही पड़ा हुआ सोना (अर्थात् फिलहाल किसी उपयोग में न लिया जा रहा) इन स्कीमों में जमा करा सकेंगे।

गौरतलब है कि वर्तमान में सोने से जुड़ी दो स्कीमें भारत में लागू हैं। एक है गोल्ड ईटीएफ, जिसके तहत म्यूचुअल फंड के 'अधिकृत प्रतिभागियों' (ऑथोराइज्ड पार्टिसिपेंट्स) द्वारा ग्राहकों को यूनिट बेची जाती है और वे एक्सचेंज पर खरीद या बेची जा सकती हैं। इन यूनिटों के सामने म्यूचुअल फंडों के पास सोने का वास्तविक स्टॉक रहता है। दूसरी है—गोल्ड डिपॉजिट स्कीम, जो कई बैंकों द्वारा चलाई जा रही है। इसमें बैंक ग्राहकों द्वारा डिपॉजिट किए गए गोल्ड (सोने) को जमा रखते हैं। बैंक ये सोना जेम्स और ज्वैलरी व्यापार में उधार के रूप में दे सकते हैं। डिपॉजिट पीरियड के अंत में ग्राहक को या तो वास्तविक रूप में सोना या फिर बाजार मूल्य पर आधारित उसकी कीमत अदा की जा सकती है।

उम्मीद है कि इन दोनों स्कीमों को जोड़ देने पर भारत में घरेलू स्तर पर सोने की आपूर्ति बढ़ सकेगी, जिससे भी भारत की आयात पर निर्भरता कम होगी। उल्लेखनीय है कि भारत विश्व का सबसे बड़ा बुलियन आयात करनेवाला देश है।

हालाँकि यदि बांबे बुलियन एसोसिएशन की मानें तो ड्यूटी बढ़ने पर भी डोर बार आयातों में कुछ खास कमी आनेवाली नहीं है, क्योंकि लागत ग्राहकों पर ट्रांसफर कर सकने या फिर थोड़ा भी मार्जिन रहने पर भी वे लाभपूर्ण ढंग से काम करने में सक्षम होंगे। फिर चालू खाता घाटे पर भी इसका प्रभाव अधिक नहीं भी हो, क्योंकि भारत के कुल गोल्ड आयात में बुलियन आयातों का प्रतिशत 10 प्रतिशत से कुछ ही अधिक है।

जहाँ तक लोगों का सवाल है, जब महँगाई बढ़ रही हो, स्टॉक मार्केट अस्थिर हो और देश की विकास दर लगातार घट रही हो, ऊँची ब्याज दरों के चलते रियल्टी सेक्टर भी कम आकर्षक लग रहा हो, तो शहर या गाँव, सोने के आभूषण या 'बार' दोनों ही को निवेश के लिए बेहतर समझा जाता है। खासतौर पर लाखों ग्रामीण क्षेत्रों में जहाँ आज भी बैंकिंग सुविधाएँ उपलब्ध नहीं हैं, अपनी छोटी-छोटी बचतों को जमा करके लोग सोना

खरीद कर रखना अधिक पसंद करते हैं।

यही कारण है कि शायद कुछ समय तक लोग खरीदी न भी करें, पर धीरे-धीरे हो सकता है कि वे बढ़ी हुई कीमतों से समझौता कर लें और अन्य बेहतर विकल्प न होने पर इस पीली धातु ही में निवेश करना पसंद करें। एक अनुमान के अनुसार, भारत में 35 प्रतिशत सोना निवेश हेतु खरीदा जाता है।

इसके अलावा शादियों में दुल्हन के लिए सोना खरीदना एक हद तक अनिवार्यता समझा जाता है और इस लिहाज से भी औसत माँग में दीर्घकाल में कुछ उल्लेखनीय कमी आ सकेगी, फिलहाल मुश्किल दिखाई देता है। जानकारों की मानें तो बल्कि सीमा-शुल्क बढ़ने से सोने की तस्करी जैसी गतिविधियों को और प्रोत्साहन ही मिल सकता है, क्योंकि महज 100 ग्राम सोने के आयात पर 18,000 रुपए का शुल्क काफी अधिक है और सोने की अंतरराष्ट्रीय एवं घरेलू कीमतों में भी काफी फर्क है। वस्तुत: दीर्घकाल में सोने से बेहतर निवेश विकल्प उपलब्ध होने पर ही सोना जमा करके रखने की प्रवृत्ति पर रोक लग सकेगी।

(मुंबई में प्रकाशित दैनिक 'हमारा महानगर' में शुक्रवार 25-01-2013 को व्यापार पृष्ठ पर प्रकाशित)

□

13

क्या नीतिगत दरों में कटौती से घटेंगीं ब्याज दरें ?

हाल ही में रिजर्व बैंक ने रेपो रेट में 25 बेसिस अंकों से कटौती की घोषणा की, जिसके फलस्वरूप यह मौजूदा 8 प्रतिशत से कम होकर 7.75 प्रतिशत हो गई है। इसके साथ-साथ बैंकों पर लागू कैश रिजर्व रेश्यो (सीआरआर) को भी मौजूदा 4.25 प्रतिशत से कम करके 4 प्रतिशत कर दिया है, जिसकी वजह से करीब 18,000 करोड़ रुपए की अतिरिक्त तरलता का संचार बैंकिंग सिस्टम में संभव हो सकेगा।

उल्लेखनीय है कि रेपो रेट वह ब्याज दर है, जिस पर भारतीय बैंक रिजर्व बैंक से पैसा उधार उठा सकते हैं और कैश रिजर्व रेश्यो बैंकों के डिमांड और टाइम डिपॉजिटों का वह न्यूनतम प्रतिशत है, जिसे वे रिजर्व बैंक के पास जमा रखते हैं। मौद्रिक नीति में आए इस बदलाव का कारण भारत की अर्थव्यवस्था में लगातार विकास दर में आ रही गिरावट को समझा जा रहा है, जो पिछले दस वर्षों के न्यूनतम स्तर पर पहुँच चुकी है और ऐसा लग रहा है कि वक्त रहते उचित राजकोषीय एवं मौद्रिक उपाय न किए गए, तो हालात बद से बदतर भी हो सकते हैं।

यद्यपि अक्तूबर में समाप्त हुई द्वितीय त्रैमासिक मौद्रिक समीक्षा में रिजर्व बैंक ने भारत की विकास दर 5.8 रहने की संभावना बताई थी, लेकिन हाल ही में किए गए एक सर्वेक्षण से उसे लगता है कि यह कुछ और कम होकर 5.5 प्रतिशत के स्तर तक भी पहुँच सकती है। भारतीय अर्थव्यवस्था पर लगातार बढ़ रहे दबाव के मद्देनजर केंद्रीय वित्त मंत्री से लेकर अनेक बैंकों तथा नीति विश्लेषकों को केंद्रीय बैंक से पिछले कुछ महीनों से लगातार यह अपेक्षा थी कि वह महँगाई को रोकने जैसी प्राथमिकता को फिलहाल हाशिए पर रखते हुए विकास के मुद्दे को कुछ प्राथमिकता देते हुए नीतिगत दरों में कटौती करे। लेकिन पिछले नौ महीनों से केंद्रीय बैंक विकास

और महँगाई के परस्पर विरोधी लक्ष्यों में तालमेल बैठाने की दुविधा झेलते हुए ऐसा करने से परहेज करता रहा है।

विकास दर में आ रही गिरावट का दौर यदि इसी प्रकार चला, तो भारतीय अर्थव्यवस्था का आंतरिक और बाह्य संतुलन गड़बड़ा सकता है। अतः राजकोषीय और मौद्रिक नीति में विकास के मुद्दे को लेकर तालमेल बैठाना आवश्यक जान पड़ रहा था। साथ ही, दिसंबर में महँगाई की दर भी तीन महीने के न्यूनतम स्तर पर पहुँच गई, जिससे रिजर्व बैंक को लगता है कि उसे वह जगह मिल सकी कि जहाँ वह फिलहाल महँगाई की चिंता से विमुख हो विकास को अहमियत दे सके ताकि गिरती हुई विकास दर को कुछ संबल मिल सके और देश की अर्थव्यवस्था फिर से विकासोन्मुख हो सके।

दरअसल, रेपो रेट में कटौती से बैंकों के लिए रिजर्व बैंक से उधार पर पैसा उठाना सस्ता हो जाएगा और अब यह उम्मीद की जा सकती है कि बैंक भी अपने ग्राहकों को जिस ब्याज दर पर ऋण देते हैं, उसमें कुछ कटौती कर पाएँगे। फलतः अब कॉर्पोरेट लोन से होम लोन तक बैंकों से लेना सस्ता हो सकता है।

हालाँकि कुछ बैंकों ने तो ब्याज दरों में कटौती की घोषणा भी करना शुरू किया है, परंतु हो सकता है कि कुछ बैंक फिलहाल बजट आने तक ब्याज दरों में कटौती की घोषणा न भी करें। इसका कारण यह भी है कि रिजर्व बैंक ने साफ कर दिया है कि ब्याज दरों में और अधिक कटौती की जा सकेगी या नहीं, यह इस पर निर्भर करता है कि सरकार केंद्रीय बजट 2013 में राजकोषीय घाटे पर कितना नियंत्रण रख पाती है।

इसके अलावा यदि भविष्य में महँगाई कुछ और कम हुई और फिर चालू खाता घाटा भी नियत्रंण में आ सका तो मौद्रिक नीति में की गई इस सांकेतिक कटौती का दौर चालू भी रह सकता है। वैसे केंद्रीय बैंक ने महँगाई की अनुमानित दर को मौजूदा 7.5 प्रतिशत से घटाकर 6.8 प्रतिशत कर दिया है। परंतु फिर भी जिस प्रकार डीजल की कीमतों में इजाफा हुआ है उसके परिणामस्वरूप अनेक उपभोक्ता उत्पादों और खाद्यानों आदि के दामों में वृद्धि होने की काफी संभावना है।

तमाम राजकोषीय उपायों के बावजूद राजकोषीय घाटे का आकार संशोधित 5.3 प्रतिशत स्तर तक भी सीमित रख पाना और चालू खाता घाटे को 5.4 प्रतिशत के उच्च स्तर से 3.5 प्रतिशत के अपेक्षाकृत आरामदायक स्तर तक ले आना भी कम चुनौतीपूर्ण न होगा। ऐसे में सारा दारोमदार केंद्रीय वित्त मंत्री पर आता दिख रहा है जो इस बार एक जिम्मेदार बजट पेश करना चाहते हैं, ताकि भारत की विकास दर को सुधारा जा सके।

वस्तुतः राजकोषीय उपायों द्वारा यदि महँगाई का स्तर कम किया जा सका तो

उम्मीद की जा सकती है कि आनेवाले वित्तीय वर्ष में भी नीतिगत दरों में कटौती का रुख कायम रह सकेगा। हालाँकि कोई बहुत बड़ी कटौती की अपेक्षा करना मुश्किल होगा, लेकिन फिर भी यदि राजकोषीय घाटे का आकार नियंत्रण में रहा तो नीतिगत दरों में कुछ और कटौती की अपेक्षा की जा सकेगी।

(मुंबई में प्रकाशित दैनिक 'हमारा महानगर' में शुक्रवार 01-02-2013 को व्यापार पृष्ठ पर प्रकाशित)

□

14

धीमी पड़ रही है भारत की अर्थव्यवस्था

हाल ही में भारत के वित्त मंत्री ने वित्तीय स्थिरता एवं विकास परिषद् (फाइनेंशियल स्टेबिलिटी एंड डेवलपमेंट काउंसिल) की एक उच्च स्तरीय सभा में भारत की अर्थव्यवस्था के खस्ताहाल होने की वजह से चिंतित विदेशी वित्तीय नियामकों और निवेशकों को भरोसा दिलाया कि सरकार राजकोषीय और चालू खाता घाटे में कटौती करेगी, ताकि भारत फिर से 8 प्रतिशत की दर से विकास करे।

दरअसल, पिछले कुछ समय से वे विदेशी निवेशकों को भारत की अर्थव्यवस्था में आनेवाले समय में एक निवेशक हितैषी वातावरण बनने और विकास की बेहतर संभावना मौजूद होने के प्रति आश्वस्त करने की पुरजोर कोशिशों में लगे हैं। एक ऐसे समय जबकि वैश्विक अर्थव्यवस्था काफी कमजोर दिखाई पड़ रही है भारत यदि निवेश के लिए अन्य देशों से बेहतर विकल्प बन कर प्रस्तुत हो सका, तो वाकई अर्थव्यवस्था के हालात काफी हद तक सुधर भी सकते हैं।

हाल ही में जनवरी के अंतिम सप्ताह में विश्व आर्थिक मंच की दावोस (स्विट्ज़रलैंड) में आयोजित वार्षिक बैठक में अंतरराष्ट्रीय मुद्रा कोष (आईएमएफ) की प्रमुख क्रिस्टीन लगार्डे ने कहा कि 2013 एक बनने या फिर बिगड़ने का वर्ष हो सकता है। उन्होंने कहा कि यह आराम का वक्त नहीं है। हालात फिर से बिगड़ भी सकते हैं।

ऐसे में यह आम धारणा रही कि यूरोप और अमेरिका जैसे विकसित देशों में विकास की धीमी रफ्तार देखते हुए, बल्कि उदीयमान देशों में विकास की कुछ संभावना नजर आ रही है। वर्ल्ड इकोनॉमिक फोरम की इस सालाना बैठक में विश्व के करीब 2500 शीर्षस्थ और प्रभुत्वधारी व्यवसाई, सरकारी प्रतिनिधि, शिक्षाविद् और प्रशासनिक अधिकारी आदि शामिल होते हैं। इस बार यहाँ विश्व के करीब 220 मिलियन युवाओं को रोजगार देने और आर्थिक असमानता दूर किए जाने जैसे संवेदनशील मुद्दों पर भी चर्चा हुई।

कुल मिलाकर विश्व में आर्थिक विकास से लेकर सामाजिक न्याय जैसे मुद्दों को लेकर काफी चिंता है। आर्थिक सहयोग और विकास संगठन (ओईसीडी) के सेक्रेटरी जनरल एंजल गुरिया ने भी कहा कि विश्व में हरेक को चिंता होनी चाहिए क्योंकि यदि हालात और अधिक बिगड़े तो इन बिगड़ी हुई अर्थव्यवस्थाओं को ठीक करने के लिए कुछ अधिक उपाय भी सूझेंगे नहीं।

उधर, अंतरराष्ट्रीय एजेंसी 'क्रेडिट सुइस' द्वारा कराए गए उपभोक्ता सर्वेक्षण 2013 के अनुसार, भारत में महँगाई के ऊँचे स्तर और विकास की धीमी रफ्तार से लोगों में भारी चिंता है, क्योंकि जिस दर से महँगाई बढ़ रही है, उतनी तेजी से वेतन या आमदनी नहीं बढ़ पा रही है। ऐसे में उपभोक्ता खर्चों में कटौती करने पर विचार कर सकते हैं। हो सकता है कि वे महँगे या ब्रांडेड उत्पादों की खरीदी फिलहाल टाल दें और कम कीमतों वाले अन्य उत्पाद अधिक खरीदें। हो सकता है कि वे स्टॉक मार्केट या जोखिम भरे निवेश से भी परहेज रखना पसंद करें। यदि ऐसा हुआ तो कई कंपनियों के कारोबार या लाभांशों में कमी आ सकती है।

एक अन्य रेटिंग ऐजेंसी आईसीआरए के अनुसार, बैंकों द्वारा घोषित खराब ऋणों का प्रतिशत जो सितंबर 2012 तक 3.6 प्रतिशत था, वह जून 2015 तक बढ़ कर 6.5 से 7.5 प्रतिशत तक जा सकता है। यदि खराब ऋणों और पुनर्गठित ऋणों का सम्मिलित आँकड़ा लें तो यह मार्च 2013 तक बैंकों द्वारा दिए गए कुल ऋणों का 9 से 10.30 प्रतिशत हो जाएगा, जो मार्च 2012 में 7.5 प्रतिशत था।

अत: पहले से ही कठिन दौर से गुजर रही अनेक कंपनियों की आनेवाले समय में मुश्किलें बढ़ सकती हैं। एक अन्य अनुमान के अनुसार, भारत में बाहरी कंपनियों द्वारा विलय एवं अधिग्रहण मामलों में मूल्य के आधार पर 30 प्रतिशत कमी आई है, जबकि भारतीय कंपनियों द्वारा विदेश में किए जा रहे विलय एवं अधिग्रहण गतिविधियों में 65 प्रतिशत वृद्धि हुई। इस प्रकार के रुख से भारत की ग्रोथ स्टोरी में निवेशकों के घटते आत्मविश्वास की झलक अवश्य मिलती है।

केंद्रीय सांख्यिकी दफ्तर द्वारा जारी आँकड़े भी निराशाजनक नहीं हैं। इस रिपोर्ट के अनुसार सन् 2011-12 में भारत की सकल राष्ट्रीय आय पूर्व अनुमानित 6.5 प्रतिशत की बजाय महज 6.2 प्रतिशत की दर से बढ़ी जो पिछले 9 वर्षों का न्यूनतम स्तर रहा। ज्यादा चिंता की बात यह है कि इस दौरान देश की बचत दर पिछले 8 वर्षों के न्यूनतम स्तर पर रही। निवेश की दर, निजी उपभोक्ता खर्च, पूँजी विनिर्माण दर तथा प्रति व्यक्ति आय आदि सभी पिछले वर्ष की तुलना में धीमी गति से बढ़े हैं। यदि मौजूदा वर्ष की बात करें तो हालात और बिगड़ते ही नजर आ रहे हैं। रिजर्व बैंक ने भारत की आर्थिक विकास की अनुमानित दर को और घटा कर 5.5 प्रतिशत बताया है।

कुल मिलाकर भारत की अर्थव्यवस्था एक नाजुक दौर से गुजर रही है। चालू खाता घाटा 5.4 प्रतिशत के स्तर पर है। समस्या है कि खराब वैश्विक अर्थव्यवस्था के चलते निर्यात किस प्रकार बढ़ाए जाएँ? दूसरी समस्या यह है कि बचत दर और निवेश दर को किस प्रकार प्रोत्साहन मिले, जबकि महँगाई अभी भी ऊँचे स्तर पर बनी हुई है।

वस्तुतः जब तक भारतीय अर्थव्यवस्था की बुनियादी समस्याओं से निजात न मिले, तब तक विकास की रफ्तार बढ़ाना मुश्किल है। खासतौर पर, एक कठिन वैश्विक आर्थिक माहौल में भारत अपनी विकास यात्रा तभी जारी रख सकेगा, जबकि किसी प्रकार राजकोषीय घाटे और चालू खाता घाटे पर अंकुश लगे। देश के विकास के लिए अल्पकालिक उपायों या सांकेतिक घोषणाओं द्वारा निवेश सेंटीमेंट को अस्थायी रूप से बेहतर बनाया जा सकता है, लेकिन वह टिकाऊ तभी होगा, जब कि भारत की आर्थिक नीतियों में बुनियादी और दीर्घकालीन नजरिए से फैसले लिए जाएँ। देखना है कि बजट 2013 किस प्रकार इन चुनौतियों और अपेक्षाओं में खरा उतर पाता है।

(मुंबई में प्रकाशित दैनिक 'हमारा महानगर' में शुक्रवार 08-02-2013) को व्यापार पृष्ठ पर प्रकाशित)

□

15

अंतरराष्ट्रीय व्यापार में बढ़ रहा है चीन का वर्चस्व

वैश्विक अर्थव्यवस्था में अग्रणी देशों की कतार में तेजी से स्थापित होते एशियाई देश चीन अंतरराष्ट्रीय व्यापार क्षेत्र में अमेरिका को मात देते हुए विश्व का सबसे बड़ा व्यापारी देश बन गया है। इस प्रकार इस उदीयमान राष्ट्र ने विदेश व्यापार में द्वितीय विश्व युद्ध के बाद से चलते आ रहे अमेरिकी वर्चस्व को कड़ी चुनौती दी है।

उल्लेखनीय है कि चीन में वर्ष 2012 में करीब 3.87 ट्रिलियन डॉलर के मूल्य का आयात और निर्यात किया है, जबकि अमेरिका के वाणिज्य विभाग के अनुसार उन्होंने इसी अंतराल में 3.82 ट्रिलियन डॉलर के सामान का आयात-निर्यात किया। हालाँकि दोनों देशों के कारोबार में 0.05 ट्रिलियन डॉलर का ही फर्क है, पर फिर भी यह महत्त्वपूर्ण है, क्योंकि फर्क चीन के पक्ष में है और उसे नंबर वन (प्रमुख) देश बनाता है।

जाहिर तौर पर दो बातें सामने हैं। पहली तो यह कि अब चीन अमेरिका के बड़े प्रतिद्वंद्वी के रूप में खड़ा हो गया है। दूसरी यह कि दक्षिण एशियाई क्षेत्र में, और यहाँ तक कि ब्रिक्स देशों के समक्ष भी एक बड़ी चुनौती के रूप में उभर कर आया है। अब भारत जैसे विकासशील देश को अंतरराष्ट्रीय स्तर पर आगे बढ़ने के लिए अपने ही पड़ोसी देश चीन के साथ और अधिक प्रतिस्पर्धात्मक संघर्ष करना होगा। खासतौर पर यूरो जोन, जहाँ भारत के भी व्यापक व्यापारिक ताल्लुकात हैं, वहाँ चीन एक मजबूत आधार तैयार कर चुका है।

यूरो जोन के सबसे बलशाली और सुदृढ़ अर्थव्यवस्था माने जानेवाला जर्मनी इस दशक के अंत तक चीन को दिए जानेवाले निर्यात दोगुना कर देगा, ऐसा अनुमान है। यही नहीं, धीरे-धीरे विश्व के अनेक राष्ट्र अपने व्यापारिक रिश्ते चीन के साथ जोड़ते जा रहे हैं।

चीन का प्रदर्शन कितना जबरदस्त है, इसका अंदाजा इसी से लगाया जा सकता है कि जहाँ अमेरिका ने वर्ष 2012 में सामानों के कारोबार (गुड्स ट्रेड) में 700 बिलियन डॉलर का घाटा उठाया, वहीं चीन के कारोबार में 231.1 बिलियन डॉलर का अधिशेष (सरप्लस) था।

दरअसल, चीन अपने सामानों की प्रतिस्पर्धात्मक क्षमता बढ़ाने पर जोर देता रहा है और यही कारण है कि वैश्विक मंदी के कठिन दौर में, जहाँ अनेक विकसित देश तक एक संतोषजनक विकास दर हासिल करने के लिए जद्दोजहद (संघर्ष) कर रहे हैं, चीन की विकास दर औसत विकास दर से कहीं ऊँचे स्तर पर बनी हुई है। यही कारण है कि आज अंतरराष्ट्रीय व्यापार में उसका हिस्सा सबसे ऊपर पहुँच चुका है।

इसके अलावा वहाँ की सरकार ने उदारीकरण की नीति के तहत अपनी प्रशासनिक प्रक्रिया को सरल रखते हुए विदेशी निवेशकों को आकर्षित किया। धीरे-धीरे वहाँ बने सामान अमेरिका, जापान, यूरोपियन यूनियन, दक्षिण पूर्व एशियाई देश (एसिएन) और दक्षिण कोरिया के बाजारों में पहुँचने लगे। फिर जैसे-जैसे चीनी लोगों के जीवन स्तर में सुधार आता गया, वहाँ के आयात भी बढ़े। यही कारण है कि आयात-निर्यात का सम्मिलित आँकड़ा बढ़ता रहा और आज आर्थिक रूप से सबसे बड़ी ताकत समझे जानेवाले बलशाली राष्ट्र अमेरिका को भी उसने अंतरराष्ट्रीय व्यापार में पीछे छोड़ दिया है।

गौर करनेवाली खास बात यह है कि जहाँ अमेरिका की सकल राष्ट्रीय आय सन् 2011 में 15 ट्रिलियन डॉलर थी, वहीं चीन की राष्ट्रीय आय उससे आधी अर्थात् करीब 7.3 ट्रिलियन डॉलर थी। यह तथ्य चीन के प्रदर्शन को और भी महत्त्वपूर्ण बनाता है कि आखिर किस प्रकार चीन ने अंतरराष्ट्रीय व्यापार क्षेत्र में इतना बेहतरीन प्रदर्शन किया। फिर यह भी देखना चाहिए कि जहाँ अमेरिका दूसरे विश्वयुद्ध के बाद बिखरे औपनिवेशिक शासन के बाद से ही तरक्की के रास्ते पर बढ़ा, वहीं चीन ने वर्षों अलगाव झेलने के बाद पिछले कुछ ही दशकों में अभूतपूर्व प्रदर्शन करके दिखाया है।

वस्तुतः 21वीं सदी की शुरुआत ही में चीन के विश्व व्यापार संगठन परिग्रहण ने अंतरराष्ट्रीय व्यापार क्षेत्र में बने पिछले कई समीकरणों को हिला कर रख दिया और चीन कई दिग्गज देशों के समक्ष वर्चस्व के लिए कड़ी चुनौती बन कर प्रस्तुत हुआ। अमेरिका ही के साथ उसके व्यापार का विश्लेषण करें तो सन् 2011 में अमेरिका ने चीन के साथ सामान और सर्विसेज (सेवा क्षेत्र) का 539 बिलियन डॉलर का व्यापार किया। जहाँ चीन को उसके निर्यात 129 बिलियन डॉलर के थे वहाँ चीन से किए गए आयात 411 बिलियन डॉलर के थे। इस प्रकार उसका चीन के साथ व्यापार घाटा 282 बिलियन डॉलर का रहा।

गौरतलब है कि अमेरिका ने जहाँ चीन में मुख्यतः विनिर्माण और बैंकिंग क्षेत्र में निवेश किया वहाँ चीन ने अमेरिका में मुख्यतः होलसेल व्यापार क्षेत्र में निवेश किया। इस

प्रकार पिछले दो दशकों में चीन ने विदेश व्यापार के क्षेत्र में जो मुकाम हासिल किया है, वह अभूतपूर्व है। फिर चीन का इस ठहरी हुई वैश्विक अर्थव्यवस्था में यूँ आगे बढ़ना, समूचे विश्व में आर्थिक हालात बेहतर होने के प्रति उम्मीद की नई किरण समान दिखाई दे रहा है।

चीन ने पिछले वर्ष के मुकाबले अमेरिका को 14.5 प्रतिशत अधिक निर्यात किए। यह एक प्रकार से अमेरिका में प्रभावी माँग के स्तर के ऊपर उठने का संकेत है और शायद निवेश के लिए बेहतर आउटलुक बनने का भी। चीन की घरेलू अर्थव्यवस्था में भी उत्पादों और सेवाओं की माँग बढ़ी है, क्योंकि उसके आयात भी बढ़े हैं। साथ ही, जनवरी में वहाँ महँगाई की दर भी करीब 2 प्रतिशत कम हुई हैं। अत: इस प्रकार चीन के अच्छे प्रदर्शन से वैश्विक अर्थव्यवस्था में एक सकारात्मक संदेश गया है। जहाँ तक भारत का सवाल है, उसे चीन के सापेक्ष प्रतिस्पर्धात्मक क्षमता को बढ़ाने के लिए त्वरित और कारगर उपाय करने की आवश्यकता होगी।

(मुंबई में प्रकाशित दैनिक 'हमारा महानगर' में शुक्रवार 15-02-2013 को व्यापार पृष्ठ पर प्रकाशित)

□

16

बजट 2013
कैसे दूर हो मंदी और बेरोजगारी ?

केंद्रीय बजट 2013 को लेकर अनेक प्रकार की आशंकाएँ भी हैं, तो कई तरह की अपेक्षाएँ भी। कारण यह कि जिस प्रकार के आर्थिक वातावरण में यह बजट पेश होगा वे कठिन हैं, इसमें कोई संदेह नहीं पर इसी वित्तीय वर्ष 2013-14 में आम चुनाव भी हो सकते हैं और इसी वजह से आशंका है कि कहीं चुनावों के मद्देनजर यह बजट लोकलुभावन (बजट वही जो वोटर के मन भाए) नीतियों या निर्णयों से आसक्त हो कहीं राजकोषीय अनुशासन और विकास के प्रतिकूल न बन जाए।

लेकिन तमाम आशंकाओं से परे कुछ ऐसे कठोर निर्णय भी हैं, जो पिछले कुछ महीनों से लगातार एक सकारात्मक संदेश देश-विदेश सभी जगह पहुँचा रहे हैं और वह ये कि सरकार राजकोषीय अनुशासन के प्रति सजग है। खासतौर पर जिस प्रकार सरकारी खर्चों पर लगाम कसी जा रही है, उससे काफी उम्मीद है कि बजट घाटे को संशोधित 5.3 प्रतिशत स्तर पर सीमित रखा जा सकेगा।

उल्लेखनीय है कि अप्रैल से दिसंबर के दौरान राजकोषीय खर्चों में 10.6 प्रतिशत की वृद्धि हुई, जबकि बजट 2012 के अनुसार इसके 13.1 प्रतिशत तक बढ़ने का अनुमान था। खासतौर पर सब्सिडी, ग्रामीण विकास, रक्षा, मानव संसाधन तथा रेलवेज आदि क्षेत्र में खर्चों में कमी की जा रही है। खर्चों में कमी से सरकार को भारी बचत होगी, जिससे राजकोषीय घाटे में कमी लाई जा सकेगी, ऐसा अनुमान है। राजकोषीय अनुशासन के प्रति सजगता, या यूँ कहें कि प्रतिबद्धता का एक कारण प्रमुख रेटिंग एजेंसियों द्वारा भारत को रेटिंग डाउनग्रेड की चेतावनी भी हो सकता है।

जो भी हो, जिस प्रकार राजकोषीय घाटे के आकार को सीमित रखने के निमित्त सुस्पष्ट नीतिगत निर्णय लिए जा रहे हैं, उससे जो राजकोषीय सुधार की प्रक्रिया शुरू हुई

है वह बजट 2013 में जारी रहेगी, ऐसी भी काफी संभावना है।

दरअसल, विकास और महँगाई का कुचक्र कुछ ऐसा बना हुआ है कि यदि विकासन्मुख नीतियाँ अपनाई जाएँ तो महँगाई कुछ और ऊँचे स्तर पर पहुँच सकती है। इसके विपरीत, यदि महँगाई पर किसी प्रकार अंकुश रखने की नीति लागू की जाती है, तो उससे विकास बाधित होता है। हमने देखा भी है कि कई बार महँगाई रोकने को प्राथमिकता दे रही मौद्रिक नीति को भी अकसर विकास की गति मंद पड़ने के लिए जिम्मेदार समझा गया है।

भारत की आर्थिक विकास की दर इस वर्ष 5 से 5.50 के बीच ही रहने का अनुमान लगाया गया है। ऐसी स्थिति में केंद्रीय वित्त मंत्री के समक्ष यह बड़ी चुनौती होगी कि किस प्रकार चालू खाता घाटा और राजकोषीय घाटे पर नियंत्रण रखते हुए वे भारत की विकास यात्रा को आगे बढ़ा पाएँगे। साथ ही, उन्हें आम लोगों को फायदा पहुँचाने वाली स्कीमों या घोषणाओं को भी कहीं न कहीं समायोजित करने की आवश्यकता पड़ सकती है।

मसलन, यदि वे सब्सिडी कम करेंगे तो महँगाई बढ़ेगी। यदि प्रत्यक्ष कर दर बढ़ाएँगे तो लोगों में निजी बचत दर और कम हो सकती है, क्योंकि उनकी खर्च करने योग्य आय कम हो सकती है। ऐसे में सरकार राजस्व के नए स्रोत तलाश सकती है। कई नए उत्पादों या सेवाओं को उत्पादन शुल्क या सर्विस टैक्स के दायरे में खींचा जा सकता है। कुछ नए प्रत्यक्ष कर लगाए जा सकते हैं, पर ऐसा करते समय सरकार को सजग रहना होगा कि निजी निवेश पर प्रतिकूल प्रभाव न पड़े।

एक अन्य स्रोत है—पब्लिक सेक्टर उपक्रमों या कंपनियों में विनिवेश के माध्यम से संसाधन जुटाना। चालू वित्तीय वर्ष में करीब 30,000 करोड़ का विनिवेश लक्ष्य था, जो मार्च 2013 तक लगभग हासिल किया जाएगा। बजट 2013 में इसे और बढ़ाया भी जा सकता है और कई बड़ी एवं प्रतिष्ठित सरकारी कंपनियों की हिस्सेदारी को बेचा जा सकता है।

इस प्रकार मंद पड़ती जा रही भारतीय अर्थव्यवस्था में राजस्व में वृद्धि और खर्चों में कमी करने की अपनी सीमाएँ हैं। यदि करों में वृद्धि की जाए तो निजी निवेश पर प्रतिकूल प्रभाव पड़ सकता है और यदि खर्चों में कमी की जाए, तो विकास की गति थम सकती है। जिस प्रकार उद्योग जगत् के वित्तीय नतीजे हाल ही में प्रकाशित हुए हैं, उससे तो यही निष्कर्ष निकलता है कि अधिकांश कंपनियाँ बिक्री और लाभांशों की कमी झेल रही हैं। अनेक उद्योगपति भारत से बाहर जाकर कारखाने खोलने की इच्छा भी जता चुके हैं।

आज सबसे बड़ी समस्या है, ब्याज की दर का भार बढ़ जाना और साथ ही वेतन तथा कच्चे माल की कीमतें भी बढ़ गई हैं। बाजार में उपभोक्ता उत्पाद हो या औद्योगिक उत्पाद, सबकी माँग घट रही है। सिर्फ ऐसी कंपनियाँ जो विदेशों में प्रतिस्पर्धात्मक रूप

से व्यवसाय करती हैं, जैसे कि आईटी या फार्मा क्षेत्र, वे ही बेहतर प्रदर्शन कर पा रही हैं। ऐसे में, वित्त मंत्री को ऐसी घोषणाएँ करनी होंगी, जिससे न सिर्फ विदेशी कंपनियाँ भारत का रुख करें, बल्कि भारतीय कंपनियाँ भी विदेश पलायन करने का विचार त्यागें। कृषि, विनिर्माण और इंफ्रास्ट्रक्चर तथा सेवाओं के क्षेत्र में रोजगार कैसे बढ़ें, मेरे विचार से युवा भारत के केंद्रीय बजट 2013 का यही केंद्र बिंदु होना चाहिए। कारण साफ है। विकास है तो समृद्धि है और समृद्धि है तो सुरक्षा एवं स्थायित्व। यही हर आर्थिक नीति की दीर्घकालीन सफलता का मूल मंत्र है।

(मुंबई में प्रकाशित दैनिक 'हमारा महानगर' में शुक्रवार 22-02-2013 को व्यापार पृष्ठ पर प्रकाशित)

□

17

विकास और समावेशी विकास की चुनौतियों में उलझा बजट-2013

बजट-2013 जिस प्रकार के आर्थिक वातावरण में पेश हुआ, वो अनेक चुनौतियों से भरा है। स्वयं केंद्रीय वित्त मंत्री ने भी इसी एहसास के साथ अपना बजट पेश किया। लेकिन फिर भी, किस प्रकार भारत की अर्थव्यवस्था इन चुनौतियों का सामना आगामी वित्तीय वर्ष में कर पाएगी, यह इस बजट में स्पष्ट रूप से दिखाई नहीं दिया। खासतौर पर आर्थिक सुधारों को लेकर काफी उम्मीदें निवेशकों से लेकर उद्योगपतियों और व्यापारियों को थीं, वो कहीं न कहीं पूरी होती नहीं दिखाई दे रहीं।

हालाँकि डायरेक्ट टैक्स कोड इसी सत्र में लागू करने की संभावना बताई गई है, पर जीएसटी के लिए इंतजार अभी बाकी है। हाँ, यदि बजट में घाटे को किसी भी तरह से नियंत्रण में रखना राजकोषीय अनुशासन का द्योतक मान लिया जाए तो वित्त मंत्री चालू वित्तीय वर्ष के घाटे को 5.3 के संशोधित स्तर से कुछ कम 5.2 प्रतिशत तक सीमित रखने में सफल अवश्य हुए हैं। यह बात और है कि 5.2 प्रतिशत घाटा अपने आप में एक ऊँचा स्तर है, क्योंकि साधारणतया इसे 3 प्रतिशत के स्तर पर कहीं होना चाहिए। केंद्रीय वित्त मंत्री को उम्मीद है कि सन् 2016 तक ही घाटे का स्तर 3 प्रतिशत तक लाया जा सकेगा।

जहाँ तक बजट-2013 का सवाल है, राजकोषीय घाटे का स्तर 4.8 प्रतिशत रखा गया है। अब इसे आम चुनाव से पहले के आखिरी बजट की मजबूरी समझें या देश में बाहुल्य रखने वाले आम आदमी की आम समस्याओं के प्रति बढ़ी संवेदनशीलता-वित्त मंत्री ने ज्यादातर वे घोषणाएँ कीं, जिनसे निम्न या मध्य आय वर्ग के लोग लाभान्वित हों या आहत न हों। जहाँ तक प्रत्यक्ष करों का संबंध है, मौजूदा वर्ष में लागू टैक्स स्लैब में कोई परिवर्तन नहीं किया है, पर एक करोड़ रुपए से अधिक आय घोषित करनेवाले

करीब 42,800 लोगों पर उनके द्वारा देय कर पर 10 प्रतिशत का अधिभार (सरचार्ज) लगा दिया गया है।

महँगाई से आहत आम करदाता, जो पाँच लाख रुपए तक की आय अर्जित करते हैं, उन्हें करों में 2,000 रुपए तक की छूट दी गई है। ऐसे करीब 1.8 करोड़ लोग हैं। एक प्रकार से करोड़पति करदाताओं पर थोड़ा-सा ही कर भार बढ़ाकर और मध्यम वर्गीय करदाताओं को करों में थोड़ी-सी छूट देकर वित्त मंत्री ने दोनों ही आय वर्ग के लोगों को जिन्हें शायद 'कहीं टैक्स और न बढ़ जाए' की आशंका थी, कुछ राहत ही दी है। इसके अलावा, उन्होंने काफी गंभीरता से ऊँची विकास दर के साथ 'समावेशी (इंक्लुसिव) और निर्बाध' विकास की अवधारणा पेश की और स्वास्थ्य, पानी, सफाई, एससीएसटी तथा ट्राइबल वर्ग के विकास के साथ-साथ ग्रामीण विकास पर किए जानेवाले खर्च को कुछ बढ़ाया है।

हालाँकि यह बात कुछ और है कि बजट की पूर्व संध्या पर पेश किए गए आर्थिक सर्वेक्षण के मुताबिक, भारत की विकास दर इस वर्ष 5 प्रतिशत रही है, जो पिछले दस वर्षों का न्यूनतम स्तर है और सन् 2013-14 में इसके 6.1 से 6.7 प्रतिशत के बीच ही रहने की संभावना है। केंद्रीय वित्त मंत्री की मानें तो भारतीय अर्थव्यवस्था में 8 प्रतिशत की दर से विकास करने की क्षमता है, लेकिन इस बजट में वह स्तर पाने की इच्छा शक्ति या प्रयास—दोनों ही नजर नहीं आए।

चालू खाता घाटा कम करने के लिए एफडीआई, एफआईआई और बाह्य कमर्शियल ऋणों पर निर्भरता के मद्देनजर भारत में विदेशी निवेशकों के लिए टैक्स कानूनों में अधिक स्पष्टता और सेबी द्वारा नियमों के सरलीकरण जैसी बातें इस बजट में की गई हैं। विदेशी संस्थागत निवेश (एफआईआई) और विदेशी प्रत्यक्ष निवेश की एक स्पष्ट परिभाषा भी उन्होंने दे दी है। अब यदि किसी कंपनी की शेयर कैपिटल में 10 प्रतिशत से कम विदेशी हिस्सेदारी है, तो उसे एफआईआई माना जाएगा और यदि दस प्रतिशत से अधिक है, तो उसे एफडीआई माना जाएगा। अत: यदि यह हिस्सेदारी 9.99 प्रतिशत है तो स्पष्ट रूप से एफआईआई और 10.01 प्रतिशत है, तो स्पष्ट रूप से एफडीआई माना जाएगा।

निवेश का मकसद अल्पकालीन लाभ है या दीर्घकालीन निवेश या फिर स्रोत क्या है, इन बातों का महत्त्व कम होगा, ऐसा लगता है। अब पेंशन फंड और प्रोव्हिडेंट फंड भी एक्सचेंज ट्रेडेड फंड्स में निवेश कर पाएँगे। विदेशी निवेशकों को गार के तहत भी काफी राहत मिली है। हाँ, आम निवेशक के लिए 'राजीव गांधी इक्विटी सेविंग स्कीम' के तहत आय वर्ग की सीमा 10 लाख से बढ़ाकर 12 लाख कर दी गई है। सिक्योरिटी ट्रांसेक्शन टैक्स में कुछ कमी कमी गई है, पर गैर कृषि कमोडिटी यूजर कांट्रेक्स पर कमोडिटी ट्रांसेक्शन टैक्स लगाया गया है, जो 0.1 प्रतिशत रखा गया है।

इस बजट में जहाँ विदेशी निवेशकों को काफी राहत दी गई है, देसी कंपनियों को कुछ खास नहीं मिल पाया। जो कंपनियाँ 10 करोड़ रुपए से अधिक कमी कर योग्य आय घोषित करती हैं उन पर सरचार्ज 5 प्रतिशत से बढ़ाकर 10 प्रतिशत कर दिया गया है। डिविडेंट वितरण पर लागू सरचार्ज 10 प्रतिशत कर दिया गया है।

हालाँकि 100 करोड़ से अधिक मूल्य का निवेश प्लांट और मशीनरी पर करने वाली कंपनियों को 15 प्रतिशत का निवेश अलाउंस दिया जाएगा, जिससे वित्त मंत्री को उम्मीद है कि अनेक छोटे व मध्यम उद्योगों को भी प्रोत्साहन मिलेगा। फिर भी, विनिर्माण क्षेत्र में कुछ और ठोस उपाए इस बजट में जाने चाहिए थे, जिससे युवाओं के लिए रोजगार बढ़ाए जा सकते। युवाओं में निपुणता विकास के लिए 1,000 करोड़ रुपए का खर्च करने की घोषणा वित्त मंत्री ने अवश्य की है, लेकिन इस योजना का प्रारूप अभी बनना बाकी है। महिलाएँ, जो आज हर क्षेत्र में आगे बढ़ रही हैं, उनकी सुरक्षा और सशक्तीकरण के लिए भी 1,000 करोड़ रुपए का 'निर्भया' फंड बनाने की घोषणा हुई है, हालाँकि महिला एवं बाल विकास मंत्रालय द्वारा इसकी संरचना, कार्यक्षेत्र और इसे क्रियान्वित करने के बारे में रूप-रेखा बनना बाकी है।

इस प्रकार अनेक घोषणाएँ ऐसी हैं, जिन पर काम शुरू किया जाना है। फिर भी, केंद्रीय वित्त मंत्री से कृषि स्ट्रक्चर और ग्रामीण विकास, खाद्य सुरक्षा और शहरी निवास आदि कई महत्त्वपूर्ण मुद्दों पर ध्यान दिया गया है, जिन पर यदि प्रभावी ढंग से काम हुआ तो भारत की अर्थव्यवस्था को काफी बल मिलेगा।

कुल मिलाकर यूनियन बजट 2013 कितना सफल हो पाएगा, यह काफी हद तक इस बात पर निर्भर करेगा कि सरकार विकास की प्रक्रिया को कितनी मजबूती से बढ़ा पाती है और राजकोषीय घाटे और चालू खाता घाटे पर नियंत्रण रखते हुए अपने समावेशी विकास एजेंडे पर कितने प्रभावी ढंग से काम कर पाती है।

(मुंबई में प्रकाशित दैनिक 'हमारा महानगर' में शुक्रवार 01-03-2013 को व्यापार पृष्ठ पर प्रकाशित)

□

18

बैंकों में खराब ऋणों से बढ़ रहा है दबाव

भारतीय पब्लिक बैंकों के द्वारा जारी किए गए दिसंबर में समाप्त हुए तीसरे तिमाही नतीजों के विश्लेषण से एक बात स्पष्ट रूप से साफ हो गई और वो यह कि चालू वित्तीय वर्ष में लगातार अपने असेट्स की गुणवत्ता सुधारने के लिए संघर्षरत बैंक अभी भी खराब ऋणों की समस्या से जूझ रहे हैं।

रिजर्व बैंक द्वारा जारी आँकड़ों के अनुसार, 31 मार्च 2012 तक पब्लिक सेक्टर बैंकों के कुल नॉन पर्फार्मिंग असेट्स (एनपीए) पिछले वर्ष 2011 के 2.4 प्रतिशत स्तर के कहीं अधिक 3.3 प्रतिशत हो चुके थे। दिसंबर में समाप्त हुई तिमाही में प्राप्ति आँकड़ों के अनुसार, कुल एनपीए जो मार्च 2012 में 1,37,102 करोड़ रुपए थे, वे बढ़कर 1,84,193 करोड़ रुपए हो गए हैं। ये आँकड़े सरकारी बैंकों से संबंधित हैं।

चिंता की बात यह है कि अपेक्षाकृत बड़े बैंकों में भी खराब ऋणों की संख्या बढ़ती जा रही है। एक अनुमान के अनुसार, लिस्टेड बैंकों के एनपीए जो मार्च 2012 में 61,558 करोड़ रुपए थे वे दिसंबर 2012 तक बढ़कर 92,398 करोड़ रुपए हो गए हैं अर्थात् उनमें 50 प्रतिशत वृद्धि हो गई है।

खराब ऋण, जिन्हें नॉन पर्फार्मिंग असेट (एनपीए) के नाम से जाना जाता है, वे असेट हैं जिन पर रिजर्व बैंक द्वारा निर्धारित अंतराल या मूल धन के संदर्भ में आय नहीं हो रही या फिर वे अनियमित भुगतान दे रहे हैं। खराब ऋणों की समस्या से जूझ रहे बैंकों में प्रमुख हैं—स्टेट बैंक ऑफ इंडिया, बैंक ऑफ बड़ौदा, पंजाब नेशनल बैंक आदि अनेक प्रतिष्ठित सरकारी बैंक।

इन खराब ऋणों के बढ़ते दबाव के पीछे कई कारण हैं। इनमें से प्रमुख है ब्याज की दर का ऊँचा स्तर और धीमी पड़ती आर्थिक विकास दर। ब्याज की दरें बढ़ जाने से उद्योगों या अन्य संस्थाओं की आमदनी और लाभांश—दोनों पर विपरीत असर पड़ता

है विशेषकर तब, जब कि अर्थव्यवस्था की विकास दर धीमी पड़ती जा रही हो। अनेक कंपनियों के लिए ब्याज का भार उत्पादों या सेवाओं की लागत बढ़ा देता है और यदि वे कीमतें बढ़ाते हैं तो उत्पादों की माँग घट सकती है और उनके कारोबार में कमी आ सकती है। यदि वे कीमतें न बढ़ाएँ तो भी उनके लाभांश घट जाते हैं।

खराब ऋणों का दूसरा कारण सरकार द्वारा पिछले कुछ महीनों से खर्चों पर लगाम कसने की प्रवृत्ति को भी समझा जा रहा है, जिसकी वजह से अनेक सरकारी कांट्रेक्टरों या सप्लायर्स का पैसा संभवत: भुगतान हेतु लंबित हुआ, जिससे वे बैंकों को समय पर ऋणों पर देय ब्याज या मूल धन का भुगतान करने में कठिनाई का सामना कर रहे हैं, ऐसा अनुमान भी लगाया जा रहा है।

गौरतलब है कि अंतरराष्ट्रीय रेटिंग एजेंसियों द्वारा भारत की सार्वभौमिक रेटिंग को कबाड़ की श्रेणी में वर्गीकृत कर देने की चेतावनी के बाद से ही राजकोषीय घाटे को किसी प्रकार संशोधित 5.3 प्रतिशत तक सीमित रखने की कोशिशें पिछले कुछ महीनों से लगातार जारी हैं, जिनकी बदौलत इसके मौजूदा वित्तीय वर्ष में 5.2 प्रतिशत तक ही रहने की संभावना है।

इधर, प्राथमिकता वाले क्षेत्र के हालात भी कुछ ठीक नहीं है, खासतौर पर कृषि क्षेत्र से एनपीए काफी बढ़ गए हैं। जहाँ तक बैंकों का सवाल है, एक ओर खराब ऋणों की वजह से उनके असेट्स की गुणवत्ता खराब हो रही है तथा एनपीए प्रोव्हिजनिंग का खर्च बढ़ गया है तो दूसरी ओर नए ऋणों की मात्रा औसतन कम रफ्तार से बढ़ रही है। यहाँ तक कि डिपॉजिट भी धीमी गति से बढ़ रहे हैं। इन सब कारणों से बैंकों के कारोबार पर बुरा असर पड़ता दिखाई दे रहा है और ब्याज से होने वाली उनकी शुद्ध आमदनी में गिरावट देखी जा रही है।

कई सरकारी बैंकों की विकास दर नकारात्मक या फिर धीमी पड़ती दिखाई दे रही है। बढ़ते एनपीए से बैंकों की वित्तीय तरलता पर दबाव तो पड़ता ही है, साथ ही उनकी क्रेडिट रैकिंग भी घट सकती है, जिससे आनेवाले समय में उन्हे पूँजी बढ़ाने में दिक्कतें आ सकती हैं। साथ ही, उनके लाभाशों और पर्याप्त पूँजीगत आधार (कैपिटल एडीक्वेसी रेश्यो) पर भी विपरीत असर पड़ता है।

रिजर्व बैंक ने तो सितंबर माह में ही बैंकों को ऋण वसूली नीति के तहत खराब ऋणों की वसूली करने और ऋणों की माफी हेतु मान्य मानदंडों के अनुरूप कार्य करने की सलाह भी दी है। सरकार ने भी हालात की गंभीरता को समझते हुए बैंकों को बोर्ड स्तर पर एक कमेटी गठित कर खराब ऋणों की उचित निगरानी रखने की सलाह दी है।

वस्तुत: बैंकों को ऋणों को स्वीकृत करते समय सजगता के साथ तत्परता भी दिखानी चाहिए। कई बार लोन के लिए मंजूरी में देरी होने से प्रोजेक्ट के कार्यान्वयन में

देरी हो जाती है, जिसकी वजह से उनकी लागत बढ़ जाती है। लोन देने के बाद उसकी वसूली के लिए सतत कार्यरत रहने, पूर्व चेतावनी प्रणाली का प्रयोग करने, दूसरे बैंकों के साथ सूचना आदान-प्रदान करने और ऋण खराब होने पर तुरंत प्रभावी कदम लेने जैसे अनेक उपाय सुझाए गए हैं, जिनसे बैंक अपने ऋणों को खराब होने से बचा सकते हैं।

उल्लेखनीय है कि एक स्वस्थ बैंकिंग व्यवस्था को किसी भी अर्थव्यवस्था के समुचित विकास के लिए अत्यावश्यक तत्त्व माना जा सकता है। खासतौर पर एक अस्थिर वैश्विक आर्थिक वातावरण में सुदृढ़ बैंक व्यवस्था देश में वित्तीय स्थिरता बनाए रखने में महत्त्वपूर्ण योगदान देती है। अतः बढ़ते एनपीए पर नियंत्रण रखना बैंकों के साथ-साथ हमारी अर्थव्यवस्था के स्वास्थ्य के लिए भी जरूरी है।

(मुंबई में प्रकाशित दैनिक 'हमारा महानगर' में शुक्रवार 08-03-2013 को व्यापार पृष्ठ पर प्रकाशित)

□

19

निजी बैंक खोलना नहीं होगा आसान

रिजर्व बैंक ने हाल ही में नए बैंक लाइसेंस जारी करने के लिए आवश्यक फाइनल गाइड लाइन घोषित कर दी है। अब कोई भी कंपनी नई गाइड लाइन के तहत लगाई गई शर्तों के अनुरूप निजी बैंक खोलने के लिए आवेदन कर सकती है। इससे पूर्व सन् 2011 के अगस्त माह में जारी गाइड लाइन के तहत रीयल इस्टेट और ब्रोकरेज के क्षेत्र में कार्यरत कंपनियों को बैंक खोलने के लिए साफ शब्दों में वर्जित किया गया था। आवेदन की तारीख एक जुलाई 2013 तक रखी गई है।

हालाँकि नई गाइड लाइन के तहत लागू शर्तों को रिजर्व बैंक ने कुछ अधिक कड़ा कर दिया है। गौरतलब है कि पिछली दो गाइड लाइनें, जो क्रमश: सन् 1993 और 2001 में जारी हुई थीं, उनके मुकाबले नई गाइड लाइन (2013) में काफी बदलाव किए गए हैं। पिछली गाइड लाइनों में बड़े औद्योगिक समूहों को बैंक खोलने के लिए आवेदन तक करने की मनाही थी, जबकि अब हर उद्योगपति और यहाँ तक कि पब्लिक सेक्टर और निजी क्षेत्र की हर कंपनी बैंक खोलने के लिए आवेदन कर सकती है बशर्ते वह रिजर्व बैंक द्वारा लगाई गई सभी शर्तों को पूरा करे। उस पर भी केंद्रीय बैंक ने साफ किया है कि सही आवेदन प्राप्त होने पर भी सभी कंपनियों में से भी कुछ चुनिंदा कंपनियाँ को ही, जिनका पिछले दस वर्षों में शानदार प्रदर्शन रहा है, लाइसेंस दिया जाएगा।

रिजर्व बैंक द्वारा लगाई गई शर्तों में प्रमुख हैं—न्यूनतम पूँजीगत आधार, जो सन् 1993 और 2001 की गाइड लाइन के अनुसार क्रमश 100 और 200 करोड़ रुपए था, जिसे बढ़ाकर 500 करोड़ रुपए कर दिया गया है। कंपनी की संरचना जो पहले एक पब्लिक लिमिटेड कंपनी के रूप में मान्य थी, उसे अब एक गैर-क्रियाशील, पूर्ण मालिकाना हक वाली वित्तीय होल्डिंग कंपनी के रूप में गठित करना होगा। बैंकिंग कंपनी के प्रमोटर का अन्य बिजनेस मॉडल के साथ जोड़-तोड़ या जुड़ाव नहीं होगा।

इस होल्डिंग कंपनी के माध्यम से प्रमोटरों की प्रस्तावित बैंक में 5 वर्षों तक 40 प्रतिशत हिस्सेदारी रखनी होगी, जिसे अगले 10 वर्षों में घटाकर 20 प्रतिशत और 12 वर्षों में 5 प्रतिशत कर देना होगा। नॉन रेजीडेंट निवेशकों द्वारा अधिकतम 49 प्रतिशत तक हिस्सेदारी रखी जा सकती है।

पिछली गाइड लाइन में व्यक्तिगत शेयर होल्डर कुल वोटिंग अधिकारों का एक प्रतिशत हिस्सेदारी रख सकता था, जिसे बढ़ाकर नई गाइड लाइन में 10 प्रतिशत किया गया, जो प्रमोटर ग्रुप का व्यक्ति रिश्तेदारों के साथ मिलाकर रख सकता है। हालाँकि ये बैंक होल्डिंग कंपनी या बैंक प्रमोटर ग्रुप द्वारा नियंत्रित किसी अन्य कंपनी को न तो ऋण दे पाएँगे और न ही उनमें निवेश कर सकेंगे।

इसके अलावा, नए बैंकों को अपनी 25 प्रतिशत शाखाएँ उन ग्रामीण क्षेत्रों में खोलनी होंगी, जो कि आजादी के 65 सालों बाद आज भी बैंकिंग सेवाओं से महरूम (वंचित) हैं। वाकई इससे भारत में वित्तीय समावेश की परिकल्पना साकार होने में मदद मिलेगी, क्योंकि देश में सिर्फ 35 प्रतिशत वयस्क ऐसे हैं, जिन्होंने किसी बैंक या वित्तीय संस्थान में खाता खोला हुआ है। इसके अलावा नए बैंकों को प्राथमिकता क्षेत्र के लिए लागू सभी मानदंडों को भी मानना होगा। हालाँकि इन बैंकों द्वारा कब तक ये शाखाएँ खोल दी जाएँगी और मानदंडों के न मानने पर क्या पेनल्टी लगेगी, इस बारे में स्पष्टता नहीं है।

नए बैंकों को तीन वर्षों तक 13 प्रतिशत का केपीटल एडीक्वेसी रेश्यो (पूँजी पर्याप्तता अनुपात) रखना होगा जो पिछली गाइलडाइन में 10 प्रतिशत था। इसके अलावा तीन वर्षों में उसे किसी स्टॉक एक्सचेंज पर सूचीबद्ध भी होना पड़ेगा। नए बैंकों के बोर्ड ऑफ डायरेक्टर्स में स्वतंत्र निदेशकों का बाहुल्य रखने की भी हिदायत दी गई है।

गौरतलब है कि भारत में पिछले 20 वर्षों में रिजर्व बैंक ने 12 प्राइवेट बैंकों को लाइसेंस दिया है। सन् 1993 में अनेक आवेदन मिलने पर महज 10 बैंकों को लाइसेंस दिया गया जिनमें से कई बैंकों ने अपनी दुकान बंद कर ली और उनका बड़े बैंकों में विलय हो गया जैसे कि टाइम्स बैंक, बैंक ऑफ पंजाब, ग्लोबल ट्रस्ट बैंक आदि। सन् 2001 की संशोधित गाइड लाइन के तहत 2 लाइसेंस जारी किए गए। आखिरी लाइसेंस 2004 में येस बैंक को दिया गया था।

रिजर्व बैंक की नई गाइड लाइन में बहुत सी शर्तें ऐसी हैं जिनकी निष्पक्ष आधार पर व्याख्या करना मुश्किल है जैसा कि प्रमोटरों का 'शानदार प्रदर्शन', 'निर्दोष रेकॉर्ड', 'रिजर्व बैंक नियमों के अनुसार आवेदकों की जाँच', 'लाइसेंस का चयनात्मक आधार पर जारी किया जाना', 'प्रमोटरों के बिजनेस मॉडल और बिजनेस संस्कृति का बैंकिंग मॉडल से मेल न खाना' आदि कई ऐसे शब्द समूह हैं, जिनका अर्थ रिजर्व बैंक ही समझ

सकता है यहाँ तक कि आवेदक भी शायद नहीं जान सकेंगे कि आखिर किस आधार पर उनके लाइसेंस स्वीकृत या अस्वीकृत हुए। जिस प्रकार शेयर बाजार में नए बैंकों के अपेक्षित आवेदनकर्ताओं के शेयरों के भाव प्रभावित हुए, उससे उद्योग समूहों के बीच काफी जद्दोजहद इन लाइसेंसों को लेकर होगी, ऐसा भी संभव है। देखना है, रिजर्व बैंक कितने निष्पक्ष और स्पष्ट आधार पर निजी बैंकों को लाइसेंस दे पाता है।

(मुंबई में प्रकाशित दैनिक 'हमारा महानगर' में शुक्रवार 15-03-2013 को व्यापार पृष्ठ पर प्रकाशित)

□

20

नीतिगत दरों में कटौती कितनी सार्थक

हाल ही में मध्य त्रैमासिक मौद्रिक समीक्षा में रिजर्व बैंक ने रेपो रेट में 25 बेसिस प्वाइंट्स की कटौती की घोषणा की। परिणामत: रेपो रेट मौजूदा 7.75 प्रतिशत से घटाकर 7.50 प्रतिशत कर दी गई है। हालाँकि रिजर्व बैंक ने बैंकों पर लागू कैश रिजर्व रेश्यो (सीआरआर) को मौजूदा 4 प्रतिशत पर बरकरार रखा है।

गौरतलब है कि भारतीय अर्थव्यवस्था की घटती जा रही विकास दर के मद्देनजर इस वर्ष में दूसरी बार रेपो रेट में कटौती की गई है। हालाँकि इस बार रिजर्व बैंक ने चेतावनी-सी दी है कि महँगाई की ऊँची दर के चलते, जिसके अगले वित्तीय वर्ष में भी कम होने को आसार नगण्य दिख रहे हैं, आनेवाले समय में और अधिक कटौती की संभावना सीमित है।

एक तरफ दिसंबर में समाप्त हुई तिमाही में भारत की आर्थिक विकास दर लुढ़ककर 4.5 प्रतिशत हो गई है, तो दूसरी ओर हमारा उपभोक्ता मूल्य सूचकांक 11 प्रतिशत के ऊँचे स्तर पर पहुँच चुका है। खाद्य पदार्थों के दाम तो आसमान छू रहे हैं। ऐसे में, रेपो रेट में 29 जनवरी 2013 और 19 मार्च 2013 को क्रमश: 25 बेसिस अंकों की कटौती से न तो आर्थिक विकास को अधिक गति मिलने की संभावना है और न ही महँगाई कम होने की। टुकड़ा-टुकड़ा कटौती से बैंकों को वह जगह नहीं मिल पाती जहाँ वे नीतिगत दरों में कटौती का लाभ अपने ग्राहकों को स्थानांतरित (ट्रांसफर) कर सकें।

उल्लेखनीय है कि अधिकांश बैंकों ने मार्च महीने में वित्तीय तरलता पर अतिरिक्त दबाव की संभावना को देखते हुए ब्याज की दरें फिलहाल नहीं घटाने का ही फैसला लिया है, हालाँकि बाद में रिजर्व बैंक ने 'खुली बाजार प्रक्रिया' (ओएमओ) के तहत 10,000 करोड़ रुपयों की सरकारी प्रतिभूतियों (बांड्स) की खरीदी का ऐलान किया है, जिससे वित्तीय सिस्टम में तरलता का संचार होगा। बैंक रोजाना करीब एक लाख

करोड़ रुपए रिजर्व बैंक से उधार लेते हैं और रेपो रेट वह ब्याज दर है, जो रिजर्व बैंक उधार देते वक्त बैंकों से वसूलता है। रेपो रेट में कटौती का सीधा प्रभाव बैंकों के लिए ऐसे ऋणों की लागत कम करता है। लेकिन यह कटौती अधिकांश बैंकों को इतनी दमदार नहीं जान पड़ रही कि वे होम लोन, कॉर्पोरेट लोन या व्यक्तिगत लोन आदि पर अपने ग्राहकों से लिए जा रहे ब्याज की दर में कुछ कटौती कर पाएँ।

ऐसे में, यद्यपि रिजर्व बैंक ने महँगाई की ऊँची दर होने के बावजूद रेपो रेट में कटौती करके अपनी नीति को 'विकासोन्मुख प्राथमिकता' का जामा तो पहनाया, लेकिन यह विकास तब संभव होगा जब इस ठहरी हुई भारतीय अर्थव्यवस्था को कोई 'बड़ा धक्का' मिले। असल में महँगाई नियंत्रित करने के लिए मौद्रिक नीति ही काफी नहीं है। यहाँ उत्पादों की माँग पर नियंत्रण करने के साथ-साथ उत्पादों की आपूर्ति बढ़ाने की भी समस्या है। यदि ब्याज दरों में भारी कटौती की जाए तो विनिर्माण और उत्पादन बढ़ाने के लिए दिए गए ऋणों की संख्या और मात्रा तो बढ़ती है, पर साथ ही उपभोक्ताओं द्वारा उत्पादों की माँग उससे अधिक तेजी से बढ़ते हुए अल्प काल में सीमित आपूर्ति पर दबाव बढ़ा सकती है, जिससे महँगाई को और अधिक हवा ही मिलती है।

जब अर्थव्यवस्था में विकास की रफ्तार ठप्प पड़ती जा रही हो, औद्योगिक उत्पादन जनवरी माह में महज 2.4 प्रतिशत की धीमी गति से बढ़ रहा हो और निवेश सेंटीमेंट पूरी तरह आहत हो, खासतौर पर एक खराब वैश्विक आर्थिक माहौल में, तब शायद रिजर्व बैंक रेपो रेट में 50 बेसिस अंकों की कटौती करके एक मौका ले सकता था, जिससे विकास की गति को कुछ बल मिल पाता।

हालाँकि, जैसा कि रिजर्व बैंक ने भी कई बार कहा है कि महँगाई रोकने में मौद्रिक नीति की अपनी सीमाएँ हैं, ऐसे में राजकोषीय अनुशासन के साथ-साथ देश में निवेश को अवरुद्ध या बाधित करनेवाले तत्त्व जैसे कि सरकार महकमों में मंजूरी के लिए अटके हुए नए प्रोजेक्ट हेतु दिए गए आवेदनों को हरी झंडी दिए जाने में तत्परता, नीतिगत स्थिरता एवं स्पष्टता, टैक्स नीतियों में सुधार जैसे कि जीएसटी एवं डायरेक्ट टैक्स कोड को लागू करना, प्रशासित कीमतों में अनावश्यक वृद्धि से परहेज, भूमि सुधार कानूनों, पर्यावरर्णीय और वन संरक्षण नीतियों में बेहतर स्पष्टता आदि अनेक ऐसे कदम हैं जो समय रहते जल्द न उठाए गए तो मौद्रिक नीति की उपादेयता कमजोर ही पड़ती जाएगी। साथ ही, निर्यात और आयात का बेहतर प्रबंधन, जिससे कि चालू खाता घटता नियंत्रण में रहे, भी आवश्यक है।

कुल मिलाकर देश में प्रत्येक महकमे, राज्य, नीति, बैंक, उद्योग में विकास के लिए प्रतिबद्धता लाना बहुत जरूरी है। दरअसल, देश के विकास के लिए मूल मंत्र

है 'स्पष्ट और स्थिर नीतियाँ जो ठीक से समन्वित हों और समावेशी विकास जिनका सामान्य लक्ष्य हो।' तभी मौद्रिक नीति को अधिक सार्थक और बल मिल सकेगा।

(मुंबई में प्रकाशित दैनिक 'हमारा महानगर' में शुक्रवार 22-03-2013 को व्यापार पृष्ठ पर प्रकाशित)

□

21

साइप्रस बेल आउट से बैंकों में बढ़ेगी सतर्कता

हाल ही में साइप्रस यूरो करेंसी से असाधारण तौर पर अलग होने और एक अनियंत्रित 'डिफाल्ट' की स्थिति से उबरने में सफल हुआ। हालाँकि ऐसा करने के लिए उसे यूरोपियन यूनियन (ईयू) और अंतरराष्ट्रीय मुद्रा कोष (आईएमएफ) के साथ 10 बिलियन यूरो अर्थात् करीब 13 बिलियन डॉलर का बेल आउट करार करने के बदले में अपने बैंकिंग सिस्टम में काट-छाँट करने की शर्त को मानना पड़ा।

गौरतलब है कि इससे पूर्व साइप्रस के सबसे बड़े बैंक 'द बैंक ऑफ साइप्रस' के चैयरमेन ने यह कहते हुए अपने पद से अचानक इस्तीफा दे दिया कि उन पर बैंक की ग्रीस स्थिति इकाइयों को बेचने और बड़े जमाकर्ताओं पर घाटे के भार डाल देने के लिए जबरदस्त दबाव बनाया जा रहा था।

वाकई यह एक चौंकानेवाली खबर थी कि किस प्रकार पिछले कुछ दिनों में साइप्रस का वित्तीय सिस्टम किस बुरी कदर अस्थिर और अनिश्चित बन चुका था। यहाँ तक कि साइप्रस के कई बैंकों को कुछ समय के लिए बंद कर दिया गया ताकि लोग ताबड़तोड़ अपने डिपॉजिट न निकाल लें। इन बैंकों में बैंक ऑफ साइप्रस और साइप्रस पाप्युलर बैंक शामिल हैं। महज एटीएम व्यवस्था के तहत एक बार में 100 यूरो निकालने की इजाजत दी गई है।

इस दौरान पाइरेइस बैंक ऑफ ग्रीस ने साइप्रस के तीन बड़े बैंकों—बैंक ऑफ साइप्रस, लाएकी बैंक और हेलेनिक बैंक के ग्रीस स्थित इकाइयों के डिपॉजिटों और ऋण अकाउंटों का 524 मिलियन यूरो में अधिग्रहण कर लिया। साइप्रस के बैंकिंग सिस्टम में इस प्रकार बड़े डिपॉजिटर और बॉण्ड होल्डरों पर बैंक के नुकसान की भरपाई का भार जबर्दस्ती डालने से यूरो जोन में भविष्य में दिए जानेवाले बेल आउट पैकेजों के लिए एक नया मॉडल बन गया है और एक नई मिसाल कायम की गई है।

हालाँकि यूरोपियन सेंट्रल बैंक की गवर्निंग काउंसिल के सदस्य बेनोइट कोयरे की मानें तो जिस प्रकार साइप्रस दिवालियेपन की कगार पर आ खड़ा हुआ था, वैसी परिस्थिति वर्तमान में किसी दूसरे यूरो देश में दिखाई नहीं पड़ रहा। फिर भी, जानकारों के मुताबिक, यूरो जोन के कुछ देश जिनमें स्पेन और स्लोवेनिया प्रमुख हैं, बेल आउट के लिए कतारबद्ध हैं।

साइप्रस का बेल आउट पैकेज इसी कारण से महत्त्वपूर्ण समझा जा सकता है क्योंकि इससे आनेवाले समय में बेल आउट की शर्तों और आकार पर अवश्य ही प्रभाव पड़ेगा। दरअसल, साइप्रस के बेल आउट का मॉडल इतना अभूतपूर्व है कि अब यूरो जोन की स्थिरता को लेकर भी कई प्रश्नचिह्न खड़े हो गए हैं। अब विकल्प है—या तो यूरो जोन छोड़ दीजिए या फिर कठोर शर्तों को मानते हुए, अपने बैंकिंग सिस्टम को दुरुस्त कीजिए। जाहिर सी बात है कि साइप्रस जैसे देशों के लिए, जिन्होंने जरूरत से ज्यादा बैंकिंग विस्तार कर लिया है, 'इधर कुआँ तो उधर खाईं' जैसा विकल्प चुनने जैसी परिस्थिति है।

यही कारण है कि यूरो जोन सदस्यता बरकरार रखते हुए उसने बैंकिंग सिस्टम में काट-छाँट जैसा कठोर निर्णय लिया और बेल आउट पैकेज स्वीकार किया। इस प्रकार के बेल आउट में यूरोपियन बैंकिंग क्राइसिस अब एक नए स्तर पर पहुँच गया है, ऐसा साफ दिखता है। पहली बार बेल आउट पैकेज से प्रभावित बैंकों के साथ-साथ उनके बड़े ग्राहकों पर भी गाज गिरी है। इन बैंकों के काम-काज पर नियंत्रण लगा दिया गया है और ये कितने दिन चलेगा, यह भी स्पष्ट नहीं है। इस लिहाज से साइप्रस के बैकिंग सिस्टम में स्थिरता आने में महीनों भी लग सकते हैं।

अब तो इस प्रकार के सुझाव भी सामने आने लगे हैं कि क्या प्रभावित बैंकों को पूरी तरह बंद ही कर दिया जाना चाहिए? हो सकता है, साइप्रस के दूसरे बड़े बैंक साइप्रस पाप्युलर बैंक को बंद कर भी दिया जाए, हालाँकि उसके बड़े ग्राहकों जिनसे से अधिकांश रूसी लोग हैं, को इस नुकसान का भार उठाना पड़ेगा। दरअसल, इस बैंक द्वारा ग्रीस में किए गए निवेश डूब जाने से न सिर्फ बैंक बल्कि साइप्रस के विशालकाय वित्तीय तंत्र में अस्थिरता के हालात पैदा हो गए थे।

उल्लेखनीय है कि साइप्रस ने एक जनवरी 2008 को यूरो करेंसी अपना ली थी। यदि यूरो जोन की अर्थव्यवस्था देखें तो साइप्रस उसका छोटा-सा अंश मात्र है, लेकिन उसके बैंकों का कारोबार विशालकाय बन चुका था। यूरोपियन कानून के तहत 1,00,000 यूरो तक के डिपॉजिटों पर राज्य का संरक्षण या बीमा प्राप्त है। इसका अभिप्राय यह हुआ कि अब 1,00,000 यूरो से ऊपर के डिपॉजिटों को फ्रीज किया जा सकता है और उससे प्रभावित बैंक के नुकसान की भरपाई की जा सकेगी। इस प्रकार बड़े जमाकर्ताओं को अपने डिपॉजिटों पर 30-40 प्रतिशत तक भारी नुकसान उठाना पड़ सकता है।

इसके अलावा इन बैंकों में कार्यरत हजारों लोगों की नौकरियाँ भी चली जाएँगी, लेकिन फिर भी, इस प्रकार की काररवाई से अब बैंकों के बेल आउट का भार आम जनता पर न पड़ कर (करो में बढ़ोत्तरी या खर्चों में कमी द्वारा सरकारी मितव्ययता के माध्यम से) प्रभावित बैंकों के हितधारकों पर पड़ेगा और यह यूरोप में बैंकिंग क्राइसिस जैसी परिस्थिति से बाहर आने के लिए एक नई शुरुआत समझी जा सकती है। इससे वहाँ के बैंकों में अनुशासन भी बढ़ेगा और वे जरूरत से अधिक जोखिमपूर्ण निवेश से बचने की कोशिश भी करेंगे। इस प्रकार बैंकों द्वारा बेहतर जोखिम आकलन और प्रबंधन के प्रति सतर्कता बढ़ेगी और यूरो जोन में सार्वभौमिक डिफाल्ट जैसी परिस्थिति आने की संभावना भी कम होगी।

(मुंबई में प्रकाशित दैनिक 'हमारा महानगर' में शुक्रवार
29-03-2013 को व्यापार पृष्ठ पर प्रकाशित)

□

22

बढ़ता चालू खाता घाटा चिंताजनक

हाल ही में रिजर्व बैंक ऑफ इंडिया द्वारा जारी किए गए आँकड़ों के मुताबिक वित्तीय वर्ष 2012-13 की तृतीय तिमाही (अक्तूबर-दिसंबर 2012) में चालू खाता घाटा पिछले वर्ष इसी तिमाही के 20.2 बिलियन डॉलर के स्तर से 61 प्रतिशत अधिक बढ़ गया है और 32.6 बिलियन के स्तर पर जा पहुँचा है।

वस्तुत: चालू खाता देश में विदेशी मुद्रा के अंतर्गत और बहिर्वाह के आँकड़ों का अंतर माना जा सकता है। उल्लेखनीय है कि पिछले वित्तीय वर्ष (2012-13) की शुरुआत ही में भारत का चालू खाता घाटा हमारी सकल राष्ट्रीय आय के 4.2 प्रतिशत स्तर पर पहुँच गया था, जो कि रिकॉर्ड स्तर था। तब भी इसे एक गंभीर समस्या के रूप में चिह्नित किया गया था, लेकिन दूसरी तिमाही में यह और अधिक बढ़कर 5.4 प्रतिशत हो गया और अब तो यह 6.7 प्रतिशत के ऊँचे और चिंताजनक स्तर पर पहुँच चुका है।

सवाल उठता है कि पिछले करीब छह महीनों से चालू खाता घाटा नियंत्रण में लाने के लिए उठाए गए आर्थिक सुधार के एजेंडों के अनेक बावजूद आखिर स्थिति बद से बदतर क्यों होती जा रही है? अर्थशास्त्र के सिद्धांतों के अनुसार, आमतौर पर (अर्थात् अन्य बातें समान रहने पर) रुपए की विनिमय दर कमजोर पड़ने पर भारत के निर्यात सस्ते होने की वजह से बेहतर हुई प्रतिस्पर्धात्मक क्षमता के चलते बढ़ने चाहिए और आयात महँगे हो जाने की वजह से घटने चाहिए। इस प्रकार की गतिविधियों से विदेश व्यापार में स्थिरता की स्थिति दीर्घकाल में बनी रह सकती है, लेकिन भारत में जो हुआ वो कुछ अलग है। यहाँ तेल, कोयले और सोने जैसे उत्पाबों के आयात इनकी कीमतें बढ़ जाने के बावजूद बढ़ते गए, जबकि निर्यात जैसे कि वस्तुएँ या सामान आदि उतनी तीव्रता से नहीं बढ़ पाए।

घरेलू स्तर पर बढ़ी महँगाई, नीतिगत अवरोध, बढ़ता रोजकोषीय घाटा आदि तथा

अंतरराष्ट्रीय स्तर पर यूरोप व अनेक देशों में छाई आर्थिक अस्थिरता और मंदी इसके लिए जिम्मेदार समझे जा सकते हैं। पर फिर भी वित्तीय वर्ष 2012-13 में चालू खाता घाटा 5 प्रतिशत से अधिक ही रहने की संभावना है, जोकि रिजर्व बैंक द्वारा सुझाए गए 2.5 प्रतिशत के 'आरामदायक' स्तर से दुगना स्तर है। और इस लिहाज से इस समस्या को काफी गंभीर माना जा सकता है। चालू खाता घाटे के स्तर बढ़ने का एक और कारण भी है, वह है—घरेलू बचत दर का घटता स्तर और निवेश के प्रति बढ़ती उदासीनता।

चालू खाता घाटे को पूरा करने के लिए भारत को मौजूदा वित्तीय वर्ष में 90 बिलियन डॉलर की आवश्यकता पड़ सकती है। प्रधानमंत्री के अनुसार, इसके लिए अधिक विदेशी पूँजी प्रवाह भारत में लाने की आवश्यकता होगी, लेकिन देश में निवेश का मौजूदा सेंटीमेंट देखते हुए यह बहुत ही चुनौतीपूर्ण कार्य साबित होगा।

हालाँकि अप्रैल से दिसंबर 2012 के दरम्यान विदेशी पूँजी का शुद्ध प्रवाह 71.7 बिलियन डॉलर रहा, जो पिछले वर्ष के 58.3 बिलियन डॉलर से बेहतर है, लेकिन इसमें ज्यादातर विदेशी संस्थागत निवेश, अनिवासी डिपॉजिट और अल्पकालीन ऋणों के रूप में आया है। ऐसे में, देश में बचत पर दिए जाने ब्याज को ऊँचे स्तर पर बनाए रखने की आवश्यकता होगी। हो सकता है कि पेंशन और इंश्योरेंस सेक्टर में अधिक विदेशी पूँजी को आकर्षित किया जाए। हाल ही में केंद्रीय वित्तीय मंत्री ने देश में पूँजी प्रवाह को प्रोत्साहन देने के लिए अनेक एशियाई देशों का दौरा भी किया था। राहत की बात यह है कि इस कैलेंडर वर्ष में अब तक दस बिलियन डॉलर का विदेशी संस्थागत निवेश हो चुका है, जो एक रिकॉर्ड स्तर है और अन्य कई एशियाई देशों से बेहतर प्रदर्शन भी। फिर चिंता की बात यह है कि हमारे शेयर सूचकांकों में अन्य देशों के मुकाबले अधिक गिरावट आई है।

उधर, यूरोप और अमेरिका के अधिकांश शेयर इस कैलेंडर वर्ष में सकारात्मक रिटर्न दे रहे हैं। ऐसे में देश में से 'गर्म मुद्रा' बाहर न निकल भागे, उसके लिए सतत, सकारात्मक, त्वरित और कारगर उपाय करने होंगे। खासतौर पर भारत में कॉर्पोरेट जगत् को प्रोत्साहन देने वाली नीतियाँ अपनाए जाने की आवश्यकता है, जिससे निराशावादी सेंटीमेंट दूर हो और आशावादी आउटलुक बढ़े। साथ ही, महँगाई और राजकोषीय घाटे पर भी नियंत्रण रखे जाने की आवश्यकता है।

गौरतलब है कि भारत में वर्ष-दर-वर्ष आधार पर प्रत्यक्ष विदेशी निवेश घटा है और यह पिछले वर्ष के 4.9 बिलियन डॉलर के मुकाबले आधा अर्थात् 2.5 बिलियन डॉलर हो गया है। एक ओर पोर्टफोलियो निवेश तो कुछ बढ़ा है पर साथ ही डिविडेंड, लाभांश और अनिवासी डिपॉजिट पर ब्याज आदि में 50 प्रतिशत की वृद्धि हुई है, जो चिंता का विषय है। इसी प्रकार भारत में विदेशी ऋणों का भार, जो सन 1996 में जीडीपी

का 27 प्रतिशत था वो कम हो, 21 प्रतिशत तो हुआ है पर फिर भी अल्पकालीन ऋणों का अनुपात कुल ऋणों में बढ़ता जा रहा है, जिससे रुपए की विनिमय दर पर दबाव बना रहता है। कुल मिलाकर समस्या गंभीर है और इससे तुरंत कारगर उपायों द्वारा नियंत्रण में लिए जाने की आवश्यकता है।

(मुंबई में प्रकाशित दैनिक 'हमारा महानगर' में शुक्रवार 05-04-2013 को व्यापार पृष्ठ पर प्रकाशित)

□

23

वित्तीय क्षेत्र में सुपर रेग्युलेटर कितना सार्थक

हाल ही में जस्टिस श्रीकृष्णा की अध्यक्षता में गठित वित्तीय क्षेत्र विधायी सुधार आयोग (एफएसएलआरसी) ने अपनी फाइनल रिपोर्ट में देश में वित्तीय क्षेत्र में एक सुपर रेग्युलेटर (नियामक) की परिकल्पना को मूर्त रूप देने पर अपने विचार रखे हैं। अब हर क्षेत्र के लिए अलग-अलग नियामक के स्थान पर कार्यक्षेत्र के आधार पर नियामक बनाने पर विचार किया गया है।

उल्लेखनीय है कि वित्तीय वर्ष 2011-12 के लिए बजट पेश करते वक्त ही केंद्रीय वित्त मंत्री ने वित्तीय क्षेत्र के बेहतर नियमन और विकास के उद्देश्य से एफएसएलआरसी की स्थापना करने की घोषणा की थी। इसका प्रमुख कार्य था—भारत के वित्तीय क्षेत्र में प्रभावी कानूनों, नियमों और नियामकों को पुनर्लिखित करना और उनमें स्पष्टता लाना। 24 मार्च, 2011 को स्थापित इस आयोग की अपनी रिपोर्ट पेश करने के लिए 24 महीनों का समय दिया गया था। साथ ही, वित्तीय सेक्टर के विनियमन हेतु भारत में लागू 60 से अधिक कानूनों में व्याप्त विसंगतियों को दूर करना तथा उनमें समानता लाना भी इसका कार्यक्षेत्र था।

गौरतलब है कि कई कानून बहुत पुराने हो चुके हैं। बदलते वक्त के साथ, जैसे-जैसे देश में उदारीकरण और वैश्वीकरण की नीतियों के तहत इनमें कई बार सुधार किए गए। इनका स्वरूप बदला गया तो कहीं व्याख्याएँ या प्रावधान बदले, जोड़े या निकाले गए, तथा कई नए कानून भी बने, इनमें कहीं-कहीं विसंगतियाँ या कार्यक्षेत्र में टकराव, पुनर्रावृत्ति या कमियाँ भी नजर आईं, जिनसे इन कानूनों की अवपालना में काफी दिक्कतें आ रही थीं।

इन्हीं सब कारणों से विनियमन क्षेत्र में अभूतपूर्व सुधार के लिए सुझाव देने हेतु आयोग ने कई विशेषज्ञ समितियाँ भी बनाईं और अक्तूबर 2012 में खुली बहस के लिए

एक ऐप्रोच पेपर भी प्रस्तुत किया। आयोग ने अपनी फाइनल रिपोर्ट में वित्तीय क्षेत्र की नियामक संस्थाओं के विनियमन हेतु सामान्य सिद्धांतों की व्याख्या पर बल दिया है। आयोग ने एक ड्रॉफ्ट 'भारतीय वित्तीय कोड' भी सुझाया है, जो मौजूदा वित्तीय विनियमन ढाँचे को बड़े स्तर पर बदल सकता है। मौजूदा व्यवस्था के तहत सिक्योरिटीज मार्केट में सेबी, बैंकिंग सेक्टर में रिजर्व बैंक, इंश्योरेंस सेक्टर में आईआरडीए, कमोडिटिज सेक्टर में फॉरवर्ड मार्केट रेग्युलेटर और पेंशन सेक्टर में पेंशन फंड डेवलपमेंट एंड रेग्युलेटरी ऑथोरिटी संबंधित क्षेत्रों में नियामक की भूमिका अदा कर रहे हैं। इनमें से अधिकांश नियामकों के पास नियम बनाने, उन्हें लागू करने तथा अनुपालन न होने पर सजा देने या पेनल्टी लगाने जैसी शक्तियाँ हैं। ये रेग्यूलेटर्स प्रायः एक स्वत्रंत नियामक के तौर पर कार्य करते हैं, परंतु कई बार वित्तीय उत्पादों की परिभाषा में विसंगतियों की वजह से उनके कार्यक्षेत्र में टकराव की स्थिति भी आ जाती है, जैसा कि हमने 'यूलिप' नामक वित्तीय उत्पाद के विनियमन को लेकर सेबी और आईआरडीए के बीच आए टकराव को देखा। इन्हीं सब मुद्दों को सामने रखते हुए आयोग ने विभिन्न नियामकों के कार्यक्षेत्र में शक्तियों के नियंत्रण और संतुलन बनाए रखने की सिफारिश की है।

आयोग के अनुसार, रिजर्व बैंक मुख्यतः मौद्रिक नीति और बैंकिंग क्षेत्र में विनियमन और निगरानी का कार्य करेगा और उससे संबंधित उपभोक्ता संरक्षण और माइक्रो प्रूडेंशियल कानून लागू करने हेतु भुगतान तंत्र के विनियमन का भी कार्य करेगा। गैर बैंकिंग क्षेत्र में सभी वित्तीय सेवाओं के लिए उपभोक्ता संरक्षण कानून और माइक्रो प्रूडेंशियल कानूनों को लागू करने के लिए एक आयोग ने एक एकीकृत वित्तीय एजेंसी बनाने का सुझाव दिया है।

इसके अलावा, वित्तीय क्षेत्र अपीलेट ट्रनियूनल की परिकल्पना की गई है, जिसके अंतर्गत मौजूदा सेट होगा, जो रिजर्व बैंक, एकीकृत वित्तीय एजेंसी और रेजोल्यूशन कॉरपोरेशन के विनियमन कार्यक्षेत्र के विरुद्ध भी अपील सुन सकेगा। रेजोल्यूशन कॉर्पोरेशन में मौजूदा डिपॉजिट इंश्योरेंस एंड क्रेडिट गारंटी फंड समाहित होगा, जो सारे वित्तीय तंत्र के लिए काम करेगा। इसके साथ ही सार्वजनिक ऋण प्रबंधन और वित्तीय निवारण हेतु पृथक् एजेंसी और वित्तीय स्थिरता एवं विकास परिषद् की स्थापना की बात भी की गई है।

आयोग ने वित्तीय क्षेत्र के नियमन हेतु एकीकृत कानून भी सुझाया है जिसमें 450 धाराएँ होंगी। इस कानून की धारा 150 के तहत केंद्रीय सरकार को सेक्शन 2(72) के तहत सूचीबद्ध वित्तीय उपकरणों या सुविधाओं के अलावा किसी भी सुविधा/उपकरण को एक वित्तीय उत्पाद घोषित करने का अधिकार होगा, जिसमें कोई भी व्यक्ति पैसे या प्रतिभूति में लाभ कमाने या उसे सुरक्षित रखने के लिए योगदान करता है और उस

योगदान के उपयोग पर उसका रोजमर्रा आधार पर नियंत्रण नहीं है।

इसके अलावा किसी घटना के होने या न होने या आमदनी और लागत आदि के उतार-चढ़ाव से होने वाले वित्तीय परिणामों का प्रबंधन (जैसे, विदेशी मुद्रा जोखिम) आदि करने के लिए दी गई सुविधा को भी वित्तीय उत्पाद घोषित किया जा सकता है। साथ ही, केंद्रीय सरकार किसी भी सेवा को वित्तीय सेवा के रूप में परिभाषित कर सकती है। इस प्रकार उन 'पोंजी' स्कीमों को भी वित्तीय विनिमन के दायरे में लाया जा सकेगा जो ग्राहकों को लुभावने सपने दिखाती हैं और फिर कहीं गायब हो जाती हैं। कुल मिलाकर यदि इस आयोग की सिफारिशें मानी गईं तो अगले 5-10 वर्षों में वित्तीय क्षेत्र के विनियमन हेतु लागू तंत्र में अभूतपूर्व बदलाव देखने को मिल सकते हैं।

(मुंबई में प्रकाशित दैनिक 'हमारा महानगर' में शुक्रवार 12-04-2013 को व्यापार पृष्ठ पर प्रकाशित)

□

24

सोने की कीमतों में गिरावट लाएगी अर्थव्यवस्था में चमक?

कुछ ही हफ्तों पहले जहाँ भारतीय अर्थव्यवस्था को लेकर उद्योगपतियों और निवेशकों से लेकर आम आदमी तक में एक निराशावादी दृष्टिकोण पनप रहा था वहाँ सोने, तेल व अन्य औद्योगिक उत्पादों की कीमतों में आई गिरावट से अचानक उम्मीद की नई किरण मानो जाग उठी है कि अब मंद पड़ती भारतीय अर्थव्यवस्था में कुछ अच्छा रुख नजर आएगा। इस आशावादी नजरिए को बल दिया है—महँगाई की घटती हुई दर ने, जो कि तीन वर्ष के न्यूनतम स्तर पर आ पहुँची है।

उल्लेखनीय है कि पिछले वर्ष मार्च में होलसेल मूल्य सूचकांक 7.69 प्रतिशत था, जो कि इस वर्ष मार्च में काफी नीचे स्तर 5.96 प्रतिशत पर रहा। यहाँ तक कि यह फरवरी 2013 के 6.84 प्रतिशत से भी कम स्तर है। एक ओर जहाँ सोने की कीमतें नवंबर 2012 के उच्च स्तर से 20 प्रतिशत कम होकर 25,900 रुपए के करीब आ गई हैं, वहीं तेल कीमतें भी अंतरराष्ट्रीय बाजारों में अप्रैल 2012 के 107.2 डॉलर प्रति बैरल से घटकर करीब 99.3 डॉलर प्रति बैरल (अप्रैल 15, 2013) हो गई हैं। इसी प्रकार अन्य उत्पादों की कीमतों में भी गिरावट का दौर जारी है।

कमोडिटीज मार्केट में, विशेषकर सोना और तेल की कीमतों में आई इस अप्रत्याशित गिरावट से भारतीय शेयर बाजार ने जबरदस्त उछाल ली है। इसका कारण है कि भारत तेल उत्पादों और स्वर्ण का बड़ी मात्रा में आयात करता है और यदि अंतरराष्ट्रीय बाजारों में इनकी कीमतें घटती हैं, तो सीधे तौर पर इसका फायदा भारत को मिलेगा, क्योंकि इससे उसका चालू खाता घाटा कुछ कम होगा, बशर्ते कि अन्य बातें समान ही रहें।

मसलन, सोने की कीमतें कम होने पर कई ऐसे लोग सोना खरीदना चाहेंगे जो इस 'पीली धातु' की काफी ऊँची कीमतों की वजह से अब तक खरीदी नहीं कर पा रहे थे।

जिस प्रकार यूरोप की वित्तीय संकट से बुरी तरह प्रभावित अर्थव्यवस्था साइप्रस द्वारा सोना बेचे जाने की खबर आई है, ऐसा अनुमान है कि वित्तीय तरलता की कमी से जूझ रहे अन्य कई देश भी सोना बेचने का विकल्प चुन सकते हैं। ऐसी स्थिति में सोने की कीमतें और भी गिर सकती हैं। यही वजह है कि शायद सोने की कीमतें कम होने पर भी लोग फिलहाल वित्तीय बचत या स्टॉक मार्केट जैसे विकल्प निवेश हेतु पसंद करें।

कारण साफ है। एक ओर थोक मूल्य सूचकांक में कमी से कई कंपनियों के लिए उत्पादों की लागत घटेगी अर्थात् लाभांश बढ़ेंगे वहीं दूसरी ओर हमारा आयात बिल घटने से यदि चालू खाता घाटा कम होता है, रुपए के मूल्य में मजबूती आती है तो विदेशी निवेशकों को भारत में किया गया निवेश अधिक आकर्षक जान पड़ेगा। हमने देखा भी है कि पिछले कुछ दिनों में एफआईआई ने भारतीय शेयरों की जबरदस्त खरीदी की है। दूसरी ओर, थोक मूल्य सूचकांक में गिरावट से यह उम्मीद की जा रही है कि शायद अब रिजर्व बैंक को वह भरोसा मिल सके, जिससे आगामी तीन मई को होने वाली मौद्रिक समीक्षा में वह नीतिगत दरों में कटौती की घोषणा कर सके। यदि ब्याज की दरें कम हुईं तो निश्चित तौर पर देश में आर्थिक विकास की दर को गति मिलेगी।

हालाँकि सोने की कीमतें घटने से उन बैंकों या कंपनियों के शेयरों की कीमतें घट सकती हैं, जिनके कारोबार में स्वर्ण-लोन जैसे उत्पाद शामिल हैं। साधारणतया स्वर्ण पर दिए जानेवाले ऋणों पर 25-30 प्रतिशत का मार्जिन मनी रखा जाता है। ऐसे में, जबकि सोने की कीमतों में लगभग 20-25 प्रतिशत की गिरावट पहले ही आ चुकी है, यदि कीमतें और अधिक गिरीं तो आशंका की जा सकती है कुछ लोग ऋण चुका कर सोना उठाना पसंद न करें। यदि ऐसा हुआ तो स्वर्ण लोंस पर एनपीए या खराब ऋण बढ़ सकते हैं जिनसे इन बैंकों या कंपनियों के लाभांशों में कमी भी आ सकती है।

इसके अलावा खनिज एवं धातु तथा कच्चा तेल बनाने वाली कंपनियों के लाभांश भी कमोडिटिज कीमतों में गिरावट की वजह से कम हो सकते हैं, लेकिन अनेक अन्य उद्योगों में लागत कम होने की वजह से लाभांश बढ़ेंगे और कारोबार भी। इस प्रकार, सोने तथा कमोडिटिज कीमतों में कमी से भारतीय अर्थव्यवस्था में फिर से चमक आने की उम्मीद जगी है। हालाँकि फिर भी जब तक खुदरा मूल्य सूचकांक में उल्लेखनीय गिरावट नहीं आती तब तक रिजर्व बैंक नीतिगत दरों में कटौती का निर्णय 'रिजर्व' रख सकता है। मुद्रा कोष द्वारा जारी विश्व आर्थिक रिपोर्ट में यद्यपि सन् 2013 में चालू खाता घाटा 4.9 प्रतिशत रहने की संभावना जताई गई है, पर खुदरा मूल्य सूचकांक के भारत में वर्ष 2013 एवं 2014 में क्रमशः 10.8 एवं 10.7 प्रतिशत रहने का अनुमान लगाया गया है।

गौरतलब है कि सन 2012 में भी यह सूचकांक 'डबल डिजिट' ही में रहा था। खात बात ये है कि आईएमएफ जहाँ एक ओर अंतरराष्ट्रीय बाजारों में महँगाई कम होने

की बात कर रहा है, वहाँ भारत में खाद्य पदार्थों की बढ़ती कीमतों की वजह से खुदरा मूल्य सूचकांक बढ़ने की आशंका जता रहा है।

हालाँकि ऐसे में यदि इस वर्ष मानसून का मिजाज ठीक रहा और राजकोषीय घाटे को नियंत्रण में रखा जा सका, तो ही स्थिति बेहतर हो सकेगी। दरअसल, सोने व अन्य कमोडिटिज की कीमतों में कमी से अस्थायी तौर पर राहत अवश्य मिली है पर फिर भी दीर्घकाल में इनकी कीमतें पुनः बढ़ भी सकती हैं। अतः इस स्वर्णिम अवसर का दीर्घकालीन लाभ उठाने हेतु उद्योगों को प्रोत्साहन द्वारा निर्यात बढ़ाने, कृषि क्षेत्र में विकास और बेहतर आपूर्ति प्रबंधन तथा आर्थिक नीतियों में सकारात्मक रुख अपनाने आदि की आवश्यकता भी होगी।

(मुंबई में प्रकाशित दैनिक 'हमारा महानगर' में शुक्रवार 19-04-2013 को व्यापार पृष्ठ पर प्रकाशित)

□

25

नई विदेशी व्यापार नीति कितनी सार्थक

हाल ही में भारत में केंद्रीय वाणिज्य मंत्री ने भारत की विदेश व्यापार नीति (2009-14) का वार्षिक परिशिष्ट घोषित किया। यह विदेश व्यापार नीति एक ऐसे समय में घोषित की गई है, जबकि भारत का भुगतान संतुलन काफी हद तक बिगड़ा हुआ है।

हालाँकि मार्च के महीने में भारत के निर्यात कुछ हद तक बढ़े हैं, लेकिन यदि सन् 2012-13 के वार्षिक आँकड़ों का विश्लेषण करें तो बल्कि 2011-12 के मुकाबले हमारे निर्यात 1.7 प्रतिशत की दर से घट गए हैं। खास बात यह है कि सन् 2011-12 में भी निर्यात के क्षेत्र में भारत का प्रदर्शन कुछ खास नहीं रहा था। दूसरी तरफ, भारत के आयात बढ़ कर 490 बिलियन डॉलर हो गए हैं, जिससे हमारा व्यापार घाटा बढ़कर 190 बिलियन डॉलर हो गया है।

यद्यपि सोने, तेल व अन्य औद्योगिक उत्पादों की कीमतों में आई गिरावट से अस्थायी तौर पर राहत अवश्य मिली है, पर फिर भी यह समझना होगा कि भारत की भुगतान-संतुलन की समस्या का स्वरूप संरचनात्मक है और स्थायी रूप से यह तभी सुलझेगी जब भारत के विदेश व्यापार में भी संरचनात्मक परिवर्तन लाए जा सकें।

गौरतलब है कि वित्तीय वर्ष 2012-13 में निर्यात का लक्ष्य था—360 बिलियन डॉलर, जबकि 301 बिलियन डॉलर तक के ही निर्यात किए जा सके। सीधे तौर पर 60 बिलियन डॉलर की कमी रह गई। नई विदेश व्यापार नीति में सन् 2013-14 के लिए 500 बिलियन डॉलर का लक्ष्य रखा है। सवाल है कि क्या विदेश व्यापार नीति में दी गई रियायतें भारत के निर्यात को प्रभावी ढंग से बढ़ाने के लिए पर्याप्त हैं या फिर और अधिक प्रोत्साहन भरे कदम उठाए जाने की भी आवश्यकता होगी?

हालाँकि पिछले चार-पाँच वर्षों से लगातार चली आ रही वैश्विक मंदी के चलते अंतरराष्ट्रीय बाजारों में भारतीय उत्पादों के लिए कमजोर पड़ती माँग के मद्देनजर एक

ऐसी नीति पेश करना कठिन कार्य है जिसमें कि निर्यात में तेजी से वृद्धि लाने का लक्ष्य निहित हो। यहाँ तक कि भारत में भी वैश्विक मंदी का प्रभाव पड़ा है और औद्योगिक उत्पादन सूचकांक, सकल अचल पूँजी निर्माण, सकल राष्ट्रीय आय और रुपए की विनिमय दर आदि में भी काफी गिरावट देखी गई है, जिससे कि साफ लग रहा है कि भारत की अर्थव्यवस्था एक मुश्किल दौर से गुजर रही है। लेकिन फिर भी भारत की विदेश व्यापार नीति में इन कठिन परिस्थितियों के दौर से बाहर निकल आने के लिए न तो कोई बड़े निर्णय ही लिए गए हैं और न ही उन सुधारों की घोषणा की गई है, जिनकी कि उद्योग जगत् को अपेक्षा थी।

मसलन, विनिर्माण क्षेत्र में उपयोग में ली जानेवाली पूँजीगत वस्तुओं पर शून्य प्रतिशत आयात शुल्क लगाने की योजना को, जो पिछले ही वर्ष शुरू की जा चुकी थी, 'महत्त्वपूर्ण' निर्णय बताते हुए महज आगे बढ़ाया गया है, हालाँकि अब इसे उन उद्योगों तक भी पहुँचाया गया है, जिनके आयात पर महज तीन प्रतिशत शुल्क था।

इसी प्रकार निर्यात क्रेडिट पर दी जानेवाली दो प्रतिशत ब्याज-छूट को भी पिछले वर्ष से जारी रखते हुए आगे बढ़ाया गया है। विशिष्ट आर्थिक क्षेत्रों (एसईजेड) के लिए कुछ महत्त्वपूर्ण घोषणाएँ की गई हैं। बहु उत्पाद एसईजेड के लिए न्यूनतम क्षेत्रफल की सीमा 1000 हेक्टेयर से घटाकर 500 हेक्टेयर कर दी हई है, जबकि विशिष्ट क्षेत्र एसईजेड के लिए इसे 100 हेक्टेयर से घटाकर 50 हेक्टेयर कर दिया गया है, हालाँकि इन एसईजेड पर लागू न्यूनतम वैकल्पिक कर (मेट) का भार ज्यों का त्यों बरकरार है। यदि इसे घटा लिया जाता तो इन क्षेत्रों को काफी राहत मिल सकती थी।

गौरतलब है कि कई एसईजेड भारत में बंद पड़ चुके हैं। फिर भी, निर्यात के क्षेत्र में उनका प्रदर्शन अच्छा रहा है। अत: संबंधित उद्योगों को किसी बड़े प्रोत्साहन पैकेज की दरकार थी, जो फिलहाल इस नीति से नहीं मिल पाया है, हालाँकि एसईजेड में पहले कोई 'निकास नीति' शामिल नहीं थी, पर अब मालिकाना हक के ट्रांसफर या विक्रय की अनुमति दे दी गई है। ज्यादातर मामलों में पिछली नीति को लगभग जारी रखने की घोषणा की गई है।

इस प्रकार भारत की विदेशी व्यापार नीति में कोई बहुत महत्त्वाकांक्षी नीतिगत निर्णय नहीं लिए गए हैं। उद्योगों की प्रतिनिधि संस्था 'एसोचैम' ने इस विदेश व्यापार नीति को भारत से किए जानेवाले समान के निर्यात बढ़ाने की तरफ एक छोटा-सा कदम बताया है। खासकर कि जब समूचे विश्व में मंदी छाई है और सांकेतिक सुधार ही नजर आ रहे हैं। हालाँकि उसने स्पेशल इकॉनामिक जोन्स के मानदंडों में दी जानेवाली छूट का स्वागत किया है। दरअसल, विदेश व्यापार नीति के साथ देश की अन्य आर्थिक नीतियों का भी उचित तालमेल होना जरूरी है ताकि ऐसी आर्थिक संरचना बन सके जिससे कि भारत के

निर्यात अंतरराष्ट्रीय स्तर पर अपनी प्रतिस्पर्धात्मक क्षमता बढ़ा सकें, ताकि वे नए-पुराने बाजारों में अपना वर्चस्व बढ़ा सकें। तभी भारत के भुगतान संतुलन का बिगड़ा समीकरण ठीक किया जा सकेगा।

(मुंबई में प्रकाशित दैनिक 'हमारा महानगर' में शुक्रवार 26-04-2013 को व्यापार पृष्ठ पर प्रकाशित)

□

26

कब तक 'चीट' करती रहेंगी 'चिट फंड' योजनाएँ

हाल ही में पश्चिम बंगाल में मीडिया और रिएलिटी सेक्टर आदि में कार्यरत सारदा ग्रुप क्या डूबा कि देशभर में इसकी 'झटपट बन जाओ अमीर' की तर्ज पर चलाई जा रही सामूहिक निवेश योजनाओं का पर्दाफाश हुआ। इस पर फिर से निवेशकों से लेकर नियामकों तक एक गर्म बहस छिड़ गई है कि कैसे वर्षों से चली आ रही निवेशकों की आँखों में सपने भर कर फिर उन्हीं आँखों से आँसू निकालने वाली इन 'चीट फंड' (धोखा देने की मंशा से जुटाया गया फंड) स्कीमों पर अंकुश लगाया जाए?

सारदा ग्रुप के टूट कर बिखर जाने के पीछे क्या कारण रहे, यह तो जाँच पूरी होने पर ही ठीक से पता लगेगा, पर जिस प्रकार के आरोप-प्रत्यारोप निवेशकों और कंपनी निदेशकों की ओर से लगे हैं, उससे यह साफ जाहिर है कि किस प्रकार गैर जिम्मेदाराना ढंग से लाखों लोगों की गाढ़ी कमाई के छोटे-छोटे अंशों से सामूहिक निवेश स्कीमों में जमा हुए करोड़ों रुपए यूँ ही गँवा दिए गए।

यह पहली बार हुआ हो, ऐसा नहीं है। दरअसल, इस प्रकार की 'चिट फंड स्कीमें' ज्यादातर उन इलाकों में फलती-फूलती हैं, जहाँ या तो लोग कम पढ़े-लिखे हैं या फिर वित्तीय निवेश या विनियमन के क्षेत्र में उन्हें सीमित जानकारी ही है। इतिहास में सबसे पहले काफी चर्चित हुई इसी प्रकार की एक स्कीम अमेरिका में चार्ल्स पोंजी नामक शख्स द्वारा चलाई गई थी, जिसमें महज 45 दिनों में 50 प्रतिशत या 90 दिनों में 100 प्रतिशत के लाभांश का सपना दिखाकर निवेशकों को अपनी स्कीम में निवेश करने के लिए आकृष्ट किया गया था। उसके निवेशकों ने सन् 1920 के दौर में करीब 20 मिलियन डॉलर खो दिए थे। तब से सुनहरे ख्वाब दिखा कर पैसा जमा करनेवाली उन सभी स्कीमों को, जो ग्राहकों को सुनहरे भविष्य का दिवास्वप्न दिखाकर उन्हें अंधकार के ऐसे गुबार में धकेल

देती हैं, जहाँ से लाभांश तो क्या मूल निवेश तक वापस मिलने की कोई उम्मीद की किरण तक दिखाई नहीं पड़ती, 'पोंजी स्कीमों' के नाम से पुकारा जाता है।

गौरतलब है कि सारदा ग्रुप की सामूहिक निवेश स्कीम में निवेशकों का 15,000 से लेकर 30,000 करोड़ रुपए तक के फँसे होने का अनुमान लगाया जा रहा है, जो काफी बड़ा स्कैंडल भी कहा जा सकता है। देश में ऐसी अनेक स्कीमें अलग-अलग नाम से पहले भी प्रचलित हुई हैं। मसलन 'बटाटा बॉण्ड' स्कीम, जिसमें निवेशकों की ओर से बाजार भाव कम रहने पर बटाटे (आलू) खरीद कर कोल्ड स्टोरेज में रखे जाते हैं और भाव बढ़ जाने पर बेच दिए जाते हैं। इस स्कीम को 15 महीनों में पूरा किए जाने के दावे के साथ निवेशकों को 20 से 100 प्रतिशत रिटर्न का वादा भी किया जाता है।

हाल ही में 'सेबी' ने इस स्कीम में निवेश करनेवाले निवेशकों को सावधान किया है। कई दफा पेड़ लगाने के लिए बनाई गई स्कीमों में निवेश करने पर भी भारी लाभ का वादा कर पैसा जमा कर लिया जाता है, तो कहीं भूमि या अन्य संसाधनों के स्वामित्व या ऐसी ही कोई स्कीम के जरिए निवेशकों को आकर्षित किया जाता है। निवेश को जोखिम रहित दिखाने के लिए कहीं-कहीं 'निकास की धारा' (एक्जिट क्लॉज) भी जोड़ी जाती है, जिसमें स्कीम से बाहर निकलने पर भी ऊँचा ब्याज लेकर जाने का भरोसा दिया जाता है।

कुल मिलाकर ऐसी स्कीमों के नाम अलग हो सकते हैं, पर उद्देश्य एक ही है। निवेशकों को शुरू में आकर्षक रिटर्न्स देना और बाद में अचानक गायब हो जाना। इसी वजह से ऐसी 'चिट फंड' स्कीमों को 'चीट फंड' स्कीमों के नाम से भी पुकारा जाता है। कभी-कभी तो इन स्कीमों को लांच करने वाली कंपनियों के पास न तो कोई 'असेट' पाए जाते हैं और न ही स्थायी पता। ऐसे में, नए आनेवाले निवेशकों से प्राप्त रकम से पुराने निवेशकों को कुछ समय तक नियत समय पर वादे के मुताबिक पूरा भुगतान मिल जाता है, परंतु कब अचानक ये सिलसिला बंद पड़ जाएगा, इसका कोई पूर्वानुमान नहीं लगाया जा सकता। जब तक दूर-दराज बिखरे निवेशकों को इस 'सामूहिक लूट' का पता चलता है, अकसर बहुत देर हो चुकी होती है।

हालाँकि इन स्कीमों को सेबी कानून की धारा 11एए के तहत विनियमन के दायरे में रखा गया है। इसके अनुसार, किसी भी ऐसी स्कीम को सामूहिक निवेश स्कीम माना जाएगा, जहाँ निवेशकों द्वारा लाभ या आमदनी आदि प्राप्ति करने हेतु दिया गया योगदान या भुगतान किसी स्कीम या व्यवस्था के तहत जमा किया जाता है, जिसका कोई निवेशकों की ओर से प्रबंधन करता है, पर जिसके क्रियान्वयन पर निवेशकों का रोजमर्रा तौर पर नियंत्रण नहीं होता। इस प्रावधान में को-ऑपरेटिव सोसायटी, बैंकों, पेंशन फंडों, भविष्य निधि, बीमा योजना, एनबीएफसी, म्यूचुअल फंडों आदि की स्कीमों के अलावा चिट फंड कानून के तहत आने वाली चिट फंड स्कीमों को विनियमन के दायरे से छूट दी गई है।

आवश्यकता है कि निवेशकों के हितों का संरक्षण करने वाली नियामक सेबी को विशेष तौर पर 'चिट फंड' स्कीमों के विनियमन हेतु अधिक शक्तियाँ मिलें ताकि निवेशकों के विश्वास को आघात पहुँचाने वाली कंपनियों और उनके निदेशकों पर अधिक तेजी से कठोर काररवाई की जा सके, ताकि समय रहते ठगे गए निवेशकों को उचित मुआवजा मिल सके। निवेशकों को भी अधिक सावधान रहते हुए 'असेट आधारित' और सुरक्षित स्कीमों में ही निवेश करना चाहिए।

(मुंबई में प्रकाशित दैनिक 'हमारा महानगर' में शुक्रवार 03-05-2013 को व्यापार पृष्ठ पर प्रकाशित)

□

27

नीतिगत दरों में कटौती कितनी प्रभावी ?

दुर्बल अर्थव्यवस्था में विकास दर बढ़ाने की जरूरत को समझते हुए भी मुद्रास्फीति का दबाव बढ़ जाने की प्रबल संभावना के मौजूद होने की वजह से रिजर्व बैंक ने नीतिगत दरों में महज 25 बेसिस प्वाइंट्स (आधार अंकों) की सांकेतिक कटौती की घोषणा की है। यद्यपि जनवरी 2013 से अब तक तीन बार रेपो रेट घटाई जा चुकी है, जिसकी बदौलत यह मई 2011 के बाद के न्यूनतम स्तर पर जा पहुँची है।

रिजर्व बैंक ने इस बार साफ तौर पर कहा है कि ब्याज की दरों में और अधिक कटौती की गुंजाइश कम है क्योंकि यद्यपि पिछले कुछ समय अंतरराष्ट्रीय बाजारों में कमोडिटी कीमतों में कमी आ जाने से होलसेल मूल्य सूचकांक में गिरावट देखी गई है, पर फिर भी चालू खाता घाटा और राजकोषीय घाटा अभी भी सकल राष्ट्रीय आय के 2.5 प्रतिशत के सुविधापूर्ण स्तर से काफी ऊँचे बने हुए हैं और यह अत्यंत जोखिमपूर्ण है।

दूसरी ओर, वित्तीय वर्ष 2013-14 में भारत की सकल राष्ट्रीय आय के 5.7 प्रतिशत की दर से ही बढ़ने की संभावना दिख रही है, जबकि महँगाई की दर 5-5.5 प्रतिशत तक बनी रह सकती है। हालाँकि अंतरराष्ट्रीय बाजारों में कीमतें बढ़ने या मानसून के मिजाज बिगड़ने की स्थिति में महँगाई फिर से बढ़ भी सकती है। फिर उपभोक्ता मूल्य सूचकांक के बारे में, जो लगातार ऊँचे स्तर पर बना हुआ है, रिजर्व बैंक के पास कोई लक्ष्य फिलहाल नहीं है कि आखिर कब तक और कितनी गिरावट इसमें लाई जा सकेगी।

कुल मिलाकर, रिजर्व बैंक ने अपनी मौद्रिक नीति ऐसे आर्थिक वातावरण में घोषित की है जहाँ निवेश और विकास के प्रति कमजोर रुझान साफ नजर आ रहे हैं। खास बात यह है कि पिछले एक-डेढ़ दशक का इतिहास देखें तो ब्याज की दर और

विकास की दर में कोई स्पष्ट संबंध दिखाई नहीं देता। मसलन, कई बार ब्याज की दरें बढ़ाने पर भी आर्थिक विकास की दर बढ़ती नजर आई जैसे कि सन् 2006–08 के दौरान हुआ, तो कई दफा ब्याज की दरें घटने पर भी विकास की दर कमजोर पड़ती गई, जैसा कि पिछले दो वर्षों में हमने देखा। कई बार मिश्रित प्रभाव भी दिखाई दिए।

कारण बताता है अर्थशास्त्र का एक पुराना सिद्धांत, जिसके अनुसार ब्याज की दरें अकेले अपने बूते पर विकास को प्रभावित नहीं कर सकतीं जब तक कि अर्थव्यवस्था में निवेश और आर्थिक क्रियाओं को प्रोत्साहन देने वाली अन्य परिस्थितियाँ या अवयव मौजूद न हों अर्थात् विकास के लिए मौद्रिक नीति के अलावा राजकोषीय अनुशासन, बेहतर आपूर्ति प्रबंधन, अनुकूल नीति वातावरण, स्थिर विदेश व्यापार और भविष्य के प्रति सकारात्मक रुझान आदि का भी अपना महत्त्व है।

यदि देश में व्यापार और व्यवसाय के उत्थान के लिए उचित वातावरण हो तो ब्याज की ऊँची दर भी विकास की राह में रुकावट नहीं बनती, क्योंकि बाजार में उपभोक्ता माँग का प्रभावी स्तर ऊँचा होने पर उत्पादक अच्छे लाभांश पाने की उम्मीद में उत्पादन का स्तर बढ़ाते हैं, जिससे उनकी उत्पादक क्षमता का भरपूर उपयोग होता है और प्रति यूनिट लागत भी कम होती है। यही कारण है कि सन् 2008 के दौरान ब्याज की दरें ऊँची होने के बावजूद विकास की दर 9 प्रतिशत से ऊपर रही।

लेकिन यदि आर्थिक वातावरण खराब हो, या यूँ कहें कि बिजनेस आउटलुक गंभीर या कमजोर हो तो फिर ब्याज की दरें कितनी भी कम क्यों न कर दी जाएँ, विकास की दर को बहुत तेज कर पाना मुश्किल होगा, बल्कि ऐसे समय में यदि केंद्रीय बैंक पर ब्याज की दरें और अधिक घटाने का दबाव हो तब ऐसा भी होता है कि ब्याज की दरें कम होने की उम्मीद में उत्पादक और उपभोक्ता—दोनों ही क्रमशः उत्पादन और माँग बढ़ाने का निर्णय आगे के लिए टाल देते हैं, जिससे स्थिति और भी गंभीर बनती चली जाती है। ऐसे में विकास को प्राथमिकता देते हुए की गई 25 बेसिस प्वाइंट की कटौती को महज सांकेतिक समझा जा रहा है, क्योंकि यह इतनी अधिक भी कम नहीं हुई कि बैंक अपने ग्राहकों तक इसका लाभ पहुँचा पाएँ। अतः फिलहाल ज्यादातर बैंकों के ईएमआई चुकाने वाले ग्राहकों के लिए कोई राहत की संभावना नहीं है।

हालाँकि रिजर्व बैंक को उम्मीद है कि जनवरी 2013 से अब तक जो 75 बेसिस अंकों की कटौती की गई है, उससे आनेवाले तीन से छह महीनों में बैंकों द्वारा ब्याज की दरों में कटौती की जा सकेगी। उधर, केंद्रीय वित्त मंत्री को उम्मीद है कि महँगाई और कम होने की स्थिति में रिजर्व बैंक को नीतिगत दरों में कटौती के लिए और जगह मिल सकेगी। खास बात यह है कि ब्याज की दरें और कम होंगी, ऐसी

संभावना होने पर क्या बिजनेस आउटलुक पर अधिक प्रभाव पड़ेगा? वस्तुतः यदि ब्याज की दरों में 50-75 बेसिस अंकों की कटौती की जाए और साथ ही राजकोषीय अनुशासन और अनुकूल औद्योगिक, पर्यावरण और व्यापार नीति के रुझान दिखाई दें तभी विकास की दर को तेजी से बढ़ाया जा सकेगा।

(मुंबई में प्रकाशित दैनिक 'हमारा महानगर' में शुक्रवार 10-05-2013 को व्यापार पृष्ठ पर प्रकाशित)

□

28

क्या जापान की नई अर्थनीति से दूर होगी मंदी ?

पिछले डेढ़ दशक से भी अधिक समय से मरणासन्न-सी अवस्था में फँसी जापानी अर्थव्यवस्था को मंदी के दौर में खींचती संकुचन की प्रवृत्तियों को रोकने तथा वहाँ की अर्थव्यवस्था का रुख विकास की ओर मोड़ने की दृष्टि से जापान के प्रधानमंत्री शिंजो अबे ने जो अर्थनीति अपनाई है, उसे विश्वभर में काफी उत्सुकता और आशंका से समझा-परखा जा रहा है।

खास बात यह है कि इस नीति में मौद्रिक, राजस्व और आर्थिक विकास नीतियों का एक अद्‌भुत समावेश है, जो अपने आप में एक नवीन प्रयोग की भाँति नजर आ रहा है।

अर्थशास्त्र की यह नीति इतनी विशिष्ट है कि इसे 'अबेनॉमिक्स' अर्थात् 'अबे का अर्थशास्त्र' के नाम से पुकारा जा रहा है। इस नीति के प्रभाव से जब जापान के केंद्रीय बैंक ने पिछले माह 1.4 ट्रिलियन डॉलर की अतिरिक्त मुद्रा प्रसार का निर्णय लिया तो इस आक्रामक मौद्रिक नीति ने समग्र विश्व के आर्थिक विश्लेषकों से लेकर नीति निर्माताओं तक को अचंभित कर दिया।

गौरतलब है कि इस निर्णय से जापान का मौद्रिक आधार अब दुगुना हो जाएगा। यह निश्चय ही एक अनूठा प्रयोग है, क्योंकि बैंक ऑफ जापान द्वारा पूर्व में आर्थिक संकुचन को दूर करने के लिए जिस प्रकार के उपाय अब तक किए जाते रहे, यह निर्णय उन सबसे भिन्न है। इस नीति से जो संकेत मिल रहे हैं, उनसे तो लगता है कि जापान अब अपनी मुद्रा का किसी भी स्तर तक अवमूल्यन होने देने के लिए तैयार है ताकि किसी प्रकार से भी उसके निर्यात बढ़ें, कुछ मुद्रास्फीति जैसे रुख पनपें, जिससे उद्योगों को लाभ की सकारात्मक संभावना दिखे और वहाँ पर आर्थिक क्रियाओं का स्तर बढ़े।

दरअसल, जापान की अर्थव्यवस्था के मंद या धीमा पड़ने का एक महत्त्वपूर्ण

कारण डॉलर के मुकाबले येन की विनिमय दर का बढ़ना भी रहा है, जिसकी वजह से उसके निर्यात प्रभावित हुए हैं। जापान की मौद्रिक नीति को और प्रभावी बनाने की दृष्टि से राजकोषीय खर्चों में वृद्धि की जाएगी। हालाँकि उससे जापान का राजकोषीय घाटा, जो पहले से ही काफी अधिक है, और भी बढ़ जाएगा।

यही कारण है कि नई अर्थनीति में मान कर ही चला जा रहा है कि मुद्रास्फीति 2 प्रतिशत की दर से बढ़ेगी लेकिन सकल राष्ट्रीय आय 3.5 प्रतिशत की दर से बढ़ेगी, जो जापान की अर्थव्यवस्था को मंदी के दौर से बाहर निकाल देगी। यही कारण है कि वहाँ के प्रधानमंत्री जापान की अर्थव्यवस्था को पुनर्जीवित करने का कोई मौका नहीं छोड़ना चाह रहे हैं। यहाँ तक कि जापान के वित्तीय नियामकों ने भी इस प्रकार की परिकल्पना पर जोर देते हुए वहीं के वित्तीय सस्थानों से अपने नए-पुराने ग्राहकों को अधिक ऋण जारी करने तथा कंपनियों को संबल देने हेतु मजबूत बैक-अप उपलब्ध कराने का आग्रह किया है। इस प्रकार एक ओर जापान की अर्थव्यवस्था में आधारभूत परिवर्तन और राजकोषीय प्रसार द्वारा उद्योगों को प्रोत्साहन देने की कोशिश की जा रही है, तो दूसरी ओर मुद्रा अवमूल्यन के जरिए अंतरराष्ट्रीय बाजारों में जापानी उत्पादों की प्रतिस्पर्धात्मक क्षमता बढ़ाने का प्रयास किया जा रहा है।

पिछले वर्ष 80 येन प्रति डॉलर की विनिमय दर अब 100 येन प्रति डॉलर के मनोवैज्ञानिक स्तर को भी पार कर चुकी है। जापान की मुद्रा के अवमूल्यन से जाहिर तौर पर उसके पारंपरिक प्रतिस्पर्धी देशों के सामने, जिनमें कुछ उसके पड़ोसी देश भी शामिल हैं, एक बड़ी चुनौती प्रस्तुत हो सकती है, खासतौर पर चीन और दक्षिण कोरिया जैसे दमदार प्रतिस्पर्धी जवाबी काररवाई करते हुए अपने-अपने देश में ब्याज दर घटा सकते हैं या फिर मुद्रा अवमूल्यन की दिशा पकड़ सकते हैं।

इस प्रकार यदि एक बार मुद्रा युद्ध (करेंसी वार) शुरू हुआ तो कितने और एशियाई देश इसमें शामिल हो जाएँगे, कहा नहीं जा सकता पर यदि ऐसा हुआ तो आशंका है कि कहीं 1997 के एशियन संकट जैसी स्थिति की पुनर्रावृत्ति न हो जाए।

उधर, एशियाई विकास बैंक के महाप्रबंधक ने कहा है कि यद्यपि जापान में मुद्रा प्रसार से विकास की प्रक्रिया शुरू हो सकेगी, पर फिर भी वहाँ असेट बुलबुले पैदा न हों, इसके प्रति सचेत होगा। फिलहाल इस वर्ष की प्रथम तिमाही के आँकड़े जापान की सकल राष्ट्रीय में वृद्धि का संकेत दे रहे हैं, पर दीर्घकाल में 'एबेनॉमिक्स' सफल हो, इसके लिए कुछ घरेलू और अंतरराष्ट्रीय तत्त्वों का मौजूद रहना आवश्यक है। मसलन, यदि जापान के प्रतिस्पर्धी देशों ने जवाबी रणनीति बनाई या फिर जापानी कंपनियों ने अन्वेषण या कार्यकुशलता के जरिए अपनी लागत और कम करते रहने का प्रयास जारी न रखा तो ऐबेनॉमिक्स दीर्घकाल में 'फेल' भी हो सकता है। यदि किसी भी प्रकार जापान

की अर्थव्यवस्था ने विकास की गति पकड़ ली तो ये जापान की अर्थव्यवस्था में तो सुधार लाएगा ही, बल्कि समूचे विश्व की अर्थव्यवस्था, जो अब तक 2008 के महामंदी के दौर से बाहर नहीं निकल पाई है, को संबल प्रदान करेगा, खासतौर पर भारत जैसे उदायीमान देशों में, जहाँ जापानी निवेश अपेक्षित है, यह लाभप्रद ही होगा।

(मुंबई में प्रकाशित दैनिक 'हमारा महानगर' में शुक्रवार 17-05-2013 को व्यापार पृष्ठ पर प्रकाशित)

□

29

'ग्रे मार्केट' का बढ़ता आकार चिंताजनक

हाल ही में उद्योगों एवं वाणिज्य के भारतीय परिसंघों के महासंघ (फेडरेशन ऑफ इंडियन चेंबर्स ऑफ कॉमर्स एंड इंडस्ट्री अर्थात् फिक्की) ने 'अर्थव्यवस्था को बरबाद करनेवाले तस्करी एवं जाली उत्पादों के विरुद्ध गठित कमेटी' द्वारा प्रस्तुत रिपोर्ट में कई चौंकाने वाले तथ्य उजागर किए हैं। इस रिपोर्ट में प्रत्यक्ष एवं अप्रत्यक्ष करों की चोरी जैसे मामलों से होने वाले नुकसान का भी आकलन किया गया है।

उल्लेखनीय है कि तस्करी द्वारा लाई गई चीजें और जाली उत्पाद जिस बाजार में बिक्री हेतु लाए जाते हैं, उसे आम भाषा में 'ग्रे मार्केट' के नाम से भी जाना जाता है। इन बाजारों का विस्तार भीड़-भाड़वाले इलाकों में तंग फुटपाथों और गलियों से लेकर संगठित खुदरा बाजारों तक फैला होता है और ये भारत ही नहीं, बल्कि पूरे विश्व की अर्थव्यवस्थाओं को कई तरह से आहत कर रहे हैं।

जाहिर-सी बात है कि ये बाजार गैर-कानूनी रूप से चलते हैं और इनमें ज्यादातर भुगतान नकद में किया जाता है। यही कारण है कि इनके आकार या विस्तार का सिर्फ अनुमान ही लगाया जा सकता है। देश में उपभोक्ताओं द्वारा किए गए खर्चे और उत्पादकों द्वारा किए गए उत्पादन के आँकड़ों में पाए गए अंतर द्वारा इसका अंदाजा लगाने का प्रयास किया जाता है।

इस प्रकार का एक अनुमान आर्थिक सहयोग एवं विकास संगठन (ओईसीडी), जिसका हेडक्वाटर पेरिस में है, ने लगाया है। उसके अनुसार, सन् 2005 में संपूर्ण विश्व में ग्रे मार्केट का आकार 200 बिलियन डॉलर था, जो सन् 2009 में बढ़कर 450 बिलियन डॉलर हो गया। आज यह बढ़कर 650 बिलियन डॉलर तक जा पहुँचा है और एक अनुमान के अनुसार सन् 2015 तक इसका आकार दुगुना भी हो सकता है। यूँ तो ओईसीडी के अधिकांश सदस्य विकसित राष्ट्र हैं, लेकिन वह भारत जैसी उदीयमान देशों

के लिए भी कई उपयोगी जानकारियाँ और नीति निर्देश उपलब्ध कराता रहता है।

बहरहाल, फिक्की द्वारा गठित कमेटी ने कुछ चयनित उद्योगों में पाया कि जाली उत्पादों की बिक्री की वजह से इन उद्योगों के कारोबार को सन् 2012 में करीब 72,969 करोड़ रुपए का नुकसान हुआ है। इन चयनित उद्योगों में ऑटो उपकरण उद्योग में कुल बिक्री का 29.6 प्रतिशत, अल्कोहल में 10.2 प्रतिशत, कंप्यूटर हार्डवेयर में 26.4 प्रतिशत, तेजी से बिकनेवाले व्यक्तिगत उपभोक्ता उत्पाद (एफएमसीजी) में 25.9 प्रतिशत, पैकेज में बिकने वाले खाद्य प्रदार्थों में 23.4 प्रतिशत, मोबाइल फोन में 20.8 प्रतिशत और तंबाकू में 15.7 प्रतिशत तक जाली उत्पाद या तस्करी से लाई गईं वस्तुएँ हैं।

इन चयनित उद्योगों के अलावा दवाइयाँ और अन्य कई उत्पादों के नकली अवतार बाजार में उपलब्ध हैं और इस लिहाज से ग्रे मार्केट की वजह से 1,00,000 करोड़ रुपए से भी ज्यादा का कारोबारी नुकसान भारतीय उद्योग जगत् को बर्दाश्त करना पड़ता है। फिक्की की रिपोर्ट में यह भी अनुमान लगाया गया है कि इस प्रकार के जाली कारोबार से भारत सरकार को 3,504 करोड़ रुपए के प्रत्यक्ष कर तथा 22,686 करोड़ रुपए के अप्रत्यक्ष कर की हानि होती है। यदि यह पैसा सरकारी खजाने में आ जाता, तो उसे देश के विकास और गरीबी उन्मूलन जैसे उत्पादक कार्यों में खर्च किया जा सकता था।

एक और तबका है मजदूरों का, जिनके हितों को भी इस ग्रे मार्केट की वजह से नुकसान पहुँचाता है। वो इस प्रकार कि जहाँ एक ओर संगठित उद्योगों में कारोबार की कमी से लाभांश घटते हैं, तो लागत कम करने के लिए मजदूरों की छँटनी की जा सकती है या नए नौकरी के अवसर नहीं पनपते, वहीं दूसरी ओर ग्रे बाजार के लिए उत्पाद बनाने वाली कंपनियाँ नौकरी से निकाले गए या नौकरी के लिए कतार में बैठे हुए मजदूरों को कम वेतन और कम सुरक्षित काम करने की स्थिति में रखती हैं, जिससे मजदूरों के स्वास्थ्य, कार्यकुशलता और कार्य सुरक्षा पर बुरा असर पड़ता है। उन्हें सामाजिक सुरक्षा का लाभ भी नहीं मिलता। इसके अलावा नकली सामान बनाने वाले उद्योग पर्यावरण सुरक्षा के लिए बने कानूनों की भी अनदेखी करते हैं, जिससे हमारा पर्यावरण दूषित होता है।

अब उन उपभोक्ताओं की बात करें जो ग्रे बाजार से चीजें खरीदते हैं या यूँ कहें कि जिनके समर्थन और नकद भुगतान से ग्रे बाजार फलता-फूलता है। दरअसल, उन्हें भी नुकसान उठाना पड़ सकता है। मसलन, इन उत्पादों पर वारंटी या बिक्री के उपरांत मिलनेवाली सर्विस जैसी सुविधा उपलब्ध नहीं होती। अत: कई बार असली जैसे दिखनेवाले ये नकली उत्पाद जब खराब हो जाते हैं तो इन्हें फेंक देना पड़ता है या फिर काफी खर्चा करके दुरुस्त कराना पड़ता है। नकली उत्पादों की गुणवत्ता न सिर्फ कम हो सकती है, बल्कि वे हानिकारक भी सिद्ध हो सकते हैं।

इसके अलावा जब असली उत्पादों की नकल काफी सस्ते दामों में उपलब्ध हो तो इन असली उत्पादों की खोज करनेवाले अन्वेषकों को अपनी मेहनत का उचित प्रतिफल नहीं मिल पाता। कुल मिलाकर ग्रे मार्केट का बढ़ता आकार किसी भी देश की अर्थव्यवस्था को खोखला कर सकता है। इस गैर कानूनी कारोबार से उपजा काला धन एक समानांतर अर्थव्यवस्था को जन्म देता है, जो कई प्रकार के नकारात्मक असर दिखा सकता है।

(मुंबई में प्रकाशित दैनिक 'हमारा महानगर' में शुक्रवार 24-05-2013 को व्यापार पृष्ठ पर प्रकाशित)

□

30

एशियाई देशों पर मंडरा रहा है 'हाउसिंग बबल' का खतरा

हाल ही में विश्व बैंक, अंतरराष्ट्रीय मुद्रा कोष और अन्य एजेंसियों द्वारा दी गई जानकारी से यह ज्ञात हुआ है कि अनेक उदीयमान एशियन अर्थव्यवस्थाओं में, सन् 2008 के बाद वैश्विक मंदी से उबरने हेतु अनेक विकसित देशों द्वारा अपनाई गई उदार मौद्रिक नीति और घरेलू नीति के तहत उपभोक्ता उत्पादों एवं हाउसिंग हेतु दिए गए अत्यधिक ऋणों की वजह से प्रॉपर्टी की कीमतों में वास्तविक मूल्यों से कहीं अधिक इजाफा हो गया है, जिससे वहाँ 'असेट बबल' या 'हाउसिंग बुलबुला' जैसी स्थिति बन गई है।

यह एक ऐसी स्थिति है कि जब प्रॉपर्टी की माँग बढ़ने, सट्टेबाजी की प्रवृत्ति बनने और एक तरह का विश्वास पनपने की वजह से ऐसा प्रतीत होता है कि मूल्य वृद्धि का दौर जो फिलहाल चल रहा है, वो आगे भी कायम रहेगा, प्रॉपर्टी की कीमतें बेतहाशा बढ़ती हैं। कई लोग या कंपनियाँ बैंकों से नए घर या प्रॉपर्टी खरीदने के लिए उन्हीं घरों या प्रॉपर्टी को गिरवी रख कर उधार लेते हैं।

लेकिन यदि महँगाई दर काफी ऊँची हो और लोगों की आय तेजी से न बढ़ पा रही हो तब इन ऋणों को चुका पाने में वे कठिनाई महसूस करते हैं। ऐसे में यदि प्रॉपर्टी की कीमतों में किसी भी कारण से वृद्धि का दौर थम जाए या रिवर्स हो जाए या फिर कम गति से चले तो लोन चुका पाना मुश्किल हो जाता है। यदि ऐसा डिफॉल्ट बड़े स्तर या संख्या में हुआ तो बैंकों का पैसा इन हाउसिंग ऋणों में अटक जाता है, क्योंकि गिरवी रखी प्रॉपर्टी को बेच कर भी वे अपना बकाया मूल धन या ब्याज नहीं जुटा पाते, क्योंकि प्रॉपर्टी की कीमतें काफी अधिक गिर चुकी होती हैं।

उल्लेखनीय है कि सन् 2008 में अमेरिका में इसी तरह के असेट बुलबुले जब फटे तो 100 से अधिक बैंक फेल हो गए थे। कुछ इसी प्रकार के हालात अब एशियाई देशों में भी नजर आ रहे हैं। इन देशों में प्रमुख हैं—चीन, दक्षिण कोरिया, इंडोनेशिया, थाईलैंड, मलेशिया और सिंगापुर आदि।

विश्व बैंक द्वारा जारी आँकड़ों से पता चलता है कि इन देशों में हाउसिंग ऋणों (क्रेडिट) की संख्या और मात्रा में सन् 2008 की तुलना में काफी इजाफा हुआ है। वैश्वीकरण की नीति पर चलते हुए इन 'खुला' की गई अर्थव्यस्थाओं में, जो विकसित राष्ट्रों की तुलना में कई गुना अच्छी आर्थिक विकास दर हासिल कर पा रही थीं, विदेशी संस्थागत निवेश और प्रत्यक्ष विदेशी निवेश बढ़ा।

इसके अलावा, इन देशों में घरेलू स्तर पर भी विकास दर को बढ़ाने या फिर कायम रखने की दृष्टि से उपभोक्ताओं को उपभोग वस्तुओं और घरों या प्रॉपर्टी हेतु उदारता से ऋण दिए। दरअसल, हाउसिंग सेक्टर को विकास रूपी ट्रेन के ड्राइवर के रूप में देखा जा सकता है, क्योंकि नए घर बनाने से रोजगार के नए अवसर तो पनपते ही हैं, साथ ही अनेक उपभोक्ता वस्तुओं की माँग भी बढ़ाते हैं, लेकिन मुद्रा प्रसार बढ़ने पर सट्टेबाजी की प्रवृत्तियाँ प्रॉपर्टी के दामों को वास्तविक मूल्य से कहीं अधिक स्तर पर खींच ले जाती हैं।

उदाहरण के लिए, हाँगकाँग में सन् 2008–12 के दरम्यान प्रॉपर्टी की कीमतें वैश्विक औसत दर से कई गुना अधिक तीव्रता से बढ़ीं। ऐसे में यदि प्रॉपर्टी की माँग अचानक कम हो जाती है या फिर कीमतें तेजी से घटने लगती हैं, तो असेट–बुलबुले पैदा होते हैं जो कभी भी फट सकते हैं।

कई एशियाई देशों में घरेलू ऋणों का आकार वहाँ की सकल राष्ट्रीय आय के 80–90 प्रतिशत तक पहुँच चुका है तथा व्यक्तिगत खर्च योग्य आय के तो 100 प्रतिशत से अधिक से स्तर पर पहुँच चुका है। इनमें मलेशिया, दक्षिण कोरिया और सिंगापुर जैसे देश शामिल हैं। चिंता का विषय है कि हाँगकाँग जैसे कुछ स्थानों को छोड़कर बाकी कई एशियाई देशों में प्रॉपर्टी के दाम या तो घट रहे हैं या फिर कम गति से बढ़ रहे हैं। ऐसे में देखना होगा कि जापान में लाए गए अतिरिक्त मुद्रा प्रसार की वजह से इन उदीयमान अर्थव्यवस्थाओं में असेट बुलबुलों का आकार और अधिक न बढ़ जाए। इन विकासोन्मुख अर्थव्यवस्थाओं में यदि 'हाउसिंग बबल' फट पड़ा तो इसके गंभीर परिणाम न सिर्फ संबंधित देशों पर पड़ेंगे, बल्कि इसके दूरगामी प्रभाव वैश्विक अर्थव्यवस्था पर भी पड़ेंगे।

उल्लेखनीय है कि सन् 2008 के बाद से अनेक विकसित राष्ट्र ग्लोबल मंदी की जकड़न से अभी तक पूरी तरह से नहीं निकल पाएँ हैं, जबकि एशियाई देशों की विकास दर लगातार औसत से ऊपर बनी रही है, जिससे वैश्विक अर्थव्यवस्था को बल ही प्राप्त हुआ है। ऐसे में, यदि एशियन देशों में प्रॉपर्टी की कीमतें क्रैश होती हैं, तो वहाँ पर आर्थिक क्रियाओं का स्तर घट सकता है। भारत में अभी स्थिति इतनी विकट नहीं है, पर फिर भी प्रॉपर्टी की कीमतों में वृद्धि की दर कुछ कम अवश्य हुई है, अतः यहाँ भी सतर्क रहने की आवश्यकता है।

(मुंबई में प्रकाशित दैनिक 'हमारा महानगर' में शुक्रवार 31-05-2013 को व्यापार पृष्ठ पर प्रकाशित)

□

31

मंद पड़ती जा रही है भारत की अर्थव्यवस्था

हाल ही में वित्तीय वर्ष 2012-13 की चतुर्थ तिमाही के लिए भारत की सकल राष्ट्रीय आय से संबंधित आँकड़े जारी किए गए, जिसके अनुसार भारत की अर्थव्यवस्था का प्रदर्शन बेहद निराशाजनक रहा है। इस तिमाही में भारत की दर 4.8 प्रतिशत रही, जो कि पिछली तिमाही के 4.71 प्रतिशत से कुछ अधिक बेहतर नहीं रही। खासतौर पर उत्पादक सामग्री बनाने वाले उद्योगों और विद्युत् सेक्टर में विकास दर कमजोर पड़ी है, जिससे विनिर्माण क्षेत्र को कच्चे माल की आपूर्ति कम होने या फिर लागत बढ़ने जैसी मुश्किलों का सामना करना पड़ सकता है।

उल्लेखनीय है कि सन् 2012-13 के वित्तीय वर्ष में भारत की विकास दर 4.99 प्रतिशत के करीब रही है, जो कि पिछले एक दशक का न्यूनतम स्तर है। इस दौरान निजी उपभोग व्यय महज 4.1 प्रतिशत की दर से बढ़ा है, जो कि पिछले दस वर्षों की न्यूनतम दर मानी जा रही है।

चिंता का विषय है कि लगभग पूरे वित्तीय वर्ष (2012-13) के दौरान फैक्टरियों में तैयार माल का स्टॉक जमा रहता रहा, जिसका अभिप्राय यह है कि जिस दर से उत्पादन बढ़ा भी, उसके सापेक्ष उपभोक्ता माँग में वृद्धि की दर कम रही है। यह एक तरह का नकारात्मक आर्थिक दृष्टिकोण के रुख का द्योतक माना जा सकता है, जिससे चिंता होना लाजिमी है कि कहीं भारत की विकास दर चालू वित्तीय वर्ष में और अधिक कम हो जाने की संभावना तो नहीं है ? कारण है कि यदि उपभोक्ता माँग को पहले से जमा तैयार माल के स्टॉक जारी करके पूरा किया जाएगा, तो नए माल के उत्पादन की दर धीमी अवश्य पड़ेगी। अन्य बातें समान रहने पर अर्थात् यदि बाजार में उपभोक्ता माँग का स्तर तेजी से न बढ़ा, इससे भारत की विकास दर और भी धीमी पड़ सकती है।

उल्लेखनीय है कि हाल ही में पेट्रोल उत्पादक कंपनियों द्वारा तेल की कीमतों में

75 पैसे और डीजल की कीमतों में 50 पैसे प्रति लीटर की दर से इजाफा किया गया है, जिससे मध्यम वर्गीय लोगों पर विशेषत: अतिरिक्त व्यय का भार पड़ेगा। पेट्रोल और डीजल की कीमतें बढ़ने से न सिर्फ यातायात का मासिक खर्च बढ़ेगा, बल्कि सामानों की आवाजाही का खर्च (फ्रेस्ट कॉस्ट) भी बढ़ेगा, जिससे उपभोक्ता वस्तुओं, जिनमें आवश्यक वस्तुएँ भी शामिल हैं, की कीमतें भी बढ़ेंगी। चौंकाने वाली बात यह है कि प्रमुख तेल कंपनी इंडियन ऑयल कॉर्पोरेशन के अनुसार, उसे डीजल के दाम बढ़ाने के बावजूद भी 4.87 रुपए प्रति लीटर की दर से घाटा बर्दाश्त करना होगा। केरोसिन पर यह घाटा 27.75 रुपए प्रति लीटर और घरेलू गैस सिलेंडर पर यह 334.50 रुपए बताया जा रहा है।

गौरतलब है कि डीजल की कीमतों पर से नियंत्रण हटने के बाद कई दफे इसकी कीमतें बढ़ाई जा चुकी हैं और आगे भी यह रुख कायम रखा जा सकता है। यदि महँगाई और बढ़ी तो लोगों द्वारा उपभोक्ता वस्तुओं पर किए जा सकने वाले खर्च में कमी आ सकती है, जिससे उनकी माँग का प्रभावी स्तर कम हो सकता है। यदि ऐसा हुआ तो नकारात्मक बिजनेस आउटलुक पनप सकता है, जो भारत में आर्थिक क्रियाओं के स्तर को आहत कर सकता है।

उधर, पहले से ही कई कंपनियाँ वित्तीय परेशानी और अन्य कारणों से बैंकों से लिए गए कर्ज की किस्तें और ब्याज दर चुका पाने में असमर्थता जता रही हैं। कई बड़े बैंकों तक का पुनर्गठित ऋणों या एनपीए का आकार बढ़ता जा रहा है। इन बैंकों में स्टेट बैंक ऑफ इंडिया प्रमुख रहा है, जिसने वित्तीय वर्ष 2012-13 में 43,111 करोड़ रुपए के ऋणों का पुनर्गठन किया। अब रिजर्व बैंक ऑफ इंडिया ने ऋणों के पुनर्गठन की प्रक्रिया को और सख्त बनाए जाने का विचार किया है। यदि वित्तीय तरलता की कमी से कुछ कारोबार बंद पड़े या फिर अपनी पूरी क्षमता से काम न कर सके तो भी उत्पादन व रोजगार घट सकता है, जिससे भी भारत की विकास दर कमजोर पड़ेगी।

उल्लेखनीय है कि सकल अचल पूँजी विनिर्माण दर महज 3.4 प्रतिशत रही है, जो काफी प्रोत्साहनजनक नहीं है। इसके अलावा भारत को चालू खाता घाटा बढ़ने की आशंका भी है, क्योंकि डॉलर की माँग बढ़ने से रुपए की विनिमय दर कमजोर पड़ी है। गौरतलब है कि पेट्रोलियम पदार्थ हमारे आयात का बड़ा हिस्सा है और रुपए का मूल्य कम होने से जहाँ हमारे आयात का बिल बढ़ सकता है, वहीं महँगाई की दर भी।

जाहिर तौर पर निवेशकों के आत्म विश्वास में कमी साफ तौर पर नजर आ रही है, जिसका प्रमुख कारण नीतिगत अवरोध व स्पष्टता का अभाव माना जा सकता है। ऐसे में, एक ओर जब निवेश को प्रोत्साहन देने वाले वातावरण को निर्मित करने की आवश्यकता है, वहीं यदि राजकोषीय घाटे को नियंत्रण में रखने के लिए नियोजित खर्चों में कमी का

प्रयोजन चला तो इससे, बल्कि आर्थिक क्रियाओं का स्तर घट भी सकता है। योजना आयोग के उपाध्यक्ष के अनुसार, यद्यपि भारत की अर्थव्यवस्था के न्यूनतम स्तर को छू लेने के प्रमाण दिख रहे हैं, पर आर्थिक उत्थान के आसार नजर नहीं आ रहे हैं।

खासतौर पर पिछली तिमाही के 4.8 प्रतिशत के प्रदर्शन के मद्देनजर मौजूदा वित्तीय वर्ष में 6 प्रतिशत की विकास दर हासिल कर पाना काफी चुनौतीपूर्ण है। अब निवेशकों, उद्योगपतियों से लेकर सरकार तक को रिजर्व बैंक द्वारा ब्याज की दरों में कटौती की दरकार है, ताकि किसी प्रकार उपभोक्ता माँग का स्तर बढ़े, उत्पादन लागत कम हो और लाभपूर्ण बिजनेस के अवसर पनपें। हालाँकि रिजर्व बैंक के सामने खुदरा स्तर पर महँगाई की ऊँची दरों को देखते हुए नीतिगत दरों में कटौती का निर्णय काफी कठिन होगा।

(मुंबई में प्रकाशित दैनिक 'हमारा महानगर' में शुक्रवार 07-06-2013 को व्यापार पृष्ठ पर प्रकाशित)

□

32

रुपए का गिरता मूल्य चिंताजनक

हाल ही में अमेरिकी डॉलर के सापेक्ष रुपए की विनिमय दर ने अब तक का न्यूनतम स्तर छू लिया। जैसे ही रुपए का मूल्य 58.14 प्रति डॉलर के स्तर पर पहुँचा, एक बार फिर यह चर्चा गर्म हुई कि क्या वक्त आ गया है जबकि रिजर्व बैंक को हस्तक्षेप करना चाहिए और भारत की सरकार की आर्थिक सुधार के एजेंडे पर अमल करना ही होगा।

लेकिन इन सबके परे कुछ अन्य बुनियादी मसले भी हैं, जिनकी वजह से काफी अर्से से भारत का चालू खाता घाटा सकल राष्ट्रीय आय (जीडीपी) के 3 प्रतिशत तक के सामान्य या यूँ कहें, आरामदायक स्तर से काफी अधिक स्तर पर लगातार बना रहा है और ऐसे में यदि किन्हीं आकस्मिक या परिस्थितिजन्य कारणों से डॉलर की माँग तेजी से बढ़ जाए, रुपए का मूल्य कमजोर पड़ जाता है और अर्थव्यवस्था पर इसके कई प्रकार के प्रभाव पड़ते हैं।

उदाहरण के लिए, मई महीने की शुरुआत में रुपए की जो कीमत थी, वह जून में करीब 5.5 प्रतिशत कम हो गई। यदि पहले सकारात्मक प्रभावों की बात करें, तो भारत से किए जानेवाले निर्यात सस्ते होंगे, जिससे अंतरराष्ट्रीय बाजारों में इनकी माँग बढ़ेगी और देश में विदेशी मुद्रा की आपूर्ति बढ़ेगी। लेकिन ऐसा तब ही होगा, जब कि भारतीय उत्पादों के लिए बाजारों में प्रभावी माँग का स्वरूप लचीला हो और अन्य प्रतिस्पर्धी देश अपने निर्यातों की कीमत न घटाएँ।

गौरतलब है कि रुपए की कमजोरी का एक प्रमुख कारण वैश्विक स्तर पर डॉलर की मजबूती माना जा रहा है। भारत के अलावा कई अन्य उदीयमान देशों, जैसे—थाईलैंड, इंडोनेशिया, मलेशिया, सिंगापुर आदि की मुद्रा का मूल्य भी कमजोर पड़ा है। यदि प्रतिस्पर्धी देशों की मुद्रा का मूल्य कम होता है, भारत के निर्यात अपेक्षा के अनुरूप नहीं बढ़ सकेंगे।

दूसरा सकारात्मक पहलू यह है कि जिन कंपनियों का कारोबार डॉलर में होता है, उनकी रुपए में आंकी जानेवाली कमाई बढ़ सकती है, जैसे कि आईटी सेक्टर और अन्य ऐसी ही कंपनियाँ, जो भारी मात्रा में निर्यात व्यवसाय करती हैं। इसके अलावा अनिवासी (एनआरआई) भारतीयों द्वारा देश में भेजी जा रही रकम या डिपॉजिट की मात्रा में भी वृद्धि होती है।

अब यदि नकारात्मक प्रभावों की बात करें तो जिस प्रकार के आर्थिक वातावरण में रुपए की कीमतें कम हुई हैं, उससे लाभ कम और हानि ही ज्यादा होने की संभावना है। सबसे पहले तो डॉलर की कीमतों में मजबूती आने से अब संस्थागत विदेशी निवेशकों को भारत से बाहर के मुल्कों में अधिक आकर्षक और स्थिर निवेश विकल्प उपलब्ध होंगे। अन्य बातें समान रहने पर भी, उनके भारत में किए गए निवेश का डॉलर के परिप्रेक्ष्य में मूल्यांकन कम होगा, जिससे भी वे यहाँ से बाहर निकलने की कोशिश करेंगे। वैसे भी मई के महीने से ही वे अधिकतर विक्रेता ही रहे हैं। ऐसे में, शेयर बाजार की सेहत को भी काफी नुकसान पहुँच सकता है।

दूसरा, यदि भारत के निर्यात अनुपातिक तौर पर नहीं बढ़ पाए, तो चालू खाता घाटा और भी चौड़ा हो सकता है, खासतौर पर जब कमजोर रुपए की वजह से हमारे आयात—जिनमें तेल और पेट्रोलियम उत्पाद प्रमुख हैं—महँगे हो जाएँगे, जिससे महँगाई बढ़ेगी और आयात बिल भी बढ़ेगा।

तीसरा, चालू खाते का आकार बढ़ जाने से और महँगाई बढ़ने से भी, रिजर्व बैंक के लिए ब्याज की दरें घटाना और मुश्किल हो जाएगा। इससे भारत की पहले से ही मंद या ठप्प पड़ती जा रही अर्थव्यवस्था को उबारने के प्रयासों को धक्का लग सकता है।

उल्लेखनीय है कि भारत की विकास दर पिछले दस सालों के न्यूनतम स्तर पर पहुँच चुकी है। इन्हीं सब संभावनाओं के मद्देनजर अप्रैल महीने में फैक्टरी उत्पादन महज 2 प्रतिशत की दर से बढ़ा जो उद्योग जगत् में व्याप्त घोर निराशावादी निवेश सेंटीमेंट की ओर इशारा करता है।

चौथा, सबसे अधिक परेशानी उन उद्योगों को होगी, जिन्होंने विदेशी मुद्रा में ऋण उठाए और उनमें निहित जोखिम का पर्याप्त प्रबंधन या हेजिंग नहीं किया। ऐसी कंपनियों को अब ऋणों की किस्तें या ब्याज चुकाने में अधिक भुगतान करना होगा और इस नुकसान से उनके लाभांश घटेंगे। माना जाता है कि करीब 50 प्रतिशत भारतीय कंपनियों द्वारा, जिनमें अधिकांश अपेक्षाकृत छोटी कम्पनियाँ हैं, विदेशी मुद्रा का जोखिम प्रबंधन नहीं किया गया है। ऐसे में, इन कंपनियों को ऋण देनेवाले बैंकों को बिना 'हेजिंग' (बचाव व्यवस्था) किए गए, विदेशी मुद्रा जोखिम के समक्ष जोखिम का भार बढ़ाते हुए अधिक प्राविधिकरण करना पड़ सकता है, जिससे कई बैंकों के लाभाशों पर दबाव बढ़

सकता है। इसके अलावा, आयातित कच्चे माल का इस्तेमाल करनेवाली कंपनियों के लिए उत्पादन लागत बढ़ जाएगी, जिससे उनके लाभांश भी कम हो सकते हैं।

दरअसल, रुपए की विनिमय दर में उतार-चढ़ाव आना कोई नई बात नहीं है पर जो बात खासतौर पर विचारणीय है वो यह कि पिछले कई महीनों से चालू खाता घाटे का आकार लगभग बढ़ता ही जा रहा है। सन् 2012-13 की तृतीय तिमाही में तो इसका आकार जीडीपी का 6.7 प्रतिशत तक हो गया। इतना चौड़ा घाटा रख कर चलना और फिर एक स्थिर रुपए की परिकल्पना करना सहज नहीं।

हालाँकि केंद्रीय वित्त मंत्री की मानें तो मजबूत पूँजी प्रवाह के चलते जल्द ही रुपए का मूल्य अपना सही स्तर पा लेगा। फिर भी यह समझना ही होगा कि एफआईआई एवं एफडीआई से आए पूँजी प्रवाह के सहारे चालू खाता घाटे का प्रबंधन अल्पकाल में ही राहत दे सकता है। हो सकता है, केंद्रीय बैंक का हस्तक्षेप भी कुछ राहत प्रदान कर सके पर दीर्घकाल में स्थिर रुपए की स्थिति प्राप्त करने के लिए देश की अर्थव्यवस्था में बुनियादी सुधार करने की आवश्यकता होगी। देश में आर्थिक क्रियाओं का स्तर बढ़ाना होगा। निर्यात के लिए बेहतर गुणवत्ता वाले उत्पाद और नित नए बाजार तलाशने की भी जरूरत है।

(मुंबई में प्रकाशित दैनिक 'हमारा महानगर' में शुक्रवार 14-06-2013 को व्यापार पृष्ठ पर प्रकाशित)

□

33

विकास के लिए आर्थिक नीतियों में समन्वय जरूरी

हाल ही में रिजर्व बैंक ऑफ इंडिया ने अपनी मध्य-त्रैमासिक मौद्रिक नीति समीक्षा में नीतिगत दरों और बैंकों पर लागू कैश रिजर्व रेश्यो (सीआरआर) में और अधिक कटौती नहीं करने की घोषणा की है और ऐसी कोई संभावना भी नहीं जताई है कि निकट भविष्य में कोई कटौती की भी जा सकती है। परिणाम, स्वरूप रेपो रेट 7.25 प्रतिशत और सीआरआर 4 प्रतिशत के अपने पूर्व स्तर पर यथावत बने हुए हैं। बढ़ती महँगाई पर लगाम कसने और गिरती आर्थिक विकास दर को ऊँचा उठाने जैसे परस्पर विरोधी लक्ष्यों में तालमेल बिठाने की दुविधा तो रिजर्व बैंक एक अरसे से झेल रहा है, पर इस बार कुछ गंभीर समस्याएँ और उठ गई हैं।

दरअसल, रुपए की विनियम दर में जबरदस्त गिरावट, बढ़ते चालू खाता घाटे और खुदरा मूल्य सूचकांक के ऊँचे स्तर ने रिजर्व बैंक की मुश्किलें कुछ और बढ़ा दी हैं। गौरतलब है कि इस वर्ष जनवरी से लेकर अब तक केंद्रीय बैंक 75 बेसिस अंकों से नीतिगत दरें पहले ही घटा चुका है, लेकिन फिर भी न तो खुदरा स्तर पर महँगाई में उल्लेखनीय कमी आ सकी और न ही विकास की दर में उल्लेखनीय सुधार। सवाल उठता है कि मौद्रिक नीति आखिर प्रभावी रूप से कारगर होती क्यों नजर नहीं आ रही?

सबसे पहले तो एक कारण है—कमर्शियल बैंकों द्वारा नीतिगत दरों में कटौती का लाभ अपने ग्राहकों तक नहीं पहुँचा पाना। उदाहरण के लिए, रिजर्व बैंक द्वारा 75 बेसिस अंकों की कटौती के सापेक्ष स्टेट बैंक ऑफ इंडिया ने महज 5 बेसिस अंकों की कटौती अपनी ब्याज दरों में की है। आमतौर पर कुछ ऐसा ही प्रदर्शन अन्य बड़े बैंकों का भी रहा है, हालाँकि कई बैंकों ने विशिष्ट सेगमेंट (क्षेत्र) में कहीं-कहीं ब्याज दरों में कटौती

अवश्य की है, पर फिर भी नीतिगत दरों में जितनी कटौती की गई, उसका पूरा लाभ ग्राहकों तक नहीं पहुँच सका।

कारण है, बैंकों के कम होते हुए शुद्ध ब्याज मार्जिन, जिसकी वजह से उन्हें वह गुंजाइश नहीं मिल पा रही, जिससे वे ब्याज की दरें कुछ कम कर सकें। कई बैंकों ने फिक्सड डिपॉजिट पर दी जानेवाली ब्याज दरें इतनी कम पहली ही कर दी हैं कि वे पोस्ट ऑफिस बचत स्कीमों पर दी जानेवाली दरों से मेल खा रही हैं। ऐसे में डिपॉजिटों पर दी जानेवाली ब्याज दर कम करने का विकल्प न होते हुए वे ऋणों पर ली जानेवाली ब्याज दर को यदि और कम करेंगे, तो उनके शुद्ध ब्याज मार्जिन और भी कम हो जाएँगे। खासतौर पर तब जबकि कॉर्पोरेट जगत् में बैंक से उठाए जानेवाले ऋणों की माँग में काफी गिरावट आई है, बल्कि इक्विटी के माध्यम से जुटाए जा रहे संसाधनों की मात्रा में वृद्धि हो रही है। अत: बैंकों के समक्ष मौद्रिक नीति द्वारा नीतिगत दरों में की गई कटौती को अपने ग्राहकों तक पहुँचाना एक बड़ी चुनौती रही है।

सबसे बड़ी बात जो इस मौद्रिक नीति से स्पष्ट होती दिखाई दी, वो है भारत की अर्थव्यवस्था का वैश्विक अर्थव्यवस्था से इस कदर प्रभावित होना कि हमारी आर्थिक नीतियों पर इसकी झलक साफ नजर आ ही जाती है। अत: इस मौद्रिक नीति में पहली बार जब यह कहा गया कि नीतिगत दरें महँगाई और विकास दर के समान ही देश के भुगतान संतुलन की स्थिति पर भी निर्भर होगीं, यह स्पष्ट संकेत मिला कि रुपए की डॉलर से सापेक्ष जो विनिमय दर है, उसके उतार-चढ़ाव से देश की अर्थव्यवस्था पर महत्त्वपूर्ण प्रभाव पड़ते हैं।

सीधी-सी बात है कि रुपए का मूल्य डॉलर के सापेक्ष कम होने से आयात महँगे हो जाते हैं, जैसे कि पेट्रोल, डीजल और विनिर्मित उत्पाद तथा कच्चा माल आदि। जाहिर सी बात है, इनसे महँगाई तो बढ़ती ही है साथ ही, उद्योगों के लिए लागत बढ़ने पर एक ओर तो उनके लाभांश घटते हैं तो दूसरी ओर कारोबार भी। ऐसे में देश में आर्थिक क्रियाओं के स्तर और निवेश सेंटीमेंट—दोनों पर ही प्रतिकूल प्रभाव पड़ता है। इन सब बातों का प्रतिकूल असर देश में आए विदेशी संस्थागत निवेश के स्तर पड़ता है। यदि विदेशी निवेशकों ने भारत के पूँजी बाजार से हाथ खींचा तो ये रुपए और भुगतान संतुलन—दोनों की सेहत खराब कर सकता है। खास बात तो यह है कि देश की घरेलू अर्थव्यवस्था ही विदेशी पूँजी के बहिर्गमन या अंतर्गमन के लिए अकेली जिम्मेदार नहीं है, बल्कि शेष विश्व में कहाँ उन्हें भारत से बेहतर विकल्प मिल रहे हैं या नहीं, इस पर भी आधारित है।

मसलन, फिलहाल अमेरिकी फेडरेल बैंक के चैयरमेन बेन बर्नांके द्वारा हाल ही में व्यक्त किए गए विचारों द्वारा लग रहा है कि पिछले कुछ वर्षों से चली आ रही 'क्वांटेटिव ईजिंग' (मुद्रा प्रसार) नीति, जिसने विश्व भर के शेयर बाजारों को सन् 2009 से वैश्विक

मंदी के दौर निकलने में संबल प्रदान किया, अब रिवर्स की जा सकती है। यदि ऐसा हुआ अमेरिका में, तो भारत में विदेशी पूँजी प्रवाह पर प्रभाव अवश्य पड़ेगा और इससे चालू खाता घाटा और भी चौड़ा हो सकता है। अत: यह साफ तौर पर नजर आ रहा है कि 'अगर और मगर' की तर्ज पर जो मौद्रिक नीति हम चला रहे हैं वह कितनी सफल हो पाएगी, यह घरेलू और वैश्विक स्तर पर अनेक तत्त्व तय करेंगे।

फिलहाल अमेरिकी केंद्रीय बैंक की नीति तो हम प्रभावित कर नहीं सकते, पर घरेलू स्तर पर निवेश को प्रोत्साहन देनेवाले वातावरण को जितना जल्दी तैयार कर सकें, वह उतना ही बेहतर होगा, मौद्रिक नीति की सफलता के लिए भी और देश के विकास के लिए भी।

(मुंबई में प्रकाशित दैनिक 'हमारा महानगर' में शुक्रवार 21-06-2013 को व्यापार पृष्ठ पर प्रकाशित)

□

34

अमेरिकी मौद्रिक नीति का भारत की अर्थव्यवस्था पर प्रभाव कितना गंभीर ?

अमेरिका विश्व की सबसे बड़ी आर्थिक शक्ति है। वहाँ की मुद्रा 'डॉलर' अंतरराष्ट्रीय बाजारों में विनिमय का प्रतिष्ठित माध्यम है और यदि इस देश की अर्थ नीति अथवा डॉलर के मूल्यों में कुछ फेर-बदल या उतार-चढ़ाव होता है, तो उसका प्रभाव समूची वैश्विक अर्थव्यवस्था पर पड़ता है, यह हम सभी जानते हैं। लेकिन पिछले कुछ वर्षों से भारत की अर्थव्यवस्था पर अमेरिकी अर्थनीतियों का कुछ अधिक ही सीधा प्रभाव देखने को मिल रहा है। जिस प्रकार अमेरिकी कंपनियों और निवेशकों का भारत में और भारतीय कंपनियों का यूएस में कारोबार और निवेश बढ़ा है उससे तो इस प्रभाव की तीव्रता और अधिक बढ़ी है।

हाल ही में अमेरिकी केंद्रीय बैंक (फेडरल रिजर्व बैंक) के अध्यक्ष बेन बर्नांके ने एक वक्तव्य दिया, जिससे यूँ प्रतीत हुआ कि आनेवाले समय में अमेरिकी अर्थतंत्र में जारी प्रोत्साहन पैकेज (स्टीमुलस) धीरे-धीरे समाप्त कर दिए जाएँगे। इसका सीधा-सा अभिप्राय यह निकाला गया कि शायद अब वैश्विक स्तर पर वित्तीय तरलता का जो स्तर है, वो कम हो जानेवाला है। कहने को महज यह एक वक्तव्य था पर इससे दुनिया भर के शेयर बाजारों और अर्थव्यवस्थाओं में एक तूफान-सा उठ खड़ा हुआ और कई प्रमुख शेयर सूचकांक भड़भड़ा कर टूट गए।

दरअसल, बेन बर्नांके अमेरिका में फेडरल ओपन मार्केट कमेटी की दो-दिवसीय बैठक के समापन के दौरान अपने विचार प्रकट कर रहे थे। उन्होंने कुछ ऐसा इशारा किया कि अमेरिकी फेडरल बैंक बांड्स की खरीदी कम कर सकता है। इस उद्घोषणा का असर इतना तीव्र हुआ कि अमेरिकी बॉण्ड की 'यील्ड' 2.11 प्रतिशत से बढ़कर 2.38 प्रतिशत तक पहुँच गई, सोने की कीमतें गिरनी शुरू हो गईं और उदीयमान अर्थव्यवस्थाओं से

गर्म मुद्रा बाहर निकलने लगी। चीन से लेकर भारत तक सभी उदीयमान अर्थव्यवस्थाओं में वहाँ की स्थानीय मुद्रा का मूल्य भी टूट पड़ा और वित्तीय तरलता भी कमजोर हो गई। विशेषकर भारतीय मुद्रा 'रुपया' तो अपने ऐतिहासिक न्यूनतम स्तर पर जा गिरा और ऐसा लुढ़का कि सँभाले नहीं सँभल पा रहा है।

हालाँकि भारत के मुख्य आर्थिक सलाहकार ने कहा है कि भारतीय मुद्रा ध्वस्त होने की कगार पर नहीं है और वित्त मंत्रालय के पास इस गिरावट को रोकने के लिए विकल्पों की कमी भी नहीं है और इस दिशा में उचित कदम भी उठाए जाएँगे, फिर भी निवेशकों और उद्योगों में घबराहट का माहौल बना हुआ है।

इसके अलावा भारत के योजना आयोग के उपाध्यक्ष ने भी विश्वास जताने की कोशिश की है कि भारत के केंद्रीय बैंक के पास इस मुसीबत से बाहर निकलने के लिए काफी अस्त्र हैं और वे उन्हें प्रयोग में ला सकते हैं। लगता है कि भारत के शेयर बाजार के सूचकांक को अमेरिकी अर्थनीति के स्पष्टीकरण की भी दरकार है कि फिलहाल क्वांटेटिव ईजिंग (मुद्रा प्रसार नीति) का दौर थमनेवाला नहीं। दरअसल, जैसे-जैसे अमेरिका की आर्थिक स्थिति कुछ बेहतरी की ओर जा रही है, वहाँ के निवेशकों में आत्मविश्वास लौट रहा है और डॉलर की मजबूती के मद्देनजर उदीयमान अर्थव्यवस्थाओं से वे पहले से ही हाथ खींच रहे हैं।

जहाँ तक भारत का सवाल है, बर्नांके के वक्तव्य के दूसरे दिन ही विदेशी संस्थागत निवेशकों ने 2094 करोड़ रुपए की शुद्ध बिकवाली की है। खास बात यह है कि जहाँ अन्य एशियन देशों की मुद्रा में 3-4 प्रतिशत का मूल्य ह्रास हुआ वहीं भारत में रुपए का मूल्य जून माह में 5 प्रतिशत से अधिक दर से घटा। हालाँकि बुधवार को बेन के बयान के बाद गुरुवार को अमेरिकी कॉमर्स विभाग ने जब स्पष्ट किया कि इस वर्ष की प्रथम तिमाही में वहाँ की विकास दर 1.8 प्रतिशत रही है, जो कि अनुमानित दर 2.4 प्रतिशत से कम ही रही है, तो वहाँ के शेयर बाजारों में फिर उछाल आ गया, क्योंकि धीमी गति से विकास का अर्थ है—फिलहाल स्टीमुलस (प्रोत्साहन) पर ब्रेक न लगने की संभावना का बढ़ना।

जाहिर-सी बात है कि भारतीय शेयर सूचकांक पर भी इसका सकारात्मक प्रभाव पड़ेगा ही। सवाल यह है कि अमेरिका में दिए गए एक वक्तव्य मात्र से इतनी अफरा-तफरी मच उठी तो यदि वास्तव में कहीं अमेरिका में मुद्रा प्रसार नीति को रिवर्स कर दिया गया, तो क्या प्रभाव होगा? रुपए की कीमतें कुछ ओर गिरेंगी, आयात महँगे होंगे और भारत के आर्थिक विकास की दर, जो पहले से ही धीमी पड़ चुकी है, और कमजोर पड़ सकती है। रुपए की मूल्य की अस्थिरता से निर्यात भी प्रभावित हुए बिना नहीं रह सकेंगे।

यदि रुपए की दुर्बलता के मद्देनजर विदेशी निवेश घटा तो बैंकिंग, ऑटो, फॉर्मा, सीमेंट और एमएमसीजी जैसे अनेक उद्योग प्रभावित होंगे, जिनमें भारी मात्रा में विदेशी प्रत्यक्ष निवेश भी लगा हुआ है। इन सबके बीच यह भी समझना होगा कि बेन के वक्तव्य में जो सकारात्मक पहलू था, जिसका इशारा अमेरिका की बेहतर होती अर्थव्यवस्था की ओर था, उसे अहमियत शायद नहीं दी गई।

दरअसल, यदि अमेरिका की अर्थव्यवस्था सुधरती है तब मुद्रा प्रसार की नीति पर ब्रेक भी लग जाएँ तो कुछ अधिक प्रभाव वैश्विक अर्थव्यवस्था पर हो सकता है न भी पड़े, क्योंकि प्रोत्साहन पैकेज आखिर आर्थिक मंदी से बाहर निकलने का जरिया मात्र ही तो था। बहरहाल, भारत की अर्थव्यवस्था वैश्विक मंदी के दौर में भी मजबूती से खड़ी रही तो अपने दमदार घरेलू उपभोक्ता बाजारों की वजह से। हमें चाहिए कि देश की घरेलू अर्थव्यवस्था को और अधिक मजबूत बनाएँ, ताकि निवेश सेंटीमेंट बरकरार रहे और विदेशी पूँजी प्रवाह भी। एक स्थिर मुद्रा किसी भी देश के अर्थतंत्र की सफलता का मूलमंत्र मानी जा सकती है।

(मुंबई में प्रकाशित दैनिक 'हमारा महानगर' में शुक्रवार 28-06-2013 को व्यापार पृष्ठ पर प्रकाशित)

□

35

विश्व के कई देशों में सुनाई दे रही है आर्थिक मंदी की आहट

हाल ही में जून माह के दौरान उत्पादन, खरीदी और रोजगार के स्तर से संबंधित आँकड़ों के विश्लेषण से यह साफ तौर पर जाहिर होता है कि विश्व के अनेक देशों पर आर्थिक मंदी आने या गहराने की संभावना है।

सबसे पहले विश्व की दूसरी सबसे बड़ी आर्थिक शक्ति समझी जानेवाली चीन की अर्थव्यवस्था की बात करें तो पिछले महीने वहाँ के घरेलू और अंतरराष्ट्रीय बाजारों में चीनी उत्पादों की प्रभावी माँग में इतनी गिरावट आ गई कि वहाँ आर्थिक क्रियाओं का स्तर कई महीनों के न्यूनतम स्तर पर जा पहुँचा। चीन के खरीदी प्रबंधकों के सूचकांक (परचेज मैनेजर्स इंडेक्स) से पता चलता है कि जून में वहाँ फैक्टरी उत्पादन दर लगभग ठप्प पड़ती जा रही है। यहाँ तक कि चीन से भारत को किए जानेवाले निर्यात हेतु ऑर्डर्स में भी पिछले चार वर्षों में पहली बार गिरावट देखी गई है। चीनी अर्थव्यवस्था में मंदी की आहट भर से विश्व भर के वित्तीय बाजारों में काफी चिंता बनी हुई है कि आखिर अब चीन में विकास दर का क्या रुख रहेगा?

जिस प्रकार चीन के बैंकों के मध्य लागू अल्पकालिक (इंटर बैंक) ब्याज दर में अप्रत्याशित उछाल देखा गया, यद्यपि वो कई विशिष्ट घटनाओं से प्रभावित था, उसका एक अभिप्राय यह भी था कि कहीं-न-कहीं चीन की अर्थव्यवस्था में ऋणों का भार बढ़ता जा रहा है और वित्तीय तरलता का संकुचन होता जा रहा है। ब्याज की दरों में उछाल और अस्थिरता का दौर कितना गंभीर मसला रहा होगा कि अंततः जून माह के आखिरी सप्ताह में चीन के केंद्रीय बैंक (पीपल्स बैंक ऑफ चाइना) को आश्वासन देना पड़ा कि वह जल्द ही कुछ वित्तीय संस्थानों में तरलता का संचार करेगा, ताकि ब्याज दर पर बन रहा दबाव कुछ कम हो सके। पिछले माह करीब चार प्रतिशत के स्तर पर

रहनेवाली इंटर बैंक ब्याज दर जून में 13.44 के रिकॉर्ड स्तर को छू चुकी थी, जो कि केंद्रीय बैंक के हस्तक्षेप बाद 5.6 प्रतिशत तक लाई गई।

लेकिन जो सवाल अभी भी ज्वलंत है वो यह कि चीन, जिसका आर्थिक विकास दर के मामले में पिछले करीब 15 वर्षों से एक सुनहरा अध्याय चला आ रहा है, क्या वाकई आज उस कगार पर आ खड़ा हुआ है, जहाँ मंदी की लहरें उसकी अर्थव्यवस्था को चपेट में ले लेने के लिए तैयार खड़ी हैं? दरअसल, चीन के केंद्रीय बैंक ने पिछले कुछ अरसे से कड़ी मौद्रिक नीति अपनाई हुई है, क्योंकि अर्थव्यवस्था में भारी ऋणों के अनुपात को देखते हुए उसे वित्तीय जोखिम को सीमित रखने की आवश्यकता महसूस होती रही है।

उल्लेखनीय है कि चीन में ऋणों की मात्रा में सन् 2008 के बाद से जबरदस्त वृद्धि हुई है और यह बढ़कर वहीं की सकल राष्ट्रीय आय के 185 प्रतिशत स्तर तक पहुँच चुका है। विश्लेषकों की मानें तो चीनी मुद्रा बाजार में संकुचन तो एक ट्रेलर या शुरुआत मात्र है। आगे राहें विकट हैं और उनसे निपटना बेहद कठिन। वहाँ इस वर्ष आर्थिक विकास दर अनुमानित 7.6 से भी कहीं कम 6 प्रतिशत ही रहने की संभावना जताई जा रही है। ऐसे में यदि ब्याज दर से नियंत्रण हटाया जाए, तो बैंकों में भारी प्रतिस्पर्धा के चलते यह एक जोखिमपूर्ण निर्णय साबित हो सकता है और यदि ऐसा हुआ तो ये वैश्विक अर्थव्यववस्था के लिए विपत्तीपूर्ण साबित हो सकता है, क्योंकि आज विश्व के लगभग सभी देशों में चीनी उत्पादों का कारोबार पसरा हुआ है।

उधर, यूरो जोन की बात करें तो 17 देशों के इस समूह में 19 मिलियन से अधिक (12.1 प्रतिशत) लोग बेरोजगार हैं, जो कि यूरो जोन इतिहास का सबसे ऊँचा स्तर है। गौरतलब है कि युवा वर्ग में 24 प्रतिशत लोगों के पास वहाँ रोजगार नहीं है। साथ ही, महँगाई भी बढ़ती जा रही है। यूरो जोन में दुविधा यह भी है कि पहले से नीतिगत दरें रिकॉर्ड स्तर (0.5 प्रतिशत) तक कम की जा चुकी हैं। यूरोपियन केंद्रीय बैंक के अनुसार, सन् 2013 में यूरोप की अर्थव्यवस्था में 0.6 प्रतिशत तक संकुचन हो सकता है और इन सब वजहों से वहाँ मंदी के बादल फिर से गहरा सकते हैं। अब तो हालात ऐसे हैं कि शायद वहाँ के बैंकों में डिपॉजिट रखने पर भी ब्याज 'लगाया' जा सकता है, ताकि लोग बैंक में अपना पैसा जमा करके न बैठें, बल्कि छोटी-छोटी कंपनियों में निवेश करें, जिससे आर्थिक क्रियाओं का स्तर कुछ बढ़ सके।

इन सबके बीच अमेरिका में फैक्टरी उत्पादन में जहाँ मामूली-सी बढ़त देखी गई, वहीं रोजगार के नए अवसर अभी भी नहीं खुल पा रहे हैं, बल्कि इनका स्तर मई के सूचकांक में 50.1 से घटकर जून में 48.7 हो गया जो चिंताजनक है। रोजगार न बढ़ने पर उपभोक्ता बाजारों में वस्तुओं की माँग कैसे तेजी से बढ़ पाएगी और कैसे फैक्टरी

उत्पादन भी बढ़ाया जा सकेगा ? अतः अभी यह कहना मुश्किल है कि अमेरिका मंदी से पूरी तरह बाहर कब निकल सकेगा।

जहाँ तक भारत का सवाल है, जब समूची वैश्विक अर्थव्यवस्था त्रस्त है तब देश में विकास और स्थायित्व के लक्ष्य को साथ में लेते हुए घरेलू अर्थव्यवस्था को आत्मनिर्भरता के स्तर तक ले जाना होगा ताकि इस डगमगाती वैश्विक अर्थव्यवस्था में भारत मजबूती से टिका रह सके।

(मुंबई में प्रकाशित दैनिक 'हमारा महानगर' में शुक्रवार 05-07-2013 को व्यापार पृष्ठ पर प्रकाशित)

□

36

खाद्य सुरक्षा से जुड़े हैं कई जटिल मसले

हाल ही में खाद्य सुरक्षा बिल के पारित होने में समय लगते देख, केंद्र सरकार ने इसके तुरंत क्रियान्वयन की दृष्टि से एक अध्यादेश जारी किया है, परंतु इसे लागू किए जाने के लिए संसद द्वारा पारित किया जाना आवश्यक है।

दरअसल, राष्ट्रीय सुरक्षा विधेयक को दिसंबर 2011 में संसद में पेश किया गया था। बाद में जनवरी 2012 में इसे खाद्य उपभोक्ता मामले और सार्वजनिक वितरण पर गठित संसदीय स्थायी समिति के सुपुर्द कर दिया गया, जिसने अपनी रिपोर्ट जनवरी 2013 में दी। जिस प्रकार जल्दी-जल्दी एक अध्यादेश के जरिए यह बिल लागू किया गया है, अनेक लोगों का मानना है कि खाद्य सुरक्षा एक गंभीर मसला है और इसलिए इसके पक्ष और विपक्ष के सभी तर्कों पर पूरी बहस या विचार-विमर्श के बाद ही इसे लागू किया जाना चाहिए।

शायद लोकसभा चुनाव 2014 के मद्देनजर खाद्य सुरक्षा बिल को इतनी अहमियत दी गई है, लेकिन फिर भी यदि किसी भी प्रकार से यह कदम देश में गरीबी का सफाया कर सके तो इससे बेहतर क्या बात हो सकती है? और यदि भविष्य की सरकारें गरीबों को फल, दूध और मेवा भी उपलब्ध कराने की गारंटी दें तो इससे भी अच्छा होगा।

परंतु बात इतनी सीधी भी नहीं है और न ही आसान। कारण यह कि देश में सन् 1970 के दशक से सार्वजनिक वितरण प्रणाली पहले से ही काम कर रही है। सन् 1997 के बाद से लक्षित सार्वजनिक वितरण प्रणाली के तहत 62 मिलियन लोगों को गरीबी रेखा से नीचे रहनेवाले परिवारों के रूप में चिह्नित किया जा चुका है। गरीबी रेखा के नीचे रहने वालों को 35 किलो अनाज पहले से भी उपलब्ध कराए जाने की व्यवस्था है। साथ ही, ग्रामीण रोजगार गारंटी स्कीम भी लागू है, जहाँ 135 रुपए प्रति दिन की दर से रोजगार दिया जाता है। फिर भी लाखों लोग, जिनमें महिलाएँ और बच्चे शामिल हैं, क्यों कुपोषण

के शिकार हो रहे हैं ? जाहिर तौर पर मौजूदा सिस्टम में कुछ खामियाँ हैं, जिन्हें दूर किया जाना आवश्यक है।

योजना आयोग के 'प्रोग्राम इवेल्यूएशन ऑफ टार्गेटेड पब्लिक डिस्ट्रीब्यूशन सिस्टम' रिपोर्ट (जो कार्यक्रम मूल्यांकन संगठन द्वारा तैयार की गई है) में साफ तौर पर लिखा है कि केंद्रीय खाते (पूल) से जारी की गई खाद्यान्नों की मात्रा का 58 प्रतिशत खाद्यान्न गरीबी रेखा के नीचे रहनेवाले लोगों तक नहीं पहुँचता। यही नहीं, गरीबों को एक रुपए की अतिरिक्त आमदनी पहुँचाने के लिए सरकार पर 3.65 रुपए का खर्च आ जाता है अर्थात् यदि एक रुपए की सब्सिडी दी जाती है, तो सिर्फ 27 पैसे गरीब के पास पहुँचते हैं। गौरतलब है कि यह रिपोर्ट सन् 2005 में जारी की गई थी और उपरोक्त तथ्य स्वयं योजना आयोग के उपाध्यक्ष द्वारा इस रिपोर्ट के आमुख में प्रस्तुत किए गए हैं।

सवाल यह है कि गरीबों के पास पहुँचने से पहले अनाज कहाँ गायब हो जाता है ? इस रिपोर्ट में कई कारणों का उल्लेख है, जिनमें नकली राशन कार्ड जारी होना भी एक प्रमुख कारण है। रिपोर्ट में यह भी पाया गया है कि गरीबों को सार्वजनिक वितरण प्रणाली के तहत अतिरिक्त आय ट्रांसफर करने की लागत अन्य विकल्पों से कहीं अधिक है।

अब जरा मौजूदा खाद्य सुरक्षा विधेयक की चर्चा करें तो इसमें देश की करीब दो तिहाई (67 प्रतिशत) जनता के लिए प्रतिमाह 5 किलो अनाज सस्ते दामों पर उपलब्ध कराए जाने का प्रावधान है। अब यदि पूरे वर्ष का हिसाब लें तो प्रति व्यक्ति 60 किलो अनाज का तात्पर्य ये हुआ कि करीब 62 मिलियन टन अनाज की जरूरत होगी। नेशनल सेम्पल सर्वे (एनएसएस) द्वारा जारी आँकड़ों के अनुसार, सन् 2011-12 में महज 45 प्रतिशत जनता सार्वजनिक वितरण प्रणाली का इस्तेमाल कर रही थी। अब यदि 67 प्रतिशत लोगों को खाद्य सुरक्षा विधेयक के तहत कवर कर भी लिया गया तो इसका सीधा असर सब्सिडी के आकार पर पड़ेगा, जो मौजूदा 90,000 करोड़ रुपए से बढ़कर 1,24,723 करोड़ रुपए तक हो जाएगा। अत: सरकार की मानें तो सब्सिडी महज 25 प्रतिशत की दर से बढ़ेगी जो कि भारत की सकल राष्ट्रीय आय का करीब एक प्रतिशत होगा। समस्या यह है कि राजकोषीय घाटा पिछले कुछ वर्षों से काफी बढ़ा हुआ पहले से ही है। तब यह एक प्रतिशत घाटा राजकोषीय समीकरणों पर दबाव अवश्य बनाएगा।

दूसरा मुद्दा यह भी है कि किस प्रकार खाद्यान्नों की पैदावार और भंडारण की व्यवस्था बढ़ाई जाए। आज भी लाखों टन अनाज खुले मैदानों में धूप और बारिश की मार झेलते हुए बर्बाद हो जाता है। तीसरा मुद्दा किसानों के हितों से जुड़ा है जिन्हें लगता है कि अब न्यूनतम सपोर्ट कीमतें शायद ज्यादा न बढ़ सकें, क्योंकि उनके बढ़ने से सीधा-सीधा सब्सिडी बिल बढ़ेगा जिससे राजकोषीय घाटे पर दबाव और बढ़ेगा। इन सब के बीच जो विचार करने योग्य बात है वो यह कि भारत की जनता की गरीबी दूर करने का

मूलमंत्र आखिर क्या है ? यदि सीधे शब्दों में कहें तो वो है 'पैसा'। यदि उनके पास पैसा होगा तो खाद्यान्न वे खुद भी खरीद लेंगे अर्थात् प्रथम प्राथमिकता होनी चाहिए—विकास और ऐसा विकास जो गरीबों के लिए शिक्षा, स्वास्थ्य और रोजगार बढ़ाए, जिससे भारत की प्रति व्यक्ति आय बढ़े और विकास दर भी। उत्पादक रोजगार से जहाँ उपभोक्ता माँग बढ़ती है, उत्पादों की आपूर्ति भी। इससे महँगाई पर लगाम भी लग सकेगी और लोगों को भरपेट खाना भी उपलब्ध होगा।

कुल मिलाकर यदि मौजूदा सिस्टम की खामियों को दूर करते हुए खाद्य सुरक्षा वाकई गरीब परिवारों तक पहुँचती है तो यह अत्यंत सराहनीय कदम माना जाएगा पर साथ ही विकास को भी अहमियत दिए जाने की आवश्यकता है, जिससे कि गरीबी की समस्या का स्थायी समाधान किया जा सके।

(मुंबई में प्रकाशित दैनिक 'हमारा महानगर' में शुक्रवार 12-07-2013 को व्यापार पृष्ठ पर प्रकाशित)

□

37

विकास के लिए बढ़ रही है विदेशी निवेश पर निर्भरता

हाल ही में सरकार द्वारा अनेक क्षेत्रों में प्रत्यक्ष विदेशी निवेश पर लागू अधिकतम निवेश परिसीमा (केप) को बढ़ा दिया गया है। इसके अलावा भी कुछ क्षेत्रों को, जिन्हें एफडीआई के लिए विदेशी निवेश संवर्धन बोर्ड (एफआईपीबी) से अनुमोदन (एप्रूवल) की आवश्यकता पड़ती थी, उन्हें अब 'ऑटोमेटिक रूट' अर्थात् स्वतः अनुमोदित मार्ग पर डाल दिया गया है।

इस प्रकार जहाँ कई क्षेत्रों में विदेशी प्रत्यक्ष निवेश और अधिक मात्रा में लाया जा सकेगा, वहीं कुछ क्षेत्रों में ऐसा करने के लिए सरकार से पूर्वानुमति लेने की आवश्यकता नहीं रहेगी। जिन क्षेत्रों में विदेशी निवेश की अधिकतम सीमा बढ़ाई गई है, उनमें रक्षा उत्पाद, दूरसंचार और बीमा जैसे संवेदनशील या रणनीतिक दृष्टि से महत्त्वपूर्ण क्षेत्र भी शामिल हैं।

इसके अलावा पेट्रोलियम रिफाइनरी, विद्युत्, स्टॉक एवं कमोडिटी एक्सचेंज जैसे क्षेत्रों को 'ऑटोमेटिक रूट' के तहत वर्गीकृत किया गया है। कुछ क्षेत्रों में तो 100 प्रतिशत तक विदेशी निवेश की अनुमति दे दी गई है। इनमें टेलीकॉम, परिसंपत्ति पुनर्निमाण और प्रतिभूतीकरण (एआरसी) और क्रेडिट इंफार्मेशन कंपनियाँ शामिल हैं, हालाँकि सूचना और प्रसारण, नागरिक उड्डयन, बहु-ब्रांड खुदरा व्यापार और पेट्रोलियम तथा प्राकृतिक गैस क्षेत्र में मौजूदा परिसीमा को नहीं बढ़ाया गया है।

अब कई उद्योगों में विदेशी कंपनियों को स्थानीय कार्य प्रबंधन हेतु भारतीय भागीदारों की दरकार (आवश्यकता) नहीं रहेगी और वे अपना पूरा नियंत्रण यहाँ की कंपनियों में स्थापित कर सकेंगी। हालाँकि अनेक मामलों में, जैसे कि सिंगल ब्रांड खुदरा व्यापार क्षेत्र में 49 प्रतिशत भागीदारी तक विदेशी निवेशकों को सरकार से पूर्व अनुमति लेने की

आवश्यकता नहीं होगी, पर इससे अधिक निवेश करने के लिए उन्हें विदेशी निवेश संवर्धन बोर्ड से इजाजत लेनी पड़ेगी।

भारत सरकार के वाणिज्य एवं उद्योग मंत्री के अनुसार, भारत में प्रत्यक्ष विदेशी निवेश बढ़ाने का निर्णय देश में अधिक एफडीआई आमंत्रित करने तथा विनिर्माण क्षेत्र को प्रोत्साहित करने के उद्देश्य से लिया गया है।

गौरतलब है कि पिछले कुछ महीनों से लगातार रुपए की विनिमय दर कमजोर पड़ती चली जा रही थी और अन्य कई कारणों की वजह से भी भारत के चालू खाता घाटे का आकार चौड़ा होता जा रहा था। जाहिर तौर पर एक सुस्त पड़ती जा रही अर्थव्यवस्था में गति का संचार करने के लिए आर्थिक सुधार बड़े पैमाने पर लाए जाने की आवश्यकता थी। सो, यूँ प्रत्यक्ष विदेशी निवेश को आकर्षित या यूँ कहें आमंत्रित किए जाने के प्रयोजन से विभिन्न लाभकारी क्षेत्रों में, जिनमें सर्विसेज (सेवाएँ) प्रमुख हैं, मौजूदा एफडीआई लिमिट या तो बढ़ाई गई या फिर 'ऑटोमेटिक रूट' के तहत वर्गीकृत की गई।

उल्लेखनीय है कि पिछले कई सालों से भारत में सर्विसेज सेक्टर ने अभूतपूर्व तरक्की की है। भारत की सकल राष्ट्रीय आय में सर्विसेज क्षेत्र का योगदान सन् 1950-51 के 33.3 प्रतिशत के मुकाबले आज 56.5 प्रतिशत हो चुका है। यदि इसमें कंस्ट्रशन सेक्टर को भी शामिल कर दिया जाए तो यह योगदान 64.8 प्रतिशत हो जाता है। अत: भारत की अर्थव्यवस्था में सर्विस सेक्टर का महत्त्वपूर्ण योगदान है।

यही नहीं, सन् 2001 और 2011 के दरम्यान विश्व के प्रमुख 15 देशों के सर्विस सेक्टर के तुलनात्मक अध्ययन से पता चलता है कि किसी भी देश के मुकाबले भारत में सर्विसेज क्षेत्र का राष्ट्रीय आय में योगदान सर्वाधिक तेजी से बढ़ा है। यहाँ तक कि इस दौरान भारत में इस क्षेत्र की विकास दर 9.2 प्रतिशत रही, जो कि चीन के 11.1 प्रतिशत के पश्चात् विश्व में दूसरी सबसे ऊँची विकास दर के रूप में दर्ज की गई। जहाँ भारत में सर्विस सेक्टर प्रति वर्ष लगभग काफी स्थायित्व के साथ तरक्की कर पा रहा है, वहीं विश्व के अनेक विकसित देशों में वैश्विक मंदी और यूरो जोन क्राइसिस आदि की वजह से सर्विसेज के निर्यात का कारोबार आहत हुआ है।

हालाँकि भारत में इस क्षेत्र के विकास में एफडीआई और बहुराष्ट्रीय कंपनियों का भी बड़ा योगदान रहा है। सन् 2000-2012 के दौरान जो प्रत्यक्ष विदेशी निवेश भारत आया उसका लगभग 47 प्रतिशत सर्विस क्षेत्र के विभिन्न व्यवसायों में लगा है। अत: यूँ कहें कि एफडीआई जहाँ भारत के लिए जरूरी समझा गया वहीं विदेशी निवेशकों के लिए भी यह क्षेत्र एक बेहतर विकल्प साबित हुआ, तो शायद अतिश्योक्ति नहीं होगी। यही कारण है कि भारत में लगातार इस क्षेत्र की उदारीकरण के तहत और अधिक खुला किया गया है।

लेकिन बहुत बड़ा सवाल यह है कि जिस प्रकार की आर्थिक विकास दर भारत ने 21वीं सदी के शुरुआती दशक में हासिल की थी, उसके मुकाबले पिछले दो वर्षों में विकास दर कमजोर रही है। इसके अलावा रुपया दुर्बल है, महँगाई प्रबल है और वित्तीय तरलता की भी कमी है। साथ ही, नीतिगत अवरोध, घरेलू स्तर पर छाई अस्थिरता, बढ़ता राजकोषीय घाटा और चौड़ा होता चालू खाता घाटा और ऊँची ब्याज दरों की वजह से भी निवेश सेंटीमेंट ठप्प पड़ता जा रहा है।

ऐसे में, विदेशी निवेश को खुला न्योता देने भर से ही यह सुनिश्चित नहीं समझा जा सकता कि वे यहाँ आना पसंद करेंगे। यदि वे किसी प्रकार आ भी गए, तो क्या हमारी घरेलू कंपनियाँ इन महाकाय विदेशी कंपनियों के समक्ष प्रतियोगी वातावरण में टिक पाने में सक्षम होंगी ? जहाँ एक ओर क्वांटेटिव ईजिंग के जरिए वहाँ ब्याज दरें नगण्य हैं, यहाँ भारत की कंपनियों की बहुत ऊँची ब्याज दर पर ऋण मिलते हैं। बहुत सी कंपनियाँ तो इतना भी नहीं कमा पा रहीं कि ब्याज की रकम अदा कर सकें।

बैंकों के समक्ष एनपीए बढ़ते जा रहे हैं। कहीं ऐसा न हो कि विदेशी कंपनियाँ सभी क्षेत्रों में वर्चस्व कायम कर लें और भारतीय उद्योग धीरे-धीरे बंद पड़ते जाएँ। ऐसे में एफडीआई परिसीमा बढ़ाने मात्र से ही अर्थव्यवस्था की समस्याएँ दूर नहीं होंगी। आर्थिक सुधार तब ही सार्थक समझा जाएगा, जबकि निवेश के लिए बेहतर वातावरण बने और घरेलू उद्योगों को विदेशी कंपनियों का सामना करने के लिए एक समकक्ष स्तर मिले। इसके लिए विदेशी निवेश नीति का अन्य आर्थिक नीतियों के साथ उचित समन्वय की भी आवश्यकता होगी।

(मुंबई में प्रकाशित दैनिक 'हमारा महानगर' में शुक्रवार 19-07-2013 को व्यापार पृष्ठ पर प्रकाशित)

□

38

कड़ी मौद्रिक नीति ने दी है स्थायित्व को प्राथमिकता

हाल ही में रिजर्व बैंक ने लगभग लगातार कमजोर होती जा रही विनिमय दर के मद्देनजर रुपए के मूल्य को स्थायित्व प्रदान करने की मंशा से मुद्रा संकुचन के दूसरे दौर की घोषणा की है। दरअसल, डॉलर की मजबूती और बढ़ते चालू खाता घाटे की वजह से पिछले करीब एक वर्ष में रुपए की विनिमय दर में जबरदस्त गिरावट आई है। जुलाई माह के प्रथम सप्ताह में जब रुपए की विनिमय दर 61.21 प्रति डॉलर के स्तर को छू उठी, तब रिजर्व बैंक ने कड़ी मौद्रिक नीति के पहले दौर की घोषणा की। पहले बैंकों को उपलब्ध 'लिक्विडिटी एडजस्टमेंट' सुविधा पर एक अधिकतम सीमा 75,000 करोड़ रुपए फिक्स की थी, जिसे अब घटाकर 37,000 करोड़ कर दिया गया है।

इसके अलावा केंद्रीय बैंक ने कहा है कि बैंकों को अपने संभावित पाक्षिक औसत डिपॉजिट पर लागू कैश रिजर्व रेश्यो (सीआरआर) का कम-से-कम 99 प्रतिशत दैनिक बैलेंस रिजर्व बैंक के पास जमा रखना होगा। पहले यह 70 प्रतिशत था। रिजर्व बैंक द्वारा उठाए गए कदम से अब बैंकों के लिए वित्तीय सिस्टम में आई तरलता की कमी से अल्पकालीन ऋणों पर देय ब्याज दर बढ़ सकती है। हो सकता है कि इस बढ़ी हुई लागत के कुछ हिस्से बैंक अपने ग्राहकों पर ट्रांसफर कर दें।

अतः कॉर्पोरेट क्षेत्र, जो पहले ही वित्तीय तरलता की कमी से ऊँची ब्याज दर का भार वहन कर रहा है, उसके लिए अब ऋण लेना और भी महँगा हो सकता है। रिजर्व बैंक के कठोर निर्णयों की वजह से करीब 90,000 करोड़ रुपए वित्तीय बाजारों से लुप्त हो जाएँगे, ऐसा भी अनुमान लगाया गया है। इसके अलावा बैंकों के पास अन्य विकल्प न होने की वजह से यदि उन्होंने न्यूनतम सांविधिक तरलता अनुपात (एसएलआर रेश्यो) से अधिक जमा सरकारी प्रतिभूतियों को बेचना चाहा तो सरकारी बांडों की 'यील्ड' बढ़

जाएगी, जिससे सरकार के लिए भी परेशानी बढ़ सकती है, क्योंकि बॉण्ड की कीमतें गिरने पर राजकोषीय संसाधनों पर दबाव बढ़ेगा।

इसके अलावा जिन निवेशकों का पैसा म्यूचुअल फंडों के माध्यम से सरकारी प्रतिभूतियों में लगा है, उन्हें भी नुकसान उठाना पड़ सकता है। जब भारत की अर्थव्यवस्था पहले से ही आर्थिक विकास रिपोर्ट कार्ड पर ठीक से निष्पादन नहीं कर पा रही है, तब कड़ी मौद्रिक नीति से महँगाई और भी बढ़ सकती है और विकास भी बाधित हो सकता है। सरकार के लिए राजकोषीय घाटा और भी विकट हो सकता है। सवाल उठता है कि आखिर रिजर्व बैंक, जो पहले से ही विकास बढ़ाने और महँगाई कम करने में किसे प्राथमिकता दे, इस दुविधा से त्रस्त रहता रहा है, अब क्यों सब कुछ हाशिए पर छोड़कर, अर्थव्यवस्था में स्थायित्व लाने को प्राथमिकता दे रहा है ?

दरअसल, यदि रुपए के मूल्य में गिरावट का दौर जारी रहा तो हमारा आयात बिल बहुत बढ़ सकता हैं, जिससे भुगतान संतुलन बिगड़ सकता है। देश में आर्थिक आस्थिरता का माहौल हो तो आय के स्रोत और रोजगार—दोनों पर विपरीत असर पड़ता है। किसी भी विकासशील अर्थव्यवस्था में 'स्थायित्व के साथ विकास' आर्थिक उत्थान का सबसे सुरक्षित तरीका माना जा सकता है। रुपए के मूल्य में अस्थिरता से बचत तथा निवेश के प्रति उदासीनता पनपती है। महँगाई बढ़ने पर उपभोक्ता वस्तुओं की प्रभावी माँग का स्तर कम होता है और इस प्रकार एक विकासशील अर्थव्यवस्था एक प्रकार के दुष्चक्र में फँस सकती है, जिससे निकल पाना काफी मुश्किल हो सकता है।

इसके अलावा रुपए की विनिमय दर में गिरावट से विदेशी मुद्रा बाजार में जो सट्टेबाजी की प्रवृति बढ़ जाती है, उससे अस्थिरता और बढ़ जाती है। कड़ी मौद्रिक नीति द्वारा सट्टेबाजी की प्रवृत्ति पर लगाम लगाने और बेहतर स्थायित्व के साथ विकास करने की आवश्यकता को देखते हुए ही रिजर्व बैंक द्वारा जरूरी कदम उठाए गए हैं।

रुपए की अस्थिरता से देश में आनेवाला प्रत्यक्ष विदेशी निवेश भी प्रभावित होता है, जिससे चालू खाता घाटे पर और भी अधिक दबाव बन जाता है। ऐसे में रिजर्व बैंक द्वारा विकास के सापेक्ष स्थायित्व को प्राथमिकता दिया जाना, फिलहाल एक मात्र विकल्प नजर आ रहा है। जो भी हो, आनेवाले समय में देश के आर्थिक हालात कुछ और कठिन हो सकते हैं।

रिजर्व बैंक द्वारा कड़ी मौद्रिक नीति अपनाए जाने से फिलहाल ब्याज दरों में कटौती की कोई गुंजाइश नजर नहीं आ रही। यही कारण है कि लगभग सभी प्रमुख वित्तीय संस्थानों ने भारत की विकास दर के पूर्वानुमान घटा दिए हैं। जिस प्रकार की विकट स्थिति में भारत की अर्थव्यवस्था आ फँसी है, वहाँ सिर्फ मौद्रिक नीति द्वारा आर्थिक समस्याओं से निजात पाना काफी मुश्किल है। एक विकासशील अर्थव्यवस्था को विकास की ओर

खींचने के लिए न सिर्फ सभी आर्थिक नीतियों में तालमेल की आवश्यकता है, बल्कि सामाजिक और आर्थिक नीतियों में भी समन्वय होना चाहिए। तभी स्थायित्व के साथ विकास सही मायनों में हासिल किया जा सकेगा।

(मुंबई में प्रकाशित दैनिक 'हमारा महानगर' में शुक्रवार 26-07-2013 को व्यापार पृष्ठ पर प्रकाशित)

□

39

केंद्रीय बैंक की कठोर मौद्रिक नीति कितनी प्रभावी

पिछले करीब एक पखवाड़े से कड़ी मौद्रिक नीति के दो दौर में जिस प्रकार रिजर्व बैंक की नीति में रुपए की विनिमय दर में स्थायित्व की प्राथमिकता साफ तौर पर नजर आ रही थी, ऐसा लग ही रहा था कि 30 जुलाई को घोषित की जानेवाली प्रथम तिमाही मौद्रिक समीक्षा पर आधारित मौद्रिक नीति में केंद्रीय बैंक का ये रुख बरकरार ही रहेगा। और ऐसा हुआ भी। नई मौद्रिक नीति में नीतिगत दरों को यथावत ही रखा गया है, अर्थात्रेपो रेट 7.25 प्रतिशत और रिवर्स रेपो रेट 6.25 प्रतिशत के स्तर पर फिलहाल बनी हुई है। इसके अलावा बैंकों पर लागू कैश रिजर्व रेश्यो भी यथावत चार प्रतिशत के स्तर पर ही रखा गया है।

हालाँकि केंद्रीय बैंक ने अर्थव्यवस्था की विकास दर को मौजूदा वित्तीय वर्ष में अनुमानित 5.7 प्रतिशत से भी कम कर 5.5 प्रतिशत कर दिया है। यहाँ विकास और स्थायित्व की दुविधा में रिजर्व बैंक ने रुपए की विनिमय दर में स्थायित्व लाने को प्राथमिकता दी है। उसे लगता है कि बहुत बढ़े हुए चालू खाता घाटे और उसे पाटने के लिए विदेशी पूँजी प्रवाह पर बढ़ रही निर्भरता की वजह से भारत विदेशी वित्तीय बाजारों की हलचल से काफी प्रभावित रहेगा। एक प्रकार से विनिमय दर में अस्थिरता को नियंत्रण में रखने के लक्ष्य को मौद्रिक नीति में महत्त्वपूर्ण समझा गया है।

सवाल यह है कि पिछले एक पखवाड़े से मुद्रा संकुचन की तमाम कोशिशों के बावजूद रुपए की विनिमय दर 60 रुपए प्रति डॉलर से कम होने की बजाए सोमवार को 61.20 डॉलर के न्यूनतम रिकॉर्ड स्तर तक जा पहुँची, हालाँकि बुधवार तक इसमें कुछ सुधार हो कर यह 60.37 डॉलर के स्तर पर आ गई थी। आखिर नीतिगत ब्याज दरों में कटौती न करने और वित्तीय बाजारों में तरलता का संकुचन करने जैसे प्रयासों के बाद

भी रुपए की विनिमय दर में वांछित सुधार या स्थायित्व भी, क्यों नहीं आ पा रहा है ?

दरअसल एक खुली अर्थव्यवस्था और अपेक्षाकृत स्वतंत्र विदेशी पूँजी प्रवाह के दौर में मौद्रिक नीति की अपनी सीमाएँ हैं, जिसके कारण विनिमय दर को सामान्य का निर्धारित स्तर पर ले आना या बनाए रखना काफी चुनौतीपूर्ण कार्य है। खासतौर पर जब कि केंद्रीय बैंक को लगता है कि चालू खाता घाटे को कम करने और आरामदायक स्तर पर बनाए रखने के लिए तुरंत बुनियादी कदम तेजी से उठाए जाने की भी आवश्यकता है। जाहिर तौर पर बुनियादी कदम जैसे कि निर्यातित वस्तुओं की प्रतिस्पर्धात्मक क्षमता का विकास, निर्यात उद्योगों को प्रोत्साहन, उचित इंफ्रास्ट्रक्चर आदि देश की अर्थव्यवस्था के विकास से भी प्रभावित होते हैं।

हालाँकि महँगाई पर काबू पाना और मुद्रा के मूल्य में स्थायित्व रखना किसी भी विकासशील अर्थव्यवस्था में मौद्रिक नीति की प्राथमिकता मानी जा सकती है पर फिर भी विकास की आवश्यकता को लंबे समय तक नजरअंदाज नहीं किया जा सकता है। फिर यदि मौद्रिक संकुचन के दो दौर की मौजूदगी के बावजूद भी, मुद्रा की विनिमय दर बद से बदतर हो जाती है या उसमें उल्लेखनीय सुधार नहीं आ पाता है तो न सिर्फ अर्थव्यवस्था के हितधारकों का मनोबल गिर जाता है, बल्कि स्वयं मौद्रिक नीति के प्रभावशाली होने पर भी प्रश्नचिह्न लग जाता है।

ऐसे भी विचार पनपते हैं कि जब मौद्रिक नीति के तहत उठाए गए सघन प्रयास भी कारगर नहीं हो पा रहे तो क्या विनिमय दर को बाजार मूल्यों पर निर्धारित होने के लिए खुला छोड़ दिया जाना चाहिए? दीर्घकाल में बाजार स्वयं वह मूल्य पा लेगा, जो संतुलन की स्थिति प्रदर्शित कर सके।

दरअसल, आज सिर्फ विकास की दर धीमी पड़ने का ही प्रश्न नहीं है, बल्कि देश में कुछ वर्षों से बचत और निवेश की दर के गिरते जाने का रुख नजर आ रहा है, जो काफी चिंताजनक है। अभी भी जिस प्रकार का माहौल है, निवेश सेंटीमेंट लगभग ठप्प पड़ा हुआ है और ऐसे में मौद्रिक संकुचन की नीति पर और चला गया, तो विकास और महँगाई पर प्रतिकूल प्रभाव पड़ सकता है।

इसके अलावा विदेशी मुद्रा कोष का कवर 6.5 से सात महीने तक का आयात बिल सँभालने जितने स्तर पर है, जबकि करीब दस महीने तक का कवर स्थायित्व की दृष्टि से पर्याप्त माना जाता है। गौरतलब है कि 19 जुलाई को 279 बिलियन डॉलर का विदेशी मुद्रा कोष था, जो पिछले तीन वर्षों का न्यूनतम स्तर है। ऐसे में रिजर्व बैंक रुपए की विनिमय दर को स्थायित्व देने के प्रयासों को कब तक बनाए रख पाएगा, यह भी चिंतनीय प्रश्न है।

उधर कुछ बैंकों ने जो अल्पकालीन ऋणों पर बढ़ी ब्याज की लागत और अन्य

कारणों से वित्तीय तरलता की कमी झेल रहे हैं, अपनी ब्याज दरों को 25-50 बेसिस अंकों से बढ़ाना शुरू कर दिया है। अत: रुपए की विनिमय दर में जितना जल्दी स्थायित्व लाया जा सके, देश के विकास के लिए भी जरूरी है और महँगाई रोकने के लिए भी, पर जैसा कि रिजर्व बैंक ने भी सुझाया है, चालू खाता घाटा नियंत्रण में लाने के लिए कुछ बुनियादी कदम भी उठाने होंगे। इसके लिए देश में निवेश के लिए उपयुक्त वातावरण त्वरित रूप से तैयार करने की आवश्यकता होगी।

(मुंबई में प्रकाशित दैनिक 'हमारा महानगर' में शुक्रवार 02-08-2013 को व्यापार पृष्ठ पर प्रकाशित)

□

40

निजी क्षेत्र में उत्पादन सूचकांक में गिरावट है चिंताजनक

हाल ही में जुलाई माह का एचएसबीसी कंपोजिट उत्पादन सूचकांक भारत में 48.4 के स्तर पर दर्ज किया गया, जो कि जून माह के 50.9 के स्तर से काफी कम है। उल्लेखनीय है कि यह सूचकांक सेवाओं और विनिर्माण उत्पादन के ताजा रुझान दरशाता है। माना जाता है कि एचएसबीसी सूचकांक यदि 50 या अधिक स्तर पर हो तो वह विकास का रुख दिखाता है और यदि 50 से कम हो तो अर्थव्यवस्था में संकुचन की प्रवृत्ति या रुझान दिखाता है।

एचएसबीसी के अनुसार पिछले चार सालों में पहली बार निजी क्षेत्र में व्यावसायिक कारोबार में गिरावट देखी गई है और इसे लगभग आर्थिक क्रियाओं के स्तर में आ रही संकुचन की प्रवृत्ति की शुरुआत के रूप में देखा जा सकता है। खासतौर पर सर्विसेज (सेवाओं) के क्षेत्र में जबरदस्त गिरावट आई है। जून के माह में 51.7 के मुकाबले यह सूचकांक जुलाई में 47.9 के स्तर पर आ लुढ़का है, जो न सिर्फ यह दरशाता है कि सेवाओं के क्षेत्र में नए व्यवसाय के अवसर कम पैदा हो रहे हैं, बल्कि जिन कंपनियों को इस सूचकांक के निमित्त सर्वेक्षण में शामिल किया गया, उनमें उत्साह या भविष्य के प्रति सकारात्मक या आशावादी दृष्टिकोण का अभाव भी नजर आया है।

इस सर्वेक्षण में यह भी कहा गया है कि एक नाजुक दौर से गुजर रही भारतीय अर्थव्यवस्था में सेवा-क्षेत्र को जुलाई में नए ऑडर्स कम मिले हैं। कमजोर डिमांड (माँग) और कड़ी प्रतिस्पर्धा के चलते जहाँ महँगाई के पैमाने कुछ नरम पड़ रहे हैं, वहाँ रिजर्व बैंक, जो फिलहाल रुपए की गिरती विनिमय दर को किसी प्रकार सँभालने में लगा है, उसे अब विकास की प्राथमिकता पर ध्यान देना ही होगा, क्योंकि देश में आर्थिक क्रियाओं का स्तर तेजी से गिर रहा है। कमजोर उपभोक्ता माँग के अलावा भी कई अन्य

कारण हैं, जिसकी वजह से निजी क्षेत्र में उत्पादन में कमी आ रही है। मसलन, कच्चे माल की पर्याप्त आपूर्ति का अभाव, बिजली कटौती की समस्या इत्यादि।

हालाँकि इस रिपोर्ट के अनुसार, पिछले 16 महीनों से लगातार निजी क्षेत्र की कंपनियों में स्टॉफ की संख्या में वृद्धि का रुख जुलाई में भी कायम रहा है, जो भले ही बहुत धीमी गति से बढ़ रहा है, पर यह दिखाता है कि निजी क्षेत्र की व्यावसायिक आवश्यकताएँ बढ़ रही हैं । लेकिन यदि उत्पादन नहीं बढ़ रहा है तो क्या यह स्टॉफ पहले से जमा स्टॉक (इन्वेंटरी) को अत्याधिक प्रतिस्पर्धी उपभोक्ता बाजारों में खपाने के प्रयोजन से बढ़ा है या फिर उत्पादकों को उम्मीद है कि आनेवाले समय में सरकार को आर्थिक सुधार के निमित्त जरूरी कदम उठाने ही होंगे? शायद अब वह समय बिंदु आ ही गया है कि 'महँगाई-स्थायित्व-विकास' के अत्यंत जटिल समीकरणों को हल करने के लिए नीतिगत गतिरोध और विभिन्न आर्थिक नीतियों में तालमेल का अभाव दूर करना ही होगा।

गौरतलब है कि हाल ही में घोषित मौद्रिक नीति में रिजर्व बैंक द्वारा मौजूदा वित्तीय वर्ष में भारत की अनुमानित विकास दर घटा दी गई है। इसके अलावा भारत सरकार ने भी हमारे निर्यातों को सन् 2013-14 के लिए पहले से तय किए गए 500 बिलियन डॉलर के पूर्वानुमान को घटाकर 350 बिलियन डॉलर कर दिया है। इसका कारण भी कमजोर औद्योगिक विकास दर, ब्याज की ऊँची दर, रुपए का अवमूल्यन, यूरोजोन में व्याप्त सार्वभौमिक ऋण संकट, विकसित अर्थव्यवस्थाओं में जारी आर्थिक मंदी जैसे हालात और कमजोर वैश्विक आर्थिक विकास दर आदि अनेक बातों को बताया गया है। यद्यपि एचएसबीसी के अनुसार अमेरिका, यूरोप और जापान जैसे कुछ विकसित देशों में आर्थिक स्थिरता का माहौल पनपने के बावजूद अनेक उदीयमान अर्थव्यवस्थाओं में आर्थिक क्रियाओं के स्तर में उल्लेखनीय उछाल या सुधार नहीं दिखाई दे रहा है। इनमें भारत के अलावा ब्राजील, चीन और रूस जैसे देश शामिल हैं।

हालाँकि इन सभी देशों के मुकाबले भारत में यह सूचकांक न्यूनतम स्तर पर दर्ज हुआ, जो कि साफ दरशाता है कि हमारे यहाँ परिस्थितियाँ कहीं अधिक विकट हैं। एक अनुमान के अनुसार, नेशनल स्टॉक एक्सचेंज पर सूचीबद्ध 45 प्रतिशत कंपनियों के शेयर सन् 2008 के स्तर से भी नीचे गिर चुके हैं। डॉलर के सापेक्ष रुपए की विनिमय दर में गिरावट के मद्देनजर भी विदेशी संस्थागत निवेशकों ने पिछले दो महीनों (जून-जुलाई) में 10.5 बिलियन डॉलर (62000 करोड़ रुपए) ऋण तथा इक्विटी बाजारों से बाहर खींच लिये हैं। कई नामचीन कंपनियों तक के शुद्ध लाभ के आँकड़े रुपए के दुर्बल हो जाने की वजह से सिकुड़ गए हैं।

अंतरराष्ट्रीय रेटिंग एजेंसी मूडीज के अनुसार, रुपए के अवमूल्यन से महँगाई और राजकोषीय घाटा—दोनों बढ़ सकते हैं। साथ ही, मौद्रिक नीति के लिए गिरती विकास

दर को सँभाल पाना मुश्किल होता जाएगा। एचएसबीसी सूचकांक के अनुसार, एक बात साफ तौर पर नजर आ रही है कि उद्योगों में नकारात्मक बिजनेस आउटलुक पनप रही है।

इसके अलावा अंतरराष्ट्रीय न्यूज एजेंसी ब्लूमबर्ग ने भी जाहिर किया है कि जनवरी 2013 से भारतीय अर्थव्यवस्था के स्वास्थ्य की जानकारी देने वाले सेंसेक्स और निफ्टी ने क्रमश: 4.5 और 6 प्रतिशत का नकारात्मक रिटर्न दिया है, जिसकी बदौलत भारतीय शेयर बाजार को विश्व के सबसे खराब टॉप पाँच मॉर्केट्स की फेहरिस्त में शामिल कर लिया गया है। अत: उद्योगों के साथ-साथ निवेशकों का भी मनोबल टूटता-सा नजर आ रहा है।

जो भी हो, यदि देश में विकास दर यूँ ही कम होती रही, वित्तीय तरलता यूँ ही कसी जाती रही और रुपए की विनिमय दर भी घटती रही तो हालात और भी बिगड़ सकते हैं। अत: नीतिगत गतिरोध और विकास तथा स्थायित्व के बीच असमंजस (दुविधा) की स्थिति जितनी जल्दी दूर हो सके, उतना ही देश के भावी विकास के लिए बेहतर होगा।

(मुंबई में प्रकाशित दैनिक 'हमारा महानगर' में शुक्रवार 09-08-2013 को व्यापार पृष्ठ पर प्रकाशित)

□

41

उद्योगों के लिए सामाजिक उत्तरदायित्व होगा अनिवार्य

हाल ही में राज्यसभा ने नए कंपनीज विधेयक 2012, जिसे लोकसभा पहले ही पारित कर चुकी है, को 'पास' कर दिया है। अब बस महामहिम राष्ट्रपति द्वारा इस बिल पर दस्तखत होने की देर है कि यह 'बिल' कानून बनकर 57 वर्ष पुराने कंपनीज एक्ट 1956 को प्रतिस्थापित कर देगा।

दरअसल, भारत की अर्थव्यवस्था वैश्वीकरण, निजीकरण और उदारीकरण के दौर में जिस प्रकार तेजी से विकसित हो रही है उसके साथ मौजूदा कंपनीज एक्ट (कानून) को एक नए रूप में संरचित करने की आवश्यकता महसूस हुई और यही कारण है कि नए कंपनीज विधेयक द्वारा इसे अब पूरी तरह से बदल दिया जाएगा।

उल्लेखनीय है कि सन् 1956 में जो औद्योगिक नीति बनी थी उसके तहत भारत में मिश्रित अर्थव्यवस्था की अवधारणा स्वीकार की गई थी, जिसमें आधारभूत और रणनीतिक दृष्टि से महत्त्वपूर्ण क्षेत्रों को सार्वजनिक क्षेत्र के लिए आरक्षित किया गया था, जबकि निजी क्षेत्र के उद्योगों के लिए 'लाइसेंस-राज' की व्यवस्था में भारी नियमन के तहत अन्य क्षेत्रों में कार्य करने का प्रावधान था।

लेकिन सन् 1990 के दशक के बाद से ही जिस प्रकार धीरे-धीरे लाइसेंस राज को 'खुला' किया जाता रहा, अर्थव्यवस्था में निजी क्षेत्र का न सिर्फ विस्तार हुआ, बल्कि कई उद्योगों में विदेशी निवेश की सीमा या तो बढ़ा दी गई या फिर उसे 'ऑटोमेटिक रूट' के तहत वर्गीकृत कर दिया गया।

एक खुली अर्थव्यवस्था में निजी क्षेत्र को विकास के नए आयाम मिले और इस प्रकार उनका कारोबार और कार्यक्षेत्र जिस तेजी से बढ़ा, समाज और नीतिनिर्धारकों की अपेक्षाएँ भी बढ़ीं कि उद्योगों को सामाजिक उत्तरदायित्व निभाना चाहिए क्योंकि उनके

पास न सिर्फ ताकत है, बल्कि पर्याप्त संसाधन भी हैं जिसका कुछ हिस्सा उन्हें उस समाज की भलाई के लिए भी खर्च करना चाहिए, जिस समाज ने उन्हें व्यवसाय करने के लिए समर्थन दिया है।

एक अनुमान के अनुसार, पूरे विश्व के सभी संसाधानों का 43 प्रतिशत स्वामित्व करीब एक प्रतिशत सबसे अमीर वयस्कों के पास निहित है, जबकि सबसे कम संपत्ति वाले 50 प्रतिशत वयस्कों के पास विश्व के कुल संसाधनों के महज 2 प्रतिशत हिस्से पर ही स्वामित्व है। अत: भारत ही नहीं, पूरे विश्व में पिछले दो-तीन दशकों से यह सोच पनप रही है कि क्यों न उद्योगों के लिए सामाजिक दायित्व के प्रति जिम्मेदारी को आवश्यक समझा जाए?

नए कंपनीज बिल में एक समकालीन सोच और प्रगतिशील विचारधारा का अद्‍भुत संयोजन इस मुद्‍दे पर दृष्टिगोचर होता है और वाकई इसे मौजूदा कंपनी कानून से पृथक् एक भिन्न धरातल पर खड़ा करता है।

नए कंपनीज विधेयक में क्लॉज 135 (1) के तहत हर वह कंपनी जिसकी नेटवर्थ 500 करोड़ रुपए या अधिक है या जिसका कारोबार 1000 करोड़ रुपए या अधिक है या जिसने किसी भी वित्तीय वर्ष में 5 करोड़ रुपए या अधिक का मुनाफा कमाया है, उसे अपने निदेशक मंडल में एक कॉर्पोरेट सोशल रेस्पांसिबिलिटी (सीएसआर) कमेटी गठित करनी होगी। 3 या अधिक निदेशकोंवाली इस कमेटी में कम-से-कम एक स्वतंत्र निदेशक सदस्य होना जरूरी रखा गया है। यह कमेटी कंपनी के लिए सामाजिक उत्तरदायित्व नीति बना कर बोर्ड को प्रस्तावित करेगी और उसकी क्रियान्वयन की निगरानी भी रखेगी।

ऐसी कंपनियों को पिछले 3 वित्तीय वर्षों में अर्जित औसत शुद्ध लाभ का कम-से-कम 2 प्रतिशत हिस्सा उद्योगों की सामाजिक उत्तरदायित्व नीति के तहत खर्च करना होगा। इस सीएसआर नीति का कार्यक्षेत्र क्या होगा, यह भी कंपनीज विधेयक की अनूसूची 7 में सूचीबद्ध किया गया है। खास बात यह है कि इन कंपनियों को अपने सामाजिक उत्तरदायित्व गतिविधियों पर खर्च करते समय 'लोकल एरिया' अर्थात् अपने आस-पास के क्षेत्र के तरजीह देनी होगी। यदि किसी कारण कोई कंपनी सीएसआर के लिए निर्धारित न्यूनतम खर्च को पूरा नहीं कर पाई तो उसे अपनी वार्षिक रिपोर्ट में इसके कारणों की विवेचना करनी होगी।

एक अनुमान के अनुसार, टॉप मुनाफा कमा रही भारतीय कंपनियों के नए कानून बनने पर करीब 8,000 करोड़ रुपए सामाजिक उत्तरदायित्व से जुड़ी अनुसूचित गतिविधियों पर खर्च करने पड़ेंगे। इन सबके बीच एक बड़ा मुद्‍दा यह भी उठता रहा है कि क्या कंपनियों के सामाजिक उत्तरदायित्व को यूँ अनिवार्य बनाया जाना उचित है या

फिर इस प्रकार के निर्णय कंपनियों को स्वैच्छिक तौर पर करने देना चाहिए?

हालाँकि देश में करीब 12 लाख कंपनियाँ कंपनीज एक्ट 1956 के तहत पंजीकृत हैं, पर कुछ बड़ी कंपनियों के लिए ही सीएसआर नीति के तहत कार्य करना अनिवार्य बनाया जाएगा। उम्मीद है कि जब सीएसआर के संदर्भ में नए प्रावधान लागू किए जाएँगे, वाकई उद्योगों द्वारा सामाजिक उत्तरदायित्व को अधिक गंभीरता से लिया जाएगा और कंपनियाँ अपने दीर्घकालीन हितों को ध्यान में रखते हुए अपने आस-पास के क्षेत्र और लोगों के लिए एक बेहतर वातावरण और स्थान का निर्माण करने को तत्पर होंगी।

(मुंबई में प्रकाशित दैनिक 'हमारा महानगर' में शुक्रवार 16-08-2013 को व्यापार पृष्ठ पर प्रकाशित)

□

42

नेशनल स्पॉट एक्सचेंज संकट में अटके निवेशकों के करोड़ों रुपए

ग्रामीण इलाकों या अपेक्षाकृत कम पढ़े-लिखे तबके के लोगों को कई प्रकार की 'जीरो-रिस्क और गारंटीड रिटर्न, अर्थात् जोखिम-रहित भारी मुनाफा देने का भरोसा देनेवाली 'पोंजी स्कीमों' में फँसते तो हमने कई बार देखा है। ऐसी स्कीमों को चलानेवाले जब गायब हो जाते हैं या पकड़े जाने पर निवेशकों को भुगतान न कर पाने में असमर्थता जता देते हैं, तब निवेशक स्वयं को ठगा-सा महसूस करते हैं, क्योंकि ऐसी अधिकांश स्कीमें नियमन के दायरे से बाहर होती हैं।

हाल ही में कोलकाता स्थित सारदा ग्रुप की स्कीमें फेल होने पर आए संकट में ऐसे अनेक लोग फँसे थे, लेकिन पहली बार शायद ऐसा हुआ है कि नेशनल स्पॉट एक्सचेंज पर सौदे करनेवाले कई हाई प्रोफाइल और प्रतिष्ठित ब्रोकर हाउसेज सहित अनेक अन्य निवेशक 'जोखिम रहित आकर्षक सुनिश्चित लाभ' पाने की होड़ में बुरी तरह फँस गए हैं। यहाँ सैंकड़ों निवेशकों ने ब्रोकरों के माध्यम से ऐसी कंपनी में निवेश किया जो नाम से 'एक्सचेंज' के समरूप प्रतीत होती है, काम फाइनांस कंपनी जैसे करती है और 'फॉर्वर्ड मार्केट' सौदे करती है, लेकिन वह स्टॉक एक्सचेंजों की तरह न तो 'सेबी' के नियमन के दायरे में है, न एनबीएफसी (गैर-बैंकिंग वित्तीय कंपनी) की तरह रिजर्व बैंक के नियमन के दायरे में है और न ही फारवर्ड कांट्रेक्टस नियमन कानून (एफसीआरए) के तहत फॉर्वर्ड मार्केट कमीशन के नियमन के दायरे में आती है।

एक रिपोर्ट के मुताबिक, नौ प्रमुख ब्रोकरों के माध्यम से करीब 2500 करोड़ रुपए एनएसईएल भुगतान संकट में अटके हुए हैं जो कि उसकी कुल बकाया देनदारियों (5,574 करोड़ रुपए अनुमानित तौर पर) का करीब 45 प्रतिशत है। इन ब्रोकरों में आनंद राठी कमोडिटीज (629 करोड़), इंडिया इंफोलाइन कमोडिटीज (326 करोड़),

जियोजित कॉमट्रेड (313 करोड़), सिस्टमेटिक्स कमोडिटीज (278 करोड़), मोतीलाल ओसवाल कमोडिटीज ब्रोकर (263 करोड़), एयूएम कमोडिटी (215 करोड़), फिलिप कमोडिटीज इंडिया (140 करोड़), पूर्वाग कमोडिटीज एंड डेरीवेटिवस (133 करोड़) तथा एमके कॉमट्रेड के माध्यम से निवेश किए गए 101 करोड़ रुपए कथित तौर पर निवेशकों के इस भुगतान-संकट में फँसे हैं। इन निवेशकों की कुल संख्या 13,000 बताई जा रही है।

जाहिर तौर पर सभी प्रमुख ब्रोकरों ने एनएसईएल को स्थापित करनेवाले फाइनेंशियल टेक्नोलॉजी ग्रुप पर 'सेटलमेंट' को लेकर उन्हें अंधेरे में रखने का आरोप तो लगाया ही है, साथ ही निवेशक फोरम के माध्यम से सरकार से इस संकट से घिरे एक्सचेंज का अधिग्रहण कर लेने की माँग की है। उन्होंने आशंका जताई है कि स्पॉट एक्सचेंज के माध्यम से जो स्टॉक खरीदा गया, वो दरअसल है ही नहीं और अनेक शैल (नाम के लिए बनी) कंपनियाँ इसमें शामिल होने की वजह से जो पैसा आना चाहिए, वो नहीं आ पा रहा है। इन ब्रोकरों ने साफ किया है कि उनकी भूमिका महज 'फेसिलिटेटर्स' अर्थात् सौदों को सुविधाजनक बनाने या ग्राहकों की पहचान सुनिश्चित करने मात्र तक ही सीमित है और भला नाममात्र के कमीशन की एवज में निवेशकों द्वारा उनसे 'अंडरराइटिंग' की अपेक्षा तो नहीं की जा सकती।

हो सकता है, कानूनन ब्रोकरों का ऐसा कोई कर्तव्य न हो पर निवेशकों के प्रति उनकी एक विश्वासाश्रित कर्तव्य अवश्य है कि वे उनके माध्यम से किए गए निवेश में अंतर्निहित जोखिम से उन्हें वाकिफ कराएँ, क्योंकि जब वे किसी निवेश विकल्प की मार्केटिंग करते हैं और ग्राहकों को आकर्षक रिटर्न का भरोसा दिलाते हैं तब निवेशक उनके द्वारा की कई जाँच-पड़ताल (रिसर्च) और उनकी कुशलता पर विश्वास करके इन स्कीमों में निवेश करते हैं। फिर पिछले दो वर्षों में नेशनल स्पॉट एक्सचेंज पर किए जा रहे सौदों पर मुद्दे उठते भी रहे हैं।

दिसंबर 2012 में राज्यसभा के एक सदस्य द्वारा भी इस कंपनी के संदर्भ में मामला उठाया गया था कि क्या इस स्पॉट एक्सचेंज में 'फॉरवर्ड कांट्रैक्ट्स रेग्युलेशन ऐक्ट' या फिर एनबीएफसी के नियमन के उल्लंघन का मामला बनता है? इस प्रश्न के उत्तर में वित्त मंत्रालय और उपभोक्ता मामलों के विभाग द्वारा यह जानकारी मिलना स्वीकार किया गया था कि कुछ मामलों में एनएसईएल द्वारा नियमों की पालना न होना पाया गया है। यहाँ तक कि एफएमसी द्वारा यह भी बताया गया कि इस स्पॉट एक्सचेंज में स्टॉक बेचने वालों के पास स्टॉक है भी या नहीं, इसकी जाँच किए बिना ही सौदे किए जा रहे थे। यह पाया गया कि जो ग्यारह दिन की अवधि से अधिक के 'नॉन ट्रांसफरेबल स्पेसिफिक डिलिवरी' (अहस्तांतरणीय विशिष्ट सुपुर्दगी) सौदे किए जा रहे थे वे फॉरवर्ड

कांट्रैक्ट नियमन कानून का साफ तौर पर उल्लंघन हैं। दोनों विभागों द्वारा इस संदर्भ में इस स्पॉट एक्सचेंज की एफएमसी (फॉर्वर्ड मार्केट कमीशन) द्वारा जाँच जारी है, ऐसी बात कही गई थी।

फिर किस प्रकार ब्रोकर्स द्वारा नेशनल स्पॉट एक्सचेंज की कार्यप्रणाली का संज्ञान न हो पाया, यह बात कुछ समझ से परे ही मानी जा सकती है। दरअसल, एनएसईएल की कार्यप्रणाली कुछ ऐसी थी कि पहले निवेशक 'टी प्लस टू' के तहत कमोडिटीज खरीदता था, जिसके लिए उसे एक वेयरहाउस (भंडारगृह) की रसीद दी जाती थी। अब वही खरीददार सौदे के 25-36 दिन बाद जब यह रसीद लौटाता था तो उसे भुगतान मिलता था। इस बीच ऐसी कोई प्रक्रिया नहीं थी, जिससे यह सुनिश्चित किया जा सके कि वाकई रसीद के मुताबिक जो स्टॉक दिखाया गया है, वो उस वेयरहाउस में है भी या नहीं।

बहरहाल, अब जब यह संकट उभर कर सामने आया है तो अधिक महत्त्वपूर्ण बात यह है कि भविष्य में ऐसे मामलों की पुनरावृत्ति न हो, उसके लिए क्या उपाय किए जाएँ? प्रधानमंत्री के स्तर पर गठित एक कमेटी तो जाँच कर ही रही है, साथ ही कमोडिटीज मार्केट की नियामक एफएमसी भी जाँच में जुटी है। इस मामले में न सिर्फ इस स्पॉट एक्सचेंज, उसके निदेशकों, प्रमोटरों एवं मैनेजमेंट के उत्तरदायित्व को तय किया जाना चाहिए, बल्कि ब्रोकरों की क्या भूमिका या जिम्मेदारी है, उसकी भी विवेचना की जानी चाहिए।

बेहतर होगा यदि पूँजी बाजार की नियामक 'सेबी' के अधिकार क्षेत्र में देश भर के सभी एक्सचेंजों को लाया जाए। निवेशकों को चाहिए कि जहाँ कहीं भी वे निवेश करें, अब स्वयं भी कुछ 'रिसर्च' करें और वहीं निवेश करें जहाँ निवेश पर्याप्त 'सिक्योरिटी' द्वारा सुरक्षित किया गया हो।

(मुंबई में प्रकाशित दैनिक 'हमारा महानगर' में शुक्रवार 23-08-2013 को व्यापार पृष्ठ पर प्रकाशित)

□

43

खराब होती जा रही है भारत की अर्थव्यवस्था

हाल ही में रुपया डॉलर के साक्षेप लुढ़ककर 68.85 के स्तर पर क्या पहुँचा, देश की अर्थव्यवस्था की बदहाली के चर्चे हर तरफ मुखर हो उठे। विदेशी संस्थागत निवेशकों द्वारा बिकवाली का दौर बदस्तूर जारी है और उनके भारतीय शेयर बाजार, या यूँ कहें कि भारतीय अर्थव्यवस्था में टूटते विश्वास के साथ-साथ रुपए का मूल्य भी मानो टूटता जा रहा है। रुपए के मूल्य में गिरावट का दौर तो पिछले कुछ महीनों से लगातार जारी है, पर जिस प्रकार एक ही दिन में उसका मूल्य 4 प्रतिशत टूट गया, वो वाकई अप्रत्याशित था। इसके बाद तो रुपया अपने ऐतिहासिक न्यूनतम स्तर पर पहुँच गया।

हालाँकि वित्त मंत्रालय के अनुसार, रुपए के मूल्य में इतनी तीव्रता से आई कमी तर्कशून्य समझी जा सकती है। उन्हें उम्मीद है कि रुपया शीघ्र ही अपने सही मूल्य को प्राप्त कर लेगा और इसलिए घबराने की आवश्यकता नहीं है। भारत के आर्थिक मामलों के सचिव की मानें तो इस वर्ष का चालू खाता घाटा और राजकोषीय घाटा अपने अनुमानित स्तर से कुछ कम ही रहेगा लेकिन अफसोस, न तो घरेलू निवेशक और न ही विदेशी निवेशक फिलहाल भारत की खस्ताहाल अर्थव्यवस्था में किसी प्रकार के किसी सुधार या सकारात्मक संकेत की अपेक्षा कर रहे हैं। भारत की अर्थव्यवस्था के स्वास्थ्य या फिर भावी रूप-रेखा को लेकर न सिर्फ निवेशकों में भय, असुरक्षा और शंका का माहौल है, बल्कि अब तो आम आदमी, यहाँ तक कि घरों में 'बजट' सँभालती गृहणियों को भी घबराहट महसूस होने लगी है कि आखिर रुपए की मजबूती फिर से कभी लौटेगी भी या नहीं?

चिंता का सबसे बड़ा कारण है कि रुपए की कमजोरी के लिए न सिर्फ अंतरराष्ट्रीय तत्त्व जिम्मेदार हैं बल्कि अब तो केंद्रीय वित्त मंत्री ने भी माना है कि इसके लिए कई घरेलू कारण भी जिम्मेदार हैं। राजकोषीय घाटे और चालू खाता घाटे का बढ़ता आकार

इसका प्रमुख कारण माना जा सकता है। फिर भी, उन्होंने विश्वास जताया है कि भले ही रुपया अपनी वास्तविक दर से नीचे चला गया है पर वह अपने उचित मूल्य को पुनः प्राप्त कर लेगा। लेकिन सबसे बड़ा प्रश्न है कि आखिर कब तक रुपए की हालत में सुधार आ पाएगा और कैसे?

अंतरराष्ट्रीय स्तर पर कच्चे तेल की कीमतों में तो काफी बढ़ोतरी हुई ही है, उस पर रुपए का मूल्य करीब 25 प्रतिशत गिर जाने से तेल का आयात बिल बढ़ गया है। साथ ही, सरकार के लिए दुविधा भी है कि यदि वह बढ़ी हुई पेट्रोलियम कीमतों को उपभोक्ताओं पर ट्रांसफर करती है तो पहले से ही ऊँची महँगाई और अधिक बढ़ेगी और यदि वह सब्सिडी दे तो पहले से ही बढ़ा हुआ राजकोषीय घाटा और अधिक चौड़ा होगा।

उधर, सरकार ने जो खाद्य सुरक्षा बिल को लोकसभा से पारित कराया है उसको लेकर भी निवेशकों और विश्लेषकों सहित सभी हितकारकों में चिंता है कि आखिर इस महत्त्वाकांक्षी बिल को लागू करने के लिए सरकार कहाँ से संसाधन जुटाएगी? फिर बिल में कुछ ऐसी खामियाँ और जटिलताएँ भी अंर्तनिहित बताई जा रही हैं कि जिससे वह भरोसा भी नहीं मिल पा रहा कि क्या यह बिल वाकई देश में भुखमरी और कुपोषण को दूर कर भी सकेगा? खाद्य सुरक्षा बिल के मौजूदा स्वरूप ने पहले से ही आहत निवेश सेंटीमेंट को और कमजोर ही किया है, जो कि शेयर बाजार के घटते सूचकांक, विदेशी संस्थागत निवेशकों के पलायन और रुपए के मूल्य में तीव्र गिरावट से साफ तौर पर दिखाई दिया।

हालाँकि इसी समय बिंदु पर मिडिल ईस्ट संकट ने भी निवेशकों के आत्मबल को कमजोर किया। कारण जो भी हो, यदि हमारी अर्थव्यवस्था यूँ ही डांवाडोल रही तो हमारे उद्योग कैसे पनप सकेंगे, यह अहम मुद्दा आज सबके समक्ष है। सीधी सी बात है कि जब अर्थव्यवस्था में स्थायित्व और उद्योगों में आकर्षक 'रिटर्न' (लाभांश) का भरोसा ही न हो तब भला विदेशी निवेशक यहाँ डॉलर निवेश करने के लिए कैसे उत्सुक होंगे? उद्योगों को एक बड़ा खतरा है, आम उपभोक्ताओं की क्रय शक्ति घटने से। यदि रुपए के अवमूल्यन के फलस्वरूप महँगाई यूँ ही बढ़ती रही तो लोगों की औसत क्रय शक्ति का ह्रास तो निश्चित तौर पर होगा। इससे उद्योगों द्वारा उत्पादित वस्तुओं की बाजार माँग पर विपरीत असर पड़ेगा। उद्योगों के लिए भी यह स्थिति दुविधाजनक होगी। यदि वे अपने उत्पादों की कीमतें बढ़ाएँगे तो माँग घटने से उनके कारोबार में कमी आ सकती है और यदि वे ब्याज दर, कच्चा माल, ईंधन, पॉवर, फ्रेट तथा वेतन आदि की बढ़ी हुई लागत का भार उपभोक्ताओं पर 'ट्रांसफर' नहीं करते हैं, तो उनके लाभांश घटेंगे।

कुल मिलाकर उद्योगों के प्रति निवेश सेंटीमेंट बिगड़ेगा और इसका प्रभाव शेयर बाजार पर भी पड़ेगा। विदेशी निवेशकों के बाहर निकलने की प्रवृत्ति से पहले से ही शेयर बाजार चरमरा रहा है। फिर अमेरिका में वहाँ के फेडरल बैंक द्वारा कुछ ऐसे संकेत मिल

रहे हैं कि शायद निकट भविष्य में मौजूदा मुद्रा प्रसार नीति में कुछ बदलाव आ सकते हैं और यदि इस दौर पर अल्प या पूर्ण विराम लगा तो भारत सहित एशिया के वित्तीय बाजारों पर संकट आ सकता है।

फिर त्रासदी यह भी है कि वैश्विक बाजारों में कमजोर डिमांड के चलते हमारे निर्यात, रुपए का मूल्य गिरने के बावजूद अधिक नहीं बढ़ पा रहे। इन सबके बीच अर्थव्यवस्था में मची अफरा-तफरी के मद्देनजर यदि रेटिंग एजेंसियों में भारत की रेटिंग 'कबाड़' की श्रेणी में वर्गीकृत कर दी तो मुश्किलें और भी बढ़ सकती हैं। अतः ऐसे नाजुक दौर में फिलहाल राजनीतिक एजेंडों को हाशिए पर रखते हुए आर्थिक दृष्टि से ठोस एवं सकारात्मक निर्णय लिए जाने की आवश्यकता है।

(मुंबई में प्रकाशित दैनिक 'हमारा महानगर' में शुक्रवार 30-08-2013 को व्यापार पृष्ठ पर प्रकाशित)

□

44

रिजर्व बैंक की नई नीति से बढ़ेगा निवेश ?

हाल ही में रिजर्व बैंक के नए गवर्नर ने अपना कार्यभार सँभालते ही अनेक अल्पकालीन और मध्यकालीन नीतिगत बदलाव और अन्य घोषणाएँ की हैं, जिसके फलस्वरूप दलाल पथ से लेकर अर्थ-विश्लेषकों तक सभी काफी उत्साहित हैं। मीडिया के माध्यम से भी जो प्रतिक्रियाएँ मिल रही हैं, उनसे ऐसा आभास भी हुआ कि जैसे कई नीति-विश्लेषकों को मानो एक लंबी काली रात के बाद उम्मीद की कुछ किरणें विकास रूपी भोर की आहट देती-सी प्रतीत हो रही हों।

गौरतलब है कि हाल ही में जारी किए गए आँकड़ों के मुताबिक, भारत की सकल राष्ट्रीय आय इस वर्ष की प्रथम तिमाही में महज 4.4 प्रतिशत की दर से बढ़ी जो कि सन् 2008 के वैश्विक मंदी के दौर के बाद पिछले 4 वर्षों की न्यूनतम विकास दर है। एक ओर जहाँ कृषि और विनिर्माण क्षेत्र में विकास दर क्रमशः 2.7 प्रतिशत और 1.2 प्रतिशत के नगण्य स्तर पर रही, वहीं खनन क्षेत्र में विकास दर 2.8 प्रतिशत घट गई। इसके अलावा सेवा क्षेत्र में भी विकास दर कमजोर पड़ी है।

यही नहीं, भारत की सकल पूँजी विनिर्माण दर (जीएफसीएफ) जो कि देश में निवेश का एक सांकेतिक मापदंड माना जा सकता है, वह भी 1.8 प्रतिशत (स्थिर कीमतों पर) गिर गया है। इसके अलावा कुछ ऐसे तथ्य भी उजागर हुए जिन्होंने निवेशकों का मनोबल तोड़ने में काफी योगदान दिया। मसलन, इस वर्ष रुपए का मूल्य डॉलर के सापेक्ष करीब 25 प्रतिशत कम हुआ। इसके अलावा राजकोषीय घाटा इस वित्तीय वर्ष के शुरुआती चार महीनों (अप्रैल-जुलाई) के दरम्यान ही अपने बजट अनुमान का 62 प्रतिशत हो चुका है। अतः यह लगता नहीं कि वह अब 4.8 प्रतिशत से किसी भी प्रकार कम रहा पाएगा, बल्कि ये कुछ बढ़ेगा ही। बजट घाटा बढ़ने का कारण है—टैक्स राजस्व में कमी और सरकारी खर्चों का बढ़ जाना।

पिछले कुछ वर्षों में आर्थिक सुधार कैसे लाएँ और विदेशी पूँजी को कैसे आकर्षित करें, ये दोनों ही मुद्दे मानो एक ही सिक्के के दो पहलू की भाँति आर्थिक विकास के मसले से जुड़े हुए नजर आते हैं। कारण भी साफ है, बरसों नीतिगत अवरोध, बढ़ती महँगाई, ऊँची ब्याज-दर और रुपए के भारी अवमूल्यन से घरेलू उद्योग या तो कर्ज के बोझ तले दबते जा रहे हैं या फिर धीमी गति से कारोबार कर रहे हैं। जाहिर तौर पर घरेलू उद्योगों में नए निवेश के प्रति न कोई प्रोत्साहन है, न उत्साह।

अब तो हमारे प्रधानमंत्री ने भी मान लिया है कि देश विषम आर्थिक परिस्थितियों से गुजर रहा है और इसके कई गंभीर कारण हैं। जब एक सुस्त पड़ती अर्थव्यवस्था में विकास रूपी स्पंदन ही कमजोर होता जा रहा हो तो विदेशी निवेशक भी हताश हो मुँह मोड़ लेते हैं। दरअसल, रुपए की दुर्बलता के लिए विदेशी पूँजी का पलायन भी काफी हद तक जिम्मेदार समझा जा सकता है।

ऐसे में, जहाँ कोई उम्मीद की किरण नहीं थी वहाँ रिजर्व बैंक द्वारा की गई अनेक छोटी-बड़ी घोषणाओं ने बीमार पड़ रही अर्थव्यवस्था के लिए 'टॉनिक' का काम अवश्य किया है। जिस प्रकार की घोषणाएँ रिजर्व बैंक के नए गवर्नर ने की हैं उनसे सन् 1991 जैसे आर्थिक संकट से बाहर निकलने जैसी भावना नजर आती है। इन घोषणाओं का मकसद साफ करते हुए उन्होंने कहा कि "हम चाहते हैं कि घरेलू और विदेशी श्रोता यह देखें कि बहुत कुछ हो रहा है।"

केंद्रीय बैंक अब बैंकों के लिए एक विशिष्ट खिड़की बनाएगा जहाँ वे 3 वर्ष से अधिक की मियादी विदेशी-मुद्रा अनिवासी डॉलर डिपॉजिटों को 3.5 प्रतिशत की वार्षिक दर से 'स्वॉप' (विनिमय) कर सकेंगे। इसके अलावा आयातक और निर्यातक अपने कैंसिल किए गए 'फॉर्वर्ड कांटेक्ट्रस' को क्रमशः 25 प्रतिशत और 50 प्रतिशत तक फिर से 'बुक' (आरक्षित) कर सकेंगे। बैंकों को विदेशों से अपनी पूँजीगत जरूरतों को पूरा करने के लिए विनिर्दिष्ट पूँजी जुटाने के लिए अनुमति दे दी गई है। जनवरी-2014 तक नए बैंक लाइसेंस जारी करने की घोषणा भी की गई है।

गौरतलब है कि इन बैंक-लाइसेंसों के लिए टाटा, रिलायंस सहित 26 निजी क्षेत्र की कंपनियाँ कतारबद्ध हैं। इसके अलावा, बैंकों द्वारा सरकारी प्रतिभूतियों में निवेश करने के लिए जरूरी सांविधिक तरलता अनुपात (एसएलआर) को भी मौजूदा 23 प्रतिशत से कुछ कम किया जा सकता है। इससे वित्तीय सिस्टम में तरलता बढ़ेगी। बैंक अब कहीं भी कितनी भी शाखाएँ खोल सकेंगे और इसके लिए केंद्रीय बैंक की पूर्वानुमति की आवश्यकता नहीं होगी।

बढ़ते एनपीए की समस्या के लिए एक पैनल गठित किया गया है, जो खराब ऋणों की वसूली और पुनर्गठन के लिए उपाय सुझाएगा। गौरतलब है कि पिछले वर्ष

पुनर्गठन हेतु लाए गए खराब ऋणों का आकार 76,479 करोड़ रुपए था, जबकि जुलाई से अगस्त के दरम्यान 26,669 करोड़ करोड़ रुपए के एनपीए पुनर्गठन हेतु लाए गए हैं। जून में समाप्त हुई तिमाही में 3.8 प्रतिशत ऋण एनपीए की श्रेणी में डाले गए। जो भी हो, इन घोषणाओं और वित्तीय सिस्टम में सुधार के लिए किए गए निर्णयों से सेंसेक्स और रुपए—दोनों की हालत में सुधार के लक्षण तो अवश्य दिखाई दिए हैं, पर निवेश सेंटीमेंट को चिरस्थायी बनाने के लिए मौद्रिक नीति का राजकोषीय और अन्य आर्थिक नीतियों के साथ समन्वय (तालमेल) बिठाना आवश्यक है।

हालाँकि प्रधानमंत्री को लगता है कि विदेशी पूँजी निवेश के नियमों में ढील देने, कुछ कंपनियों के साथ हुए टैक्स झगड़ों का समाधान मिलने और ईंधन पर दी जा रही छूट को लेकर सुधार करने आदि से मौजूदा वित्तीय वर्ष के अंत तक हालात सुधर जाएँगे। फिर भी, अर्थव्यवस्था की मौजूदा खराब हालत के मद्देनजर सिर्फ मौद्रिक नीति बदल डालने भर से ही विकास दर को ऊँचा उठा पाना मुश्किल होगा। संतुलित विकास के लिए नीतियों में संतुलन होना भी जरूरी है।

(मुंबई में प्रकाशित दैनिक 'हमारा महानगर' में शुक्रवार 06-09-2013 को व्यापार पृष्ठ पर प्रकाशित)

45

निर्यात क्षेत्र को मिले अधिक प्रोत्साहन

हाल ही में वाणिज्यक एवं उद्योग मंत्रालय द्वारा जारी किए गए आँकड़ों के अनुसार अगस्त माह में भारत का व्यापार घाटा 10.9 बिलियन डॉलर रहा, जो कि पिछले पाँच महीनों का न्यूनतम स्तर है। व्यापार घाटा कम होने का मुख्य कारण है—निर्यात का बढ़ना। अगस्त के महीने में भारत से विदेशों को किए जानेवाले निर्यात सन् 2012 में 23.14 बिलियन डॉलर थे, जो कि इस वर्ष 26.13 बिलियन डॉलर हो गए और इस प्रकार पिछले वर्ष की तुलना में करीब 12.97 प्रतिशत अधिक रहे।

हालाँकि जुलाई 2013 में भारत के निर्यात 25.8 बिलियन डॉलर थे और इस लिहाज से जुलाई के मुकाबले अगस्त में इनमें मामूली-सी वृद्धि दर्ज की गई। उल्लेखनीय है यदि अप्रैल से अगस्त तक के अंतराल में किए गए निर्यात की तुलनात्मक अध्ययन करें तो सन् 2012 के मुकाबले निर्यात महज 3.89 प्रतिशत से बढ़े हैं। जैसा कि पिछले महीने हमारे प्रधानमंत्री ने भी संसद में अर्थशास्त्र के एक सिद्धांत के आधार पर बताया कि रुपए की कीमतें कम होने पर निर्यात बढ़ेंगे और आयात घटेंगे। हो सकता है कि रुपए की दुर्बलता निर्यात बढ़ जाने का प्रमुख कारण रही हो, पर जो बात ध्यान देने योग्य है, वो यह कि पिछले वर्ष के मुकाबले इस वर्ष डॉलर के सापेक्ष रुपए की विनिमय दर में 25 प्रतिशत की गिरावट देखी गई। जाहिर तौर पर निर्यात बढ़े अवश्य हैं, पर उतनी तेजी से नहीं कि जितना बढ़ सकते थे या यूँ कहें कि बढ़ाए जा सकते थे।

गौरतलब है कि अप्रैल से अगस्त के दरम्यान भारत का व्यापार घाटा सन् 2012 में जहाँ 74.7 बिलियन डॉलर था वहाँ सन् 2013 में यह 73.4 बिलियन डॉलर रहा। इसका अभिप्राय यह हुआ कि निर्यात बढ़ने के बावजूद हमारा व्यापार घाटा कुछ खास कम नहीं हुआ, अर्थात् हमारे आयात कुछ ज्यादा कम नहीं हुए हैं। रुपए का मूल्य कम होने से यदि आयात की मात्रा समान भी हो तब भी उसका बिल बढ़ जाता है, क्योंकि प्रति

यूनिट डॉलर कीमतों के बदले हमें अधिक रुपए जुटाने होते हैं। अगस्त 2013 में पिछले वर्ष के मुकाबले आयात महज 0. 68 प्रतिशत कम हुए। जहाँ तक आयोतों का संबंध है, भारत अपनी घरेलू तेल जरूरतों का 80 प्रतिशत तेल विदेशों से आयात करता है। इसके अलावा भी कई प्रकार के कच्चा माल, उपकरण व अन्य उत्पादों के लिए हम विदेशों पर निर्भर हैं। यदि आयात महँगे होते हैं तो भारत का चालू खाता घाटा तो बढ़ता ही है, साथ ही इन आयातित वस्तुओं की वजह से अर्थव्यवस्था में 'महँगाई' का भी आयात हो जाता है, क्योंकि बहुत सी कंपनियों के लिए ईंधन, कच्चा माल, उपकरण आदि की लागत बढ़ जाती है। इसके अलावा उत्पादों और कच्चे माल की आवाजाही हेतु फ्रेट (मालभाड़ा) की लागत भी बढ़ जाती है।

मुश्किल यह भी है कि भारत से निर्यात करनेवाली अनेक कंपनियाँ विदेशों से आयातित वस्तुओं का उपयोग उत्पादन हेतु करती हैं। इस प्रकार के उत्पादन में पेट्रोकेमिकल उत्पाद और ज्यूलेरी प्रमुख हैं, जो हमारे कुल निर्यात का एक-चौथाई हिस्सा बनाते हैं। इसी प्रकार कई ऑटोमोबिल और इलेक्ट्रॉनिक्स कंपनियाँ भी आयातित उपकरणों, मशीनों व अन्य सामान का उपयोग करती हैं।

इसके अलावा अनेक निर्यात इकाइयाँ ऊँची ब्याज दर, अनियमित टैक्स भार और बंदरगाहों पर जमावड़े, उत्पादन लागत में भारी वृद्धि, बुनियादी सुविधाओं का अभाव जैसी अनेक समस्याएँ झेल रही हैं, जिसकी वजह से रुपए के भारी अवमूल्यन के बावजूद भी वे अंतरराष्ट्रीय बाजारों में अपनी प्रतिस्पर्धात्मक क्षमता नहीं बढ़ा पा रहीं। जब तक इस दिशा में कुछ ठोस कदम नहीं उठाए जाएँगे, निर्यात के स्तर में कोई बड़ी उछाल हासिल कर पाना मुश्किल है।

न सिर्फ उत्पादन लागत कम किए जाने की आवश्यकता है, बल्कि एक्सपोर्ट्स के लिए नित नए मार्केट्स तलाशने की भी आवश्यकता है, क्योंकि यदि निर्यात की मात्रा बढ़ेगी तो प्रति यूनिट लागत भी कम हो सकेगी। इसके अलावा निर्यातकों को आए दिन बिजली की कटौती से भी जूझना पड़ता है, जिससे या तो उत्पादकों को महँगे जनरेटिंग सेट इस्तेमाल करने पड़ते हैं या फिर बार-बार उत्पादन रुकने से वेस्टेज और ओवरहेड जैसे खर्च बढ़ जाते हैं। यदि किसी प्रकार वे अपना माल तैयार भी कर लें तो उसे बंदरगाहों तक पहुँचाने और वहाँ से विदेशों में भेजने के लिए भी काफी मुश्किलात का सामना करना पड़ता है।

इसके अलावा निर्यात बढ़ाने की दृष्टि से निर्मित किए गए विशिष्ट निर्यात क्षेत्रों (एसईजेड) पर भी सरकार ने 18.5 प्रतिशत की दर से न्यूनतम वैकल्पिक कर (मेट) लगा दिया है। सरकार इस अतिरिक्त राजस्व से अपना राजस्व घाटा कुछ कम भले ही कर ले, पर जिन उद्योगों ने एसईजेड में 10 वर्षों के टैक्स छूट के मॉडल को ध्यान में रखते

हुए पैसा निवेश किया या उद्योग लगाए, उनके न सिर्फ अनुमानित लाभाशों के समीकरण बिगड़ गए, बल्कि अंतरराष्ट्रीय वित्तीय और उपभोक्ता बाजारों में उनकी प्रतिस्पर्धात्मक क्षमता को नुकसान भी पहुँचा। नतीजा यह कि करीब 576 स्वीकृत एसईजेड में से महज 176 काम कर रहे हैं।

इसके अलावा रिजर्व बैंक द्वारा पिछले कुछ वर्षों में ब्याज दर कई दफे बढ़ाई गई। इस वजह से अनेक निर्यात इकाइयाँ कारोबार का विस्तार नहीं कर पा रहीं, जबकि रुपया सस्ता होने से अंतरराष्ट्रीय बाजारों में खपत बढ़ाने का मौका उन्हें मिला है। यही कारण है कि श्रम मंत्रालय द्वारा जारी आँकड़ों के अनुसार, इस श्रम सघन निर्यात क्षेत्र में रोजगार के अवसर इस वर्ष अप्रैल-अगस्त के दौरान महज 0.28 प्रतिशत बढ़े हैं।

आवश्यकता है कि निर्यात क्षेत्र को न सिर्फ प्रोत्साहन मिले, बल्कि टैक्स रेट में कमी और ब्याज दर में दी जानेवाली छूट में वृद्धि की जाए एवं बुनियादी समस्याओं का निवारण किया जाए। रुपए के अवमूल्यन से फिलहाल अस्थायी तौर पर राहत मिल सकती है, लेकिन दीर्घ काल में इस क्षेत्र के विकास के लिए ठोस व रचनात्मक कदम उठाने ही होंगे।

(मुंबई में प्रकाशित दैनिक 'हमारा महानगर' में शुक्रवार 13-09-2013 को व्यापार पृष्ठ पर प्रकाशित)

□

46

देश में आर्थिक संकट जैसे हालात चिंताजनक

हाल ही में जारी किए गए आँकड़ों के अनुसार, अगस्त माह में थोक मूल्य सूचकांक जुलाई माह के 5.79 प्रतिशत से बढ़कर 6.1 प्रतिशत जा पहुँचा है। उल्लेखनीय है कि महँगाई की दर पिछले 6 महीनों के उच्चतम स्तर पर जा पहुँची है। खासतौर पर खाद्य वस्तुओं के थोक सूचकांक में महँगाई की दर 18.2 प्रतिशत रही, जो कि पिछले 3 वर्षों का अधिकतम स्तर रहा।

महँगाई बढ़ाने के लिए प्याज को भी जिम्मेदार ठहराया गया है, जिसकी कीमतें पिछले एक वर्ष में 245 प्रतिशत बढ़ी हैं और जहाँ तक आम आदमी का सवाल है, लगता है कि प्याज से कहीं अधिक उसकी कीमतें आँसू निकालने का सबब बन रही हैं। इसके अलावा सब्जियों में 77 प्रतिशत और प्रोटीनयुक्त खाद्य पदार्थों की कीमतों में 19 प्रतिशत की वृद्धि हुई है। उधर, पेट्रोल और डीजल की कीमतें भी काफी बढ़ी हैं। बढ़ती हुई महँगाई निश्चित तौर पर रिजर्व बैंक की आगामी मौद्रिक नीति पर भारी दबाव बना सकती है, जिससे नीतिगत ब्याज दरों में कटौती लाए जाने के प्रयासों को धक्का लग सकता है।

गौरतलब है कि रिजर्व बैंक के नए गवर्नर द्वारा हाल ही में देश की मौद्रिक नीति को नए आयाम देने की कोशिश अवश्य की गई है और वित्तीय सिस्टम में तरलता बढ़ाए जाने हेतु कई घोषणाएँ भी की गई हैं, लेकिन जैसा कि हमारे प्रधानमंत्री ने भी स्पष्ट किया है, एक राजकोषीय दबाव में फँसी हुई अर्थव्यवस्था में मौद्रिक नीति की अपनी सीमाएँ हैं। वास्तव में, राजकोषीय दबाव पैदा करने के लिए संरचनात्मक ढाँचा, जो 'आमदनी अठ्ठनी, खर्च रुपया' अर्थात् जहाँ टैक्स से होने वाली आमदनी सकल राष्ट्रीय आय का करीब 8-9 प्रतिशत हो और सरकारी खर्चे करीब 15-16 प्रतिशत हों तब केंद्रीय बजट में घाटा होना जाहिर सी बात है, लेकिन जो खास बात है वो यह कि भारत में जिस तरह का आर्थिक संकट इस वक्त दिखाई दे रहा है, वो पिछले दो दशकों का सबसे खराब

प्रदर्शन है। कारण भी साफ है—न सिर्फ राजकोषीय घाटा बढ़ता जा रहा है, बल्कि चालू खाता घाटा भी 'आरामदायक' या 'सामान्य' स्तर से काफी अधिक हो चला है। कहीं भी, कुछ भी अच्छा संकेत नहीं मिल पाना इस आर्थिक संकट जैसी स्थिति की गहराई और व्यापकता को ही उजागर करता है। अब चाहे रुपए की दुर्बलता हो या महँगाई का वार या फिर पस्त होती आर्थिक विकास दर जो लुढ़ककर 4.4 प्रतिशत तक पहुँच गई है, ऐसा लगता है कि कोई भी ऐसी कारगर या प्रभावी नीति ढूँढ़ पाना मुश्किल होता जा रहा है, जिससे भविष्य में आर्थिक सुधार की अपेक्षा की जा सके। मसलन, यदि रिजर्व बैंक विकास को प्राथमिकता देते हुए ब्याज दर घटा दे तो महँगाई को हवा मिल सकती है और यदि महँगाई कम करने के प्रयोजन से ब्याज दरें बढ़ा दे तो वित्तीय सिस्टम में तरलता की कमी और अन्य कारणों से विकास की दर आहत हो सकती है।

इसी प्रकार यदि केंद्रीय वित्त मंत्री सरकारी खर्चों में मित्तव्ययता या कमी की घोषणा करते हैं तो राजकोषीय घाटे में कुछ कमी अवश्य आएगी पर इससे देश में आर्थिक क्रियाओं का स्तर भी घट सकता है। इससे राजकोषीय समीकरणों पर दबाव ही बढ़ेगा। अत: एक प्रकार के कुचक्र में भारतीय अर्थव्यवस्था फँसती नजर आ रही है, जिससे निकल पाना न सिर्फ केंद्रीय वित्त मंत्री, बल्कि रिजर्व बैंक के गवर्नर के लिए भी काफी चुनौतीपूर्ण साबित हो सकता है।

पहले से ही विकास करने और महँगाई रोकने के परस्पर विरोधी लक्ष्यों में तालमेल बैठाने की दुविधा में फँसे रिजर्व बैंक से अब लड़खड़ाते रुपए से लेकर आम आदमी, निवेशकों और उद्योगपतियों तक के गिरते मनोबल को संबल प्रदान करने की भी अपेक्षा है। रिजर्व बैंक के गवर्नर पहले ही साफ कर चुके हैं कि उनके पास कोई ऐसी जादू की छड़ी नहीं है, जिसे घुमाकर वे पल भर में इन सभी अपेक्षाओं में खरा उतर सकें, लेकिन फिर भी अनेक नीति विश्लेषकों को लगता है कि इस आर्थिक संकट से जूझ रही अर्थव्यवस्था में जहाँ चुनावी वर्ष में लोक कल्याण से सराबोर आर्थिक नीतियों के चलते राजकोषीय घाटे पर दबाव लगातार बना ही रहेगा, उम्मीद की कुछ किरणें मौद्रिक नीति द्वारा दिखाई जा सकती हैं और यही कारण है कि रिजर्व बैंक पर नीतिगत दरों में कटौती करने हेतु भारी दबाव है, लेकिन फिर भी राजस्व घाटा और चालू खाता घाटे का ऊँचा स्तर, रुपए की घटती विनिमय दर, महँगाई, आपूर्ति संबंधी अड़चनें, निवेश हेतु आकर्षण में कमी आदि ऐसी अनेक समस्याएँ हैं, जिनके चलते फिलहाल ब्याज दरों में कटौती किया जाना मुश्किल जान पड़ सकता है।

ऐसे में बेहतर होगा कि आर्थिक नीतियों में विशिष्ट उद्योग वर्ग से जुड़ी समस्याओं का निवारण किया जाए। इसके लिए पॉवर, इंफ्रास्ट्रक्चर और अन्य उद्योगों में व्याप्त नीतिगत गतिरोध, पर्यावरण क्लियरेंस हेतु, लंबित प्रोजेक्ट्स की परेशानी, टैक्स मसलों में

अस्पष्टता और अन्य समस्याओं को दूर किए जाने की अश्यकता है। देश में आर्थिक सुधार का अभिप्राय महज विदेशी पूँजी या निवेश बढ़ाने के लिए देश के संसाधनों या उद्योगों का स्वामित्व 'खुला' करना मात्र ही नहीं है, बल्कि उस आधारभूत ढाँचे को दुरुस्त करना भी है, जिससे देश में घरेलू उद्योग पनपें और हमारी अर्थव्यवस्था मजबूत हो। विदेशी निवेश पर अत्याधिक निर्भरता हमारी अर्थव्यवस्था को वैश्विक अर्थव्यवस्था के प्रति अधिक संवेदनशील बनाती है। जहाँ तक रिजर्व बैंक का सवाल है, उससे विकास करने, महँगाई रोकने, स्थायित्व लाने और वित्तीय सिस्टम में तरलता बनाए रखने जैसे लक्ष्यों के प्रति एक संतुलित दृष्टिकोण लेकर चलना होगा।

(मुंबई में प्रकाशित दैनिक 'हमारा महानगर' में शुक्रवार 20-09-2013 को व्यापार पृष्ठ पर प्रकाशित)

□

47

अभी भी जारी है ब्रिक्स अर्थव्यवस्थाओं का संघर्ष

हाल ही में विश्व आर्थिक मंच द्वारा जारी वैश्विक प्रतिस्पर्धात्मिकता रिपोर्ट (2013-14) के आधार पर निष्कर्ष निकाला जा सकता है कि विश्व में तीन बिलियन से अधिक जनसंख्या (43 प्रतिशत), 14.8 ट्रिलियन डॉलर की सकल राष्ट्रीय आय (27 प्रतिशत) तथा 4 ट्रिलियन डॉलर से अधिक का विदेशी मुद्रा कोष जमा करनेवाले ब्रिक्स देशों में अधिकांशत: प्रतिस्पर्धात्मक क्षमताओं तथा आर्थिक विकास की संभावनाओं में लगातार गिरावट देखी जा रही है।

दरअसल विश्व की 5 प्रमुख विकासशील अर्थव्यवस्थाओं–ब्राजील, रूस, इंडिया, चाइना तथा साऊथ अफ्रीका के नामों के प्रथम अक्षर को जोड़कर बना यह शब्द समूह ब्रिक्स देशों की संयुक्त आर्थिक शक्ति को दर्शाता है, जिसका सीधा-सा अभिप्राय यह भी है कि यदि ये देश परस्पर सहयोग और समन्वय से चलें तो विश्व में एक मजबूत स्थान बना सकते हैं। पिछले एक डेढ़ दशकों से, जबकि विश्व के अनेक विकसित राष्ट्र वैश्विक मंदी से आहत हो धीमी या नगण्य गति से विकास कर पा रहे थे, वहीं ब्रिक्स देशों ने वैश्विक औसत से काफी बेहतर प्रदर्शन किया और वैश्विक अर्थव्यवस्था को संबल प्रदान किया।

वस्तुत: वैश्वीकरण की वृहद् नीति के तहत इन ब्रिक्स राष्ट्रों ने एक प्रकार से इंफ्रास्ट्रक्चर (आधारभूत क्षेत्र) में विकास पर आधारित मॉडल अपनाया, जिसमें विनिर्माण, निर्यात, टेक्नोलॉजी और बुनियादी सुविधाओं के विस्तार द्वारा विकास करने और अपने यहाँ उपलब्ध सस्ते श्रम का इस्तेमाल करते हुए प्रतिस्पर्धात्मक क्षमता के विकास पर जोर दिया। हालाँकि विकास के इस फॉर्मूले में अमेरिकी मुद्रा 'डॉलर' के सापेक्ष लगभग स्थिर विनिमय दर, ऊँची ब्याज दर से आकर्षित हुई विदेशी पूँजी निवेश तथा अमेरिकी केंद्रीय

बैंक द्वारा अपनाई गई 'आसान मुद्रा प्रसार नीति' का भारी योगदान रहा।

एक ओर उदारीकरण की नीति के चलते इन ब्रिक्स देशों में जहाँ भारी विदेशी निवेश हुआ, वहीं अल्पकालीन सटोरिया प्रवृत्ति के निवेशकों का दखल भी बढ़ा, जिससे वित्तीय एवं पूँजी बाजारों में अस्थिरता का खतरा मौजूद होना लाजिमी है। पिछले एक वर्ष में जैसे-जैसे मंदी में फँसी अमेरिकी अर्थव्यवस्था में सुधार के लक्षण नजर आने लगे विदेशी निवेशकों का मानो अनेक उदीयमान अर्थव्यवस्थाओं से मोहभंग होता चला गया। फिर, घरेलू स्तर पर अनेक समस्याओं से जूझती इन ब्रिक्स अर्थव्यवस्थाओं में विदेशी पूँजी के पलायन से आहत घरेलू मुद्रा की विनिमय दर ने हालात और गंभीर बना दिए।

इस वर्ष मई माह के मुकाबले, जहाँ भारत के रुपए का मूल्य डॉलर के सापेक्ष 24 प्रतिशत तक कम हुआ, वहीं दक्षिण अफ्रीका के 'रेण्ड' में 17 प्रतिशत, ब्राजील के 'रियल' में 15 प्रतिशत और रूस के 'रूबल' में 8 प्रतिशत की कमी आई है। हालाँकि चीन का 'यूआन' जो वहाँ के केंद्रीय बैंक द्वारा तय दैनिक रेट (दर) से एक प्रतिशत कम-ज्यादा स्तर पर ही खरीदा या बेचा जा सकता है, पहले से कुछ मजबूत हुआ है।

इसके अलावा वहाँ के सरकारी आँकड़ों ने भी औद्योगिक उत्पादन तथा विनिर्माण निवेश में वृद्धि का दावा किया है तथा एचएसबीसी की 'फ्लैश रिपोर्ट' जो 'विनिर्माण प्रबंधकों के सूचकांक' का रुख दर्शाती है, उसने भी ऐसा ही संकेत दिया है। लेकिन चीन एक अखबार 'साउथ चाइना पोस्ट' में निजी क्षेत्र की प्रसिद्ध रिसर्च एवं सलाहकार कंपनी 'चाइना बीझ बुक' द्वारा करीब 2000 प्रमुख कंपनियों पर किया गया सर्वेक्षण हाल ही में छपा है, जिसकी रिपोर्ट में संकेत दिया गया है कि चीनी अर्थव्यवस्था में जो स्थायित्व का आभास हो रहा है वो कमजोर आधारों पर टिका है।

विश्व आर्थिक मंच की रिपोर्ट के अनुसार, पिछले वर्ष के मुकाबले इस वर्ष भी चीन का स्थान प्रतिस्पर्धी देशों (कुल 144 देश) में 29वाँ ही है जो बीते 5 वर्षों में सुधरने के रुख के बाद फिर से सन् 2009 के स्तर पर पहुँच गया है। भारत का स्थान 60वाँ है जो कि सन् 2009 के 49वें स्थान से 11 पायदान नीचे खिसक गया है। भारत में बुनियादी क्षेत्र जैसे कि ट्रांसपोर्ट, सूचना एवं प्रसारण तकनीक और पॉवर आदि में विकास न होना और विकास की जरूरतों के हिसाब से न ढल पाना, भ्रष्टाचार, महँगाई, ऊँची ब्याज दर और नौकरशाही की बाधाओं की वजह से उद्योगों को भारी मुश्किलात का सामना करना पड़ रहा है। इसके अलावा शिक्षा और स्वास्थ्य के क्षेत्र में विश्व में भारत का स्थान 102वाँ हो गया है, रिश्वतखोरी में 110वाँ हो गया है। राजनेताओं में जनता के विश्वास के क्षेत्र में भारत का स्थान कभी 37वाँ हुआ करता था, जो अब 115वाँ हो गया है। नीतिगत अवरोध, भारी सार्वजनिक घाटा तथा जीडीपी के सापेक्ष तेजी से बढ़ते सार्वजनिक ऋण अन्य बाधाएँ हैं।

एक अन्य देश रूस का स्थान 67वाँ, ब्राजील का 56वाँ एवं दक्षिण अफ्रीका का स्थान 53वाँ है। इन सभी देशों में कहीं पर्यावरणीय सुरक्षा को लेकर, तो कहीं अत्यधिक विनियमन, तो कहीं उत्पादों की गुणवत्ता में कमी, कमजोर बुनियादी ढाँचा और वित्तीय बाजारों में अदक्षता जैसी अनेक समस्याएँ हैं।

हाल ही में इन ब्रिक्स देशों के प्रमुख नेताओं ने करीब 100 बिलियन डॉलर का एक विशाल विदेशी मुद्रा कोष बनाने का विचार किया है, जिसमें चीन का योगदान 41 बिलियन, भारत, ब्राजील व रूस का 18 बिलियन (प्रत्येक द्वारा) तथा दक्षिण अफ्रीका का 5 बिलियन डॉलर का योगदान हो सकता है। यह फंड इसलिए बनाया जा रहा है ताकि इन देशों को किसी भी प्रकार के वित्तीय संकट, या यूँ कहें थपेड़ों से सुरक्षा मुहैया कराई जा सके।

हालाँकि फिर भी बेहतर होगा कि ब्रिक्स सदस्य राष्ट्र न केवल अपनी-अपनी घरेलू समस्याओं को दूर करने का प्रयास करें बल्कि परस्पर सहयोग, व्यापारिक विस्तार और आपसी संवाद द्वारा 'विन-विन एप्रोच' अर्थात् एक-दूसरे के हितों को नुकसान न पहुँचाते हुए विकास करें, ताकि वे सभी विश्व में एक बड़ी ताकत के रूप में उभर सकें।

(मुंबई में प्रकाशित दैनिक 'हमारा महानगर' में शुक्रवार 27-09-2013 को व्यापार पृष्ठ पर प्रकाशित)

□

48

क्या हैं अमेरिकी आंशिक तालाबंदी के मायने

अमेरिका, जिसे हम दुनिया का सबसे शक्तिशाली राष्ट्र समझते हैं, आज अजीब-से संकट का सामना कर रहा है। अमेरिकी वित्तीय वर्ष 30 सितंबर की मध्यरात्रि पर समाप्ति हो जाने के बावजूद वहाँ की संसद सन् 2013-14 के लिए लागू किया जानेवाले बजट पर सहमति न बना सकी, जिसके कारण गैर-जरूरी सरकारी कर्मचारियों को तनख्वाह देने का कानूनी प्रावधान न रहने पर उन्हें बिना वेतन छुट्टी पर जाने को कहा गया है। इन सरकारी कर्मचारियों की संख्या 8 लाख बताई जा रही है। इसके अलावा करीब 10 लाख कर्मचारी बिना वेतन काम करने को मजबूर हो गए हैं।

दरअसल, अमेरिकी संसद के निम्न सदन में रिपब्लिकन पार्टी का बहुमत है और उसका एक दल-समूह जिसे 'टी-पार्टी आंदोलन' के नाम से भी पुकारा जाता है, राष्ट्रपति ओबामा द्वारा लाए गए सस्ती देखभाल अधिनियम का पुरजोर विरोध कर रहा है। गौरतलब है कि अमेरिका में करीब 440 लाख लोग, जो कि निम्न या मध्यम वर्गीय परिवारों से ताल्लुक रखते हैं, अपने लिए पर्याप्त स्वास्थ्य सुरक्षा बीमा कराने में असमर्थ हैं। मेडीक्लेम या मेडीकेड जैसी महँगी बीमा योजनाएँ उनके सामर्थ्य से बाहर होने की वजह से उन्हें बीमार पड़ने पर काफी परेशानी झेलनी पड़ती है। ऐसे लोगों को सरकार द्वारा एक स्वास्थ्य बीमा बाजार के माध्यम से रियायतों (सब्सिडी) के जरिए बीमा योजनाओं को सस्ती दरों पर उपलब्ध कराए जाने की योजना थी।

'ओबामा केयर' के तहत मेडिकल केयर (देखभाल) और सामाजिक सुरक्षा के प्रावधानों पर सन् 2010 में अगले दस वर्षों के लिए जो खर्च 944 बिलियन डॉलर अनुमानित किया गया था, उसे सन् 2013 में 1856 डॉलर आँका गया है। अब इस महत्त्वाकांक्षी योजना के लिए संसाधन कैसे जुटें, इस बारे में रिपब्लिकन बहुमतवाली 'कांग्रेस' और डेमोक्रेटिक बहुमत वाली 'सीनेट' में टकराव के चलते और गतिरोध दूर

करने के लिए बातचीत तक न होने से अमेरिका में आंशिक तालाबंदी की नौबत आ गई है।

दरअसल, हाउस रिपब्लिकन ने पहले 'ओबामा केयर' की फंडिंग रोकते हुए जो बजट पास किया, उसे डेमोक्रेटिक नेतृत्व वाली सीनेट ने अस्वीकृत करते हुए ओबामा फंडिंग पुनः शामिल करते हुए, बजट पास किया। इस बार हाउस रिपब्लिकन ने जो विधेयक पास किया, जिसमें ओबामा केयर फंडिंग को एक वर्ष तक स्थगित करने का प्रावधान रखा, उसे भी अपने रुख पर अटल रहते हुए 'सीनेट' ने अस्वीकृत कर दिया। अमेरिकी सरकार की इस आंशिक तालेबंदी से वहाँ 300 मिलियन डॉलर का प्रतिदिन नुकसान हो सकता है।

हालाँकि 15.7 ट्रिलियन डॉलर की सकल राष्ट्रीय आय हासिल करनेवाली अमेरिकी अर्थव्यवस्था के लिए यह एक नगण्य-सा नुकसान मात्र है, लेकिन यदि कहीं यह तालाबंदी 3-4 हफ्तों तक खिंच गई तो इस वर्ष की चौथी तिमाही में अमेरिकी राष्ट्रीय आय 1.4 प्रतिशत अंकों से कम हो सकती है। यह अनुमान अंतरराष्ट्रीय एजेंसी मूडीज एनेलेटिक्स ने लगाया है। हालाँकि एक अन्य एजेंसी गोल्डमेन सेश ने 0.9 प्रतिशत कमी का अनुमान लगाया है। अमेरिकी इतिहास में पहले भी 17 बार तालाबंदी का वाकया हो चुका है और अंतिम बार यह 17 वर्ष पूर्व सन् 1998 में हुआ था, जो राष्ट्रपति बिल क्लिंटन के समय 26 दिनों तक चला था, लेकिन इस बार हालात को कुछ और गंभीर बना रही हैं वो परेशानियाँ, जो अमेरिकी अर्थव्यवस्था को पिछले कुछ वर्षों से लगातार घेरे रही हैं।

उल्लेखनीय है कि सन् 2011 में अमेरिकी ऋण सीमा को बढ़ाने को लेकर अमेरिकी संसद में छाए गतिरोध की वजह से जो अस्थिरता का माहौल बना था उसके मद्देनजर अंतरराष्ट्रीय एजेंसी एसएंडपी ने उसकी सार्वभौमिक रेटिंग प्रतिष्ठित 'ट्रिपेल ए' से एक दर्जा नीचे घटा दी थी।

हालाँकि अमेरिकी फेडरेल बैंक ने हाल ही में सन् 2012 की अंतिम तिमाही में नकारात्मक हुई .36 प्रतिशत निवेश दर के मुकाबले सन् 2013 की द्वितीय तिमाही में सकारात्मक हुई 1.38 प्रतिशत की निवेश दर से उत्साहित हो कर संकेत अवश्य दिया था कि शायद अब वहाँ सरकारी प्रतिभूतियों की खरीदी प्रोग्राम (जिसे आम भाषा में 'क्यू ई' कहा जाता है), उसमें धीरे-धीरे कमी लाने पर विचार किया जा सकता है।

लेकिन फिर भविष्यदर्शी निर्णय लेते हुए उसने ऐसा न करने का फैसला ही लिया, क्योंकि कहीं-न-कहीं उसे लगा कि अमेरिकी ऋणों का स्तर, जो फिर से संशोधित 16.7 ट्रिलियन डॉलर के भी स्तर को अक्तूबर मध्य तक छूने जा रहा है,उसे बढ़ाने को लेकर गतिरोध हो सकता है। सरकारी खर्च में कमी और ऋणों की सीमा न बढ़ पाने पर 'डिफॉल्ट' की संभावना से छाई अस्थिरता अमेरिकी अर्थव्यवस्था के 'स्वास्थ्य' के लिए अच्छी खबर नहीं।

अमेरिकी तालाबंदी अगर लंबे समय तक चली या कहीं उसने अमेरिकियों के आत्मविश्वास और घरेलू बजट समीकरणों को पस्त किया तो वहाँ फिर से मंदी के अंधकारमय बादल घिर सकते हैं। निवेश और उत्पादन का स्तर कम हो सकता है और यदि राजनीतिक गतिरोध के चलते 'डिफॉल्ट' जैसी स्थिति उत्पन्न हुई तो अमेरिका सहित विश्व की अन्य प्रमुख अर्थव्यवस्थाओं, और खासतौर पर उदीयमान बाजारों पर इसके व्यापक प्रभाव पड़ेंगे।

इस दौरान निवेशक अधिक जोखिम उठाना पसंद नहीं करेंगे। अत: वे पूँजी बाजार से हाथ खीचेंगे, जिससे भारत जैसे इमर्जिंग मार्केट्स से विदेशी निवेश का पलायन हो सकता है। सन् 1995-96 में हुए अमेरिकी शट-डाउन से कांग्रेसनल रिसर्च सर्विस द्वारा दिए गए आँकड़ों के अनुसार, करीब 1.4 बिलियन डॉलर का नुकसान हुआ था। देखना है, इस बार यह राजनीतिक गतिरोध कितना नुकसान अमेरिका की अर्थव्यवस्था को पहुँचाता है। दरअसल, यह संकट जितनी जल्दी दूर सके वो अमेरिका के लिए तो अच्छा ही है, साथ ही पूरे विश्व के लिए भी राहत की बात होगी।

(मुंबई में प्रकाशित दैनिक 'हमारा महानगर' में शुक्रवार 04-10-2013 को व्यापार पृष्ठ पर प्रकाशित)

□

49

डिफॉल्टरों पर सख्ती से कम होंगे खराब ऋण ?

भारतीय बैंकों में एनपीए बढ़ते जा रहे हैं। एक अनुमान के अनुसार भारतीय बैंकों के सकल नॉन परफॉर्मिंग असेट्स (एनपीए) का आकार 2.06 ट्रिलियन रुपए हो चुका है। जून 2013 को समाप्त हुई तिमाही के अंत तक बैंकों द्वारा दिए गए कुल ऋणों का 3.85 प्रतिशत खराब ऋणों की श्रेणी में वर्गीकृत किया जा चुका है। यदि इन खराब ऋणों में पुनर्गठित ऋणों को भी शामिल कर लिया जाए तो ये बैंकों द्वारा दिए गए कुल ऋणों के 10 प्रतिशत तक बढ़ गए हैं। खास तौर पर सरकारी बैंकों में यह बीमारी काफी बढ़ गई प्रतीत होती है।

अप्रैल से जून तक के अंतराल में उनके एनपीए पिछले ढाई वर्ष के अधिकतम स्तर पर पहुँच चुके हैं। पिछले 8 वर्षों में कॉर्पोरेट डेट रीस्ट्रक्चरिंग सेल (सीडीआर) के माध्यम से 2.5 लाख करोड़ रुपए के ऋणों का पुनर्गठन किया गया है और यदि इनमें से 10 प्रतिशत ऋण भी खराब ऋणों में तब्दील हो गए तो बैंकों के एनपीए में 25,000 करोड़ रुपए का इजाफा और हो सकता है।

अचंभे की बात तो यह है कि देश के सबसे बड़े सरकारी बैंक एसबीआइ में अप्रैल से जून माह के दरम्यान एनपीए 5.56 प्रतिशत रहे। यहाँ सकल एनपीए का आकार पिछली तिमाही के 51,189 करोड़ रुपए से 19 प्रतिशत अधिक 60, 891 करोड़ रुपए हो चुका है। पंजाब नेशनल बैंक में भी कुल ऋणों का 4.84 प्रतिशत एनपीए ऋणी में रखा गया है। इसके अलावा सेंट्रल बैंक में 6.03 प्रतिशत ऋण खराब हो चुके हैं। यही हाल अन्य कई बड़े सरकारी बैंकों का है।

हालाँकि अनेक निजी क्षेत्र के बैंकों का प्रदर्शन सरकारी बैंकों से बेहतर रहा है। इनमें आईसीआईसीआई, एचडीएफसी, एक्सिस बैंक और इंडस बैंक शामिल हैं। भारतीय

अर्थव्यवस्था निरीक्षण केंद्र (सीएमआईई) के अनुसार, गैर सरकारी बैंकों के द्वारा बेहतर क्रेडिट मानकों को अपनाने की वजह से उनका प्रदर्शन सरकारी बैंकों से बेहतर रहा है।

उल्लेखनीय है कि रिजर्व बैंक द्वारा ऋण न चुकानेवाले प्रमोटरों या डिफॉल्टरों पर सख्त नजरिया अख्तियार करने की हिदायत दिये जाने के बावजूद एनपीए का आकार लगातार बढ़ रहा है। जाहिर तौर पर बैंकों के समक्ष कानूनी तौर पर डिफॉल्टरों द्वारा गिरवी रखी गई संपत्ति या असेट्स को कब्जे में लेने में कथित तौर पर कुछ प्रशासनिक खामियाँ हैं, जिनकी वजह से कुछ ऋणकर्ता इनका फायदा उठा लेने में सक्षम हो जाते हैं। प्राय: जिस कंपनी या प्रोजेक्ट के लिए पैसा उधार लिया जाता है, उसे किसी ओर कार्य हेतु 'मोड़' दिया जाता है और यही कारण है कि रिजर्व बैंक के नवर्नर द्वारा स्पष्ट तौर पर ये कहा जाने के बावजूद कि किसी भी प्रमोटर को, जो कि कंपनी में बैंक से लिया गया ऋण चुकाने में असमर्थ है, उसे एक असफल हो चुकी कंपनी को चलाते रहने का ईश्वरीय अधिकार नहीं होता है, बैंक एकाएक इन बढ़ते एनपीए की समस्या से निजात पाने में कठिनाई महसूस कर रहे हैं। अब बैंक डिफॉल्टरों की फॉरेंसिक जाँच जैसे उपाय अपनाने के बारे में भी विचार कर रहे हैं, ताकि यदि प्रमोटर ऋणों को किसी अन्य दिशा में 'मोड़' दें तो उसका खुलासा हो सके।

जिस प्रकार अब सरकार और रिजर्व बैंक मिलकर कुप्रबंधन द्वारा बीमार की गई कंपनियों के प्रमोटरों के द्वारा सीडीआर सुविधा के दुरुपयोग के खिलाफ खुल कर सामने आ रहे हैं। उससे लगता है, अब ऐसे नए मामले सामने आने पर रोक अवश्य लगेगी। देश का प्रमुख सरकारी बैंक एसबीआई, जो एक ओर खुदरा ऋणों पर देय ब्याज दर में कटौती कर रहा है, तो वहीं खराब ऋणों के खिलाफ 'जंग' तक छेड़ देने का मन बना चुका है। खराब ऋण वसूलने के लिए वो सब हथियार काम में ले लेना चाहता है, जिसके द्वारा वह इन्हें वसूल कर ले। इस बारे में बैंक सूचना एवं प्रोद्योगिक की मदद भी ले सकता है। यद्यपि स्टेट बैंक ऑफ इंडिया की नई अध्यक्षा यह स्वीकार करती हैं कि जानते-बूझते डिफॉल्ट करनेवाले प्रमोटरों को सजा मिलनी ही चाहिए, पर फिर भी ऐसे खराब प्रबंधन मंडल को बदल डालने के लिए मौजूदा वातावरण में सुधार की आवश्यकता होगी।

इसके अलावा जहाँ तक भारतीय अर्थव्यवस्था का प्रश्न है, उसमें तनाव की स्थिति अभी भी बनी हुई है। इस वर्ष की प्रथम तिमाही में भारत की आर्थिक विकास दर 4.4 प्रतिशत तक लुढ़क चुकी है। साथ ही, रुपए के अवमूल्यन की वजह से अनेक उद्योगों को लाभपूर्ण ढंग से काम-काज करना मुश्किल जान पड़ रहा है। ऐसे कठिन हालात में बैंकों को वास्तविक मामलों के प्रति सकारात्मक रवैया अपनाने के लिए दबाव अवश्य रहेगा, लेकिन जिस प्रकार रिजर्व बैंक और सरकार द्वारा ऋणों में डिफॉल्ट के मामलों में सख्ती की हिदायत दी गई है, जुलाई से सितंबर के दौरान पिछली तिमाही में सीडीआर हेतु

आए 28 मामलों के मुकाबले 36 मामले दर्ज हुए, जिसमें क्रमश: 14 के मुकाबले महज 8 मामलों में स्वीकृति दी गई। पिछली तिमाही में जहाँ 21,266 करोड़ रुपए के सीडीआर स्वीकृत हुए वहाँ इस तिमाही में महज 10,000 करोड़ रुपए के ऋण पुनर्गठन हेतु मंजूर किए गए। यही नहीं, अब बैंक ऐसे प्रमोटरों से अधिक त्याग और मैनेजमेंट में बदलाव जैसी शर्तें ऋणों के पुनर्गठन हेतु रख रहे हैं। उम्मीद है, आनेवाले समय में डिफॉल्टरों के प्रति बढ़ाई गई सख्ती से जान-बूझ कर डिफॉल्ट करने की प्रवृत्ति पर रोक लगेगी और बैंकों पर एनपीए का दबाव भी कम हो सकेगा।

(मुंबई में प्रकाशित दैनिक 'हमारा महानगर' में शुक्रवार 11-10-2013 को व्यापार पृष्ठ पर प्रकाशित)

□

50

क्या महँगाई हो चुकी है लाइलाज?

हाल ही में जारी आँकड़ों के अनुसार, खाद्य क्षेत्र में महँगाई की दर सितंबर माह में पिछले महीने अर्थात् अगस्त के मुकाबले 18.40 प्रतिशत से बढ़ी। गौरतलब है कि अगस्त माह में भी यह 18.18 प्रतिशत की दर से बढ़ी थी। इसके अलावा वार्षिक आधार पर तरल पेट्रोलियम गैस (एलपीजी) की कीमतें 9 प्रतिशत तथा पेट्रोल की कीमतें 9.64 प्रतिशत बढ़ीं। थोक मूल्य सूचकांक, जो अगस्त के महीने में पिछले 7 महीनों के रिकॉर्ड स्तर 6.1 प्रतिशत की दर से बढ़ा वह सितंबर माह में 6.46 प्रतिशत के उच्चतर स्तर से बढ़ा। उधर खुदरा मूल्य सूचकांक भी अगस्त माह में 9.52 प्रतिशत के मुकाबले सितंबर माह में 9.84 प्रतिशत की दर से बढ़ा है।

उल्लेखनीय है कि महँगाई की दर में बढ़त रिजर्व बैंक द्वारा लगाए गए अनुमान से कहीं अधिक है। इसका प्रमुख कारण वित्तीय सिस्टम में तरलता की कमी तथा पिछले करीब 6 महीनों में रुपए का भारी अवमूल्यन को समझा जा सकता है, जिसकी वजह से कई उद्योगों में उत्पादन लागत बढ़ी है। जिस प्रकार से पिछली 3 तिमाही में भारत की विकास दर 5 प्रतिशत से भी कम रही है और महँगाई काफी तेजी से बढ़ती ही जा रही है उससे ऐसा प्रतीत होता है कि भारत, जो विश्व की दसवीं सबसे बड़ी अर्थव्यवस्था है, कहीं 'स्टैगफ्लेशन' जैसी स्थिति में तो नहीं खिसकती जा रही?

दरअसल, अर्थशास्त्र में 'स्टैगफ्लेशन' क्रमशः 'स्टैगनेशन' और 'इफ्लेंशन' इन दो भिन्न-भिन्न अंग्रेजी शब्दों की ध्वनियों को मिलाकर बनाया गया एक शब्द है, जिसका प्रथम भाग 'स्टैग' अर्थव्यवस्था में गतिहीनता अथवा गतिरोध की स्थिति का परिचायक है तो दूसरा भाग 'फ्लेशन' मुद्रास्फीति का द्योतक है। हिंदी में इसे 'मुद्रास्फीति जनक मंदी' के नाम से भी पुकार सकते हैं। इस अवस्था में बेरोजगारी ऊँचे स्तर पर बनी रहती है, जिससे एक गंभीर दुविधा पैदा होती है कि यदि महँगाई कम करने के उपाय किए जाएँ

तो बेरोजगारी कम नहीं होती है और यदि रोजगार बढ़ाने के उपाय किए जाएँ तो महँगाई और अधिक बढ़ती है।

राष्ट्रीय नमूना सर्वेक्षण कार्यालय (एनएसएसओ) के द्वारा दिसंबर 2012 में दी गई जानकारी के मुताबिक, सन् 2009-2010 के सर्वेक्षण में करीब 7 करोड़ लोग बेरोजगार या आंशिक तौर पर बेरोजगार हैं। भारत में जुलाई 2011 से जून 2012 के दरम्यान बेरोजगारों की संख्या में 2 प्रतिशत का इजाफा हुआ है। अत: एक बार कोई अर्थव्यवस्था यदि मुद्रस्फीति जनक मंदी के फेर में पड़ जाए, तो उसे इस अवस्था से बाहर निकाल पाना काफी मुश्किल हो जाता है।

महँगाई और विकास के बीच तालमेल बिठाने की दुविधा का एक प्रमुख कारण है—देश में आपूर्ति झटकों की वजह से उत्पादक क्षमता का न बढ़ पाना या घट जाना। जैसा कि हमने देखा कि रुपए के मूल्य में अप्रत्याशित गिरावट से तेल और अन्य आयातित कच्चा माल, उपकरण या मशीनरी की कीमतें बढ़ीं। एक प्रतिकूल आपूर्ति झटके की वजह से जहाँ एक ओर महँगाई बढ़ती है, तो वहीं दूसरी ओर उत्पादन लागत बढ़ने से कम हुए लाभांशों की वजह से उत्पादन क्षमता में कमी आती है।

इसका दूसरा प्रमुख कारण है—आर्थिक नीतियों में समन्वय का अभाव। उदाहरण के लिए, यदि केंद्रीय बैंक आसान मुद्रा नीति अपनाए और सरकार कड़े नियमन द्वारा प्रतिपादित औद्योगिक नीति अपना ले तो स्टैगफ्लेशन जैसी स्थिति आ सकती है। भारत में तो जहाँ मौद्रिक नीति के तहत महँगाई रोकने को प्राथमिकता दी जाती रही है वहीं राजकोषीय घाटे का ऊँचा स्तर, नीतिगत गतिरोध तथा लोक-लुभावन सरकारी नीतियाँ उसके समक्ष कठिन चुनौतियाँ पेश करते हैं। उस पर यदि कीमतें और अधिक बढ़ेंगी ऐसी मानसिकता पनप जाए, तो एक ओर जमाखोरी और मुनाफाखोरी की प्रवृत्ति तो दूसरी ओर श्रमिकों द्वारा अधिक वेतन की माँग महँगाई को और अधिक ऊँचे स्तर पर भी ले जा सकते हैं। ऐसे में बहुत जरूरी है कि रिजर्व बैंक की मौद्रिक नीति और सरकारी नीतियों में उचित तालमेल हो और वे देश में आर्थिक गतिरोध और महँगाई के कुचक्र से बाहर निकल पाने हेतु समन्वित और कारगर कदम उठाएँ।

उल्लेखनीय है कि जहाँ महँगाई अपने ऊँचे स्तर पर बनी हुई है, वहाँ औद्योगिक उत्पादन मौजूदा वित्तीय वर्ष के प्रथम पाँच महीनों में महज 0.1 प्रतिशत की दर से बढ़ा है। ऐसे में यदि रिजर्व बैंक अक्तूबर के अंतिम माह में होनेवाली मौद्रिक समीक्षा में ब्याज दर और बढ़ाता है, तो उससे देश की विकास दर आहत अवश्य होगी।

हाल ही में रिजर्व बैंक के गवर्नर ने साफ तौर पर कहा है कि यद्यपि उनके बारे में भारत में काफी उत्साह है पर वे सुपरमैन नहीं है। साथ ही, यह भी कहा है कि सरकार जो कुछ भी आर्थिक सुधार ला रही है उससे परिणाम आने में वक्त तो लगेगा ही, लेकिन

जिस प्रकार अंतरराष्ट्रीय मुद्रा कोष ने भारत की विकास दर के पूर्वानुमान को 5.6 प्रतिशत से घटाकर 3.8 प्रतिशत कर दिया है, भारत की अर्थव्यवस्था को पटरी पर लाने के लिए वक्त का इंतजार करना मुनासिब नहीं।

हालाँकि अच्छे मानसून की वजह से महँगाई कुछ कम होने के आसार जरूर नजर आ रहे हैं, पर फिर भी भारत के एक बड़े क्षेत्रफल के समुद्री चक्रवात 'फेलिन' की चपेट में आने से खाद्य महँगाई कुछ खास कम होगी, ऐसा लगता नहीं। अत: भारत की संकुचित होती अर्थव्यवस्था को गतिमान बनाने के लिए सभी संभव प्रयास तीव्रता और तालमेल के साथ उठाए जाने की आवश्यकता है।

(मुंबई में प्रकाशित दैनिक 'हमारा महानगर' में शुक्रवार 18-10-2013 को व्यापार पृष्ठ पर प्रकाशित)

□

51

नए भूमि अधिग्रहण कानून में हैं कई जटिलताएँ

हाल ही में केंद्रीय ग्रामीण विकास मंत्रालय द्वारा नए भूमि अधिग्रहण कानून, 2013 के तहत लागू किए जानेवाले नियमों का मसौदा जारी किया गया है और उस पर राज्य सरकारों, उद्योग संघों, नागरिक समाज संगठनों, किसान संगठनों तथा अन्य हितधारकों से आगामी 45 दिनों तक विचार-विमर्श हेतु प्रस्तुत किया गया है। उल्लेखनीय है कि नया भूमि अधिग्रहण कानून, जिसका पूरा नाम 'भूमि अधिग्रहण में उचित मुआवजा और पारदर्शिता का अधिकार, पुनर्वास और पुनर्स्थापन अधिनियम 2013' है, देश में सन् 1894 से लागू मौजूदा कानून को बदल देगा। इसे अगले वर्ष के पहले दिन अर्थात् एक जनवरी 2014 से लागू किया जा सकता है।

दरअसल मौजूदा कानून में भूमि अधिग्रहण की वजह से प्रभावित लोगों के पुनर्वास या पुनर्स्थापन के संबंध में कोई प्रावधान न होने तथा अन्य खामियों की वजह से इस कानून को बदला जाना है, लेकिन जिस प्रकार के प्रावधान नए कानून में समाहित किए हैं, उनको लेकर कई हितधारकों, विशेषत: उद्योग संगठनों की ओर से चिंता जताई गई थी कि कहीं भूमि अधिग्रहण की प्रक्रिया इतनी जटिल न हो जाए कि किसी उद्योग को लगाने के लिए जमीन उपलब्ध होने में 4 से 5 वर्ष तक का समय भी लग जाए।

ऐसे में नए कानून के विभिन्न प्रावधानों को बेहतर स्पष्टता और भूमि अधिग्रहण प्रक्रिया में लगनेवाले समय को कम-से-कम निर्धारित करने हेतु मंत्रालय ने नियमों का मसौदा पेश किया है। इन नियमों के तहत स्पष्ट किया गया है कि सार्वजनिक-निजी भागीदारी परियोजना (पीपीपी) के तहत सार्वजनिक प्रयोजन से अधिग्रहण की जानेवाली भूमि के संदर्भ में प्रभावित 70 प्रतिशत भू-मालिकों से सहमति की आवश्यकता होगी, लेकिन यदि किसी प्राइवेट कंपनी द्वारा सार्वजनिक प्रयोजन हेतु भूमि का अधिग्रहण किया

जाना है तो 80 प्रतिशत प्रभावित भू-मालिकों की सहमति लेनी होगी। संविधान के तहत पाँचवीं अनुसूची में अनुसूचित क्षेत्रों के संदर्भ में हर प्रोजेक्ट के लिए ग्राम सभा की सहमति भी आवश्यक होगी। साथ ही, भूमि अधिग्रहण से पूर्व एक सामाजिक प्रभाव आकलन किए जाने का प्रावधान किया जाना का प्रस्ताव है, जिसे सूचित करने के छह महीनों के दरम्यान सभी जरूरी सहमति ले ली जानी चाहिए। बड़े प्रोजेक्ट्स में, जो एक से अधिक स्थानों पर लगाए जाने हैं, सभी स्थानों पर प्रभावित भू-मालिकों की सहमति निर्धारित समय में एक साथ लेनी होगी, यह भी मसौदे में सुझाया गया है।

मसौदे के तहत जारी नियमों के अनुसार, राज्य सरकारों को सामाजिक प्रभाव आकलन इकाइयों का गठन करना होगा। इन्हें एसआईए (सोशल इंपेक्ट असेसमेंट) यूनिट के नाम से पुकारा जाएगा और ये स्वतंत्र रूप से कार्य करेंगी। सभी प्रकार के मामलों में एसआईए करना अनिवार्य होगा। हालाँकि यदि सरकार द्वारा किसी प्रोजेक्ट को लगाने में अत्यावश्यकता होगी तो इससे छूट दी जा सकती है।

इसके अलावा केंद्रीय सरकार द्वारा अनिवार्य रूप से भूमि अधिग्रहण, पुनर्वास और पुनर्स्थापन हेतु एक राष्ट्रीय संसाधन केंद्र भी बनाने का प्रस्ताव है, जो विभिन्न राज्य सरकारों को जरूरी संसाधन उपलब्ध कराएगा और सामाजिक प्रभाव का आकलन करने वाली इकाइयों को दिशा निर्देश भी देगा और सहमति या अन्य क्षेत्रों के लिए जरूरी प्रक्रिया भी सुझाएगा।

दरअसल, भूमि अधिग्रहण कानून, 2013 का मुख्य उद्देश्य उद्योगों और सरकारों द्वारा सार्वजनिक प्रयोजनों से किए जानेवाले भूमि अधिग्रहण की प्रक्रिया को ऐसा बनाना है, जिससे कि प्रभावित लोगों को वाजिब मुआवजा मिले और पूरी पारदर्शिता के साथ इस प्रकार के सौदे किए जाएँ। उदाहरण के लिए, नियमों में प्रावधान किया गया है कि सामाजिक प्रभाव आकलन से संबंधित दस्तावेजों को और सहमति से संबंधित काररवाई को सार्वजनिक रूप से उपलब्ध कराया जाए। इस संदर्भ में प्राप्त किसी भी अनुरोध का जवाब सात दिनों के भीतर दे दिया जाए।

पिछले कुछ वर्षों में जिस प्रकार भट्टा पड़सौल, सिंगुर और नियमगिरी जैसे मामलों में भूमि अधिग्रहण से प्रभावित लोगों द्वारा हिंसक प्रदर्शन और विरोध देखने में आया, केंद्रीय ग्रामीण विकास मंत्री को लगता है कि प्रभावित किसानों आदि को उचित मुआवजा मिले तो इस प्रकार अनिश्चित काल के लिए प्रोजेक्ट्स की क्रियान्वति खटाई में पड़ना टाला जा सकता है। लेकिन फिर भी यदि उद्योगों के नजरिए से देखें तो सार्वजनिक प्रयोजन से लगाए जानेवाले प्रोजेक्ट्स में 70 से 80 प्रतिशत लोगों से सहमति लेना मुश्किल काम है, क्योंकि भूमि पर मालिकाना हक के संबंध में सभी रिकॉर्ड्स दुरुस्त होना और प्रभावित लोगों को ढूँढ़ कर उनकी सहमति लेना काफी चुनौतीपूर्ण कार्य है।

इसके अलावा नए कानून को पूर्णव्यापी ढंग से लागू किया जाना भी कई तरह की जटिलताएँ उन प्राइवेट कंपनियों के लिए प्रस्तुत कर सकता है जो 5 या अधिक वर्षों पूर्व से भूमि अधिग्रहण हेतु सौदा कर चुकी थीं, लेकिन या तो प्रभावित लोगों ने अब तक मुआवजा नहीं लिया है या फिर कब्जा नहीं सौंपा है। इस 5 वर्ष की अवधि में यदि भू-अधिग्रहण के विरुद्ध कोर्ट केस की वजह से कब्जा भी मिल पाया है, तो मुकदमेबाजी में लगा समय भी शामिल किया जाएगा।

हालाँकि केंद्रीय ग्रामीण विकास मंत्री ने साफ तौर पर कहा है कि नए कानून के तहत प्रस्तावित नियमों में किसानों व अन्य प्रभावित लोगों तथा उद्योगों के परस्पर विरोधी हितों में तालमेल बैठाने की पूरी कोशिश की गई है, फिर भी ये नियम सभी संबंधित हितधारकों के साथ बातचीत की शृंखला, (जिसके लिए करीब डेढ़ महीने का समय दिया गया है) के बाद ही फाइनल किए जाएँगे।

जो भी हो, जिस प्रकार के प्रावधान नए भूमि अधिग्रहण कानून में बनाए गए हैं और जिस प्रकार की प्रक्रिया नियमों के तहत प्रस्तावित की गई है, अब राज्य सरकारों या उद्योगों द्वारा अंधाधुंध भूमि अधिग्रहण के मामलों पर रोक अवश्य लगेगी। साथ ही, जिस उद्देश्य के लिए भूमि अधिग्रहण किया गया, उसमें बदलाव नहीं किया जा सकेगा। यहाँ तक कि उपयुक्त सरकार की अनुमति बिना एक बार जमीन अधिग्रहण करने पर उसका स्वामित्व नहीं बदला जा सकेगा। यदि भूमि अधिग्रहण के बाद 5 वर्षों में उसे निर्धारित उद्देश्यों के लिए उपयोग में नहीं लाया गया तो वह भूमि या तो राज्य सरकार के भूमि-बैंक में या फिर मूल भूमि मालिकों को लौटाई जा सकेगी। इस प्रकार भूमि अधिग्रहण के कानूनी प्रावधान और नियम जटिल भले ही जान पड़ते हों, पर उम्मीद की जा रही है कि भूमि अधिग्रहण के मामले में विस्थापितों को उचित मुआवजा और पुनर्वास तथा पुनर्स्थापन की बेहतर व्यवस्था हो सकेगी। साथ ही, राज्य सरकारों और उद्योगों द्वारा भूमि अधिग्रहण के मामलों में अधिक पारदर्शिता लाई जा सकेगी।

(मुंबई में प्रकाशित दैनिक 'हमारा महानगर' में शुक्रवार 25-10-2013 को व्यापार पृष्ठ पर प्रकाशित)

□

52

कितनी प्रभावी है भारत की मौद्रिक नीति

हाल ही में रिजर्व बैंक द्वारा द्वितीय तिमाही समीक्षा में नई मौद्रिक नीति की घोषणा की गई। इस नीति में जहाँ रेपो रेट को 25 बेसिस अंकों से बढ़ा दिया गया है, वहीं बैंकों को दी जानेवाली मार्जिनल स्टैंडिंग फेसिलिटी (एमएसएफ) को 25 बेसिस अंकों से घटा दिया गया है। फलतः ये दरें अब क्रमशः 7.5 प्रतिशत से बढ़कर 7.75 प्रतिशत एवं 9 प्रतिशत से घटकर 8.75 प्रतिशत कर दी गई हैं। दरअसल, रेपो रेट वह दर है, जिस पर वाणिज्य बैंक आवश्यकता पड़ने पर केंद्रीय बैंक से उधार पर धन ले सकते हैं। देश की अर्थव्यवस्था में यदि महँगाई का स्तर ऊँचा हो रहा है तो सामान्यतया रेपो रेट को बढ़ा दिया जाता है, ताकि बैंकों को केंद्रीय बैंक से धन (फंड) उधार लेने हेतु निरुत्साहित किया जा सके, जिससे अर्थव्यवस्था में मुद्रा आपूर्ति कम हो और महँगाई की बढ़ती रफ्तार पर रोक लगाई जा सके। दूसरी ओर, एमएसएफ अर्थात् सीमांत स्थायी सुविधा दर, जिसे सन् 2011-12 की मौद्रिक नीति में पहली बार प्रस्तुत किया गया था, वह दर है जिस पर अनुसूचित वाणिज्य बैंक रातोंरात के लिए सरकारी प्रतिभूतियों के सामने केंद्रीय बैंक से पैसा उधार ले सकते हैं।

गौरतलब है कि 20 सितंबर और 7 अक्तूबर को घोषित मौद्रिक नीति में इसे मौजूदा 10.25 प्रतिशत से घटाकर क्रमश 9.50 प्रतिशत एवं 9 प्रतिशत पहले ही किया जा चुका था। इस एमएसएफ दर को कम करने का उद्देश्य वित्तीय तंत्र में तरलता का संचार करना है। दरअसल, पिछले कुछ महीनों में मुद्रा बाजार में व्याप्त ऊँची ब्याज दरों की वजह से उद्योग द्वारा बैंकों से उधार लेने हेतु ऋणों की माँग जितनी तीव्रता से बढ़ी, उतनी तेजी से बैंकों में डिपॉजिट नहीं बढ़े। परिणामतः बैंकों को वित्तीय तरलता की कमी से जूझना पड़ रहा है। नई मौद्रिक नीति में बैंकों के लिए वित्तीय तरलता बढ़ाने के लिए कुछ अन्य उपाय भी किए गए हैं।

कुल मिलाकर रिजर्व बैंक की मौद्रिक नीति में महँगाई कम करने और वित्तीय तंत्र में स्थिरता बनाए रखने के लक्ष्यों में संतुलन स्थापित करने की कोशिश अवश्य की गई है, लेकिन जिस प्रकार इस नीति में स्पष्ट तौर पर कहा गया है कि महँगाई के बढ़ते दबाव और महँगाई और बढ़ेगी, ऐसी उम्मीद पनपने की संभावना दोनों को कम करने पर आर्थिक एवं वित्तीय स्थायित्व बढ़ाया जा सके, तो उससे विकास हेतु उपयुक्त वातावरण तैयार करने में मदद मिल सकेगी, यह पूर्णत: साफ है कि महँगाई सदैव केंद्रीय बैंक के लिए प्राथमिकता का मुद्दा रहा है।

हालाँकि रिजर्व बैंक के गवर्नर को इस बात का पूरा इल्म है कि पहले से ही ऊँची ब्याज दरों की बदौलत भारत में आर्थिक विकास आहत हुआ है और ऐसे में अत्यधिक कड़ी मौद्रिक नीति अपनाने से आर्थिक विकास पर और अधिक विपरीत प्रभाव पड़ सकता है। उनका कहना है कि उन्हें नहीं लगता कि वे ब्याज दरें बढ़ाने की शृंखला के बारे में सोच रहे हैं, पर फिर भी अर्थव्यवस्था पर निगरानी तो रखनी ही होगी। फिलहाल जितना कुछ रिजर्व बैंक अर्थव्यवस्था के बारे में जानता है, उस हिसाब से उन्होंने पर्याप्त कदम उठाए हैं और अब बस वो इंतजार करके देखना चाहते हैं कि आगे क्या होता है। हाल ही में दो बार रेपो रेट में वृद्धि हो चुकी है पर फिर भी आर्थिक मंदी जैसी स्थिति की ओर बढ़ रही अर्थव्यवस्था में महँगाई ऊँचे स्तर पर बनी रह सकती है। ऐसे में बैंकों को खुदरा डिपॉजिट रेट बढ़ाने जैसे उपाय अपना कर डिपॉजिट बढ़ाने की आवश्यकता है ताकि वित्तीय तरलता पर बढ़ रहे दबाव को कम किया जा सके।

उल्लेखनीय है कि यदि महँगाई की दर बैंक में जमा बचत खातों पर मिल रहे ब्याज दर अधिक हो तो वास्तविक ब्याज दर एक तरह से शून्य से भी कम हो जाती है। यही कारण है कि अब केंद्रीय बैंक मुद्रास्फीति-अनुक्रमित बचत प्रतिभूतियों जैसे उत्पाद निकट भविष्य में पेश कर सकता है, ताकि लोग महँगाई की चिंता से मुक्त हो अपनी बचत बैंकों में रकम जमा करें। इसके अलावा बचत खातों में दी जानेवाली ब्याज दर को भी बढ़ाया जा सकता है। कुछ बैंकों, जैसे कि स्टेट बैंक ऑफ इंडिया, ओरिएंटल बैंक ऑफ कॉमर्स, लक्ष्मी विलास बैंक आदि ने पहले ही बचत खातों पर ब्याज दरें 50 से 100 बेसिस अंकों तक बढ़ाई हैं।

इस प्रकार नई मौद्रिक नीति में केंद्रीय बैंक ने अपना चिर-परिचित रुख बरकरार रखा है। रिजर्व बैंक के गवर्नर की मानें तो 'महँगाई के विरुद्ध लड़ाई को विकास-विरोधी नहीं मानना चाहिए, क्योंकि यह चिरस्थायी विकास के लिए सर्वोत्तम दवा सिद्ध होगी।' निश्चित तौर पर वही नीति कारगर मानी जा सकती है, जो दीर्घकालीन हितों को ध्यान में रखकर बनाई गई हो, लेकिन फिर भी जिस प्रकार मौद्रिक नीतियों की व्याख्या के जरिए भविष्य में महँगाई बढ़ेगी, ऐसा संदेश जाता हो, ये अर्थव्यवस्था में महँगाई द्वारा बने रहे

दबाव को और अधिक बढ़ाता है। जब तक रिजर्व बैंक की नीति 'जितना कुछ हम जानते हैं' इस आधार पर बनती रहेगी, तब तक न तो मौद्रिक नीति में स्थिरता की अपेक्षा की जा सकती है और न ही अर्थव्यवस्था में स्थायित्व की। एक अनुमान के अनुसार, भारत के छह लाख गाँवों में महज पाँच प्रतिशत गाँवों में एक या अधिक बैंकों की शाखाएँ हैं। एक अन्य अनुमान के अनुसार भारत के ग्रामीण क्षेत्रों में प्रति एक लाख वयस्कों के लिए महज 7 बैंक शाखाएँ हैं, जबकि ब्रिक देशों तक में इनकी संख्या 40 से अधिक है।

इसके अलावा देश में उत्पादन, आय, रोजगार और महँगाई के आँकड़ों की पर्याप्तता या शुद्धता के बारे में भी सवाल उठते रहते हैं। रिजर्व बैक 'जितना मालूम है, उस हिसाब से पर्याप्त कदम उठाएँ' या 'देखें आगे क्या होता है' जैसी बाध्यताओं से बाहर आ सके, उसके लिए आवश्यक है कि सरकार और विभिन्न संस्थान आर्थिक नीतियों की सफलता के लिए जरूरी आँकड़ों, सूचकांकों और तथ्यों की प्रामाणिकता कैसे बढ़े, इस दिशा में भी उचित कदम उठाएँ।

(मुंबई में प्रकाशित दैनिक 'हमारा महानगर' में शुक्रवार 01-11-2013 को व्यापार पृष्ठ पर प्रकाशित)

□

53

उद्योगों के लिए बढ़ रही हैं व्यावसायिक दिक्कतें

हाल ही में विश्व के 189 देशों की घरेलू अर्थव्यवस्थाओं में छोटे और मध्यम आकार के उद्यमों के लिए लागू विनियमन प्रक्रियाओं का अध्ययन कर विश्व बैंक ने 'डूइंग बिजनेस 2014' अर्थात् व्यवसाय करने की प्रक्रिया पर अपनी रिपोर्ट प्रकाशित की है। यह रिपोर्ट जून 2013 तक उपलब्ध जानकारी के आधार पर तैयार की गई है। इस रिपोर्ट के अध्ययन में शामिल किए गए सभी देशों में उद्यमों के लिए व्यवसाय शुरू करना अथवा घाटा हो जाने पर उसे बंद कर देना कितना सरल और आसान है, इस आधार पर एक वरीयता सूची दी गई है। विश्व बैंक की यह 11वीं वार्षिक रिपोर्ट है। पिछले वर्ष भारत की रैंकिंग 131 थी, जो इस वर्ष और भी कम 134 हो गई है।

भारत में व्यवसाय करना और नए उद्यम लगाना पहले भी कठिन समझा गया और अब जो हालात 'बद से बदतर' दर्शाए गए हैं यह वाकई चिंता का विषय है। चिंता होना स्वाभाविक यूँ भी है कि जिन देशों को हम अपने से कुछ कम विकसित समझते हैं, उनका स्थान इस वरीयता कम में हम से बेहतर है। इन देशों में बांग्लादेश, कीनिया, इथोपिया, मिस्र और होंडरस भी शामिल हैं। इसके अलावा यदि दक्षिण एशिया के आठ प्रमुख देशों को लें, तो इनमें भारत का स्थान छठा है। यहाँ तक कि यदि उदीयमान अर्थव्यवस्थाओं को बहुचर्चित 'ब्रिक्स' देशों को लें, तो इनमें ब्राजील का स्थान 116वाँ, रूस का 92वाँ, चीन का 96वाँ तथा साउथ अफ्रीका का 41वाँ स्थान है अर्थात् भारत का इन राष्ट्रों में निम्नतम स्थान है।

उल्लेखनीय है कि विश्व की 'टॉप दस' अर्थव्यवस्थाओं की सूची में अपना स्थान रखनेवाली भारतीय अर्थव्यवस्था में नए उद्यम खोलना और काम-काज करना इतना मुश्किल आँका गया है। यह अपने आप में कई अहम मसले उजागर करता है। एक

अनुमान के अनुसार, इस वित्तीय वर्ष में उद्योगों द्वारा लगभग 1,00,000 करोड़ रुपए से अधिक के ऋणों को कॉर्पोरेट ऋण पुनर्गठन प्रकोष्ठ (सीडीआर सेल) में लाए जाने की संभावना है। हालात ये हैं कि लगभग हर पाँच में से एक ऋण खाता या तो फिसल रहा है या खराब (एनपीए) हो रहा है। इस प्रकार जहाँ पिछले वर्ष करीब 15 प्रतिशत ऋण खराब होने की स्थिति में पहुँचे थे, वहाँ मौजूदा वित्तीय वर्ष में इनका प्रदर्शन और अधिक खराब रहने का अनुमान लगाया गया है। उधर, ऋण पुनर्गठन प्रकोष्ठ के अध्यक्ष के अनुसार, धीमी होती अर्थव्यवस्था और नीतिगत अवरोध की वजह से उद्योगों की बैलेंसशीट पर दबाव बढ़ता ही जा रहा है।

इसके अलावा कोयला खदानों के आवंटन में देरी, पर्यावरणीय और अन्य क्लीयरेंस में देरी और उद्योगों के पास निवेश हेतु संसाधनों की कमी आदि कई ऐसे कारण हैं, जिनकी वजह से अनेक उद्योग ऋणों के भुगतान की अदायगी की शर्तों को अधिक उदार बनाने के लिए आवेदन कर रहे हैं। अत: अंतरराष्ट्रीय संस्थान विश्व बैंक की रिपोर्ट हो या घरेलू स्तर पर उद्यमों का प्रदर्शन, एक बात साफ है कि भारत में उद्योगों के लिए काम-काज या व्यवसाय करना मुश्किल होता जा रहा है।

यदि मौद्रिक नीति के परिप्रेक्ष्य में देखें तो रिजर्व बैंक के समक्ष आर्थिक विकास बढ़ाने और महँगाई कम करने के लक्ष्यों में तालमेल स्थापित करने की दुविधा है। हालाँकि पिछले कुछ वर्षों में रिजर्व बैंक महँगाई रोकने के लक्ष्य को लगातार प्राथमिकता देता रहा है। यही कारण है कि वह समय-समय पर ब्याज दरों में वृद्धि भी करता रहा है, लेकिन फिर भी मौद्रिक नीति की अपनी सीमाएँ हैं। देश की अन्य आर्थिक नीतियों जैसे कि राजकोषीय नीति, विदेश व्यापार नीति, औद्योगिक नीति, पर्यावरणीय सुरक्षा नीति, विदेशी निवेश नीति आदि भी देश में आर्थिक विकास की गति और दिशा तय करते हैं। आज अर्थव्यवस्था में विकास की दर कमजोर होने की वजह सिर्फ महँगाई और ब्याज की ऊँची दर ही नहीं है, बल्कि उद्यमों में निवेश की कमी भी जिम्मेदार है। क्या वजह है कि कंपनियाँ विशेषकर छोटे और मध्यम आकार के उद्यम न तो नए निवेश के प्रति इच्छुक हैं और न ही मौजूदा बिजनेस को विस्तारित करना चाहते हैं?

यदि विश्व बैंक की रिपोर्ट की विवेचना करें तो भारत की रैंकिंग निर्धारित करते वक्त विश्व के अन्य देशों के साथ उसकी तुलना 10 अलग-अलग मापदंडों के आधार पर की गई। ये मापदंड हैं—1. व्यावसायिक विनियमन, 2. संपत्ति के रजिस्ट्रेशन की प्रक्रिया, 3. कंस्ट्रक्शन हेतु इजाजत लेना, 4.बिजली का कनेक्शन, 5.ऋण सुविधा, 6.निवेशकों की हित-सुरक्षा सुनिश्चित करना, 7. टैक्स के भुगतान की प्रक्रिया, 8. विदेश व्यापार प्रक्रिया, 9.अनुबंध लागू करना तथा 10. दिवालिएपन की स्थिति से बाहर निकलना। दरअसल, ये सभी वो मापदंड हैं, जिनके आधार पर तय किया जा सकता है कि किसी

देश में उद्यम खोलना, चलाना या बंद करना कितना आसान या मुश्किल है।

दुर्भाग्य से भारत इनमें से अधिकांश क्षेत्रों में पिछड़ रहा है। महज ऋण उपलब्ध कराने और निवेशकों के हितों की सुरक्षा क्षेत्र में उसे क्रमशः 28वीं और 34वीं वरीयता दी गई है। संयोग से ये दोनों क्षेत्र कमशः रिजर्व बैंक और सेबी जैसे प्रभावशाली और काफी हद तक स्वायत्त नियामकों के विनियमन के तहत आते हैं। अन्य क्षेत्रों में भारत की वरीयता बहुत ही कम है। मसलन, नए उपक्रम खोलने में उसका स्थान 179वाँ, कंस्ट्रक्शन के लिए अनुमति लेने में 182वाँ और कठिन परिस्थितियों में अनुबंध लागू कराने में 186वाँ है।

गौरतलब है कि 'डूइंग बिजनेस 2014' की लिस्ट में कुल 189 राष्ट्र हैं। समझा जा सकता है कि भारत में बिजनेस कर पाना वाकई कितना कठिन कार्य है। हैरत की बात तो यह है कि वे सभी ऐसे मापदंड हैं, जिनमें सुधार लाने के लिए कोई जटिल या बड़े स्तर के नीतिगत बदलाव लाए जाने की आवश्यकता नहीं है, बल्कि इन क्षेत्रों में कार्यकुशलता बढ़ाए जाने की आवश्यकता है। साथ ही, विभिन्न विभागों जैसे कि बिजली, आयकर, विदेश व्यापार और औद्योगिक विकास आदि में नियमों और प्रक्रियाओं को और अधिक सहज, सरलीकृत और समयबद्ध बनाए जाने पर भी भारत में, उद्यमों, विशेषकर छोटे और मध्यम आकार के उद्यमों के लिए काम-काज करना आसान बनाया जा सकता है। 121 करोड़ की भारी आबादी वाले भारत में, जहाँ मंदी की चपेट में आए अन्य कई देश निवेश और उद्याम लगाने हेतु आतुर हो रहे हैं, वहीं यदि घरेलू उद्योगों के लिए व्यवसाय करना कुछ और आसान बनाया जा सके तो भारत में विकास की गति को अवश्य ही बढ़ाया जा सकता है। विश्व बैंक की रिपोर्ट को इसी परिप्रेक्ष्य में देखा जाना चाहिए।

(मुंबई में प्रकाशित दैनिक 'हमारा महानगर' में शुक्रवार 08-11-2013 को व्यापार पृष्ठ पर प्रकाशित)

□

54

नई विदेशी बैंक नीति : कितनी सार्थक ?

हाल ही में रिजर्व बैंक ने सिटी ग्रुप और एचएसबीसी सरीखे विदेशी बैंकों को भारत में स्थानीय नियंत्रित (लोकल सब्सिडियरी) कंपनी मॉडल के तहत काम करने के लिए तैयार होने पर कई प्रलोभन देने की घोषणा की है।

हालाँकि कई शर्तें या सीमाएँ भी तय की गई हैं, जिनके तहत इन बैंकों को काम करना होगा। 'इनाम पाने की होड़ और सजा का भय' नीति जिसे अंग्रेजी में 'कैरट और स्टिक पॉलिसी' भी कहा जाता है, की तर्ज पर बनाई गई यह नीति, जहाँ विदेशी बैंकों द्वारा सौ प्रतिशत नियंत्रित सब्सिडियरी को राष्ट्रीय स्तर पर अन्य प्राइवेट बैंकों के समकक्ष बर्ताव का भरोसा देती है, वहीं इन बैंकों को हर सब्सिडियरी को विनियमन और पर्यवेक्षक मानकों के दायरे में रखना होगा, जो भी शर्तें अथवा अनिवार्यताएँ प्रस्तावित की गई हैं, उन्हें न मानने पर रिजर्व बैंक को ऐसे बैंकों को अनुमति प्रदान न करने का विकल्प है, जब तक कि वे नियमों के तहत लागू प्रावधानों को संतोषजनक रूप से पूरा नहीं कर लेते और इसके लिए वह दंडात्मक उपाय भी लागू कर सकता है।

इस प्रकार जहाँ भारत की विश्व व्यापार संगठन (डब्ल्यूटीओ) के समक्ष प्रतिबद्धता के तहत कार्यरत विदेशी बैंक शाखाओं को पूर्णत: नियंत्रित कंपनी में कन्वर्ट (तब्दील) होने का विकल्प दिया गया है, वहीं भारतीय बैंकिंग सिस्टम को विदेशी बैंकों के प्रभुत्व अथवा वर्चस्व से बचाकर रखने के लिए इन बैंकों का आकार एक निश्चित हद तक बढ़ने पर उनका विस्तार सीमित करने के उपाय भी बताए गए हैं। साथ ही, कॉर्पोरेट गवर्नेंस के निमित्त सार्वजनिक हितों की सुरक्षा हेतु भी नियम बनाए गए हैं।

उल्लेखनीय है कि रिजर्व बैंक द्वारा जारी की गई लिस्ट के अनुसार, भारत में 30 सितंबर, 2013 को कुल 46 विदेशी बैंकों के प्रतिनिधि कार्यालय हैं। इनमें से 43 बैंकों की कुल 327 शाखाएँ कार्यरत हैं। इनमें से टॉप छह बैंकों के पास 247 अर्थात् 75

प्रतिशत शाखाएँ हैं। इन बैंकों के नाम इस प्रकार हैं- स्टैंडर्ड चार्टर्ड बैंक (101 शाखाएँ), एचएसबीसी बैंक (50 शाखाएँ), सिटी बैंक (42 शाखाएँ), रॉयल बैंक ऑफ स्कॉटलैंड (24 शाखाएँ), ड्यूश बैंक जर्मनी (18) तथा डीबीएस बैंक (12 शाखाएँ)। अधिकांश अन्य बैंकों की इक्का-दुक्का शाखाएँ ही हैं।

उल्लेखनीय है कि सन् 2004 में भारत सरकार ने ऑटोमेटिक रूट के तहत प्राइवेट सेक्टर बैंकों में 74 प्रतिशत तक विदेशी संस्थागत निवेश की अनुमति दी थी। साथ ही, सौ प्रतिशत स्वामित्ववाले विदेशी बैंकों को भी बैंकिंग पर्यवेक्षी प्राधिकरण विनियमित रखते हुए अनुमति का प्रावधान किया गया था।

फिलहाल विदेशी बैंक शाखाओं के माध्यम से ही कार्यरत हैं। हालाँकि उनके पास पूर्णत: नियंत्रित सब्सिडियरी कंपनी में कन्वर्ट होने का विकल्प पहले से ही उपलब्ध है। अत: इन बैंकों को सब्सिडियरी मॉडल पर अमल करने हेतु प्रोत्साहन देने के लिए जनवरी 2011 में जारी चर्चा-पत्र पर मिली प्रतिक्रियाओं के आधार पर नई विदेशी बैंक नीति तैयार की गई है। सब्सिडियरी बनाने हेतु 500 करोड़ रुपए की पूर्णत: चुकता मतदान इक्विटी की आवश्यकता होगी। मौजूदा शाखाओं को सब्सिडियरी में तब्दील करने के लिए भी 500 करोड़ रुपए नेटवर्थ की जरूरत है।

इसके अलावा पेरेंट कंपनी द्वारा सब्सिडियरी कंपनी की सभी देनदारियों को पूरा करने का भरोसा दिया जाना आवश्यक होगा। ऐसी कंपनी में एक तिहाई स्वतंत्र निदेशक और कम से 50 प्रतिशत निदेशक भारतीय नागरिक अथवा एनआरआई अथवा भारतीय मूल के होना आवश्यक है। इसके अलावा दो तिहाई निदेशकों का गैर-कार्यकारी (नॉन एगजेक्यूटिव वर्ग) से होना भी जरूरी है। कंपनी का मुख्य कार्यकारी निदेशक आदि नियुक्त करने से पहले रिजर्व बैंक की अनुमति लेनी होगी।

जहाँ तक कि शाखाओं के विस्तार का मसला है, विदेशी बैंकों के लिए घरेलू अनुसूचित बैंकों के समकक्ष ही गाइड लाइन लागू होगी, हालाँकि राष्ट्रीय सुरक्षा से जुड़े महत्त्वपूर्ण स्थानों पर ब्रांच खोलने के लिए उन्हें रिजर्व बैंक से अनुमति लेनी होगी। विदेशी बैंकों को अभी तक किसी भी बैंकिंग सेवा से वंचित 5वीं या छठे स्तर के केंद्रों में, जहाँ ईंट और पत्थर से बना कोई वाणिज्यिक बैंक नहीं है, कुल शाखाओं के 25 प्रतिशत तक शाखाएँ खोलनी होंगी।

इसके अलावा विदेशी बैंकों को देसी बैंकों के समान ही अपने समायोजित शुद्ध बैंक ऋण का 40 प्रतिशत प्राथमिकता प्राप्ति क्षेत्रों को देना होगा। इनमें कृषि क्षेत्र, छोटे ओर लघु उद्योग, निर्यात और कमजोर तबके के लोगों को ऋण देना शामिल है। कुल मिलाकर विदेशी बैंकों से अपेक्षा है कि वे अपने आवेदन के साथ ऐसा बिजनेस मॉडल रिजर्व बैंक की मंजूरी हेतु पेश करेंगे, जिससे वित्तीय समावेशन और खुदरा बैंकिंग के प्रति

उनकी प्रतिबद्धता नजर आए। इन विदेशी बैंकों को अन्य प्राइवेट बैंकों के साथ विलय और अधिग्रहण की अनुमति भी दी जा सकती है, परंतु विदेशी निवेश की अधिकतम सीमा 74 प्रतिशत तक ही सीमित रखी जाएगी।

इसके अलावा रिजर्व बैंक द्वारा सिद्धांत: अनुमति मिलने के बाद विदेशी बैंकों को अपनी सब्सिडियरी को रजिस्ट्रार ऑफ कंपनीज के समक्ष कंपनीज एक्ट 1956 के तहत रजिस्टर कराने हेतु आवेदन करना होगा। हालाँकि पेरेंट कंपनी के लिए संस्थापना या लिस्टिंग भारत में कराने की बाध्यता नहीं है। एक बार पूर्णत: नियंत्रित सब्सिडियरी के रूप में रजिस्टर होने पर उन्हें रिजर्व बैंक से लाइसेंस लेना होगा।

इस प्रकार विदेशी बैंकों के लिए भारत में पूर्णत: नियंत्रित सब्सिडियरी खोलना इतना आसान भी नहीं होगा। जहाँ एक ओर उन्हें घरेलू बैंकों के समकक्ष बर्ताव का प्रोत्साहन है, वहीं ऐसा बिजनेस मॉडल भी बनाने की चुनौती है, जो वित्तीय समावेश और खुदरा बैंकिंग के लिहाज से खरा उतर सके। यही कारण है कि जो चार-पाँच बड़े विदेशी बैंक हैं और जो भारत में करीब तीन चौथाई शाखाओं पर वर्चस्व रखते हैं, वे भी रिजर्व बैंक द्वारा सुझाए गए संपूर्ण: नियंत्रित सब्सिडिरी मॉडल हेतु कुछ अधिक रुचि नहीं दिखा रहे हैं। देखना है कि रिजर्व बैंक की नई विदेशी बैंक नीति विदेशी बैंकों को कितना आकृष्ट कर पाती है।

(मुंबई में प्रकाशित दैनिक 'हमारा महानगर' में शुक्रवार 15-11-2013 को व्यापार पृष्ठ पर प्रकाशित)

□

55

क्या बंद की जाए सीडीआर प्रक्रिया?

हाल ही में रिजर्व बैंक के कार्यकारी अध्यक्ष ने भारतीय बैंक एसोसिएशन के सदस्यों की एक सभा को संबोधित करते हुए जानकारी दी कि भारतीय बैंकों द्वारा जून 2013 तक कॉर्पोरेट ऋण पुनर्गठन प्रक्रिया और अन्य मामलों के तहत 3.5 लाख करोड़ रुपए से भी अधिक ऋणों का पुनर्गठन हो चुका है। यही नहीं, बैंकों को कुल एनपीए के सापेक्ष जो प्राविधीकरण कवरेज अनुपात (प्रोव्हिजनिंग करवेज रेश्यो) सामान्यतया 55-60 प्रतिशत रखना चाहिए, वह पिछले तीन वर्षों में घटकर 45 प्रतिशत रह गया है।

जिस प्रकार तेजी से पुनर्गठन हेतु ऋणों को लाया जा रहा है और पुनर्गठन की मंजूरी दिए जाने के बावजूद ऋणों की वसूली कर पाने में दिक्कतें आ रही हैं, यह कहना अतिश्योक्ति नहीं होगा कि पुनर्गठित ऋणों तक को सँभालना बैंकों के नियंत्रण से बाहर होता जा रहा है। अत: रिजर्व बैंक ने कहा है कि सभी हितधारकों को अब संयुक्त रूप से इस समस्या का समाधान ढूँढ़ना होगा। मसलन बैंकों द्वारा पर्याप्त प्राविधीकरण तथा कंपनियों अथवा प्रमोटरों द्वारा अधिक त्याग किए जाने की जरूरत है।

इसके अलावा बैंकों को सलाह भी दी गई है कि वे ऐसे सिस्टम इजाद करें, जिसकी मदद से कंपनियों द्वारा ऋणों के भुगतान के संदर्भ में डिफॉल्ट होने की आशंका से वे समय रहते हुए अवगत हो सकें। उल्लेखनीय है कि कॉर्पोरेट ऋण पुनर्गठन प्रक्रिया एक ऐसा स्वैच्छिक गैर सांविधिक सिस्टम है, जहाँ किसी कंपनी के विभिन्न बैंकों द्वारा दस करोड़ रुपए या उससे अधिक के बकाया ऋणों के खातों का पुनर्गठन किया जाता है। ये वे मामले होते हैं, जहाँ कंपनियाँ कई प्रकार के बाह्य तत्त्वों, जो उनके नियंत्रण क्षेत्र से बाहर हैं अथवा कुछ आंतरिक कारणों की वजह से भी मुश्किल हालात से गुजर रही होती हैं और ऐसे में सीडीआर (कॉर्पोरेट डेट रीस्ट्रक्चरिंग) प्रक्रिया द्वारा इन कंपनियों का पुनरुत्थान करने तथा बैंक एवं वित्तीय संस्थानों द्वारा इन्हें दिए गए ऋणों का भुगतान

सुनिश्चित करने की गरज से इन मामलों में ऋणों का पुनर्गठन किया जाता है। यदि वक्त रहते मुसीबत में फँसी कंपनियों को सँभाला जा सके, तो अच्छे ऋणों को खराब ऋणों में तब्दील होने से बचाया जा सकता है।

रिजर्व बैंक का सुझाव है कि ऋणों की पुनर्गठन प्रक्रिया का उपयोग बैंकों द्वारा महज अपने एनपीए का आकार कम रखने के मकसद से हर्गिज नहीं किया जाना चाहिए। बैंकों द्वारा संभावित रूप से खराब हो जानेवाले ऋणों का पुनर्गठन किया जाना बैंकों की बैलेंस शीट को आकर्षक जरूर दिखा सकता है, लेकिन यह कोशिश सिद्धांततः गलत ही समझी जानी चाहिए।

गौरतलब है कि सन् 2001 के बाद से बैंकों द्वारा करीब एक लाख करोड़ रुपए के ऋणों को 'खराब ऋणों' की श्रेणी में वर्गीकृत किया जा चुका है और उनमें से कई मामले पहले कॉर्पोरेट ऋण पुनर्गठन प्रक्रिया द्वारा मंजूरी दिए जाने के बावजूद खराब हुए। इस प्रकार ऋणों के पुनर्गठन की प्रक्रिया, जिसका उद्देश्य वाकई मुश्किलात से घिरी कंपनियों की वक्त रहते मदद करना था, उसका उपयोग कई मामलों में संभावित एनपीए खातों को पुनर्गठित ऋणों की श्रेणी में वर्गीकृत किया जाना उस औचित्य को ही खत्म करने के समान है, जिसके लिए सीडीआर प्रक्रिया शुरू की गई थी।

यही कारण है कि रिजर्व बैंक के गवर्नर ने सीडीआर सुविधा का अनुचित फायदा उठानेवाले मामलों में सख्ती का रुख अख्तियार करने की सलाह सभी बैंकों को दी है। ऐसे मामलों में जहाँ अच्छी तरह जाँच-पड़ताल किए बिना ऋण दे दिए गए, वहाँ बैंक प्रबंधन की भी जवाबदेही होनी चाहिए, खासतौर पर उन मामलों में जहाँ पूर्व में खराब ऋणों का ट्रेक रिकॉर्ड रखनेवाली कंपनियों का ठीक से क्रेडिट मूल्यांकन किए बिना नए ऋण मंजूर किए गए। रिजर्व बैंक के उपगवर्नर के अनुसार गलत मूल्यांकन के आधार पर दिए गए ऋणों का कई बार निर्दिष्ट उद्देश्यों से परे 'मोड़' दिया जाना, ऋणों का अत्यधिक भार (लीवरेज) होना आदि से लेकर धोखाधड़ी (फ्रॉड) और एनपीए सब में कुछ संबंध-सा जान पड़ता है।

उल्लेखनीय है कि पिछले तीन वर्षों में ही सार्वजनिक क्षेत्र के बैंकों में 16,690 करोड़ रुपए की धोखाधड़ी के मामले सामने आए हैं। अब वक्त आ गया है कि या तो सीडीआर प्रक्रिया का विवेकपूर्ण उपयोग हो या फिर इसे बंद ही कर दिया जाए। उधर, अंतरराष्ट्रीय रेटिंग एजेंसी मूडीज ने भारतीय बैंकिंग सेक्टर के प्रति अपना नकारात्मक रुख बरकरार रखा है और उसका कारण यह भी है कि इन बैंकों को बढ़ते एनपीए के मद्देनजर अधिक प्राविधीकरण करना होगा और जब भारत की अर्थव्यवस्था महज 4.5 प्रतिशत से ही विकास करने वाली है, तो ऐसे में बैंकों के लिए नए ऋणों की मात्रा में वृद्धि करके अपने नुकसान की भरपाई करना भी मुश्किल दिखाई दे रहा है।

गौरतलब है कि भारतीय बैंकिंग सिस्टम में सार्वजनिक क्षेत्र के बैंक तीन-चौथाई हिस्से पर वर्चस्व रखते हैं, पर कुल एपनीए में उनकी हिस्सेदारी 86 प्रतिशत है। रिजर्व बैंक के उप-गवर्नर के अनुसार, इन बैंकों में कमजोर क्रेडिट मूल्यांकन और कमजोर प्रबंधन के चलते इन बैंकों की वित्तीय अवस्था पर दबाव बढ़ा है। हाल ही में सार्वजनिक क्षेत्र के सबसे बड़े बैंक एसबीआई ने 250 करोड़ रुपए के बकाया ऋणों को 'खराब ऋणों' की श्रेणी में वर्गीकृत किया है।

दरअसल, ऋणों के पुनर्गठन प्रक्रिया के तहत छोटी और मध्यम आकार की कंपनियों को मदद दी जानी चाहिए, लेकिन पिछले 13 वर्षों में बैंकों ने जिन बकाया खराब ऋणों की वसूली के खाते अपनी किताब में उड़ा दिए उनमें से 95 प्रतिशत बड़ी कंपनियों के थे। यही कारण है कि रिजर्व बैंक ने इन कंपनियों के प्रमोटरों से अधिक वित्तीय योगदान और त्याग की शर्तों पर ही सीडीआर मामले मंजूर करने की सलाह भी बैंकों को दी है।

(मुंबई में प्रकाशित दैनिक 'हमारा महानगर' में शुक्रवार 22-11-2013 को व्यापार पृष्ठ पर प्रकाशित)

□

56

चीन में आर्थिक सुधार के लिए कई नीतिगत बदलावों की घोषणा

हाल ही में चीन की कम्युनिस्ट पार्टी की 18वीं केंद्रीय समिति की तीसरी सर्व-सदस्यीय बैठक में कई नीतिगत बदलावों की घोषणा की गई। आमतौर पर चीन में लागू साम्यवादी शब्दोच्चार से सराबोर नीतियों में भारी बदलाव की भाषा देखकर किसी भी नीति विशेषज्ञ या आम लोगों के जहन में भी सवाल उठ सकता है कि क्या चीन वाकई इस प्रस्तावित आर्थिक सुधार के प्रारूप के प्रति गंभीर है? साथ ही, एक प्रश्न और भी उठता है कि आखिर किन परिस्थितियों या हालातों की वजह से सामान्यतया साम्यवादी परिप्रेक्ष्य से ओत-प्रोत चीनी नीतियों में भारी बदलाव की आवश्यकता यूँ आन पड़ी?

गौरतलब है कि चीन में यूँ तो 70 के दशक के अंत से ही उसके तत्कालीन अत्यधिक केंद्रीयकृत सिस्टम में शनैः-शनैः (धीरे-धीरे) आर्थिक सुधार और विकेंद्रीयकरण का दौर शुरू हो चुका था, लेकिन पिछले दो दशकों में चीन द्वारा प्रत्यक्ष विदेशी निवेश, संयुक्त उपक्रम, विदेशी उपक्रम और विदेश व्यापार के क्षेत्र में जो उदारतापूर्ण नीतियाँ अपनाई गईं, उससे चीन वैश्विक स्तर पर अधिकतम विकास दर हासिल करनेवाली एक मजबूत अर्थव्यवस्था के रूप में स्थापित हुआ।

यहाँ तक कि वैश्विक मंदी के दौर में भी जब विश्व की अनेक विकसित अर्थव्यवस्थाएँ आर्थिक संकट से जूझते हुए मुश्किल से नगण्य विकास दर हासिल कर पा रही थीं, चीन तमाम दबावों को झेलते हुए भी विश्व में दूसरी सबसे बड़ी अर्थव्यवस्था और सबसे बड़ी व्यापारिक शक्ति के रूप में स्थापित हुआ।

सन् 2001 में विश्व व्यापार संगठन का हिस्सा बनने के बाद से ही सन् 2010 तक चीन की विकास दर औसतन 10.5 प्रतिशत रही, जो सभी वैश्विक अर्थव्यवस्थाओं की तुलना में एक बेहतरीन प्रदर्शन रहा, लेकिन फिर भी जहाँ तक प्रति व्यक्ति आय का प्रश्न

है, सन् 2012 में चीन का स्थान अंतरराष्ट्रीय मुद्रा कोष द्वारा तैयार की गई 183 देशों की लिस्ट में 87वाँ है। जहाँ विश्व की सबसे बड़ी अर्थव्यवस्था अमेरिका में प्रति व्यक्ति आय सन् 2012 में 51,704 डॉलर थी वहीं चीन, जो विश्व की दूसरी सबसे बड़ी अर्थव्यवस्था है, में यह महज 6,071 डॉलर थी। एक और विसंगति चीन की अर्थव्यवस्था को लेकर है, आर्थिक खुलेपन के क्षेत्र में। जहाँ सन् 2012-13 में चीन ने वैश्विक प्रतिस्पर्धात्मकता रिपोर्ट में टॉप-30 देशों ने अपना स्थान बनाया है, वहीं आर्थिक स्वतंत्रता के सूचकांक, जो कि हैरिटेज फाउंडेशन तथा वॉल स्ट्रीट जर्नल द्वारा प्रकाशित किया जाता है, चीन का स्थान 179 देशों की लिस्ट में 136वाँ है।

जाहिर-सी बात है कि चीन में धीमी पड़ती विकास दर और आर्थिक स्वतंत्रता को लेकर बढ़ते दबाव के चलते वहाँ आर्थिक सुधार के मसले पर जबरदस्त मंथन के बाद जिस प्रकार नीतिगत बदलावों की घोषणा की गई है, उससे स्पष्ट होता है कि चीन का मौजूदा नेतृत्व आर्थिक सुधारों के मसले को लेकर काफी गंभीर है। इसके अलावा जिस प्रकार की नीति की घोषणा की गई है, उसमें न सिर्फ उन प्रमुख समस्याओं का जिक्र है, जो मौजूदा दौर में चीन के समक्ष हैं, बल्कि एक स्पष्ट राजनीतिक रुख दिखाई दे रहा है कि चीन की कम्युनिस्ट पार्टी की पाँचवीं पीढ़ी का नेतृत्व न सिर्फ आर्थिक क्षेत्र में बल्कि सामाजिक और प्रशासनिक क्षेत्र में भी व्यापक सुधार की ओर जाने का मन बना चुका है।

मसलन, आर्थिक नीतियों के नए प्रारूप में निश्चित तौर पर अब बाजार द्वारा सुझाए गए रुख के आधार पर ही निर्णय लिए जाने की बात कहीं गई है। महत्त्वपूर्ण बात यह है कि मौजूदा सिस्टम में भी चीन में बाजारों की भूमिका वहाँ के नीतिगत निर्णयों के लिए 'मूलभूत' समझी जाती है, पर नई नीतियों में बाजार की भूमिका को निर्णयात्मक बताया गया है, जो यह स्पष्ट करता है कि आनेवाले समय में आर्थिक निर्णय विभिन्न बाजारों (जैसे कि उपभोक्ता, श्रम या पूँजी बाजार आदि) के स्वतंत्र बलों की परस्पर क्रिया के आधार पर ही मुख्यतः लिए जा सकेंगे।

उल्लेखनीय है कि जिन गहन सुधारों पर निर्णय लिए गए उनमें स्वतंत्र बाजारों की तरफ रुझान के अलावा, एक दंपत्ती-एक बच्चा नीति में रियायत, श्रमिक शिविरों में पुनर्शिक्षण की आवश्यकता का निषेध, पट्टेधारी नियमों में सुधार, कराधान, सरकारी उपक्रम और प्रवासी श्रमिकों के अधिकार में सुधार आदि शामिल हैं। इन सभी से यही संकेत मिलता है कि चीन का मौजूदा राजनीतिक नेतृत्व व्यापक तौर पर न सिर्फ आर्थिक सुधारों के प्रति रुझान दिखा रहा है, बल्कि उन प्रशासनिक, सामाजिक एवं सामान्य सुधारों की भी बात कर रहा है जो एक 'बाजार द्वारा नियंत्रित' अर्थव्यवस्था के सुगम संचालन के लिए बुनियादी तौर पर जरूरी समझे जा सकते हैं।

हालाँकि इन सुधारों को स्थानीय शासन द्वारा प्रतिरोध का सामना करना पड़

सकता है, जिससे निपटना केंद्रीय नेतृत्व के लिए काफी चुनौतीपूर्ण साबित हो सकता है। यही कारण है कि नई नीति के तहत प्रशासनिक या नौकरशाही में निहित दिक्कतों या परेशानियों को कम करने का भरोसा भी दिया गया है।

देखना है कि एक अत्यधिक केंद्रीयकृत एवं नियोजित अर्थव्यवस्था के साम्यवादी स्वरूप से अपेक्षाकृत विकेंद्रित बाजार नियंत्रित अर्थव्यवस्था की ओर बढ़ते कदम चीन को विकास की नई ऊँचाइयों तक ले जा पाते हैं या नहीं। जाहिर तौर पर वैश्विक अर्थव्यवस्था की विकास दर का भी चीन के महत्त्वाकांक्षी आर्थिक सुधार मॉडल की सफलता पर असर रहेगा। जहाँ तक भारत का संबंध है, उसके लिए चीन के समक्ष प्रतिस्पर्धात्मकता बनाए रखना कुछ अधिक चुनौतीपूर्ण बन सकता है।

(मुंबई में प्रकाशित दैनिक 'हमारा महानगर' में शुक्रवार 29-11-2013 को व्यापार पृष्ठ पर प्रकाशित)

□

57

चालू खाता घाटे में कमी कितनी सार्थक ?

हाल ही में रिजर्व बैंक ऑफ इंडिया ने जुलाई से सितंबर महीने के दौरान चालू खाता घाटे से संबंधित आँकड़े जारी किए। सामान्यतया ये आँकड़े दिसंबर माह के अंत में घोषित किए जाते हैं, लेकिन लगता है कि इस वित्तीय वर्ष में लगातार दबाव झेलती जा रही भारतीय अर्थव्यवस्था में इस क्षेत्र से कुछ अच्छी खबर मिली तो 'शुभस्य शीघ्रम' की तर्ज पर इसकी घोषणा मानो नीति निर्धारकों से लेकर निवेशकों तक में भारी राहत लेकर आई है।

उल्लेखनीय है कि जुलाई से सितंबर माह में भारत का चालू खाता घाटा 5.2 बिलियन डॉलर रहा, जोकि भारत की सकल राष्ट्रीय आय का 1.2 प्रतिशत था। वाकई यह एक अच्छी खबर समझी जा सकती है, क्योंकि पिछले वर्ष इसी तिमाही में चालू खाता घाटा (केड) 21 बिलियन डॉलर था, जो कि भारत की सकल राष्ट्रीय आय का पाँच प्रतिशत था। इस प्रकार चालू खाता घाटा जो काफी चौड़ा था, अब सिकुड़ गया है और यही कारण है कि भारी नकारात्मक रुझानों से त्रस्त भारतीय अर्थव्यवस्था में यह एक सकारात्मक संकेत के रूप में देखा जा सकता है।

दरअसल चालू खाता घाटा देश में विदेशी मुद्रा के बहिर्वाह (आउटफ्लो) एवं अंतर्वाह (इनफ्लो) का अंतर दर्शाता है। अब सवाल उठता है कि आखिर किन कारणों से चालू खाता घाटा कम हुआ और क्या यह रुख आगे भी बरकरार रह सकेगा ? खासतौर पर जबकि सरकार और रिजर्व बैंक—दोनों को ही उम्मीद है कि इस वित्तीय वर्ष में चालू खाता घाटा 56 बिलियन डॉलर तक सीमित किया जा सकेगा, जो कि पिछले वित्तीय वर्ष में करीब 88.2 बिलियन डॉलर रहा था और भारत की सकल राष्ट्रीय आय का 4.5 प्रतिशत रहा था। गौरतलब है कि यह तीन प्रतिशत के आरामदायक समझे वाले स्तर से काफी ऊपर था। उम्मीद है कि मौजूदा वित्तीय वर्ष के अंत तक इसे 3.1 प्रतिशत तक

लाया जा सकेगा। बहरहाल, जहाँ तक पिछली तिमाही का सवाल है, चालू खाते में आई कमी के दो प्रमुख कारण रहे। एक तो हमारे निर्यात बढ़े और दूसरा, सोने के आयात में अभूतपूर्व कमी आई।

सोने के आयात में कमी आने का मुख्य कारण रहा सरकार द्वारा लगाया गया ऊँचा आयात शुल्क, जिसे 2 प्रतिशत से बढ़ाकर 10 प्रतिशत कर दिया गया था। इसके अलावा सोने की सलाखों और मेडेलियंस के आयात पर भी कई प्रतिबंध लगाए गए थे।

दूसरी ओर जो निर्यात बढ़े हैं, उसका प्रमुख कारण डॉलर के सापेक्ष रुपए के मूल्य में कमी आना रहा, जिसकी वजह से अंतरराष्ट्रीय बाजारों में हमारे उत्पाद सस्ते हुए। उल्लेखनीय है कि भुगतान संतुलन आधार पर पिछली तिमाही में व्यापारिक निर्यात 11.9 प्रतिशत बढ़े, जिनमें मुख्यतः टैक्सटाइल, चमड़ा और रसायन (केमिकल) आदि उत्पादों का निर्यात बढ़ा है। इसके विपरीत, व्यापारिक आयात जुलाई से सितंबर के दौरान 4.8 प्रतिशत कम हुए। परिमामस्वरूप, इस तिमाही में व्यापारिक घाटा पिछले वर्ष के 47.8 बिलियन डॉलर से घटकर 33.3 बिलियन डॉलर रहा। इस प्रकार व्यापार घाटे में तो कमी आई ही, साथ ही शुद्ध अदृश्य प्राप्तियों (मुख्यतः सेवा क्षेत्र) में वृद्धि की वजह से इस वर्ष के प्रथम छह महीनों में चालू खाता घाटा पिछले वर्ष के 37.9 बिलियन डॉलर के मुकाबले 26.9 बिलियन डॉलर रहा।

लेकिन ध्यान देने योग्य बात यह है कि चालू खाता घाटा कम हो जाने के बावजूद इस वर्ष की प्रथम छमाही में हमारे विदेशी मुद्रा भंडार में 10.7 बिलियन डॉलर की कमी आई, जबकि पिछले वर्ष इस अंतराल में 400 मिलियन डॉलर की वृद्धि हुई थी। विशेषकर पिछली तिमाही में प्राथमिक आय के खाते (प्राफीट, डिविडेंड और ब्याज) में 6.3 बिलियन डॉलर का शुद्ध बहिर्वाह हुआ, जो कि पिछले वर्ष 4.8 बिलियन डॉलर था। इस दौरान अमेरिकी मुद्रा संकुचन (टेपरिंग) नीति की संभावना दर्शाते हुए संकेत मिलने की वजह से 6.6 बिलियन डॉलर का शुद्ध पोर्टफोलियो निवेश बहिर्वाह भी हुआ। हालाँकि प्रत्यक्ष विदेश निवेश में 6.9 बिलियन डॉलर का शुद्ध अंतर्वाह दर्ज किया गया।

फिर भी, राहत की बात यह है कि रुपए के मूल्य में सुधार अवश्य हुआ है। अप्रैल से अगस्त के दरम्यान रुपए का मूल्य 27 प्रतिशत कम हुआ, लेकिन उसके बाद उसका मूल्य 68.83 प्रति डॉलर के सापेक्ष करीब 9.5 प्रतिशत बढ़ा है। इन सबके बीच मूल प्रश्न वही है कि क्या चालू खाता घाटे में कमी आना, इसी तिमाही तक सीमित रहेगा अथवा आगे भी यह रुख कायम रह पाएगा?

पिछली तिमाही में भारतीय अर्थव्यवस्था महज 4.8 प्रतिशत की दर से बढ़ी है। इस दौरान सार्वजनिक उपभोग पिछली तिमाही की अपेक्षा 11.7 प्रतिशत कम हुआ है और जिस प्रकार राजकोषीय घाटे की बजट द्वारा लक्षित सीमा में बांधने का प्रयास जारी है,

यह आनेवाले छह महीनों में और भी कम हो सकता है।

उधर, निजी उपभोग महज 0.5 प्रतिशत की दर से बढ़ा है। अंतरराष्ट्रीय फर्म 'गोल्डमैन सेश' ने हाल ही में अनुमान लगाया है कि भारत में मौजूदा वित्तीय वर्ष में निवेश की विकास दर महज 1.2 प्रतिशत रहेगी और सकल राष्ट्रीय आय की विकास दर 4.3 प्रतिशत रहेगी। जाहिर तौर पर भारत की अर्थव्यवस्था महँगाई, ऊँची ब्याज दर और विनिर्माण क्षेत्र में नए प्रोजेक्ट्स की मंजूरी में आनेवाली दिक्कतों से भी घिरी है, हालाँकि कृषि क्षेत्र में प्रदर्शन अच्छा रहने पर विनिर्माण क्षेत्र को संबल अवश्य प्राप्त होगा। पर फिर भी, यदि महँगाई यूँ ही बढ़ती रही, तो आगे निर्यात बढ़ाने में मुश्किल आ सकती है।

इसके अलावा अमेरिकी मौद्रिक नीति में संकुचन के दौर की घोषणा रूपी तलवार भी भारतीय पूँजी बाजार पर लटक रही है। ऐसे में देश में उत्पादन बढ़ाने और महँगाई कम करने के प्रयास बढ़ाने के लिए त्वरित कदम उठाए जाने की आवश्यकता होगी।

(मुंबई में प्रकाशित दैनिक 'हमारा महानगर' में शुक्रवार 6-12-2013 को व्यापार पृष्ठ पर प्रकाशित)

□

58

सेबी पेनल ने सुझाए कठोर 'इनसाइडर ट्रेडिंग' नियम

सिक्योरिटीज एक्सचेंज बोर्ड ऑफ इंडिया (सेबी) द्वारा गठित 18 सदस्यीय 'इंसाइडर ट्रेडिंग कमेटी' ने हाल ही में अपनी रिपोर्ट पेश की है, जिसमें इनसाइडर ट्रेडिंग पर नियंत्रण रखने के लिए मौजूदा नियमों को अधिक विस्तृत और सख्त बनाए जाने की पुरजोर सिफारिश की गई है।

दरअसल 'इनसाइडर ट्रेडिंग' एक व्यापक परिभाषा है, जिसमें कंपनी के अंदरूनी मसलों, रणनीतिक और अन्य महत्त्वपूर्ण निर्णयों की जानकारी रखनेवाले लोग जैसे कि कंपनी के प्रमोटर, निदेशक मंडल के सदस्य, उच्च प्रबंधकीय पदों पर आसीन ऑफिसर तथा अन्य किन्हीं भी कर्मचारियों द्वारा कंपनी के शेयर खरीदना या बेचना यदि सेबी द्वारा इस संदर्भ में बनाए गए नियमों के अनुसार किया जाए तो जायज है, पर यदि यही लोग कंपनी के शेयरों की खरीद-फरोख्त, कंपनी के विभिन्न हितधाकरों के प्रति उनकी जो ईमानदारी और भरोसे का विश्वासाश्रित कर्तव्य है, उसका उल्लंघन करते हुए करते हैं, तो यह गैर कानूनी, या यूँ कहें कि गलत समझा जाएगा और ऐसे में नियमों के तहत सेबी द्वारा उचित काररवाई की जा सकती है।

अमेरिकी सिक्योरिटीज एक्सचेंज कमीशन (एसईसी) के अनुसार, यहाँ तक कि किसी बाहरी व्यक्ति को कंपनी के अंदरूनी मसलों या महत्त्वपूर्ण निर्णयों या रणनीतिक फैसलों के बारे में ऐसी जानकारी की 'टिप' या 'भनक' भी दी गई, जिससे कि कंपनी के शेयरों की कीमतें अस्वाभाविक रूप से अथवा एकदम से ऊपर या नीचे हो सकती हैं और उन 'अन्य' लोगों ने इस जानकारी मिलने के बाद उन शेयरों की खरीद-फरोख्त की, तो उन्हें भी 'इनसाइडर ट्रेडिंग' के दायरे में लाया जा सकता है।

हालाँकि एसईसी (यूएसए) ने यह भी साफ किया है कि 'इनसाइडर ट्रेडिंग' की

सटीक परिभाषा जानने के लिए सिक्योरिटीज कानूनों में दक्षता रखने वाले लोगों से सलाह लेना ही उचित है। अत: सामान्य तौर पर यह कहा जा सकता है कि यदि कोई भी लिस्टेड कंपनी (जो किसी भी स्टॉक एक्सचेंज पर अनुसूचित है) में कोई भी अंदरूनी जानकारी रखनेवाला व्यक्ति यदि स्वयं के अथवा पारिवारिक सदस्यों, दोस्तों या अन्य किसी के फायदे के लिए, यदि अभी तक सार्वजनिक न की गई और कीमतों के प्रति संवेदनशील जानकारी का उपयोग करता है, तो न सिर्फ वह 'इनसाइडर ट्रेडिंग' नियमों का उल्लंघन करता है, बल्कि कंपनी के प्रति उस भरोसे और विश्वास के रिश्ते को भी तोड़ता है, जिसके तहत उसकी जिम्मेदारी है कि वह हर वक्त उस 'नाजुक' या 'संवेदनशील' जानकारी के संरक्षित रखे, जो यदि बाहर 'लीक' हुई तो कंपनी के शेयरहोल्डरों के शेयरों के मूल्य का ह्रास कर दे।

उदाहरण के लिए, कंपनी के वित्तीय नतीजे, राइट्स या बोनस इश्यू द्वारा नए शेयरों का जारी किया जाना या फिर विलय और अधिग्रहण या एकीकरण, टेक ओवर, विस्तारीकरण या नए प्रोजेक्ट लगाना आदि कई ऐसे निर्णय हैं, जो कि शेयर मार्केट में किसी भी कंपनी के शेयरों में भारी उठा-पठक (उतार-चढ़ाव) ला सकते हैं।

सेबी कमेटी द्वारा दिए गए सुझाव के अनुसार, अंदरूनी सूत्रधारों को अब कंपनी के शेयरों के खरीद-फरोख्त संबंधी जानकारी कंपनी को देनी होगी और एक तिमाही में यदि कुल सौदे (ट्रेडस) दस लाख रुपए से अधिक के होते हैं, तो उसकी जानकारी स्टॉक एक्सचेंजों को देनी होगी।

हर लिस्टेड कंपनी या लिस्टिंग करना चाह रही कंपनी को उन घटनाओं और परिस्थितियों के प्रकटीकरण से संबंधित 'कोड ऑफ फेयर डिस्क्लोजर' बनाना तथा प्रकाशित करना होगा। इस कमेटी ने मूल्यों को प्रभावित कर सकनेवाली अप्रकाशित सूचना की विस्तृत व्याख्या भी दी है और ऐसी किसी भी सूचना उपलब्ध होने पर संबंधित व्यक्ति द्वारा इस प्रकार की सूचना का व्यापार की सामान्य जरूरतों या फिर कानून प्रक्रिया के पूरा करने की गरज से उपयोग करने को छोड़कर अन्य किसी भी प्रकार से किसी को बताने या देने पर पाबंदी लगाने की बात की है।

हालाँकि अंदरूनी सूत्रधार (इनसाइडर ट्रेडर्स), कंपनी के शेयरों का क्रय-विक्रय एक पूर्व निर्धारित ट्रेडिंग कार्यक्रम के तहत कर सकेंगे, जिसे कम-से-कम छह महीने पहले सार्वजनिक किया जाना होगा और इसकी सख्ती से अनुपालना भी करनी होगी। कमेटी ने जिस प्रकार 'संबंधित लोगों' की व्याख्या करते हुए विचार रखे हैं, उससे स्पष्ट होता है कि प्रस्तावित नियमों में उन सरकारी कर्मचारी, सांसद, विधानसभा या मंत्रियों तक को 'इनसाइडर' अथवा 'आतंरिक जानकारी रखनेवालों' की सूची में डाला जा सकता है यदि उनके द्वारा कंपनी के कारोबार को प्रभावित किए जाने वाले फैसलों की वजह

से कंपनी के शेयरों के मूल्य प्रभावित हो सकते हैं। अतः इन लोगों पर भी ऐसी 'मूल्य संवेदनशील' जानकारी हासिल होने के दौरान संबंधित कंपनी के शेयरों की खरीद-फरोख्त पर रोक लगाई जा सकती है।

सेबी पेनल की यह रिपोर्ट सेबी की वेबसाइट पर उपलब्ध है और इस पर 31 दिसंबर, 2013 तक सार्वजनिक टिप्पणी दी जा सकती है। कुल मिलाकर यह कहा जा सकता है कि इनसाइडर ट्रेडिंग पर यदि नियमों को कुछ और सख्त बनाया जाता है, तो यह आम निवेशकों के हित में ही होगा।

(मुंबई में प्रकाशित दैनिक 'हमारा महानगर' में शुक्रवार 13-12-2013 को व्यापार पृष्ठ पर प्रकाशित)

□

59

औद्योगिक उत्पादन और महँगाई का रुख चिंताजनक

हाल ही में केंद्रीय सांख्यिकी दफ्तर (सीएसओ) द्वारा जारी आँकड़ों के अनुसार अक्तूबर माह में औद्योगिक उत्पादन 1.8 प्रतिशत दर से घट गया है। इस नकारात्मक उत्पादन दर का कारण आधारभूत क्षेत्र में उद्योगों का कमजोर प्रदर्शन भी रहा, जिसकी वजह से विनिर्माण क्षेत्र में विकास दर आहत हुई है। उल्लेखनीय है कि आधारभूत क्षेत्र में जहाँ खनन क्षेत्र में उत्पादन 3.5 प्रतिशत की दर से घटा, वहीं विनिर्माण क्षेत्र में उत्पादन 2 प्रतिशत की दर से घटा है, हालाँकि विद्युत् क्षेत्र में यह मात्र 1.3 प्रतिशत की दर से बढ़ा है।

विनिर्माण क्षेत्र का औद्योगिक उत्पादन सूचकांक, जो कि देश में औद्योगिक उत्पादन के रुख को दरशाता है, उसमें विनिर्माण क्षेत्र का 80 प्रतिशत प्रतिनिधित्व है। यही कारण है कि इस क्षेत्र में उत्पादन कम होने पर इस सूचकांक पर विपरीत प्रभाव पड़ता ही है। फिर विनिर्माण क्षेत्र में कुल 22 औद्योगिक समूहों में से 10 में विकास दर नकारात्मक रही है। इनमें फर्नीचर क्षेत्र में 28.9 प्रतिशत की दर से उत्पादन कम हुआ है, जबकि ऑफिस अकाउंटिंग और कंप्यूटिंग समूह में 27.2 प्रतिशत एवं रेडियो और टीवी उपकरण के क्षेत्र में 23 प्रतिशत उत्पादन घटा है हालाँकि विद्युत् मशीनरी, ट्रांसपोर्ट उपकरण, मेडिकल, चश्मा और घड़ियों जैसे उद्योगों में उत्पादन कुछ बढ़ा भी है।

स्पष्ट है कि उत्पादन के क्षेत्र में नकारात्मक रुख अधिक प्रबल रहा है, जिसकी वजह से औद्योगिक उत्पादन सूचकांक में गिरावट देखने को मिली है। खास बात तो यह है कि मौजूदा वित्तीय वर्ष में अप्रैल से अक्तूबर माह के दौरान औद्योगिक उत्पादन सूचकांक कुल मिलाकर पिछले वर्ष इसी दौरान दर्ज गिए गए सूचकांक की तुलना में जीरो प्रतिशत की दर से बढ़ा है।

जाहिर सी बात है कि औद्योगिक उत्पादन के इन निराशाजनक आँकड़ों के मद्देनजर भारत की विकास दर के अंतिम छह महीनों में कुछ सुधर जाने के संबंध में जो कयास लगाए जा रहे थे, वे अब धूमिल होते नजर आ रहे हैं।

उधर जिस प्रकार के आँकड़े उपभोक्ता मूल्य सूचकांक के बारे में भारत सरकार के सांख्यिकी मंत्रालय ने हाल ही में जारी किए वे और भी निराशाजक साबित हुए। उनके अनुसार, नवंबर माह में अनुमानित वार्षिक महँगाई दर बढ़ कर 11.24 प्रतिशत हो गई है।

उल्लेखनीय है कि अक्तूबर माह में इसे 10.17 प्रतिशत आँका गया था। खास बात यह भी है कि गाँवों में महँगाई दर 11.74 प्रतिशत व शहरों में 10.53 प्रतिशत रहने का अनुमान लगाया गया है। अक्तूबर माह में ये दरें क्रमश: 10.19 प्रतिशत एवं 10.20 प्रतिशत रही थीं। अत: ग्रामीण इलाकों में महँगाई अधिक तीव्रता से बढ़ी है। उपभोक्ता मूल्य सूचकांक में वृद्धि का प्रमुख कारण सब्जियों की कीमतों में आया जबरदस्त उछाल (14.72 प्रतिशत) रहा।

वहीं दूसरी ओर थोक मूल्य सूचकांक (ड्ब्ल्यू पीआई) के अनुसार, नवंबर माह में महँगाई की दर 7.52 प्रतिशत रही, जो कि पिछले 14 महीनों का रिकॉर्ड स्तर रहा। उल्लेखनीय है कि अक्तूबर माह में यह दर 7 प्रतिशत रही थी, जो रिजर्व बैंक द्वारा सामान्य तौर पर उचित समझी जानेवाली 5 प्रतिशत दर के स्तर से पहले ही काफी ऊँची थी। सब्जी, दूध और अंडों से लेकर ईंधन, विद्युत् और फैक्टरी द्वारा उत्पादित पदार्थ आदि सभी क्षेत्रों में महँगाई काफी बढ़ी।

इसके अलावा, निर्यात क्षेत्र में जिस प्रकार नवंबर माह में विकास दर धीमी पड़ कर 5.86 प्रतिशत रह गई और आयात 16.37 प्रतिशत की दर से घटे हैं, उससे भारत का व्यापार घाटा तो जरूर कम हुआ है, लेकिन जिस प्रकार से आयात और निर्यात—दोनों में गिरावट का रुख दिखा, उससे भी ऐसा अनुमान लगाया गया है कि शायद अब भारत की धीमी पड़ती अर्थव्यवस्था में अंतिम छह महीनों में कोई उल्लेखनीय सुधार की गुंजाइश नजर नहीं आ रही है।

उधर, केंद्र सरकार राजकोषीय घाटे को बजट में दिखाए गए आकार तक सीमित रखने की चेष्टा में अपने खर्चों में काफी कटौती कर रही है। उल्लेखनीय है कि राजकोषीय घाटा इस वित्तीय वर्ष के प्रथम सात महीनों में ही अपने निर्धारित लक्ष्य के 84 प्रतिशत तक पहुँच चुका है, जबकि पिछले वर्ष यह आँकड़ा 72 प्रतिशत था। यह एक कमजोर राजकोषीय स्थिति का द्योतक है, अर्थात् यदि इस वित्तीय वर्ष की अंतिम छमाही में सरकारी राजस्व में कोई अप्रत्याशित वृद्धि न हो सकी, तो राजकोषीय घाटे को नियंत्रण में रखने के लिए सरकारी खर्चों को और कड़ाई से कम किया जाना होगा। अब दुविधा यह रहेगी कि यदि खर्चों में कटौती हुई, तो विकास दर और कमजोर पड़ सकती है और यदि

अगले वर्ष होने वाले आम चुनावों के मद्देनजर विकास को तरजीह देते हुए खर्च कम न किए गए अथवा बढ़ाए गए तो महँगाई तूल पकड़ सकती है।

इन सबके बीच रिजर्व बैंक ने हाल ही में घोषित नई मौद्रिक समीक्षा में बढ़ती महँगाई के बावजूद नीतिगत (ब्याज) दरों में वृद्धि न करने का फैसला लेते हुए यथास्थिति बनाए रखने का प्रयास किया है। रिजर्व बैंक के इस निर्णय से उल्लासित शेयर बाजार के सूचकांक ने एक बहुत बड़ी उछाल अवश्य लगा ली है, पर यदि महँगाई आगे भी कम न की जा सकी, तो रिजर्व बैंक आनेवाले महीनों में ब्याज दर बढ़ा भी सकता है, ऐसे संकेत मिल रहे हैं।

कुल मिलाकर ऐसा प्रतीत होता है कि अब भारत की आर्थिक विकास दर के तेजी से बढ़ने के आसार, यदि कुछ बन सकते हैं तो वे अगले वित्तीय वर्ष की दूसरी तिमाही तक ही नजर आ सकेंगे। फिलहाल भारतीय अर्थव्यवस्था को किसी ऐसे चमत्कार की दरकार है, जो उसकी थमती रफ्तार को कुछ गति प्रदान कर सके।

(मुंबई में प्रकाशित दैनिक 'हमारा महानगर' में शुक्रवार 20-12-2013 को व्यापार पृष्ठ पर प्रकाशित)

□

60

डूब रहे ऋणों की पहचान और पुनर्जीवन हेतु सुझाया गया है नया ढाँचा

हाल ही में रिजर्व बैंक ने बढ़ते एनपीए और ऋण पुनगर्ठन की समस्या से त्रस्त भारतीय बैंकिंग सिस्टम के लिए ऐसे मामलों की त्वरित पहचान करने, उनका उचित समाधान ढूँढ़ने और डूबते ऋणों को पुनर्जीवित करने हेतु एक नवीन ढाँचा बनाए जाने के विचार से एक 'चर्चा-पत्र' जारी किया है। इस चर्चा पत्र के अनुसार, यदि बैंक अपने खराब ऋणों की समस्या को जल्द सुलझा पाने में सक्षम हो जाते हैं, तो उन्हें रिजर्व बैंक की ओर से कई प्रकार के प्रोत्साहन देने तथा वित्तीय दबाव झेल रहे असेट्स के प्रति बेहतर बर्ताव का भरोसा दिया गया है।

उदाहरण के लिए, यदि बैंकों द्वारा किसी वित्तीय असेट अथवा एनपीए को बेचने पर फायदा हुआ तो वे अपने लाभ-हानि खाते में पूर्व में किए गए अतिरिक्त प्रावधान को 'रिवर्स' कर सकते हैं। इसी प्रकार यदि नुकसान हुआ, तो दो वर्षों तक के अंतराल में अपने लाभ-हानि खाते में बैंक उसे खपा सकेगा, लेकिन यदि किसी बैंक ने खराब ऋणों की वसूली में ढिलाई या सुस्ती दिखाई, तो दबाव झेल रहे इन वित्तीय 'असेट्स' को एक बार 'नॉन परफॉर्मिंग असेट' (एनपीए) की श्रेणी में वर्गीकृत किए जाने के बाद अधिक मात्रा में प्रावधानीकरण की माँग की जा सकती है।

गौरतलब है कि पिछले 13 वर्षों में बैंकों ने करीब एक लाख करोड़ रुपए के डूबे हुए ऋणों के खाते अपनी लेखा-पुस्तकों में बंद कर डाले हैं और इनमें से 95 प्रतिशत ऋण बड़े ऋणकर्ताओं के थे। यही कारण है कि रिजर्व बैंक में ऐसे सामर्थ्यवान प्रतीत होने वाले उधारकर्ताओं को ऋण के भार से मुक्त करने के औचित्य को लेकर कुछ समय पूर्व से ही चर्चा काफी गर्म हुई और अब इन्हीं मुद्दों को लेकर विस्तृत चर्चा पत्र पेश किया गया है।

दरअसल, बैंकों के लिहाज से कोई असेट तब एनपीए समझा जाता है, जब कि वह बैंकों के लिए आय उत्पन्न करना बंद कर दे। उदाहरण के लिए, यदि किसी मियादी कर्ज पर देय ब्याज या मूलधन का भुगतान 90 या अधिक दिनों से बकाया चल रहा है, तो उसे एनपीए माना जाता है। अन्य मामलों, जैसे—नकद क्रेडिट आदि में भी यदि ऋण खाते में उधारकर्ता द्वारा देय रकम 90 दिनों में नहीं चुकाई जाती या फिर किसी प्रकार की अनियमितता दिखाई पड़ती है, तो भी उसे एनपीए में वर्गीकृत किया जाता है, लेकिन यदि बैंक ऋणों के भुगतान के लिए अतिरिक्त समय या किसी प्रकार की रियायत दे दें, तो ऐसे ऋण खातों को पुनगर्ठित ऋणों की श्रेणी में रखा जा सकता है।

उदाहरण के लिए, जनवरी 2011 में निजी क्षेत्र की एक बड़ी एयरलाइन कंपनी को 18 बैंकों द्वारा दिए गए करीब 8000 करोड़ रुपए के ऋणों का पुनगर्ठन किया गया था, जिसमें उसे ब्याज की दरों में कटौती के अलावा ऋणों के एक हिस्से को इक्विटी में परिवर्तित करने जैसी बड़ी रियायतें दी गईं थीं। इसके अलावा इस कंपनी को 800 करोड़ रुपए की अतिरिक्त नकदी ऋण सुविधा भी मुहैया कराई गई थी, जिसे कार्यशील पूँजी के तौर पर काम में लिया जा सके। बावजूद इसके, यह हवाई कंपनी (एयरलाइंस) एक वर्ष से भी अधिक समय से बंद पड़ गई है। बताया गया है कि जनवरी 2012 के बाद से ही इस कंपनी ने बैंकों को अपने बकाया ऋणों का भुगतान नहीं किया है। परेशानी यह है कि डूबते ऋणों की वसूली में जितनी देरी होती जाती है, उनका मूल्यांकन भी तेजी से कम होता जाता है। अत: खराब होते दिख रहे ऋणों की समय रहते पहचान करना, डूब जाने पर वसूली हेतु त्वरित प्रयास करना या फिर समय रहते उसका यथोचित समाधान ढूँढ़ लेना इसलिए जरूरी है ताकि बैंकों के स्वास्थ्य पर इन खराब ऋणों का बुरा प्रभाव न पड़ने पाए।

रिजर्व बैंक द्वारा तैयार किए गए चर्चापत्र में यह विचार किया गया है कि जान-बूझकर डिफॉल्ट करनेवाले प्रमोटरों के लिए बैंकों से ऋण प्राप्ति कर पाना कठिन बनाकर कड़ाई बरतने की आवश्यकता है। यदि कोई उधारकर्ता बैंकों के साथ सहयोग न करे और बैंकों द्वारा ऋणों की वसूली हेतु उठाए गए प्रयासों में बाधा डाले, तो बैंकों को और भी सख्त कदम उठाने की हिदायत दी गई है।

चर्चा पत्र में 500 करोड़ रुपए से अधिक ऋणों के पुनर्गठन की प्रक्रिया को बेहतर बनाने के संदर्भ में स्वतंत्र मूल्यांकन की सिफारिश की गई है। साथ ही, दबाव झेल रहे बड़े ऋण खातों के लिए त्वरित समाधान ढूँढ़ा जा सके, इसलिए एक केंद्रीय सूचना कोष (सेंट्रल रिपॉजिटरी ऑफ इन्फॉरमेशन ऑन लार्ज क्रेडिट्स) बनाने की योजना भी है, जो पाँच करोड़ रुपए या अधिक के ऋण लेनेवाले उधारकर्ताओं से संबंधित जानकारी बैंकों से लेकर संग्रहीत करेगा और ये सारी जानकारी सभी बैंकों को उपलब्ध भी कराएगा।

इसके अलावा जिन उधारकर्ताओं के पास बैंकों के एक करोड़ रुपए से ज्यादा के ऋण बकाया हैं, उनके चालू खातों की जानकारी भी बैंकों को इस सूचना रिपॉजिटरी में जमा करानी होगी।

इसके अलावा, यदि कोई ऋण एक से अधिक बैंकों या गैर बैंकिंग वित्तीय कंपनियों (एनबीएफसी) से लिया गया है और वित्तीय दबाव झेलने के बाद 60 दिनों से बकाया है, उस स्थिति में उन्हें संयुक्त ऋणदाता फोरम (ज्वाइंट लैंडर्स फोरम) बनाना होगा, जो ऋणों के भुगतान के संदर्भ में कार्य योजना (एक्शन प्लान) बनाएगा। इस जेएलएफ का गठन उधारकर्ता के अनुरोध पर भी किया जा सकेगा।

फिलहाल रिजर्व बैंक द्वारा यह चर्चा पत्र संबंधित हितधारकों के विचारार्थ पेश किया गया है। उम्मीद है, इस पर आधारित ढाँचा अगले वर्ष जनवरी माह में फाइनल कर दिया जाएगा। हालाँकि आर्थिक दबाव झेल रही भारतीय अर्थव्यवस्था में लड़खड़ा रहे कई उद्योगों के लिए नए ढाँचे के आने पर कठिनाइयाँ तो बढ़ेंगीं, लेकिन जान-बूझकर डिफॉल्ट करनेवाले प्रमोटरों पर कड़ा बर्ताव होने पर ऐसे मामलों में कमी अवश्य आएगी।

(मुंबई में प्रकाशित दैनिक 'हमारा महानगर' में शुक्रवार 27-12-2013 को व्यापार पृष्ठ पर प्रकाशित)

□

61

नए साल में हैं बदलाव की अपेक्षा

सन् 2013 भारतीय अर्थव्यवस्था के लिए एक ऐसा वर्ष रहा, जिसे हर कोई भुलाना ही चाहेगा। फिर चाहे एक निवेशक हो या उद्योगपति, सरकार हो या आम उपभोक्ता, कमर्शियल बैंक हो या रिजर्व बैंक—सभी के लिए कठिनाई और हताशा से भरा एक वर्ष यूँ बीता कि हर तरफ एक अपेक्षा सी है कि सन् 2014 कम-से-कम 2013 जैसा तो न हो।

यद्यपि पिछले वित्तीय वर्ष 2012-13 में भारत की अर्थव्यवस्था ने करीब एक दशक के न्यूनतम स्तर पर प्रदर्शन करते हुए 5 प्रतिशत से भी कम की विकास दर हासिल की थी, लेकिन मौजूदा वित्तीय वर्ष में हालात बेहतर होंगे, इस विश्वास के साथ भारत के आर्थिक सर्वेक्षण में सन् 2013-14 में अर्थव्यवस्था की विकास दर 6.1 से 6.7 प्रतिशत के मध्य रहेगी, ऐसा अनुमान लगाया गया था। लेकिन जितने उत्साह से मौजूदा वित्तीय वर्ष की शुरुआत की गई, उतनी ही निराशा से उसका समापन होता देखा जा रहा है।

लगातार कमजोर होती विकास दर, लुढ़कता हुआ रुपया और बेतहाशा बढ़ती महँगाई ने आम आदमी से लेकर नीति निर्माताओं तक के मनोबल को ध्वस्त कर दिया। ऐसा नहीं है कि इन समस्याओं से निपटने के लिए कोई प्रयास नहीं किया गया, लेकिन यह बात स्पष्ट है कि तमाम कोशिशों के बावजूद सन् 2013 एक समस्याग्रस्त वर्ष ही रहा और जाहिर तौर पर नीतिगत गतिरोध या नीतियों में स्पष्टता का अभाव अनेक समस्याओं के उपजने या न सुलझ पाने के लिए जिम्मेदार समझा जाता रहा।

उदाहरण के लिए, औसतन महँगाई की दर 'डबल डिजिट' अर्थात् 10 प्रतिशत से अधिक बनी रही, जिसके लिए कतई तात्कालिक या बाहरी कारणों को ही जिम्मेदार नहीं ठहराया जा सकता। फिर चाहे खुदरा मूल्य सूचकांक हो या थोक मूल्य सूचकांक,

सभी जगह महँगाई की बढ़ती रफ्तार ने देश में विकास रूपी इंजन की गति को मद्धिम (धीमा) अवश्य कर दिया।

खास बात यह रही कि महँगाई बढ़ाने में अस्थायी तत्त्वों से कहीं अधिक भूमिका बुनियादी तौर पर विद्यमान आपूर्ति प्रबंधन से जुड़ी उन समस्याओं की रही, जिनकी वजह से देश में भारी मुनाफाखोरी एवं जमाखोरी की प्रवृत्तियाँ पनपीं और महँगाई को और अधिक हवा मिली। आश्चर्य की बात तो यह भी रही कि इस वर्ष एक बेहतर फसल के बावजूद महँगाई में उल्लेखनीय कमी नहीं लाई जा सकी।

जहाँ तक आर्थिक विकास दर का प्रश्न है, वहाँ भी अर्थव्यवस्था का प्रदर्शन काफी निराशाजनक रहा, खासतौर पर जबकि विश्व के अग्रणी देश अमेरिका में बेरोजगारी घटने और विकास दर बढ़ने के रुख नजर आए और यहाँ तक कि राजकोषीय संकट और स्वास्थ्य देखभाल क्षेत्र में सुधार पर छाई अटकलों से उबरते हुए अमेरिका में मुद्रा-संकुचन की नीति (टेपरिंग) की नीति की संभावना टल जाना भारत के लिए राहत भरी बात समझा जा सकता है। बावजूद इसके, हमारी अर्थव्यवस्था की विकास दर में कोई विशेष सुधार दृष्टिगोचर नहीं हुआ, बल्कि आर्थिक विकास दर अप्रैल से सितंबर 2013 के दरम्यान 4.3 प्रतिशत ही रही जो कि पिछले वर्ष इसी अंतरालमें 5.3 प्रतिशत रही थी। यहाँ तक कि पिछले वित्तीय वर्ष में जिस प्रकार यूरो जोन संकट और तेल की बढ़ी हुई कीमतों को भारत की लड़खड़ाती विकास दर का प्रमुख कारण समझा गया, मौजूदा वित्तीय वर्ष में ऐसी समस्या भी नहीं दिखाई दी।

लेकिन अमेरिकी मुद्रा संकुचन नीति ला सकता है, ऐसा संकेत भर क्या मिला कि भारतीय मुद्रा 'रुपया' तेजी लुढ़कने लगा और उसने भारत के भुगतान संतुलन पर तो दबाव बनाया ही, बल्कि तेजी से बढ़ती महँगाई रूपी आग में 'घी' डालने जैसा काम किया। एक समय तो भारत का चालू खाता घाटा 4.9 प्रतिशत तक बढ़ गया।

उधर, राजकोषीय घाटा नवंबर माह के अंत तक ही अपने बजट अनुमान के 94 प्रतिशत स्तर तक पहुँच चुका है। उल्लेखनीय है कि पिछले वर्ष इसी अंतराल में यह 80.4 प्रतिशत रहा था। जाहिर तौर पर आर्थिक विकास दर कमजोर पड़ने पर सरकार को राजस्व की हानि भी हो सकती है और ऐसे में यदि राजकोषीय घाटे को सकल राष्ट्रीय आय के 4.8 प्रतिशत तक सीमित रखने की चेष्टा में सरकारी खर्चों में कटौती की जाती है, तो आर्थिक विकास दर और भी आहत होगी और यदि चुनावी वर्ष होने के कारण खर्चों को नियंत्रित न किया जाए, तो राजकोषीय घाटा बढ़ भी सकता है।

ऐसे में साफ तौर पर यह उम्मीद की जा रही है कि जितना बुरा प्रदर्शन सन् 2013 में भारतीय अर्थव्यवस्था का रहा, उसे कम-से-कम 2014 में नहीं दोहराया जाएगा, क्योंकि यदि ऐसा हुआ, तो भारत उन अच्छे अवसरों को खो सकता है, जो भारत को प्रगति की

राह पर ले जाने के लिए सन् 2014 में उपलब्ध होंगे। सन् 2014 में यूरोप और अमेरिका सरीखे देशों का प्रदर्शन सुधरने की आशा की जा रही है और इस लिहाज से और चुनावी वर्ष होने की वजह से भी भारत की आर्थिक नीतियों और उनके त्वरित क्रियान्वयन के तौर–तरीकों में बदलाव की अपेक्षा है।

देश में जनसामान्य में व्याप्त भ्रष्टाचार विरोधी रुख से ऐसे मामलों में भी रोक अवश्य लगेगी और आम चुनावों के माहौल में अपना स्कोरकार्ड सुधारने के लिए मौजूदा सरकार कुछ अच्छा अवश्य करने के लिए कटिबद्ध होगी, ऐसी भी उम्मीद है। कुल मिलाकर यह अनुमान अवश्य लगाया जा सकता है कि 2014 का वर्ष 2013 से तो कुछ बेहतर ही होगा।

(मुंबई में प्रकाशित दैनिक 'हमारा महानगर' में शुक्रवार 03-01-2014 को व्यापार पृष्ठ पर प्रकाशित)

□

62

अगले दो वर्षों में सबका होगा अपना बैंक खाता

हाल ही में रिजर्व बैंक द्वारा गठित नचिकेत मोर समिति ने भारतीय बैंकिंग ढाँचे के संपूर्ण परिदृश्य ही को दुरुस्त करने के लिए एक योजना तैयार की है। इस समिति की पहली सिफारिश है कि एक जनवरी 2016 तक सभी भारतीय नागरिकों के पास एक व्यक्तिगत, पूर्ण सेवा प्रदान करनेवाला और सुरक्षित बैंक खाता हो। समिति की दूसरी सिफारिश है कि हर नागरिक को अपने घर से पैदल 15 मिनिट की दूरी पर इलेक्ट्रॉनिक भुगतान सुविधा उपलब्ध हो।

दरअसल, इस समिति का मुख्य फोकस भारत में वित्तीय समावेश की प्रक्रिया को अपनी चरम सीमा तक पहुँचाना है। समिति ने सिफारिश की है कि सभी छोटे व्यवसायों और निम्न आय वर्ग के लोगों के लिए व्यापक वित्तीय सेवाएँ मिलें। यहाँ तक कि प्राथमिकता क्षेत्रों को दिए जानेवाले ऋणों का प्रतिशत शुद्ध बैंक क्रेडिट के 40 प्रतिशत से बढ़ाकर 50 प्रतिशत कर देने की भी सिफारिश की गई है।

हालाँकि इस समिति ने यह भी कहा है कि कृषि हेतु दिए जाने वाले ऋणों को बैंकों की आधार दर (बेस रेट) से कम दर पर देने की अनुमति को वापस ले लेना चाहिए। समिति का मानना है कि बैंकों को कृषि ऋणों पर चार्ज की जाने वाली ब्याज दर को उसमें निहित 'जोखिम-मॉडल' के आधार पर तय करने की स्वतंत्रता मिलनी चाहिए और यदि किसी भी प्रकार की आर्थिक सहायता या छूट सरकार द्वारा दी जाती है, तो उसका लाभ सीधे तौर पर किसानों को दे दिया जाना चाहिए अर्थात् ऋण माफी या ब्याज दर में सब्सिडी जैसे मौजूदा तरीकों के बजाय किसानों को ही सीधे सहायता दी जानी चाहिए।

समिति ने निम्न आय वर्ग और छोटे व्यवसायों के लिए विशेष बैंकों की स्थापना का सुझाव भी दिया है। ये एक प्रकार के भुगतान बैंक होंगे, जिन्हें स्थापित करने हेतु महज

50 करोड़ रुपए की न्यनूतम प्रविष्टि पूँजी की आवश्यकता होगी। गौरतलब है कि एक सामान्य बैंक खोलने के लिए 500 करोड़ रुपए की न्यनूतम प्रविष्टि पूंजी की आवश्यकता होती है। इन बैंकों में ग्राहक 50,000 रुपए तक का ही खाता रख सकेंगे और ये बैंक डिपॉजिट लेने तथा पमेटें करने का काम ही करेंगे।

मौजूदा बैंक अपनी सब्सिडियरी के रूप में, इस प्रकार के भुगतान बैंक खोल सकेंगे और ये सभी बैंक रिजर्व बैंक द्वारा प्रदत्त अधिकारों और विशेषाधिकारों के हिसाब से विनियमन के तहत काम कर पाएँगे।

इसके अलावा, ऋण वितरण को मजबूत करने के उद्देश्य से कुछ अलग प्रकार के बैंक खोलने का भी सुझाव इस समिति ने दिया है। इनके लिए होलसेल बैंकों का नाम दिया गया है। ये बैंक ज्यादातर उधार देने का काम किया करेंगे और किसी भी ग्राहक से 5 करोड़ रुपए से अधिक का ही डिपॉजिट स्वीकार कर सकेंगे, क्योंकि इनका मुख्य काम डिपॉजिट सर्विस प्रदान करना नहीं है। ये ज्यादातर दूसरे बैंकों से उधार लेकर भी अपना कारोबार करेंगे और क्योंकि ये बैंक खुदरा डिपॉजिट सर्विस नहीं देंगे, अत: इन्हें 50 करोड़ रुपए की न्यूनतम प्रविष्टि पूँजी से स्थापित किया जा सकेगा। यदि ऐसे बैंकों की 20 से कम शाखाएँ हैं, तो इन्हें ग्रामीण इलाकों में न्यूनतम 25 प्रतिशत शाखाएँ खोलने की बाध्यता से मुक्त रखा जाएगा। जिन होलसेल बैंकों के पास 20 या उससे कम शाखाएँ हैं उन्हें 'थोक निवेश बैंकों' के नाम से तथा 20 से अधिक शाखाएँ होने पर 'थोक उपभोक्ता बैंकों' के नाम से पुकारा जाएगा। थोक उपभोक्ता बैंक अन्य बड़े बैंकों (जो सब प्रकार की सेवाएँ प्रदान करते हैं) के बिजनेस कोरसपांडेंट (व्यापार संवाददाता) की तरह भी काम कर सकेंगे।

इसके अलावा रिजर्व बैंक समिति ने गैर-बैंकिंग फाइनेंस कंपनियों (एनबीएफसी) के मौजूदा मानदंडों में काफी बदलाव सुझाए हैं। अब गैर बैंकिंग वित्तीय कंपनियों को दो वर्गों में बाँट जा सकता है। एक वो, जो निवेश कंपनियों के रूप में वर्गीकृत होगी और दूसरी वो, जो जिसमें बाकी सब प्रकार की एनबीएफसी कंपनियाँ हैं। साथ ही, गैर-सक्रिय खातों (एनपीए) के वर्गीकरण और सरफेसी कानून की पात्रता के संबंध में बैंकों तथा गैर-बैंकिंग फाइनेंस कंपनियों के बीच आंशिक नियामक संमिलन (रेग्यूलेटरी कन्वर्जन्स) की भी पुरजोर सिफारिश की गई है।

इसके अलावा मोर समिति ने स्टेट फाइनेंस रेग्यूलेटरी कमीशन बनाने की सिफारिश भी की है, जिसमें सभी मौजूदा राज्य स्तरीय नियामकों का विलय कर देने की बात की गई है। यह नियामक गैर-सरकारी संगठन, माइक्रो फाइनेंस सेवाओं और स्थानीय नकद सेवाओं के व्यवसायों के विनियमन का काम भी कर सकेगा। कमेटी ने रिजर्व बैंक को इस बाबत नियम बनाने और अनुपालन न होने पर जुर्माना लगाने से लेकर लाइसेंस रद्द

कर देने जैसे दंडात्मक उपाय करने की भी सिफारिश की है।

कुल मिलाकर ऐसी अनेक सिफारिशें इस रिपोर्ट में की गई हैं, जिससे अगले दो वर्षों में भारत के हर निम्न वर्गीय परिवार और छोटे व्यवसायी को औपचारिक तौर पर विनियमित वित्तीय सेवाएँ मुहैया कराने का 'विजन' (दृष्टिकोण) प्रस्तुत किया गया है।

गौरतलब है कि भारत के दो तिहाई नागरिकों के पास क्रियाशील बैंक खाते नहीं हैं। यही नहीं, करीब 90 प्रतिशत छोटे व्यवसायियों के पास औपचारिक वित्तीय सुविधा के लिए पहुँच नहीं है। ऐसे में मोर समिति द्वारा एक जनवरी, 2016 तक सभी नागरिकों के लिए उनके घरों के निकट बैंकिंग सेवा उपलब्ध कराना या सबका खाता खुलवा देना जैसी योजना सुझाना काफी महत्त्वाकांक्षी समझा जा सकता है। हालाँकि यह उम्मीद अवश्य उठी है कि भारत में वित्तीय समावेश की तरफ कुछ प्रभावी कदम जल्द ही उठाए जा सकते हैं।

(मुंबई में प्रकाशित दैनिक 'हमारा महानगर' में शुक्रवार 10-01-2014 को व्यापार पृष्ठ पर प्रकाशित)

□

63

ई-कॉमर्स में एफडीआई कितनी सार्थक?

हाल ही में भारत सरकार के औद्योगिक नीति एवं संवर्धन विभाग ने ई-कॉमर्स (ई-वाणिज्य) क्षेत्र को विदेशी प्रत्यक्ष निवेश (एफडीआई) के लिए 'खुला' कर देने के संदर्भ में सभी हितधारकों से राय-मशविरा करने हेतु एक 'चर्चा पत्र' जारी किया है, जिससे साफ तौर पर यह संकेत मिल रहा है कि सरकार जल्द ही इस क्षेत्र में एफडीआई लाने के लिए गंभीरतापूर्वक विचार कर रही है।

गौरतलब है कि मौजूदा नीति के तहत ई-कॉमर्स के माध्यम से बी2बी अर्थात् 'बिजनेस टू बिजनेस' (व्यवसायियों में परस्पर होनेवाले सौदे) में 100 प्रतिशत विदेशी प्रत्यक्ष निवेश की अनुमति है पर बी2सी अर्थात् 'बिजनेस टू कंज्यूमर' (व्यवसायी और उपभोक्ता के मध्य परस्पर सौदे) में एफडीआई प्रतिबंधित है।

विश्व बैंक की रिपोर्ट के अनुसार, विश्व में सभी प्रकार के ई-वाणिज्य सौदों में 90 प्रतिशत सौदे बी2बी वर्ग में आते हैं। एक अनुमान के अनुसार, बी2बी व्यापार का आकार वैश्विक स्तर पर 12.4 ट्रिलियन डॉलर है। अधिकांशत: ये सौदे उत्पादक और थोक व्यापारी अथवा थोक व्यापारी और खुदरा व्यापारी के मध्य होते हैं। इसके विपरीत, यदि उत्पादों की खरीद-फरोख्त सीधे तौर पर व्यापारी और उपभोक्ता के बीच इलेक्ट्रॉनिक माध्यम से की जाती है, तो उसे बी2सी श्रेणी में रखा जाता है।

उल्लेखनीय है कि पिछले कुछ ही वर्षों में ई-वाणिज्य कारोबार में अभूतपूर्व प्रगति भारत में हुई है। चर्चा-पत्र में डिजिटल कॉमर्स रिपोर्ट के अनुसार, ई-वाणिज्य का आकार सन् 2009 में 3.8 बिलियन डॉलर था, जो सन् 2012 में बढ़कर 9.5 बिलियन डॉलर हो चुका था। सन् 2013 में इसका आकार 12.6 बिलियन डॉलर होने का अनुमान लगाया गया है।

इस क्षेत्र में वर्ष-दर-वर्ष आधार पर 34 प्रतिशत की विकास दर रही है। ऐसा

अनुमान भी लगाया गया है कि सन् 2015 में इस क्षेत्र में कारोबार बढ़कर 1,07,800 करोड़ रुपए हो जाने की संभावना है। फिलहाल इस मार्केट का 80 प्रतिशत से अधिक ऑनलाइन ट्रैवल (आवागमन) से बनता है। अनुमान है कि सन् 2015 तक इसका आकार बढ़कर 54,800 करोड़ हो जाएगा, जबकि ई-खुदरा बाजार अपेक्षाकृत अधिक तेजी से बढ़ते हुए करीब 53,000 करोड़ हो जाने की संभावना है। इन कंपनियों में फ्लिपकार्ट, होमशॉप18, स्नैपडील, इंडिया टाइम्स शॉपिंग, क्यूनेट और मेक माई ट्रिप जैसी अनेक कंपनियाँ शामिल हैं।

जून 2013 से अमेजन डॉट कॉम भारतीय मार्केट प्लेस में चुपचाप दाखिल हो चुका है। जाहिर-सी बात है कि भारत के ई-कॉमर्स बाजार में विकास की आकर्षक संभावनाएँ हैं, जिसकी वजह से अमेजन डॉट कॉम सरीखी विश्व की प्रमुख ई-कॉमर्स कंपनियाँ भारत में बी2बी सौदों में सीधे तौर पर प्रवेश पाने की अनुमति हेतु काफी समय से दबाव बनाए हुए हैं।

वस्तुतः पिछले कुछ वर्षों में जिस प्रकार इंटरनेट, टीवी और अन्य इलेक्ट्रॉनिक माध्यमों से किए जानेवाले व्यवसाय में अभूतपूर्व वृद्धि हुई है, उसने भारतीय व्यवसायी क्षेत्र में काफी हलचल मचा दी है। इंटरनेट के जरिए वस्तुओं और सेवाओं की खरीदी हेतु बेहतर विकल्प उपलब्ध होने, खरीदी में समय की बचत आदि ऐसे अनेक फीचर्स हैं, जिसकी वजह से अनेक उपभोक्ता ई-कॉमर्स के प्रति आकृष्ट हुए हैं और क्योंकि ई-कॉमर्स एक प्रकार से अपने विकास के आरंभिक दौर में है, इस लिहाज से भी इस क्षेत्र में विकास की असीम संभावना है। सन् 2012 में इंटरनेट 137 मिलियन लोगों तक अपनी पहुँच बना चुका था और आनेवाले दो वर्षों में यह बहुत तेजी से बढ़ेगा, हालाँकि भारत में अधिकांश लोग 'कैश ऑन डिलिवरी' के जरिए खरीदी करना पसंद करते हैं।

सरकारी नीति में ई-कॉमर्स क्षेत्र में विदेश प्रत्यक्ष निवेश लाने के कई फायदे गिनाए गए हैं। मसलन, विदेशी पूँजी आने से आपूर्ति कड़ी और वितरण व्यवस्था तथा वेयरहाउसिंग आदि आधारभूत क्षेत्रों में विकास होगा, विनिर्माण क्षेत्र को प्रोत्साहन मिलेगा, जिससे रोजगार बढ़ेगा और देश का विकास होगा।

इसके अलावा व्यवसायियों और उपभोक्ता के सीधे तौर पर जुड़ने से बिचौलियों की आवश्यकता नहीं रहेगी और इस वजह से सौदों की कीमतें, स्टॉक रखने की लागत और श्रम-लागत आदि भी कम होगी। एक अन्य फायदा यह भी बताया गया है कि ऐसा करने से भारत इस क्षेत्र में स्थापित वैश्विक मानदंडों के हिसाब से बेहतर काम-काज और उपभोक्ता सेवा के तरीके अपना सकेगा। इससे भारत के उत्पाद देश-विदेश में कहीं भी बेचे जा सकेंगे।

जहाँ तक ई-कॉमर्स में एफडीआई के नुकसानों का प्रश्न है, चर्चा पत्र में इसे

भारत में खुदरा व्यापार के लिए बनी एफडीआई पॉलिसी के विपरीत बताया गया है, जिसमें विदेशी खुदरा व्यापार को शहरों तक ही सीमित रखने की बात कही गई है। ई–कॉमर्स में भारी विदेशी निवेश से इस मार्केट का आकार तेजी से बढ़कर अनेक छोटी व नुक्कड़ दुकानों के अस्तित्व पर चोट पहुँचा सकता है। सबसे बड़ा खतरा तो यह है कि बड़ी विदेशी कंपनियाँ वाणिज्य, विनिर्माण, यातायात और खुदरा क्षेत्र में एकाधिकार (मोनोपली) स्थापित कर सकती हैं, जिससे वे कीमतों और उत्पादों की मात्रा पर नियंत्रण द्वारा उपभोक्ताओं का शोषण भी कर सकने में सक्षम होंगी। विदेशी वाणिज्य कंपनियों के आने पर छोटे और मध्यम आकार के उद्योगों पर भी विपरीत प्रभाव पड़ेगा।

इसके अलावा बहुराष्ट्रीय कंपनियाँ अपने सस्ते उत्पादों से भारतीय बाजारों को पाट सकती हैं और इसका हमारे घरेलू उद्योगों पर बुरा प्रभाव पड़ सकता है। छोटे बिजनेस और किराना स्टोर भारत के करोड़ों लोगों की जीविका का साधन है और ऐसे में विदेशी कंपनियों के खुदरा व्यापार में यूँ दस्तक देने से देश के विनिर्माण और रोजगार क्षेत्र पर दूरगामी प्रभाव पड़ सकते हैं। नीति निर्धारकों को सोचना होगा कि महज एक विदेशी खुदरा व्यापार विकास सूचकांक के आधार पर तैयार की गई टॉप 10 उदीयमान देशों की सूची में भारत का नाम शामिल न होना भारत में बी2सी क्षेत्र में एफडीआई के औचित्य को साबित करने के लिए पर्याप्त नहीं माना जा सकता। वस्तुतः देश में व्यापक जनसंख्या के हितों को सर्वोपरि रखते हुए ही इस बारे में निर्णय लेना उचित होगा।

(मुंबई में प्रकाशित दैनिक 'हमारा महानगर' में शुक्रवार 17-01-2014 को व्यापार पृष्ठ पर प्रकाशित)

□

64

भारतीय अर्थव्यवस्था में सुधार की अपेक्षा

हाल ही में अंतरराष्ट्रीय रेटिंग एजेंसी मूडीज ने 'इंडिया आउटलुक, स्थिर विकास, कम जोखिम' नामक रिपोर्ट में स्पष्ट तौर पर लिखा है कि पिछली कुछ तिमाही में भारत की अर्थव्यवस्था यद्यपि धीमी गति से ही सही पर स्थिरता के साथ आर्थिक विकास कर रही है, पर भारत की विकास दर और अधिक कम नहीं होगी, ऐसा अनुमान लगाए जाने के कारण उसमें निहित जोखिम भी कम आँका जा सकता है, खासतौर पर जबकि रुपए का मूल्य अमेरिकी अर्थव्यवस्था में मुद्रा संकुचन की नीति के प्रति कम संवेदनशील होता दिखाई दे रहा है।

हालाँकि सन् 2014 में भारत की विकास दर कुछ अधिक तेजी से बढ़ने की संभावना नजर नहीं आती, पर मूडीज के विश्लेषण के अनुसार, वह आनेवाले वित्तीय वर्ष में 5 से 5.5 प्रतिशत की दर से बढ़ सकती है। भारत की आर्थिक विकास दर के अगले वित्तीय वर्ष 2015 में 6 प्रतिशत से 7 प्रतिशत तक बढ़ने के आसार भी नजर आ रहे हैं।

दरअसल, जिस प्रकार से निवेश-चक्र में अब कुछ सकारात्मक रुख की संभावना नजर आ रही है, उससे भारत की विकास दर कुछ बढ़ सकेगी, ऐसा अनुमान लगाया जा रहा है। इसके अलावा वैश्विक अर्थव्यवस्था में भी जिस प्रकार आर्थिक स्थिरता और सुधार के रुख साफ तौर पर दिखाई पड़ रहे हैं, उससे भी उम्मीद है कि भारत की अर्थव्यवस्था आनेवाले दिनों में स्थिरता के साथ विकास कर पाएगी।

उल्लेखनीय है कि इस वर्ष भारत में आम चुनाव भी होने जा रहे हैं। जिस प्रकार पिछले 30 महीनों में भारत की आर्थिक स्थिति डाँवाँडोल रही, इस बार ऐसी उम्मीद जताई जा रही है कि मतदाता केंद्र में एक स्थिर सरकार का विकल्प चुनना चाहेंगे। यही कारण है कि अंतरराष्ट्रीय एजेंसी मूडीज को लगता है कि एक स्थिर सरकार आने की अपेक्षा मात्र से ही भारत में बिजनेस और निवेश के लिए एक बेहतर वातावरण बन रहा है। यही

कारण है कि इस एजेंसी को लगता है कि भारत के बुरे दिन अब बीत चुके हैं और अब कुछ अच्छे दिन आनेवाले हैं।

गौरतलब है कि पिछले महीने के शुरुआत में ही मूडीज ने भारत के प्रति अपनी आउटलुक को नकारात्मक बताया था क्योंकि उसके अनुसार, आनेवाले 12 महीनों में भारत के समक्ष अनेक चुनौतियाँ मौजूद होने की वजह से भारत की आर्थिक दशा में कुछ अधिक बेहतरी की अपेक्षा करना मुश्किल लग रहा था। इस रिपोर्ट के अनुसार, भारत में कमजोर अर्थव्यवस्था, राजनीतिक अस्थिरता और अमेरिकी 'टेपर' (मुद्रा संकुचन) नीति के मद्देनजर भारत की मौद्रिक नीति में कोई उल्लेखनीय परिवर्तन की उम्मीद नजर न आने की वजह से भारतीय उद्योगों में ऊँची ब्याज दर और महँगाई की वजह से कठिनाई बढ़ने के आसार नजर आ रहे थे। मूडीज को यह अंदेशा भी था कि कही आम चुनावों के मद्देनजर आर्थिक सुधार की प्रक्रिया में और अधिक विलंब न हो जाए।

हालाँकि रिपोर्ट में यह भी कहा गया था कि यदि रुपए की विनियम दर में स्थिरता आती है या फिर एक ऐसी सरकार आम चुनावों में चुनकर आ पाती है, जो भारत के विकास के लिए उचित कदम उठा पाने में सक्षम हो तो भारत की आउटलुक बेहतर भी आँकी जा सकती है।

जाहिर तौर पर जिस प्रकार से भारतीय अर्थव्यवस्था और राजनीति में पिछले डेढ़ महीने में कुछ सकारात्मक परिवर्तन मूडीज को नजर आए हैं, उस आधार पर उसे लगता है कि भारत 2014 में न सही, पर 2015 तक विकास की गति पकड़ पाने में सक्षम होगा।

यद्यपि विश्व बैंक को भी लगता है कि मौजूदा वित्तीय वर्ष में भारत की विकास दर 4.8 प्रतिशत भले ही रहे, पर सन् 2014-15 में भारतीय अर्थव्यवस्था 6.2 प्रतिशत से विकास करेगी। मगर विश्व बैंक ने ये अनुमान वैश्विक अर्थव्यवस्था में आनेवाले दो वर्षों में बेहतर परिणाम अपेक्षित होने के आधार पर लगाए हैं। विश्व बैंक को अमेरिका के साथ ही यूरोप के देशों में भी उपभोक्ता माँग के मजबूत होने से आर्थिक विकास दर में वृद्धि के आसार नजर आ रहे हैं। जो भी हो, चाहे वैश्विक स्थिरता की वजह से या फिर घरेलू स्तर पर आर्थिक एवं राजनीतिक स्थिरता की अपेक्षा होने से, यदि व्यवसायियों और निवेशकों में आत्मविश्वास लौट सके, तो वह भारतीय अर्थव्यवस्था के लिए अच्छा ही होगा।

(मुंबई में प्रकाशित दैनिक 'हमारा महानगर' में शुक्रवार 24-01-2014 को व्यापार पृष्ठ पर प्रकाशित)

□

65

नीतिगत दरों में वृद्धि कितनी सार्थक ?

हाल ही में रिजर्व बैंक के नवर्नर ने महँगाई ऊँचे स्तर पर ही बने रहने और रुपए की विनिमय दर और अधिक घट जाने की आशंका के मद्देनजर एक बार फिर से नीतिगत दरों में वृद्धि की घोषणा की है, जो एक प्रकार से महँगाई के खिलाफ इस्तेमाल किया जानेवाला एक पारंपरिक हथियार माना जा सकता है। लेकिन सवाल यह उठता है कि अभी 18 दिसंबर 2013 को घोषित मध्य-तिमाही समीक्षा में जब उपभोक्ता मूल्य सूचकांक 11.16 प्रतिशत के रिकॉर्ड स्तर पर पहुँच गया था तब नीतिगत दरों में कोई बदलाव की घोषणा नहीं की गई थी और यह सभी के समक्ष बेहद आश्चर्यजनक कदम के रूप में प्रस्तुत हुआ था।

हालाँकि तब भारत की अर्थव्यवस्था के 'कमजोर हालात' और मौजूदा आँकड़ों को पर्याप्त न समझे जाने की वजह के नीतिगत दरों में यथास्थिति बनाए रखने का आधार बताया गया था। खासतौर पर तब जबकि ऐसे संकेत मिल रहे थे कि सब्जियों की कीमतें तेजी से गिर सकती हैं। और अब जबकि नवीन आँकड़े साफ तौर पर ये दर्शा रहे हैं कि न सिर्फ उपभोक्ता मूल्य सूचकांक 9.87 प्रतिशत पर आ गया है, बल्कि फलों और सब्जियों की कीमतों में विस्फीति अर्थात् महँगाई कम होते जाने की प्रवृत्ति भी नजर आ रही है, तब ब्याज दरें बढ़ाने का निर्णय लिया गया है।

उल्लेखनीय है कि एक ओर जब उपभोक्ता मूल्य सूचकांक में गिरावट दर्ज की गई है और भारतीय अर्थव्यवस्था अभी भी नाजुक दौर से गुजर रही है, तब यूँ नीतिगत दरों, सीमांत स्थायी सुविधा (मार्जिनल स्टैंडिंग फेसिलिटी) दर और बैंक रेट में वृद्धि की घोषणा की गई और यह भी कम आश्चर्यजनक नहीं है। कारण यह है कि रिजर्व बैंक द्वारा जिस प्रकार रेपो रेट (वह दर, जिस पर बैंक रिजर्व बैंक से रुपए उधार लेते हैं) को बढ़ा कर 7.75 प्रतिशत से 8 प्रतिशत, रिवर्स रेपो रेट (वह दर जिस पर रिजर्व बैंक अन्य

बैंकों से रकम लेता है) को 6.75 प्रतिशत से बढ़ाकर 7 प्रतिशत कर दिया है और साथ ही मार्जिनल स्टैंडिंग फेसिलिटी(एमएसएफ) जिसके तहत बैंक निर्धारित मानदंडों के अनुरूप रिजर्व बैंक से ऋण ले सकते हैं तथा बैंक दर को भी 25 बेसिस अंकों से बढ़ाकर 9 प्रतिशत कर दिया है, उससे तो स्पष्ट है कि रिजर्व बैंक अभी भी महँगाई की दर को ऊँचा समझते हुए वे सभी प्रयास कर लेना चाहता है, जिससे कि उपभोक्ता सूचकांक को कुछ और कम किया जा सके या फिर महँगाई फिर से बढ़ने की आंशका को खत्म किया जा सके।

एक ओर जब रबी की फसल भरपूर रही है और दूसरी ओर अर्थव्यवस्था में औद्योगिक उत्पादन और सेवा क्षेत्र में विकास दर में कोई उल्लेखनीय सुधार नजर नहीं आ रहा, तब ब्याज दरें बढ़ाने का क्या अभिप्राय है, यह सभी हितधारकों में चर्चा का विषय बना हुआ है। यह भी अनुमान लगाया जा रहा है कि शायद रिजर्व बैंक द्वारा हाल ही में उर्जित कमेटी द्वारा दी गई उन सिफारिशों को अहमियत दी गई है, जिसमें महँगाई की दर को एक पूर्व निर्धारित स्तर पर ले आने जैसे कि उपभोक्ता मूल्य सूचकांक को एक वर्ष में 8 प्रतिशत और दो वर्षों में 6 प्रतिशत तक ले आने की हिदायत सहित अनेक महत्त्वपूर्ण सुधार सुझाए गए हैं।

लेकिन सवाल यह उठता है कि जब खाद्य पदार्थों और ईंधन को उपभोक्ता मूल्य सूचकांक (सीपीआई) में करीब 57 प्रतिशत भार दिया गया है, जिसमें खाद्यान्न काफी हद तक मानसून के मिजाज और ईंधन की कीमतें अंतरराष्ट्रीय तत्त्वों और रुपए की विनिमय दर में आई हलचलों से प्रभावित होते हैं तब रिजर्व बैंक द्वारा इन पदार्थों की कीमतों पर आखिर कितना नियंत्रण किया जा सकता है?

निश्चित तौर पर रिजर्व बैंक द्वारा बढ़ाई गई नीतिगत दरों का अल्पकाल में कुछ प्रभाव अवश्य दिखाई पड़ सकता है, पर दीर्घकाल में उपभोक्ता मूल्य सूचकांक को महज ब्याज दरों के माध्यम से नियंत्रित कर पाना काफी महत्त्वकांक्षी, या यूँ कहें मुश्किल माना जा सकता है।

उधर केंद्र सरकार द्वारा लगातार राजकोषीय घाटे को नियंत्रण में लाने के प्रयास किए जा रहे हैं, उससे भी महँगाई पर कुछ अंकुश अवश्य लग सकता है पर यदि आर्थिक विकास के नजरिए से देखें, तो देश में सामूहिक माँग का स्तर जो पहले से कुछ कमजोर है, वह भी तेजी से कम हो सकता है। ऐसे में रिजर्व बैंक द्वारा उठाए गए कदमों से देश की अर्थव्यवस्था में निवेश और उत्पादन के सेंटीमेंट पर विपरीत असर भी पड़ सकता है, हालाँकि रिजर्व बैंक को लगता है कि महँगाई का अत्यधिक ऊँचा स्तर आर्थिक विकास में बाधा डाल सकता है।

उधर भारत अमेरिकी मुद्रा संकुचन की संभावनाओं से निपटने के लिए भले ही

बेहतर तरीके से तैयार हो, फिर भी तेजी से बढ़ती महँगाई रुपए के मूल्य को प्रभावित कर सकती है। लेकिन फिर भी यह मानना ही होगा कि जब महज नीतिगत दरों में परिवर्तन द्वारा महँगाई को रोक पाना पर्याप्त नहीं है और जबकि देश की अर्थव्यवस्था धीमी गति से विकास कर रही है, ऐसे में महज उपभोक्ता मूल्य सूचकांक द्वारा प्रेषित संकेतों के आधार पर मौद्रिक नीति का निर्धारण करने का कोई ठोस औचित्य नजर नहीं आता। वस्तुतः महँगाई पर रोक लगाने हेतु आर्थिक विकास को समाहित करते हुए सभी अन्य आवश्यक कदम, जैसे कि आपूर्ति प्रबंधन और निवेश और बिजनेस सेंटीमेंट आदि बेहतर बनाए जाने की आवश्यकता है।

(मुंबई में प्रकाशित दैनिक 'हमारा महानगर' में शुक्रवार 31-01-2014 को व्यापार पृष्ठ पर प्रकाशित)

□

66

आखिर क्यों भयभीत हैं इमर्जिंग मार्केट्स?

वर्ष 2014 की शुरुआत में ही उदीयमान बाजारों में भारी उथल-पुथल मची हुई है। हालात ये हैं कि इन देशों में निवेशकों के गिरते मनोबल के मद्देनजर वित्तीय बाजारों में जोखिम के प्रति संवेदनशीलता इस कदर बढ़ चुकी है कि यदि वक्त रहते इन देशों में नीतिगत खामियों (कमजोरियों) को दुरुस्त करने के लिए उचित कदम जल्द ही उठाए न गए, तो मुश्किल और गहन हो सकती है।

गौरतलब है कि विश्व के उन देशों के वित्तीय बाजारों को 'उदीयमान बाजार' अथवा 'इमर्जिंग मार्केट्स' के नाम से पुकारा जाता है, जो विकसित बाजारों जैसी विशेषताएँ तो रखते हैं, पर अभी तक पूर्णतः विकसित नहीं हुए हैं। ये वे देश हैं, जहाँ आर्थिक विकास और औद्योगीकरण की प्रक्रिया जोर-शोर से चल तो रही है, पर अभी तक ये देश पूर्णत विकसित भी नहीं हुए हैं। इन देशों में चीन और भारत की अर्थव्यवस्थाएँ सबसे अधिक बड़ी हैं।

इसके अलावा ब्राजील, रूस, मेक्सिको, इंडोनेशिया, दक्षिण कोरिया और टर्की आदि देश भी उदीयमान अर्थव्यवस्थाओं की फेहरिस्त में शामिल हैं। संक्षेप में, ये वो देश हैं, जो न तो पूर्णतः अविकसित माने जा सकते हैं और न ही पूरी तरह विकसित ही हुए हैं। अतः ये वे विकासशील देश हैं, जो विकसित होने की अवस्था में अभी तक पहुँचे नहीं हैं। इन देशों में एक और विशेषता है और वो यह कि यहाँ के बाजारों को न सिर्फ अर्थशास्त्र प्रभावित करता है, बल्कि राजनीति भी इन्हें प्रभावित करती है।

अभी कुछ ही वर्षों पूर्व जब संपूर्ण विश्व में आर्थिक मंदी के बादल छाए हुए थे, तब जहाँ एक ओर तथाकथित विकसित देशों की अर्थव्यवस्थाओं में सकल राष्ट्रीय आय या तो तीव्रता से घटी या फिर नगण्य स्तर से बढ़ी, जबकि अनेक उदीयमान अर्थव्यवस्थाओं ने वैश्विक औसत से कहीं बेहतर प्रदर्शन किया।

इन देशों में विदेश पूँजी बरसने लगी, क्योंकि विदेशी निवेशकों को इन बाजारों से अच्छे 'रिटर्न्स' (लाभांश) मिलने की भरपूर संभावना नजर आई, लेकिन निवेशक इन बाजारों में तब ही निवेश करते हैं, जब अर्थव्यवस्था 'गर्म' हो अर्थात् जब विकास की अच्छी संभावना नजर आती हो। पर जैसे ही अर्थव्यवस्था 'ठंडी' पड़ी, ये निवेशक स्थानीय बाजारों तुरंत से हाथ खींच लेते हैं, जिससे इन देशों की घरेलू मुद्रा का भारी अवमूल्यन होता है और फिर इनके केंद्रीय बैंकों तक को अपनी मुद्रा की विनियम दर को सँभालने के लिए काफी मशक्कत तक करनी पड़ी सकती है।

एक सुस्त पड़ती अर्थव्यवस्था, जो अभी तक पूर्णत: विकसित भी नहीं हुई है, विदेशी निवेशकों के भाग खड़े होने के साथ-साथ देशी करेंसी के मूल्य में गिरावट आने की वजह से और भी अधिक आहत हो जाती है। इस प्रकार से जो घबराहट और भय का माहौल बन जाता है, उसे आर्थिक संकट में तब्दील होने में देर नहीं लगती। कभी-कभी जब इन देशों के शेयर मार्केट भड़भड़ाकर टूट पड़ते हैं, तब वहाँ की आर्थिक और राजनीतिक नीतियाँ तक इस घटना से प्रभावित हुए बिना नहीं रह पातीं।

पिछले दो हफ्तों में हमने देखा कि किस प्रकार अर्जेंटीना की मुद्रा 'पेसो' का मूल्य एक ही दिन में 15 प्रतिशत तक गिरा और एक संक्रामक रोग की शक्ल अख्तियार करते हुए उसने अन्य उदीयमान देशों जैसे कि टर्की, रूस और दक्षिण अफ्रीका आदि की स्थानीय मुद्रा के मूल्य का ह्रास किया। सवाल उठता है कि आखिर ऐसा क्या हुआ कि अधिकांश उदीयमान अर्थव्यवस्थाओं में भय का माहौल व्याप्त है ?

दरअसल एक नहीं, अनेक कारण हैं। सबसे प्रमुख कारण ये हैं कि दिसंबर 2013 में अमेरिकी केंद्रीय बैंक के चेयरमैन बेन बर्नांके ने एक घोषणा की कि वहाँ पर दिसंबर 2012 के बाद से दिए जा रहे 85 बिलियन डॉलर (प्रतिमाह) के 'स्टीमुलस' (प्रोत्साहन राशि), जिसकी वजह से उदीयमान अर्थव्यवस्थाओं में विदेशी निवेश जमकर बरसा, को 10 बिलियन डॉलर के हिसाब से कम किया जाएगा। लेकिन 29 जनवरी, 2014 को एक ओर घोषणा की गई कि प्रोत्साहन के रूप में फेडरल बैंक द्वारा ब्रांड की प्रति माह खरीदी में 10 बिलियन डॉलर की कटौती और की जाएगी, जिसकी वजह से उसका आकार 65 बिलियन डॉलर (प्रति माह) हो जाएगा। अब चूंकि इस राशि का बड़ा हिस्सा उदीयमान अर्थव्यवस्थाओं में निवेश किया जा रहा था, तब इसका आकार सिकुड़ने से ये बाजार सिहर उठेंगे, यह स्वाभाविक ही है। आसान मुद्रा (प्रोत्साहन पैकेज) यूँ बाजारों से लुप्त होगी, तो जाहिर-सी बात है कि वित्तीय तरलता भी कम होगी और इन सुस्त पड़ी अर्थव्यवस्थाओं में आर्थिक विकास की दर और भी धीमी पड़ सकती है। यह इन उदीयमान बाजार में फैली घबराहट का दूसरा बड़ा कारण है।

तीसरा, इस दौरान चीन की अर्थव्यवस्था के सुस्त पड़ने की खबर एक प्रतिष्ठित

रिपोर्ट द्वारा आई, जिससे भी उदीयमान बाजारों में निवेशकों का मनोबल बुरी तरह टूटा। कारण ये हैं कि चीन उदीयमान देशों में सबसे बड़ी अर्थव्यवस्था तो है ही, साथ ही वह इन देशों से भारी मात्रा में सामान आयात भी करता है।

खास बात तो यह है कि जिस प्रकार अमेरिका में आर्थिक विकास और रोजगार के आँकड़ों में लगातार सुधार आता दिख रहा है, उससे उत्साहित हो कर वहाँ का केंद्रीय बैंक अपनी 'टेपर' नीति को जारी भी रख सकता है, ऐसी प्रबल संभावना है। ऐसे में विदेशी निवेशक भी संवेदनशील उदीयमान मार्केट्स से हाथ खींच कर अमेरिकी वित्तीय बाजारों में निवेश करना अधिक पसंद करेंगे।

जहाँ तक भारत का सवाल है, राहत की बात है कि ब्रिक देशों की स्थानीय मुद्राओं की तुलना में भारतीय मुद्रा 'रुपए' की विनिमय दर अपेक्षाकृत कम आहत हुई है। मौद्रिक संकुचन और चालू खाता घाटे पर नियंत्रण की नीतियों को भी इसका श्रेय दिया जा सकता है, लेकिन फिर भी दीर्घकाल में भारत को यदि अमेरिकी टेपर को 'टेकल' करना है अर्थात् उसके दुष्प्रभाव से बचना है, तो हमारे नीति निर्धारकों को आर्थिक विकास की दर को ऊँचा करने वाली नीतियों पर ध्यान देना होगा। साथ ही, महँगाई पर भी नियंत्रण रखना होगा। तभी भारतीय बाजारों को विदेशी निवेशकों के लिए आकर्षक बनाए रखा जा सकेगा।

(मुंबई में प्रकाशित दैनिक 'हमारा महानगर' में शुक्रवार 07-02-2014 को व्यापार पृष्ठ पर प्रकाशित)

□

67

आखिर क्यों कम होती जा रही है घरेलू बचत दर?

हाल ही में केंद्रीय सांख्यिकी दफ्तर (सीएसओ) ने भारत की सकल राष्ट्रीय आय (जीडीपी) के संदर्भ में प्रथम संशोधित अनुमानों को जारी किया है। इन आँकड़ों के अनुसार, सन् 2012-13 में भारत की जीडीपी महज 4.5 प्रतिशत की दर से बढ़ी, जबकि सन् 2011-12 में यह 6.7 प्रतिशत की दर से बढ़ी थी। इससे पूर्व जो पूर्वानुमान जारी किया गया था उसके अनुसार, भारत की राष्ट्रीय आय 5 प्रतिशत से बढ़ने की संभावना थी परंतु मुख्यत: कृषि, खनन और कंस्ट्रक्शन क्षेत्र में विकास दर कमजोर पड़ने की वजह से आर्थिक विकास दर कम होगी, ऐसा संशोधित अनुमान लगाया गया है।

खासतौर पर ध्यान देने योग्य बात यह है कि जहाँ एक ओर उत्पादन कम हुआ है, वहीं दूसरी ओर सकल घरेलू बचत दर में काफी कमी आई है जो सन् 2010-11 और 2011-12 के 34 प्रतिशत के मुकाबले अब 30.8 प्रतिशत रह गई है। चिंता की बात तो यह है कि इस बचत दर में और अधिक गिरावट होगी, ऐसे संकेत मिल रहे हैं।

जाहिर तौर पर बढ़ती महँगाई ने जहाँ एक ओर उद्योगों से लेकर खलिहानों (खेतों) तक निवेश सेंटीमेंट को आहत किया है, वहीं दूसरी ओर घरेलू बचतें जो भारत में निवेश और पूँजी विनिर्माण दर को प्रभावित करती हैं, उनका आकार घटता जा रहा है।

उदाहरण के लिए, सन् 2001-02 से 2007-08 के दरम्यान पूँजी विनिर्माण दर 24.3 प्रतिशत से कहीं ऊँची बढ़कर 38.1 प्रतिशत हो गई थी। इसका प्रमुख कारण घरेलू बचत दर में वृद्धि था जो कि 24.9 प्रतिशत से बढ़कर 36.8 प्रतिशत हो गई थी। अब घरेलू बचत दर घट कर 30 प्रतिशत हो गई है तो निश्चित तौर पर देश में निवेश हेतु घरेलू संसाधनों में कमी आएगी, जिसका सीधा-सा अभिप्राय यह हुआ कि अब निवेश के लिए भारतीय उद्योगों की विदेशी पूँजी अंतर्वाह (आगमन) पर निर्भरता बढ़ेगी।

लेकिन जिस प्रकार सन् 2007–08 से सन 2011–12 के दरम्यान भारत का चालू खाता घाटा 'केड' 1.3 प्रतिशत से तीन गुना बढ़कर 4.2 प्रतिशत हो गया, उससे विदेशी पूँजी अंतर्वाह का अपेक्षित मात्रा में आ पाना भी मुश्किल जान पड़ता है।

उधर, अनेक उद्योग महँगाई का स्तर बढ़ा हुआ होने और ऊँची ब्याज दरों की वजह से लाभपूर्ण ढंग से काम करने में कठिनाई अनुभव कर रहे हैं। ऐसे में बचत दर का पिछले नौ वर्षों के न्यूनतम स्तर पर आ जाना निवेश सेंटीमेंट, या यूँ कहें आर्थिक विकास दर को आहत ही करेगा। अनेक प्रोजेक्ट आवश्यक सरकारी या विभागीय क्लीयरेंस (अनुमति) समय पर न मिल पाने की वजह से भी लंबित पड़े हैं अर्थात् उनके क्रियान्वन में देरी हो रही है।

आर्थिक मंदी जैसे हालात में बचत दर का यूँ कम होना हमें आर्थिक कुचक्र में धकेल सकता है। कम बचत, घटता निवेश, कम उत्पादन की कड़ी में यदि रोजगार घटा तो औसत आय में कमी आ जाना स्वाभाविक होता है और ऐसे में बचत दर और भी कम हो सकती है। इस प्रकार बचत दर और आर्थिक विकास दर में एक सीधा संबंध है, जिसके अनुसार ऊँची बचत दर किसी भी देश में आर्थिक विकास दर को बल देती है। और यदि ये बचत दर कमजोर पड़ जाती है तो आर्थिक विकास दर भी धीमी पड़ती है (अन्य बातें समान रहने पर) जिसकी वजह से देश में स्थिरता के साथ विकास कर पाना मुश्किल हो सकता है।

ऐसे में, आवश्यक है कि देश के संसाधनों को उत्पादक कार्यों में अधिक लगाया जाए, जिससे कि रोजगार बढ़ें और आय के स्त्रोत भी। यदि सार्वजनिक खर्च अनुत्पादक स्कीमों या सब्सिडी के माध्यम से लोगों तक पहुँचता है, तो इससे महँगाई को हवा ही लगती है। यदि महँगाई की दर बैंकों द्वारा डिपॉजिटों पर दी जा रही ब्याज दर से अधिक हो तो घरेलू बचत एक प्रकार से नकारात्मक ब्याज दर प्राप्ति करती है, क्योंकि लगातार महँगाई बढ़ने पर हमारी क्रय शक्ति में उत्तरोत्तर कमी आती जाती है। यही कारण है कि जून 2013 में भारत में मुद्रास्फीति अनुक्रमित बांड्स को पेश किया गया, लेकिन ब्याज की आय पर देय टैक्स, 10 वर्ष का लॉक-इन पीरियड आदि कुछ फीचर्स ऐसे हैं कि जिनकी वजह से सीमित तौर पर ही इस प्रकार के बांड्स आकर्षक समझे जा सकते हैं।

जहाँ तक अन्य उपायों की बात करें, आर्थिक मंदी के दौर में उच्च स्तरीय राजकोषीय अनुशासन की आवश्यकता होगी, क्योंकि राजकोषीय घाटे को नियंत्रण में रखना बहुत जरूरी तो है ही, साथ में सरकारी खर्च उत्पादक कार्यों में लगे, यह भी महत्त्वपूर्ण है।

खासतौर पर तब, जबकि सकल वित्तीय बचत दर, जो कि घरेलू बचत, कॉर्पोरेट बचत और सार्वजनिक बचत—तीनों का बचतों का कुल जोड़ (टोटल) है, सन् 2008 के 26 प्रतिशत स्तर से घट कर वित्तीय वर्ष 2013 में घट कर 15 प्रतिशत रह गई है।

इसमें घरेलू बचत दर 12 प्रतिशत से घटकर 7 प्रतिशत, कॉर्पोरेट बचत दर 9.4 प्रतिशत से घटकर सात प्रतिशत एवं सार्वजनिक क्षेत्र की बचत दर 5 प्रतिशत से घटकर महज 1.2 प्रतिशत रह गई है।

बचत दर में यूँ गिरावट आना वाकई चिंता का विषय है। हमारी आर्थिक विकास, मौद्रिक नीति व्यापार नीति तथा राजकोषीय नीतियों में उचित समन्वय के साथ-साथ महँगाई रोकने और विकास करने के समान लक्ष्यों के लिए प्रतिबद्धता रखने की आवश्यकता है।

(मुंबई में प्रकाशित दैनिक 'हमारा महानगर' में शुक्रवार 14-02-2014 को व्यापार पृष्ठ पर प्रकाशित)

□

68

चुनावी दाँव-पेंच में फँसा अंतरिम बजट कितना प्रभावी?

हाल ही में वित्तीय वर्ष 2014-15 के लिए पेश किए गए अंतरिम बजट में जहाँ एक ओर राजकोषीय घाटे को नियंत्रण में रखने की बात की गई, वहीं कुछ महत्त्वपूर्ण क्षेत्रों में प्रोत्साहन देने की बात भी की गई। खासतौर पर विनिर्माण क्षेत्र में अप्रत्यक्ष करों के क्षेत्र में तीन बड़े बदलावों की घोषणा की गई।

पहला, पूँजीगत उत्पादों और उपभोक्ता उत्पादों में लागू उत्पाद शुल्क को 2 प्रतिशत घटा कर 10 प्रतिशत कर दिया गया है। दूसरा, ऑटोमोबाइल सेक्टर में स्कूटर, छोटी कारों और कामर्शियल वाहनों के लिए उत्पाद शुल्क में 4 प्रतिशत, बड़ी कारों में 3-4 प्रतिशत तथा स्पोर्ट्स वाहनों में 6 प्रतिशत की कटौती की गई है। तीसरा, मोबाइल हैंडसेट पर देय ड्यूटी भी कम की जाएगी।

हालाँकि वाहनों को सस्ता करने का निर्णय जहाँ चुनावी वर्ष में इनकी खरीदी और इस्तेमाल बढ़ाएगा, वहीं डीजल और पेट्रोल की माँग को भी बढ़ाएगा, जो सीधे तौर पर पेट्रेलियम पदार्थों के आयात को भी बढ़ा सकता है। दूसरा, यह समझना भी कठिन है कि एक ओर राजकोषीय घाटे को नियंत्रण में रखने की अहमियत को तवज्जोह (प्राथमिकता) दी गई है, वहीं उत्पाद शुल्क में कटौती से राजस्व आय में कमी आ जाने की संभावना होगी।

इस प्रकार के अंतर्निहित विरोधाभासों से युक्त इस बजट में पिछले दो वर्षों में अर्थव्यवस्था के स्थिर होने और वित्तीय वर्ष 2013-14 के उत्तरार्द्ध में विकास चक्र के चलायमान होने का जिक्र तो किया गया है, पर यह भी बताया गया है कि मौजूदा वित्तीय वर्ष में (गैर-नियोजित) राजस्व खर्चों में जहाँ मामूली वृद्धि दर्ज की गई, वहीं गैर-नियोजित पूँजीगत खर्चों में पिछले बजट अनुमान से 25 प्रतिशत खर्च कम किया गया

है। इसके अलावा नियोजित खर्चों में भी संशोधित प्रोजेक्टेड अनुमान में 79,790 करोड़ रुपए की कटौती की गई है।

इस प्रकार सन् 2013-14 में राजकोषीय घाटे को बजट में प्रस्तावित स्तर से कम रखने की चेष्टा में, जहाँ राजकोषीय खर्च में भारी कटौती की गई है, उसे देखते हुए अगले वित्तीय वर्ष में भारत की अर्थव्यवस्था करीब 6 प्रतिशत की दर से बढ़ने का पूर्वानुमान जो केंद्रीय वित्त मंत्री द्वारा इस बजट में लगाया गया है, उसे काफी महत्त्वाकांक्षी समझा जा सकता है, विशेषकर तब जबकि यह अनुमान लगाया गया है कि टैक्स से होनेवाली राजस्व आय में अगले वित्तीय वर्ष में मौजूदा वित्तीय वर्ष की तुलना में 19 प्रतिशत की वृद्धि होगी।

गौरतलब है कि मौजूदा वित्तीय वर्ष 2013-14 में पिछले बजट के अनुमान से टैक्स के माध्यम से होनेवाली आय में 6.2 प्रतिशत कमी ही आई है। इसी प्रकार सर्विस टैक्स में 30.6 प्रतिशत वृद्धि का अनुमान भी व्यावहारिक नहीं जान पड़ रहा है क्योंकि इस वर्ष सर्विस टैक्स कलेक्शन अपने पूर्वानुमानित आँकड़ों से 8.5 प्रतिशत कम ही रहा है। यह भी उल्लेखनीय है कि अगले वित्तीय वर्ष में नियोजित खर्चे का बजट पिछले बजट के अनुमानित खर्चों के बराबर ही रखा गया है अर्थात् उसे बढ़ाया नहीं गया है।

इसके अलावा भी यदि सार्वजनिक क्षेत्र में विनिवेश की बात करें तो सन् 2013-14 के बजट में 40,000 करोड़ रुपए के लक्ष्य के समक्ष महज 16,000 करोड़ रुपए ही जुटाए जा सके। इस वर्ष फिर से 36,000 करोड़ रुपए का लक्ष्य रखा गया है और कहना अतिश्योक्ति न होगा, यह एक कठिन टार्गेट है और इस वजह से इसे एक महत्त्वाकांक्षी आँकड़ा भी समझा जा सकता है।

यही नहीं, इस वर्ष तेल सब्सिडी को मौजूदा 85,480 करोड़ रुपए से घटाकर 63,427 करोड़ रुपए किया जाएगा, ऐसा भी अंतरिम बजट में पेश हुआ है। उल्लेखनीय है कि इस आँकड़े में मौजूदा वित्तीय वर्ष के स्थगित किए गए 35,000 करोड़ रुपए की तेल सब्सिडी भी शामिल है। इससे साफ है कि अगले वर्ष तेल सब्सिडी में भारी कटौती की जाएगी पर कैसे? जाहिर तौर पर तेल के दाम और अधिक बढ़ाए जाने पड़ेंगे और इस प्रकार वर्तमान केंद्रीय वित्त मंत्री से भी अधिक 'कठोर' निर्णय लेने का 'परिश्रम' अगले वित्त मंत्री को करना पड़ेगा।

एक अन्य बात इस बजट में उल्लेखनीय है और वह यह कि सामाजिक कल्याण के लिए विनियोजित खर्चों के लिए राज्यों पर जिम्मेदारी 'शिफ्ट' कर दी गई है। जाहिर तौर पर केंद्रीय वित्त मंत्रालय द्वारा राजकोषीय घाटे को बजट में अनुमानित 4.8 प्रतिशत के स्तर से कम रखने की कोशिश, जो मौजूदा वित्तीय वर्ष में की गई, उससे भारत की 'रेटिंग' रूपी साख तो अवश्य बच गई, लेकिन इसके परिणामस्वरूप कई विभागों के

बजट में जबरदस्त कटौती करनी पड़ी है।

उदाहरण के लिए केंद्र सरकार के ग्रामीण विकास मंत्रालय ने पिछले बजट में आवंटित किए गए 74,429 करोड़ रुपए के समक्ष बस 59,310 करोड़ रुपए ही खर्च किए और अगले वित्तीय वर्ष में उसे महज 7,552 करोड़ रुपए आवंटित किए गए हैं। जाहिर तौर पर चुनावी माहौल में घाटा और महँगाई—दोनों कम रखने की कोशिश के बीच फँसा यह बजट राजस्व आय और व्यय के बीच किसी प्रकार बेहतर तालमेल बिठाने की कोशिश सा प्रतीत होता है। और ऐसा भी आभास होता है कि मानो अंतरिम बजट के साइड इफेक्ट्स आने वाली सरकार के होने वाले वित्त मंत्री को झेलना है, ऐसा मानकर ही शायद यह बजट बनाया गया है।

फिलहाल केंद्रीय वित्त मंत्री की इस कोशिश से शेयर बाजार भले ही उत्साहित न हुआ हो, पर कहना गलत न होगा कि आम चुनावों से पहले पेश किए गए इस अंतरिम बजट में महत्त्वाकांक्षी आँकड़ों की बाजीगरी तथा भावी विकास मॉडल की स्पष्ट रूप-रेखा से कहीं अधिक अपनी पिछली उपलब्धियों को उजागर करने की चेष्टा यदि महँगाई और विकास के बीच तालमेल की दुविधा दूर कर सके, तभी केंद्रीय वित्त मंत्री का 'कठोर परिश्रम' सार्थक माना जा सकेगा।

(मुंबई में प्रकाशित दैनिक 'हमारा महानगर' में शुक्रवार 21-02-2014 को व्यापार पृष्ठ पर प्रकाशित)

□

69

सेबी ने बढ़ाया कॉर्पोरेट गवर्नेंस मानदंडों का दायरा

हाल ही में सिक्योरिटीज एक्सचेंज बोर्ड ऑफ इंडिया (सेबी) ने स्टॉक एक्सचेंजों पर लिस्टेड कंपनियों पर लागू कंपनी प्रशासन (कॉर्पोरेट गवर्नेंस) मानदंडों में संशोधन करने का प्रस्ताव किया है। गौरतलब है कि इससे पूर्व कंपनीज एक्ट 2013 के तहत कॉर्पोरेट गवर्नेंस के नए मानदंड, जो कि मौजूदा नियमों से कहीं अधिक व्यापक और वैश्विक स्तर पर मान्य मानदंडों के अधिक करीब हैं, शामिल किए जा चुके हैं। यही कारण है कि सेबी को भी, जो भारत में लिस्टेड कंपनियों के काम-काज का विनियमन मुख्यत: करती है, उसे भी मौजूदा नियमों में सुधार की आवश्यकता महसूस हुई।

उल्लेखनीय है कि वैश्वीकरण के दौर में पिछले डेढ़ दशकों में दुनिया मानो सिमट-सी गई है। इस दौरान विभिन्न देशों के उद्यमियों और व्यवसायियों के बीच व्यापार और व्यवसाय को लेकर जो खुलापन आया है, उसकी वजह से अनेक कंपनियों के आकार और कारोबारी विस्तार में अभूतवूर्व वृद्धि हुई है। इस प्रकार कंपनियों के पास संसाधनों का वर्चस्व जिस प्रकार बढ़ा है, उस हिसाब से कंपनियों के हितधारकों की संख्या और हितों की संवेदनशीलता भी बढ़ी है, क्योंकि विभिन्न देशों और क्षेत्रों में कार्यरत प्रतियोगी कंपनियों में वैश्विक मंदी के माहौल में काम करने पर उसमें निहित जोखिम भी बढ़े हैं।

इस प्रकार हितधारकों के हितों की सुरक्षा के मद्देनजर कंपनियों के कामकाज में पारदर्शिता और जवाबदेही बढ़े, इसलिए विश्व के अनेक देशों में सामान्यता मान्य कॉर्पोरेट गवर्नेंस नियम बने हैं और भारत भी इन देशों की फेहरिस्त में शामिल है।

उल्लेखनीय है कि भारत में लिस्टिंग करार की 49वीं धारा के तहत कंपनियों को अपनी वार्षिक और त्रैमासिक रिपोर्टों के साथ-साथ कॉर्पोरेट गवर्नेंस रिपोर्ट भी संलग्न करनी पड़ती है, जिसमें कंपनी के निदेशक मंडल के गठन, काम-काज, ऑडिट कमेटी

और शेयर होल्डर कमेटी आदि के बारे में रिपोर्टिंग की जाती है।

सेबी ने नए कंपनीज एक्ट 2013 की तर्ज पर अब कॉर्पोरेट गवर्नेंस के नए 'नॉर्म्स' (मानदंड) सुझाए हैं, जो इसलिए भी जरूरी था, क्योंकि कंपनीज एक्ट में शामिल नए नियम मौजूदा नियमों (जो लिस्टिंग एग्रीमेंट के माध्यम से लागू हैं) से कहीं अधिक व्यापक और पारदर्शिता लाने वाले हैं, बल्कि कई मायनों में सेबी ने नए कंपनीज ऐक्ट में शामिल किए गए नियमों से एक कदम आगे बढ़कर कहीं अधिक व्यापक मानदंड तक प्रस्तावित किए हैं। मसलन, इनमें टॉप 500 कंपनियों द्वारा उत्तराधिकार नीति बनाए जाने का प्रस्ताव, रिलेटेड (संबद्ध) पार्टी सौदों की समग्र जानकारी ऑडिट कमेटी के समक्ष रखने और समस्त शेयर होल्डरों के लिए ई-वोटिंग की सुविधा मुहैया कराने जैसे नियम शामिल हैं, जो नए कंपनीज कानून के तहत बने नियमों से एक कदम आगे माने जा सकते हैं।

इसके अलावा स्वतंत्र निदेशकों को ट्रेनिंग देने की बात भी सेबी ने की है, जिसके बारे में कंपनीज एक्ट में जिक्र नहीं है। बहरहाल, कई अन्य नियम सेबी ने नए कंपनीज एक्ट के कदम मिलाते हुए, अर्थात् उसके तहत प्रस्तावित धाराओं के अनुरूप भी सुझाए हैं। यदि पहले लिस्टेड कंपनियों के निदेशक मंडल में स्वतंत्र निदेशकों (डायरेक्टरों) की बात करें, तो वे अधिकतम सात कंपनियों के बोर्ड (निदेशक मंडल) में कार्य कर सकेंगे। अगर वे किसी लिस्टेड कंपनी में 'होलटाइम' (पूर्णकालिक) डायरेक्टर के रूप में कार्यरत हैं, तो वे अधिकतम 3 कंपनियों के निदेशक मंडल में बतौर स्वतंत्र डायरेक्टर के रूप में कार्य कर सकेंगे। किसी भी कंपनी के निदेशक मंडल में ये स्वतंत्र निदेशक अधिकतम 5-5 वर्ष के लिए 2 बार ही नियुक्त किए जा सकेंगे और यह नियम मौजूदा निदेशकों पर भी लागू होगा।

इन स्वतंत्र निदेशकों को किसी प्रकार के 'स्टॉक ऑप्शंस' अर्थात् कंपनी के शेयर्स का विकल्प नहीं दिया जा सकेगा। सभी स्वतंत्र डायरेक्टरों की परफॉर्मेंस अर्थात् कार्य-निष्पादन की वार्षिक समीक्षा की जाएगी। हालाँकि वे अब अपनी अलग से मीटिंग कर विभिन्न मसलों पर चर्चा कर सकेंगे। इसके अलावा, अब किसी नामांकित निदेशक (नॉमिनी डायरेक्टर) को स्वतंत्र डायरेक्टर की श्रेणी में नहीं रखा जा सकेगा।

कंपनीज एक्ट (कानून) के अनुरूप ही अब सेबी ने भी विभिन्न हितधारकों के लिए रिलेशनशिप कमेटी बनाने को अनिवार्य करना प्रस्तावित किया है। इसी प्रकार कंपनियों की पारश्रिमिक नीति की अधिक व्यापक व्याख्या, सभी संबद्ध लोगों से किए जानेवाले सौदों की ऑडिट समिति द्वारा अनुमोदन की आवश्यकता और कंपनी के बोर्ड ऑफ डायरेक्टर्स में कम-से-कम एक महिला निदेशक की नियुक्ति आदि भी नए कॉर्पोरेट गवर्नेंस नियमों में शामिल किए जा सकते हैं।

इसके अलावा, कंपनी में कार्यरत कर्मचारियों, जो किसी प्रकार की अनियमितता या कुप्रबंधन के मामलों के संदर्भ में आवाज उठाते हैं, की सुरक्षा हेतु एक 'व्हिसिल ब्लोअर' नीति बनाना भी अनिवार्य किया जा सकता है।

गौरतलब है कि कंपनीज एक्ट के तहत बने कॉर्पोरेट गवर्नेंस नियम सभी पब्लिक कंपनियों पर लागू होते हैं और उनमें लिस्टेड कंपनियाँ भी शामिल हैं। जाहिर सी बात है कि अब सेबी को मौजूदा नियमों में सुधार करना ही होगा। खास बात यह है कि भारत में लिस्टेड कंपनियों पर अब अंतरराष्ट्रीय स्तर के कंपनी प्रशासन (कॉर्पोरेट गवर्नेंस) नियम तो अवश्य लागू कर दिए जाएँगे, पर साथ ही कंपनियों पर इन नियमों को लागू करने के लिए अतिरिक्त भार, जिसे 'अनुपालना बोझ' भी कहा जा सकता है, अब काफी बढ़ जाएगा। इन सबके बीच यह भी जरूरी होगा कि इन नियमों को कितनी मुस्तैदी से लागू किया जा सकेगा।

गौरतलब है कि एनएसई और बीएसई द्वारा करीब 600 लिस्टेड कंपनियों से संबद्ध करीब 1100 मामलों में आवश्यक सूचनाओं के प्रकटीकरण मानदंडों की अनुपालना न होने पर जुर्माना या ट्रेडिंग सस्पेंशन जैसे कदम उठाए गए हैं। इनमें कॉर्पोरेट गवर्नेंस नियमों की अवहेलना के मामले भी शामिल हैं। इसके अलावा सैंकड़ों की तादाद में कंपनियाँ या तो कॉर्पोरेट गवर्नेंस रिपोर्ट दाखिल करने में देरी करती हैं या फिर दाखिल ही नहीं करती हैं। अतः नियमों को और अधिक व्यापक बनाने के साथ-साथ उनकी सही अनुपालना सुनिश्चित करना भी सेबी के लिए काफी चुनौतीपूर्ण कार्य होगा।

(मुंबई में प्रकाशित दैनिक 'हमारा महानगर' में शुक्रवार 28-02-2014 को व्यापार पृष्ठ पर प्रकाशित)

□

70

जल्द लागू होंगे उद्योगों के सामाजिक उत्तरदायित्व नियम

आनेवाली एक अप्रैल से भारत में उद्योगों के सामाजिक उत्तरदायित्व को एक नया परिदृश्य मिलने वाला है। कारण यह है कि नए कंपनीज एक्ट 2013 के सेक्शन 135 के तहत जिन बड़ी कंपनियों के लिए सामाजिक उत्तरदायित्व निभाने की अनिवार्यता रखी गई थी, उनके लिए अब नियम जारी कर दिए गए हैं।

गौरतलब है कि सेक्शन 135 के तहत जिन कंपनियों की नेटवर्थ 500 करोड़ रुपए से अधिक या कारोबार 1000 करोड़ रुपए से अधिक या फिर उसने कभी भी 5 करोड़ या अधिक का मुनाफा कमाया हो तो उन्हें अगले वित्तीय वर्ष से प्रतिवर्ष पिछले 3 वर्षों के औसत शुद्ध लाभ का 2 प्रतिशत सामाजिक उत्तरदायित्व से संबंधित गतिविधियों पर खर्च करना होगा।

इन गतिविधियों की लिस्ट कंपनी कानून 2013 की सातवीं अनुसूची में दी गई है। कानून के तहत ऐसी कंपनियों के लिए एक कॉर्पोरेट सोशल रेसपांसबिलिटी (सीएसआर) कमेटी का गठन करना, सीएसआर नीति बनाना और उसके क्रियान्वन हेतु कंपनी के निदेशक मंडल पर जिम्मेदारी डालना आदि कई प्रावधान शामिल किए गए हैं, लेकिन फिर भी सीएसआर बजट और खर्चों के संदर्भ में कई प्रश्न भी उठे कि आखिर किस प्रकार इन कंपनियों के सामाजिक उत्तरदायित्व के बजट का आकार आदि निर्धारित होगा और क्या इन गतिविधियों अथवा प्रोजेक्टों पर हुए खर्च को लेकर आयकर में राहत दी जाएगी अथवा नहीं आदि। इन सब मुद्दों के चलते अब नए नियम जारी किए गए हैं, जो आगामी एक अप्रैल 2014 से लागू कर दिए जाएँगे।

इन नियमों में साफ कर दिया गया है कि कंपनियों द्वारा अनुसूची 7 में सूचित गतिविधियों पर किए गए खर्च को ही सीएसआर पर किया गया खर्च माना जाएगा। अर्थात्

कोई चेरीटेबल गतिविधि हेतु दिया गया डोनेशन जिस पर आयकर कानून के तहत कर छूट का प्रावधान है यदि अनुसूची सात में शामिल नहीं है, तो उसे सीएसआर बजट का हिस्सा नहीं माना जाएगा।

अत: इन कंपनियों को अब अपने सामाजिक उत्तरदायित्व नीति के तहत कार्य कर यह जाहिर करना होगा कि वे निर्धारित क्षेत्रों में अपना दायित्व निभा रही हैं। कंपनी कानून के तहत गठित सीएसआर कमेटी को हर वर्ष के लिए नीति या प्रोजेक्ट निर्धारित करने होंगे। इन प्रोजेक्ट्स के क्रियान्वयन पर निगरानी के लिए पारदर्शी प्रक्रिया भी उन्हें ही बनानी होगी और यह भी निश्चित करना होगा कि यदि कंपनी के सीएसआर प्रोजेक्ट में कोई लाभ उपजता है, तो वह इन्हीं गतिविधियों के लिए निर्धारित 'कोरपस' (कोष) का ही हिस्सा बनेगा।

हालाँकि यदि कंपनी चाहे तो अपने या कोई दूसरे ट्रस्ट, सोसायटी या सेक्शन-8 के तहत रजिस्टर्ड कंपनियों के माध्यम से भी इन सीएसआर गतिविधियों में हिस्सा ले सकती हैं, लेकिन इस प्रकार के संगठनों का पिछले तीन वर्ष का ट्रैक रिकॉर्ड इन गतिविधियों में होना जरूरी है।

दो या अधिक कंपनियाँ अपने संसाधन मिलाकर साथ में भी सीएसआर प्रोजेक्ट बना सकती हैं, पर सभी मामलों में सीएसआर गतिविधियों का कार्यक्षेत्र भारत में होना जरूरी है अर्थात् विदेशों में किए गए प्रोजेक्ट सीएसआर बजट की परिधि में मान्य नहीं होंगे। साथ ही, वे महज कंपनी के कर्मचारियों के लाभार्थ ही नहीं होनी चाहिए, बल्कि दूसरों को भी लाभान्वित करें।

नियमों में यह भी स्पष्ट किया गया है कि कंपनी के शुद्ध लाभ का आँकड़ा कंपनी की लेखा पुस्तकों के अनुसार टैक्स चुकाने से पहले का लिया जाएगा और इसमें भारत से बाहर स्थित विदेशी ब्रांच या ऑफिस में अर्जित लाभांश (मुनाफे) को शामिल नहीं किया जाएगा। इन खर्चों के बारे में प्रतिवर्ष रिपोर्टिंग की जाएगी। यह रिपोर्टिंग कैसे की जाएगी, इसका भी फॉर्मेट (प्रारूप) नियमों में बता दिया गया है।

इस प्रकार काफी विस्तारित नियम तो सीएसआर के तहत बना दिए हैं, लेकिन मूल प्रश्न यही है कि क्या कंपनियों द्वारा किए गए सामाजिक उत्तरदायित्व संबंधी खर्चों को व्यावसायिक खर्च माना जाएगा और उसे कंपनियों की कर-योग्य (टेक्सेबल) आय में से घटाया जा सकेगा ? जानकारों का कहना है कि आयकर कानून की धारा 37 के तहत, सीएसआर व्यावसायिक खर्चा (बिजनेस एक्सपेंडिचर) नहीं माना जा सकता। अत: ये स्पष्ट नहीं है कि प्रभावित कंपनियों के लिए सीएसआर खर्चों का टैक्स के संदर्भ में क्या प्रभाव पड़ेगा ?

गौरतलब है कि भारत में अनेक कंपनियाँ मौजूदा कंपनीज एक्ट 1956 में उद्योगों

के सामाजिक दायित्वों के संदर्भ में कोई विशिष्ट अनिवार्यताओं का उल्लेख न होने के बावजूद अपनी स्वेच्छा से विभिन्न क्षेत्रों में अपने सामाजिक उत्तरदायित्व का निर्वाह करती रही हैं।

उद्योगों, सरकार और समाज के बीच एक त्रिकोणीय रिश्ता है, जिसके तहत एक जिम्मेदार कंपनी निश्चित तौर पर अपने सभी हितधारकों के हितों में तालमेल बैठाकर काम करना बेहतर समझती है और अब वैश्वीकरण के इस युग में तो बहुत सी कंपनियाँ सामाजिक उत्तरदायित्व की अवधारणा को अपनी रणनीतिक नीतियों के एक महत्त्वपूर्ण हिस्से के रूप में स्थापित करती हैं, क्योंकि इससे उन्हें अनेक लाभ मिलते हैं। न केवल कंपनियों की प्रतिस्पर्धात्मक क्षमता का विकास इससे होता है, बल्कि इससे कंपनियों के लिए लंबे समय तक व्यवसाय करते रहने की संभावना बढ़ती है।

लेकिन जिस प्रकार कंपनीज एक्ट में सीएसआर गतिविधियों का दायरा अनुसूची-7 में लिखित क्षेत्र तक परिभाषित कर दिया गया है, उससे कंपनियों की स्वेच्छा से और अपनी भावना के अनुरूप सामाजिक उत्तरदायित्व निभाने की क्षमता या यूँ कहें, आनंद का ह्रास होगा।

उद्योगों को अपेक्षा है कि सामाजिक उत्तरदायित्व निभाने की जिम्मेदारी के साथ उन्हें टैक्स में छूट का लाभ भी मिले, ताकि वे अपने विभिन्न हितधारकों के हितों में तालमेल बैठा सकें। जो भी हो, कानूनी रूप से लाई गई अनिवार्यता से इस क्षेत्र में अधिक गंभीरता और गहराई से कार्य हो सकेगा, ऐसी अपेक्षा है।

(मुंबई में प्रकाशित दैनिक 'हमारा महानगर' में शुक्रवार 07-03-2014 को व्यापार पृष्ठ पर प्रकाशित)

□

71

यूक्रेन संकट से प्रभावित होंगे कई उद्योग और अर्थव्यवस्थाएँ

हाल ही में अमेरिका और रूस के बीच ऐतिहासिक शीत युद्ध के दौर के उपरांत बने बेहतर वातावरण और बदलते परिवेश के बावजूद एक बार फिर टकराव की स्थिति उत्पन्न हो गई है। यह मसला है—यूक्रेन के क्रीमियन पेनेसुला क्षेत्र में रूस द्वारा भेजी गई सेना की उपस्थिति से उत्पन्न हुए एक ऐसे संकट का, जिसकी वजह से न सिर्फ अमेरिका और यूरोप के राजनीतिक हित सक्रिय हो गए हैं, बल्कि अनेक राष्ट्रों में स्थित वे बहुराष्ट्रीय और घरेलू कंपनियाँ भी, जिनका कार्यक्षेत्र अथवा कारोबार यूक्रेन या रूस की जमीन पर पसरा है या फिर वे रूस या यूक्रेन से सामान या कच्चा माल आयात करती हैं, इस तनाव पूर्ण राजनीतिक संकट से उपजे जोखिम से प्रभावित हो सकती हैं।

उल्लेखनीय है कि वैश्वीकरण के युग के प्रादुर्भाव से देशों के बीच व्यापार और संसाधन के आवागमन के लिहाज से दूरियाँ कम हुई हैं। अब अनेक बहुराष्ट्रीय कंपनियाँ विश्व के दूर-दराज इलाकों में जाकर काम करने से परहेज नहीं कर रही हैं, क्योंकि अंतरराष्ट्रीय व्यापार का दायरा यूँ फैलने से कंपनियों के कारोबार और लाभांशों में वृद्धि तो होती ही है, साथ ही विभिन्न देशों द्वारा विदेशी निवेश को आकर्षित करने हेतु वैश्विक मानदंडों को अपनाने की वजह से उन्हें विदेशी जमीन पर दीर्घकालीन व्यावसायिक हितों के तहत काम करने के लिए रणनीतिक फैसले करने में सहूलियत भी होती है।

अब रूस की ही बात करें। अमेरिकी और यूरोपियन कंपनियों के लिए रूस काफी महत्त्वपूर्ण कार्यक्षेत्र है। करीब 40 बिलियन डॉलर के मूल्य के आयात और निर्यात के बावजूद जहाँ अमेरिका, रूस के शीर्षस्थ 10 व्यापारिक भागीदारों (ट्रेडिंग पार्टनर्स) की फेहरिस्त में कोई स्थान नहीं बना पाया है, वहीं अमेरिकी खुदरा व्यवसाय, कंस्ट्रक्शन और यहाँ तक कि कुछ शीर्ष अमेरिकी बैंकों तक के लिए रूस, अमेरिकी व्यावसायिक हितों

के लिहाज से एक बड़ा महत्त्वपूर्ण देश है।

इन कंपनियों में पेप्सी कंपनी के लिए रूस, अमेरिका के बाहर उसका सबसे बड़ा मार्केट है, जिसका आकार करीब 5 बिलियन डॉलर है। इसके अलावा मॉकडोनाल्ड जो कि रूस में हाल ही में हुए ओलंपिक खेलों में आधिकारिक पार्टनर रहा था, रूस में 410 से अधिक रेस्टोरेंट चला रहा है, जो प्रतिवर्ष कंपनी के काराबोर का 9 प्रतिशत अर्थात् करीब 2.5 बिलियन डॉलर की कमाई का योगदान देते हैं। एक अन्य अमेरिकी कंपनी, जो खेती के उपकरण बनने वाली विश्व की शीर्ष कंपनी है, उसकी भी रूस में दो फैक्टरियाँ (कारखाना) और ऑफिस हैं।

इसी प्रकार यदि यूरोप और रूस के व्यापारिक रिश्तों का जिक्र करें, तो एक फ्रांसिसी कंपनी रीनॉल्ट, जो उन्दा किस्म की कारें बनाती है, उसका रूस में संयुक्त उपक्रम लगा है। इसी प्रकार एक जर्मन कंपनी 'पोर्श' के लिए भी रूस और यूक्रेन जबरदस्त बाजार हैं। इसी प्रकार अनेक कंपनियों के रूस के साथ व्यापारिक रिश्तों की बदौलत यूरोप का रूस के साथ करीब 460 बिलियन डॉलर का व्यवसाय है और उसे 'मॉस्को' का सबसे बड़ा व्यापारिक पार्टनर समझा जा सकता है। उधर, रूस में भी कुल विदेशी निवेश का आधे से भी ज्यादा निवेश यूरोपियन बहुराष्ट्रीय कंपनियों से आता है।

अब जिस प्रकार रूस ने जबरन अपनी सेनाएँ यूक्रेन की जमीन पर तैनात कर दी हैं, उससे नाराज होकर अमेरिका ने यूक्रेन की सार्वभौमिकता में खलल डालने के लिए कथित तौर पर जिम्मेदार समझे जानेवाले लोगों पर वीजा निषेध (पाबंदी) का फैसला लिया और यह धमकी भी दी कि यदि रूस ने तनाव कम करने की कोशिश नहीं की, तो उस पर 'सेंक्शन्स' अर्थात् कई प्रतिबंध लगाए जा सकते हैं।

जाहिर-सी बात है कि अब बहुराष्ट्रीय कंपनियों, जिन्होंने रूस के साथ लंबा चौड़ा कारोबारी रिश्ता कायम किया हुआ है में घबराहट होना लाजिमी है। यूक्रेन विश्व में भुट्टे (कॉर्न) का तीसरा सबसे बड़ा और गेहूँ का पाँचवाँ सबसे बड़ा निर्यातक देश है, जिसका आकार वैश्विक बाजार में क्रमशः 18 मिलियन और 10 मिलियन टन (सन् 2013-14) है। इसके अलावा प्राकृतिक गैस की यूरोप में 30 प्रतिशत खपत रूस द्वारा सप्लाई की जाती है और इसकी 50 प्रतिशत से अधिक सप्लाई जिस पाइपलाइन के जरिए होती है, वो यूक्रेन की जमीन से होकर गुजरती है।

जाहिर-सी बात है कि यदि अमेरिका ने प्रतिबंध लगाए और रूस ने पलट जवाब करते हुए अपने रिश्ते तोड़ डाले, तो अमेरिकी और यूरोपियन कंपनियों को तो भारी खामियाजा भुगतना पड़ ही सकता है, साथ ही इसका इन देशों की अर्थव्यवस्थाओं पर भी नकारात्मक असर पड़ सकता है।

गौरतलब है कि यूक्रेन में मची राजनीतिक अफरा-तफरी में मुख्य मुद्दा, चाहे

यूरोपियन या यूँ कहें पश्चिमी विचारधारा पर आधारित लोकतांत्रिक व्यवस्था या मॉस्को अर्थात् वामपंथी विचारधारा से प्रेरित राजनीतिक व्यवस्था में चुनाव का प्रश्न हो, या फिर वहाँ के राजनेताओं द्वारा फैलाया गया भ्रष्टाचार या तो रूस द्वारा जबरन यूक्रेन में घुसपैठ या फिर अमेरिकी वर्चस्व को रूस द्वारा खुली चुनौती या कुछ और इस वाकए से फिर स्पष्ट हुआ है कि वैश्वीकरण के इस युग में मिश्र की क्रांति या सीरिया का संकट हो या ईरान का मसला, भू-राजनीतिक संकटों की इस श्रृंखला में भले ही यूक्रेन एक और कड़ी हो, अब बहुराष्ट्रीय कंपनियों के लिए अन्य देशों में व्यवसाय फैलाते समय इस प्रकार के संकटों से उपजे जोखिम (रिस्क) का आकलन और उसका प्रबंधन करना आवश्यक होता जा रहा है।

यही नहीं, अब जिस प्रकार इन संकटों की वजह से दुनिया भर के शेयर बाजार हिल जाते हैं, कई देशों की अर्थव्यवस्था तक प्रभावित हो जाती है, जाहिर-सी बात है कि हर प्रकार के उद्योगों के समक्ष नई चुनौतियाँ सामने आ खड़ी होती हैं। फिर वे छोटे उद्योग हों या बड़े, घरेलू उद्योग हों या बहुराष्ट्रीय कंपनी, सभी के लिए इस प्रकार के संकटों के प्रति सजग या सतर्क रहने की आवश्यकता है।

अमेरिकी शेयर मार्केट को छींक आने भर से विश्व के अन्य बाजारों को जुकाम होने की प्रवृत्ति तो हमने खूब देखी है, अब यूक्रेन को छींक आने पर वैश्विक कंपनियों को जुकाम होता दिख रहा है और यह काफी गंभीर मसला है। वैश्वीकरण के युग में उद्योगों के लिए चुनौतियाँ और बढ़ गई हैं, साथ ही जोखिम भी। सभी को अपेक्षा है कि यूक्रेन की समस्या का कोई ठोस हल जल्द ही ढूँढ़ लिया जाए।

(मुंबई में प्रकाशित दैनिक 'हमारा महानगर' में शुक्रवार 14-03-2014 को व्यापार पृष्ठ पर प्रकाशित)

□

72

सरकारी क्षेत्र के बैंकों में तेजी से बढ़ रहे हैं एनपीए

भारतीय बैंकिंग सेक्टर में एनपीए (नॉन पर्फार्मिंग असेट्स) अर्थात् खराब हो चुके ऋणों की समस्या कोई नई नहीं है, पर हाल ही में बैंकों द्वारा करीब 7 बिलियन डॉलर मूल्य के रेकॉर्ड एनपीए बेचने की जो आतुरता जताई जा रही है, वो निश्चय ही समस्या की गंभीरता और विस्तार का परिचायक है।

उल्लेखनीय है कि अगले वर्ष से रिजर्व बैंक द्वारा कठिन मानदंडों के लागू किए जाने की घोषणा के मद्देनजर बैंक अपनी लेखा-पुस्तकों को जितना हो सके 'स्वच्छ' अर्थात् एनपीए से मुक्त रखना चाहते हैं। खबर यह भी है कि करीब 40 बैंकों, जिनमें से अधिकांश सरकारी बैंक हैं, ने करीब 42,800 करोड़ रुपए के खराब ऋणों को बेचने के लिए बोलियाँ (बिड्स) आमंत्रित की हैं। यह आँकड़ा पिछली तिमाही के आँकड़ों से चार गुना अधिक है। इन बैंकों में स्टेट बैंक ऑफ इंडिया, यूनाइटेड बैंक ऑफ इंडिया सरीखे बड़े सरकारी बैंक भी शामिल हैं।

गौरतलब है कि अनेक भारतीय बैंक खराब ऋणों के एक अभूतपूर्व संकट से जूझ रहे हैं। हालात इतने नाजुक हैं कि सरकारी क्षेत्र का सबसे बड़ा बैंक एसबीआई पिछली दो शताब्दियों के इतिहास में पहली बार अपने 67,799 करोड़ रुपयों के खराब ऋणों में से करीब 5,000 करोड़ रुपए के एनपीए रूपी बोझ तो एक महीने में ही असेट पुनरुद्धार कंपनियों (एआरसी) पर उतार देना चाहता है। गौरतलब है कि दिसंबर में समाप्त हुई तिमाही में इस बैंक के 5.3 प्रतिशत असेट खराब ऋणों में तब्दील हो चुके हैं। इस वजह से इस बैंक के लाभांशों में एक तिहाई से भी अधिक की गिरावट आई है।

यदि पूरे बैंकिंग सिस्टम की बात करें तो इनके करीब 4.1 प्रतिशत असेट खराब ऋणों में अटक गए हैं। एक अनुमान के अनुसार, दिसंबर से नौ महीने पूर्व तक के

अंतराल में भारत में बैंकों में हर एक रुपए के ऋण में से औसतन 13 पैसे खराब ऋणों में तब्दील हुए हैं। इस दौरान 42 बैंकों ने 5.02 लाख करोड़ रुपए के ऋण दिए, जबकि उनके एनपीए का आकार 67,394 करोड़ रहा।

हालाँकि केंद्रीय वित्त मंत्री के अनुसार, इस अंतराल में बैंकों ने 18,933 करोड़ रुपए के खराब ऋणों की वसूली भी की है। सबसे खराब हालात यूनाइटेड बैंक के रहे, जिसने इस दौरान कुल 9,268 करोड़ रुपए के ऋण जारी किए, जबकि उसके कुल एनपीए का आकार 5,581 करोड़ रुपए रहा।

अब तो केंद्रीय वित्त मंत्री ने भी मान लिया है कि सरकारी क्षेत्र के बैंकों के समक्ष आज सबसे बड़ी चुनौती यह है कि किस प्रकार वे अपने असेट्स की गुणवत्ता बढ़ाएँ या यूँ कहें कि अपने एनपीए बढ़ने से रोकें। उनके अनुसार, बड़े कॉर्पोरेट ऋण खातों में 'डिफॉल्ट' की समस्या अधिक गंभीर है और बैंकों को इन्हें दिए गए ऋण की वसूली पर ध्यान केंद्रित करना चाहिए। इसके अलावा कई छोटे उद्योगों में भी एनपीए बढ़े हैं।

दरअसल, भारत की अर्थव्यवस्था जिस प्रकार धीमी होती जा रही है, उद्योगों के समक्ष अनेक चुनौतियाँ सामने आ खड़ी हुई हैं, हालाँकि कई कंपनियों द्वारा ऋण न चुका पाने की प्रमुख वजह कमजोर विकास दर के अलावा सरकारी स्तर पर व्याप्त नीतिगत गतिरोध को भी माना जा रहा है। वजह जो भी हो, लेकिन बैंकों द्वारा अपने खराब ऋणों को बेचने के प्रति आतुरता अचानक इसलिए बढ़ रही है, क्योंकि अगले वर्ष अर्थात् मार्च 2015 से लागू मानदंडों के तहत अब बैंकों द्वारा जिन खराब ऋणों का पुनर्गठन किया जा चुका है, उन्हें भी खराब ऋणों अर्थात् एनपीए की श्रेणी में वर्गीकृत माना जाएगा और इस वजह से बैंकों को अपने बही खातों में अधिक प्रोव्हिजनिंग (प्राविधीकरण) करनी पड़ सकती है। इसके अलावा प्रोव्हिजनिंग का मानदंड भी मौजूदा 2 प्रतिशत से बढ़ाकर 5 प्रतिशत कर दिया गया है।

दूसरा कारण यह भी हो सकता है कि शायद वे बैंक, जो इस आस्था पर चलते हैं कि खराब हुए ऋणों का पुनर्गठन कर देने पर उन्हें ठीक से वसूला जा सकता है, वे भी अब इन एनपीए को बेच डालना एक बेहतर विकल्प के रूप में देख रहे हैं, ताकि इन ऋणों के मूल्य के पूर्ण ह्रास होने से पूर्व ही कुछ तो वसूली की जा सके। जाहिर तौर पर एक ओर असेट रिकंस्ट्रक्शन कंपनियों (एआरसी) के लिए अब अभूतपूर्व व्यावसायिक मौके उपलब्ध होंगे, वहीं दूसरी ओर आदतन डिफॉल्ट करने वाली कंपनियों की अब खैर नहीं।

तीसरा कारण यह भी माना जा सकता है कि अर्थव्यवस्था की धीमी रफ्तार को देखते हुए बैंकों में काफी हताशा छाई है। जानकारों की मानें तो भले ही आने चुनावों में एक बेहतर या यूँ कहें कि पूर्ण बहुमत वाली सरकार बनने की संभावना प्रबल नजर

आ रही हो, पर फिर भी हालात इतने नाजुक हो चले हैं कि आनेवाले 10-11 महीनों कोई महत्त्वपूर्ण सुधार देश की अर्थव्यवस्था में होने की संभावना कम है। यही कारण है कि बैंकों पर मार्च 2015 तक अपने बही खाते एनपीए से मुक्त करने के लिए काफी मनौवैज्ञानिक दबाव भी हो सकता है।

दरअसल, बैंकों की अपनी समस्याएँ भी हैं। रिजर्व बैंक की वित्तीय स्थिरता रिपोर्ट के अनुसार, जहाँ 'ए' या उससे भी उच्च रेटिंग वाले कॉर्पोरेट ऋण का प्रतिशत (जिनमें जोखिम का भार 100 से कम है) सन् 2009 के 45 प्रतिशत के मुकाबले 2013 में 22 प्रतिशत रह गया है। वहीं दूसरी ओर 'बीबीबी' या उससे निम्न रेटिंग का प्रतिशत (जिसका जोखिम भार 100 से 150 के बीच है) इस दौरान 55 प्रतिशत से बढ़कर 78 प्रतिशत हो गया है।

अगर सरकारी बैंकों की बात करें, तो वे खुदरा ऋण जिनमें एनपीए का जोखिम कम होता है, प्राइवेट बैंकों के खुदरा ऋण के 40 प्रतिशत के मुकाबले महज 16 प्रतिशत देते हैं। इसके अलावा अकसर उन्हें सरकारी नीतियों के चलते ऐसे क्षेत्रों में ऋण देना होता है, जो अत्यंत जोखिम भरे हैं, जैसा कि इंफ्रास्ट्रक्चर आदि।

आवश्यकता है कि भारत जैसे विकासशील देश में एनपीए की समस्या को गंभीरता से लिया जाए और उद्योगों की समृद्धि के अनुकूल आर्थिक वातावरण बनाया जाए। तभी दीर्घकाल में बैंकों के साथ देश की अर्थव्यवस्था का स्वास्थ्य भी ठीक रखा जा सकेगा।

(मुंबई में प्रकाशित दैनिक 'हमारा महानगर' में शुक्रवार 21-03-2014 को व्यापार पृष्ठ पर प्रकाशित)

□

73

विदेशी निवेशकों को खूब लुभा रहा है भारतीय पूँजी बाजार

पिछले कुछ हफ्तों से लगातार विदेशी संस्थागत निवेशकों (एफआईआई) द्वारा भारतीय स्टॉक मार्केट में नकद बाजार में जबरदस्त खरीदी और 'निफ्टी इंडैक्स फ्यूचर्स' में बढ़-चढ़कर भाव लगाने का दौर चल रहा है। विगत एक महीने में ही 20,000 करोड़ रुपए से भी अधिक की खरीदी कर चुकने वाले इन निवेशकों में मानो एक नया जोश-सा भर गया है।

आम चुनावों के इस दौर में चुनावी रैलियों को तो अकसर देखा जा रहा है, लेकिन लड़खड़ाते उदीयमान बाजारों में विदेशी निवेशकों का 'मोह-भंग' हो बेरुखी का रुख अख्तियार करने के बाद भारतीय पूँजी बाजारों में जो आकर्षण बढ़ा है, उसकी वजह से लगता है कि शेयर बाजार में भी 'रैली' चल रही है। कुछ विश्लेषकों ने इसे 'मोदी रैली' तो कुछ ने इसे 'चुनाव से पूर्व होनेवाली रैली' का नाम तक दे दिया है।

कारण यह है कि विगत कुछ वर्षों से भारतीय अर्थव्यवस्था का प्रदर्शन काफी निराशाजनक रहा है, जिसकी वजह से उसकी विकास दर 4.5 प्रतिशत के करीब रही है। इसके अलावा कई कंपनियों को आशा से विपरीत खराब प्रदर्शन और खुदरा महँगाई का 'डबल डिजिट' के स्तर पर बने रहना इत्यादि ऐसे तत्त्व हैं, जिनकी वजह से आमतौर पर निवेशकों में हताशा का आलम नजर आता है, लेकिन जिस प्रकार उत्साहित होकर विदेशी निवेशक भारतीय स्टॉक मार्केट की ओर आकर्षित हो रहे हैं, इसे कुछ अप्रत्याशित ही माना जा सकता है।

यही नहीं, अमेरिका में रोजगार संबंधी जो नवीनतम आँकड़े आए हैं उससे वहाँ आर्थिक उद्धार के आसार मजबूत होते दिखाई दे रहे हैं। साथ ही, वहाँ के फेडरल रिजर्व बैंक की अध्यक्षा जेनेट येलेन ने हाल ही में 'फेड टेपर' नीति बदस्तूर जारी रहने के भी

संकेत दिए हैं और कहा है कि अगले छह महीनों में 'आसान मुद्रा' के दौर की प्रस्तावित अवधि समाप्ति होने के बाद वहाँ ब्याज की दरों में वृद्धि भी की जा सकती है।

इसके अलावा वैश्विक अर्थव्यवस्था में यूक्रेन में रूसी दखलंदाजी के मद्देनजर एक प्रकार से अनिश्चितता का माहौल है। इस प्रकार घरेलू और वैश्विक स्तर पर अनेक ऐसे कारण हैं, जिनकी वजह से विदेशी संस्थागत निवेशकों का भारतीय पूँजी बाजार से मोह भंग भी हो सकता था, लेकिन ऐसा हुआ नहीं।

जाहिर तौर पर भारतीय चुनावी लहर ने मानो पूँजी बाजार में एक अनुकूल वातावरण बनाया है, जिसकी वजह से भी विदेशी निवेशक इसकी ओर आकर्षित हो रहे हैं। हालात ये हैं कि अब अनेक ग्लोबल फंड मैनेजर अमेरिका और यूरोप स्थित अपने दफ्तरों में बैठकर अन्य उदीयमान अर्थव्यवस्थाओं, जिनमें चीन और कोरिया प्रमुख हैं, से अपना निवेश बाहर निकाल कर भारतीय बाजारों में निवेश कर रहे हैं।

हालाँकि, यूक्रेन के संदर्भ में बढ़ते भू-राजनीतिक संकट से उपजी अस्थिरता से अन्य उदीयमान देश भारत से कहीं अधिक प्रभावित हो सकते हैं, ऐसी धारणा भी भारतीय पूँजी बाजार में एफआईआई के बढ़ते मोह का कारण मानी जा सकती है। यद्यपि भारत में पिछले कुछ महीनों में आर्थिक वातावरण कुछ सुधरा भी है। भारत के चालू खाता घाटे में गिरावट से भुगतान संतुलन पर दबाव कुछ कम हुआ है। भारत का विदेशी मुद्रा कोष भी संतोषजनक स्तर पर पहुँच चुका है।

इसके अलवा रुपए की सेहत भी कुछ सुधरी है। यही नहीं, कई अन्य उदीयमान अर्थव्यवस्थाओं की तुलना में भारतीय बाजारों में मूल्यांकन (वेल्यूएशंस) ज्यादा आकर्षक बन पड़े हैं। अंतरराष्ट्रीय एजेंसी 'ब्लूमबर्ग' के अनुसार, भारतीय बाजारों में अगले वित्तीय वर्ष में होनेवाली आय (अर्निंग्स) में 19 प्रतिशत की वृद्धि नजर आ रही है, जो इंडोनेशिया (17 प्रतिशत), चीन (14 प्रतिशत), ब्राजील (11 प्रतिशत) और रूस में महज एक प्रतिशत के मुकाबले कहीं बेहतर है।

इसके साथ ही वैश्विक स्तर पर अभी काफी तरलता है और हालात यूँ ही आशाजनक बने रहे तो विदेशी संस्थागत निवेशकों द्वारा बड़ी मात्रा में निवेश किए जाने का सिलसिला फिलहाल जारी भी रह सकता है।

उल्लेखनीय है कि 21 मार्च 2014 को उपलब्ध आँकड़ों के अनुसार, भारत में 1,715 रजिस्टर्ड एफआईआई हैं, जिनके करीब 6,318 उप-खाते हैं। शेयर मार्केट की रैली का आलम यह है कि बीएसई के 'सेंसेक्स' और एनएसई के 'निफ्टी' ने 26 मार्च को अपना रिकॉर्ड स्तर छू लिया है। लेकिन फिर एक आशंका भी है कि कहीं विदेशी निवेशकों की अपेक्षा के अनुरूप राजनीतिक अथवा आर्थिक स्थिरता का माहौल नहीं बन पाया तो ये निवेशक जितने उत्साह से भारतीय पूँजी बाजार में भागे चले आ रहे हैं,

उतनी ही तीव्रता से यहाँ से बाहर भी भाग कर जा सकते हैं। इसी प्रकार यदि किसी अन्य उदीयमान बाजार में उन्हें बेहतर 'रिटर्न्स' मिले तो भी वे यहाँ से हाथ खींच सकते हैं।

एक और बात ध्यान देने योग्य है। सन् 2008 के बाद से ही विदेशी संस्थागत निवेशकों ने भारत के घरेलू संस्थागत निवेशकों द्वारा बेचे गए हर डॉलर के सामने औसतन 50 डॉलर के स्टॉक की खरीदी की है अर्थात् जहाँ घरेलू निवेशकों में भारत की अर्थव्यवस्था को लेकर आशंका है और वे अपने स्टॉक्स बेच रहे हैं, वहीं विदेशी निवेशकों को यहाँ बेहतर रिटर्न्स की प्रबल संभावना दिखाई पड़ रही है और वे भारी तादाद में यहाँ निवेश करने को तत्पर दिखाई देते हैं।

पिछले पाँच वर्षों में करीब 79 बिलियन डॉलर का निवेश भारत में हुआ है, जिसकी वजह से 'सेंसेक्स' 9 मार्च 2009 के 8160.40 अंकों के मुकाबले 26 मार्च, 2014 को 22095.30 के रिकॉर्ड स्तर पर पहुँच गया है। आज बीएसई सेंसेक्स का निर्माण करनेवाली 30 कंपनियों में उनका निवेश करीब 26 प्रतिशत और बीएसई 200 के सूचकांक में शामिल कंपनियों में 23.5 प्रतिशत निवेश है। जाहिर तौर पर छोटे और मध्यम आकार की कंपनियों में उनका निवेश इतना नहीं है। इसलिए आम निवेशक इस 'रैली' से अधिक प्रभावित नहीं भी हो सकते हैं।

फिलहाल विदेशी निवेशकों के नेतृत्व में यह 'रैली' कब तक चलेगी यह खुदरा महँगाई में गिरावट, चुनावों में स्पष्ट या स्थिर बहुमत वाली सरकार का आना, उस सरकार द्वारा आर्थिक सुधार के एजेंडे पर काम शुरू कर पाना, रुपए की सेहत दुरुस्त रहना जैसे कई तत्त्वों पर निर्भर करेगा।

अतः निवेशकों को सदैव सतर्क रहते हुए ही शेयर बाजार की इस दमदार रैली में निवेश करना होगा, क्योंकि भारतीय आम चुनावों के नतीजों के अलावा वैश्विक स्तर पर छाए भू-राजनीतिक संकट और अमेरिका की 'टेपर' नीति के रुख भी विदेशी निवेशकों के निवेश संबंधी फैसलों को प्रभावित कर सकते हैं।

(मुंबई में प्रकाशित दैनिक 'हमारा महानगर' में शुक्रवार 28-03-2014 को व्यापार पृष्ठ पर प्रकाशित)

□

74

वार्षिक मौद्रिक नीति में नहीं दिखा कोई बड़ा बदलाव

हाल ही में रिजर्व बैंक ऑफ इंडिया ने अपनी वार्षिक मौद्रिक नीति की घोषणा कर दी है। जैसी कि अपेक्षा की जा रही थी, मौद्रिक नीति में नीतिगत दरों इत्यादि को लेकर वस्तुस्थिति यथावत ही रखी गई और इसका प्रमुख कारण था—खुदरा मुद्रास्फीति के स्तर में अपेक्षित सुधार का नजर नहीं आ पाना। विशेषकर, खाद्य वस्तुओं के क्षेत्र में महँगाई बरकरार है और यही कारण है कि मौद्रिक नीति में कुछ बड़ा बदलाव नहीं किया जा सका। इस मौद्रिक नीति के तहत नीतिगत दरों को कम भले ही न कर दिया गया हो, पर फिर भी एक अहसास अवश्य हुआ है कि ब्याज की दर को लेकर बनाया गया कठोरता का चक्र अब लगभग समाप्ति की ओर है। हालाँकि ब्याज की दरों में कटौती की गुंजाइश अभी भी नजर नहीं आ रही है।

उल्लेखनीय है कि रिजर्व बैंक ने पहले भी स्पष्ट तौर पर कहा है कि महँगाई को बढ़ने से रोकना उसके लिए पहली प्राथमिकता है। फिर भले ही कॉर्पोरेट जगत् और अन्य हितधारकों द्वारा नीतिगत दरें घटाने के लिए कितना भी जबरदस्त वातावरण क्यों न खड़ा कर दिया गया हो पर फिर भी रिजर्व बैंक ने इस बार भी महँगाई के मुद्दे को तरजीह दी है।

यहाँ रिजर्व बैंक की चिंता सिर्फ खुदरा महँगाई रोकने तक ही सीमित नहीं है, बल्कि एक ऐसे माहौल में जहाँ रुपए की मजबूती डॉलर के मुकाबले कुछ सुधरी है, वहीं भारत के निर्यातों को महँगाई की डबल मार से बचाने की भी है। फिर मार्च के महीने में आई बिन मौसम की बरसात ने कई क्षेत्रों में खड़ी हुई फसल को जिस प्रकार नुकसान पहुँचाया है, उससे भी भारतीय अर्थव्यवस्था में मूल्य वृद्धि की संभावना कुछ और बढ़ ही गई है।

हालाँकि मासिक होलसेल मूल्य सूचकांक इस फरवरी 4.68 प्रतिशत रहा, जबकि खुदरा मूल्य सूचकांक पिछले 25 महीने के न्यूनतम स्तर 8.1 प्रतिशत पर है, पर फिर भी

जिस प्रकार अनेक कारणों से महँगाई बढ़ने का अंदेशा है, यह समझा गया है कि रिजर्व बैंक द्वारा नीतिगत दरें यथावत ही रखने का निर्णय काफी उचित है।

इस बीच एक चर्चा काफी गर्म है कि आखिर महँगाई को रोकना किसकी जिम्मेवारी है? खासतौर पर तब जबकि केंद्रीय वित्त मंत्री द्वारा हाल ही में रिजर्व बैंक के निदेशक मंडल की एक बैठक में विचार रखा बताया गया है कि केंद्र सरकार द्वारा महँगाई का लक्ष्य (टार्गेट) निश्चित किया जाना चाहिए। इससे पूर्व जनवरी 2014 के उत्तरार्द्ध में मौद्रिक नीति के ढाँचे को संशोधित करने और मजबूत बनाने के लिए गठित विशेषज्ञ समिति (एक्सपर्ट कमेटी) द्वारा जारी की गई एक रिपोर्ट में भी मूल्यवृद्धि का लक्ष्यीकरण (इंफ्लेशन टारगेटिंग) करने की सिफारिश की गई थी। इस समिति ने जनवरी 2016 तक इस सिफारिश को लागू कर देने का सुझाव भी दिया है और कहा है कि हेडलाइन उपभोक्ता मूल्य सूचकांक को सांकेतिक एंकर के रूप में स्थापित किया जाना चाहिए।

यहाँ पर दो मुद्दे काफी ध्यान देने योग्य हैं। पहला तो यह कि भारत जैसे एक विकासशील देश में जहाँ खुदरा मूल्य सूचकांक का 60 प्रतिशत हिस्सा खाद्य पदार्थों की कीमतों से प्रभावित होता है, क्या वाकई महँगाई रोकना मौद्रिक नीति के प्राथमिक लक्ष्य के रूप में रखा जा सकता है, क्योंकि खाद्य वस्तुओं की कीमतें ब्याज दरों के अलावा मानसून के मिजाज, प्रशासित कीमतों, माल भाड़े के स्तर आदि से भी प्रभावित होती है। अत: मौद्रिक नीति खुदरा मूल्य सूचकांक को प्रभावित करने वाले कई सारे तत्त्वों में से एक है। दूसरा मसला यह भी है कि खाद्य वस्तुओं और ईंधन की कीमतों में वृद्धि से यह अपेक्षा बन जाती है कि कीमतें अब बढ़ने लगेंगी। इस वजह से वेतन बढ़ाने को लेकर दबाव बढ़ने, कच्चे माल की कीमतों में वृद्धि और वित्तीय तरलता में कमी जैसे अनेक तत्त्व सक्रिय होते हैं, जो मूल्य वृद्धि को हवा ही देते हैं।

इसके अलावा करीब 1.5 प्रतिशत की दर से बढ़ती भारत की जनसंख्या का 65 प्रतिशत हिस्सा 35 वर्ष से कम उम्र के लोगों का है, जिस वजह से भी खाद्य वस्तुओं और ऊर्जा के संसाधनों पर दबाव बढ़ता है। जब एक लंबे अर्से से भारत का खुदरा मूल्य सूचकांक औसतन 10 प्रतिशत के करीब रहता आया हो, तब सिर्फ रिजर्व बैंक पर मूल्य वृद्धि रोकने के लिए मौद्रिक नीति में इफ्लेशन टार्गेटिंग अर्थात् महँगाई का लक्ष्यीकरण काफी चुनौतीपूर्ण साबित हो सकता है।

(मुंबई में प्रकाशित दैनिक 'हमारा महानगर' में शुक्रवार 04-04-2014 को व्यापार पृष्ठ पर प्रकाशित)

□

75

भारतीय बैंकिंग में जुड़ा एक नया अध्याय

हाल ही में रिजर्व बैंक ने निजी क्षेत्र में दो नए बैंकों की स्थापना हेतु लाइसेंस जारी करने के संबंध में सैद्धांतिक मंजूरी दे दी है। एक लंबे अंतराल के बाद नए बैंक खोलने के लिए उद्योग समूहों सहित विभिन्न संस्थाओं से आवेदन मांगे गए थे। प्राप्त कुल 27 आवेदनों में से करीब 25 अर्जियाँ केंद्रीय बैंक के विचाराधीन थीं लेकिन केवल 2 विभेदित (डिफ्रेंशिएटिड) आवेदकों को ही बैंक खोलने हेतु अनुमति देने की बात की गई है। इनमें से एक 'आईडीएफसी' विशेषतः इंफ्रास्ट्रक्चर क्षेत्र में ऋण देता है। एक ऐसे दौर में जबकि अन्य बैंकों को इस क्षेत्र में जारी किए गए ऋणों को वसूलने के लिए काफी संघर्ष करना पड़ रहा है, लगता है आईडीएफसी, जो इस क्षेत्र की एक विशेषज्ञ कंपनी है, को अपने अनुभव का फायदा मिला। यह बात और है कि यह कंपनी अपने काम-काज का दायरा महज इंफ्रास्ट्रक्चर तक ही सीमित नहीं रखना चाहती, बल्कि एक यूनिवर्सल बैंक के रूप में काम करने की इच्छा रखती है।

दूसरी कंपनी का नाम है 'बंधन' जो ज्यादातर माइक्रो फाइनांस के क्षेत्र में कार्यरत है। जहाँ केंद्रीय बैंक द्वारा नए बैंकों से बैंकिंग सेवा रहित क्षेत्रों में अपनी कुल शाखाओं की 25 प्रतिशत संख्या रखने की शर्त रखी हुई है, वहाँ 'बंधन' पहले से ही ऐसे क्षेत्रों में करीब 45 प्रतिशत शाखाएँ खोले हुए है। इसके अलावा इन दोनों ही बैंकों को अपने कुल ऋणों का 40 प्रतिशत प्राथमिक क्षेत्रों को जारी करना पड़ेगा।

रिजर्व बैंक के इस फैसले से दो बातें काफी स्पष्ट हुई हैं। एक तो यह कि बैंकों को लाइसेंस हेतु मंजूरी देते समय रिजर्व बैंक ने काफी संकीर्ण (कंजरवेटिव) नजरिया अपनाया और दूसरा यह कि अब रिजर्व बैंक ने विभेदित (डिफ्रेंशियेटेड) बैंकिंग का एक नया सिद्धांत प्रतिपादित किया है, जो शायद उसे भारत की विशिष्ट जरूरतों के हिसाब से काफी उचित लगता है।

हालाँकि रिजर्व बैंक ने साफ कर दिया है कि भविष्य में कोई भी उपयुक्त संस्था संपूर्ण बैंक या विभेदित बैंक का लाइसेंस प्राप्त करने के लिए आवेदन कर सकती है। यही नहीं, मौजूदा दौर में जिन आवेदकों की अर्जियों पर अनुमति नहीं दी गई है, वे फिर से इन बैंकों के लिए आवेदन कर सकेंगे। इसे भी भारतीय बैंकिंग सिस्टम के लिए एक अच्छा संकेत माना जा सकता है, क्योंकि रिजर्व बैंक द्वारा निर्धारित समय अंतराल में उपलब्ध अवसरों के स्थान पर अब कोई भी संस्था अपनी व्यावसायिक आवश्यकताओं और बैंक खोलने की क्षमताओं के आधार पर कभी भी आवेदन करने में सक्षम होगी। यह उम्मीद भी की जा रही है कि रिजर्व बैंक ऐसे आवेदनों के प्राप्त होने पर उनकी पात्रता की जाँच करेगा। इसे भारतीय बैंकिंग क्षेत्र में 'ऑन-टैप' लाइसेंसिंग युग की शुरुआत समझा जा सकता है, जिसमें वर्ष के किसी भी दिन बैंक लाइसेंस हेतु आवेदन किया जा सकेगा।

फिलहाल इन दो कंपनियों को जालान समिति की सिफारिशों के हिसाब से उपयुक्त माना गया है। इस समिति के समक्ष एलएंडटी, बजाज फाइनांस, रिलायंस कैपीटल (अनिल अंबानी ग्रुप) आदित्य बिड़ला फाइनेंशियल सर्विसेज जैसी नामी गिरामी कंपनियों के आवेदन थे।

एक ऐसे समय में जब मौजूदा 40 लिस्टेड बैंकों के सकल नॉन पर्फार्मिंग असेट्स (एनपीए) में दिसंबर 2013 में समाप्त हुए नौ महीनों में 35.2 प्रतिशत अथवा 63,386 करोड़ रुपए की वृद्धि हुई हो, इन नए बैंकों के लिए राह आसान भी नहीं है। यद्यपि बड़े औद्योगिक समूह के आवेदकों को बैंक लाइसेंस हेतु हरी झंडी न दिखा पाना रिजर्व बैंक के संकीर्ण दृष्टिकोण को दर्शाता है पर फिर यह बात भी सही है कि बैंक खोलने का लाइसेंस काफी सोच-समझ कर और पुख्ता जाँच-पड़ताल के बाद ही दिया जा सकता है, क्योंकि यहाँ सामान्य लोगों के बचत और भरोसे—दोनों ही की रक्षा करने का भी सवाल है। शायद यही कारण है कि चार साल से भी ज्यादा समय लगा दो नए बैंक लाइसेंसों के लिए सैद्धांतिक मंजूरी देने में।

दरअसल, भारत में सन् 2010 से ही वित्तीय समावेश की जोरदार वकालत की जाती रही है। उल्लेखनीय है कि राष्ट्रीय नमूना सर्वेक्षण के 59वें दौर के अनुसार, आज भी 73 प्रतिशत किसान परिवारों की किसी भी औपचारिक वित्तीय स्रोत तक पहुँच नहीं है। अंतरराष्ट्रीय मुद्रा कोष (आईएमएफ) द्वारा सन् 2011 में जारी आँकड़ों के अनुसार, चीन में जहाँ प्रति हजार किलोमीटर क्षेत्र में करीब 1429 बैंक शाखाएँ है, वहाँ भारत में इनकी संख्या सिर्फ 30 है। इसी प्रकार जहाँ चीन में प्रति लाख व्यक्ति करीब 24 शाखाएँ हैं, वहाँ भारत में महज 10 बैंक शाखाएँ हैं।

यद्यपि रिजर्व बैंक द्वारा किए गए प्रयासों के फलस्वरूप भारत में बैंक शाखाओं की संख्या सन् 2006 में 68,681 से बढ़कर सन् 2013 तक 1,02,343 हो गई है, लेकिन

फिर भी भारत की जनसंख्या युवाओं का बाहुल्य और विशाल क्षेत्रफल यह सब देखते हुए सिर्फ दो नहीं, बल्कि अनेक नए बैंक खोलने की आवश्यकता है।

ऐसे में रिजर्व बैंक द्वारा संपूर्ण बैंक खोलने के लिए उपयुक्त आवेदक न उपलब्ध होने पर विशिष्ट क्षेत्रों में काम कर सकने वाले बैंकों को भी लाइसेंस हेतु अनुमति प्रदान करना स्वागत योग्य ही माना जाएगा, क्योंकि इससे देश में वित्तीय समावेश बढ़ाने में मदद मिलेगी।

यही नहीं, हर नए बैंक के स्थापित होने पर सैंकड़ों नए रोजगार के अवसर भी मिलेंगे। इसके अलावा बड़े बैंकों के समक्ष कड़ी प्रतिस्पर्धा के चलते नए बैंक नई टेक्नोलॉजी (तकनीक) द्वारा अपनी कार्यकुशलता बढ़ाने या लागत कम करने की कोशिश करेंगे, जो बैंकिग सेक्टर को नए आयाम प्रदान करेगा।

(मुंबई में प्रकाशित दैनिक 'हमारा महानगर' में शुक्रवार 11-04-2014 को व्यापार पृष्ठ पर प्रकाशित)

□

76

चीन की आर्थिक विकास दर कितनी मजबूत ?

हाल ही में चीनी सरकार द्वारा जारी किए गए आँकड़ों के अनुसार, वहाँ की सकल राष्ट्रीय आय (जीडीपी) इस वर्ष की प्रथम तिमाही के अंत में 7.4 प्रतिशत रही, हालाँकि यह कुछ अर्थशास्त्रियों द्वारा लगाए गए अनुमानों से अधिक रही पर चीन के आधिकारिक लक्ष्य, जो कि 7.5 प्रतिशत था, उससे कुछ कम ही रही।

यदि प्रथम तिमाही का प्रदर्शन देखें, तो यह सन् 2013 की प्रथम तिमाही के नतीजों से करीब 7.8 प्रतिशत कम आँका गया है। चीन की यह विकास दर सन् 2012 के बाद की न्यूनतम विकास दर है। गौरतलब है कि पिछले कुछ वर्षों से चीन विभिन्न क्षेत्रों में संतुलित विकास करने की कोशिश कर रहा है और अपनी कमजोर होती विकास दर को अधिक स्थिरता के साथ गतिमान बनाने के लिए अपने चिर-परिचित 'निवेश-संचालित' विकास मॉडल से कहीं पृथक् 'घरेलू उपभोक्ता माँग द्वारा संचालित' विकास मॉडल पर काम कर रहा है।

चीन भले ही 'डबल डिजिट' (दस प्रतिशत से अधिक) विकास दर हासिल नहीं कर पा रहा है, पर फिर भी तमाम समस्याओं और चुनौतियों के बावजूद, जो विकास दर उसने हासिल की है, वो विश्व की बेहतरीन विकास दरों में अंकित की जा सकती है। जाहिर तौर पर चीनी और वैश्विक अर्थविज्ञों के लिए भी यह राहत की बात अवश्य है, पर इससे न तो चीनी अर्थव्यवस्था पर मंडरा रही अनेक समस्याओं को नजरअंदाज किया जा सकता है और न ही भविष्य में ये विकास दर बरकरार रहेगी, ऐसा भरोसा ही किया जा सकता है। कुछ अर्थशास्त्रियों का तो यह तक मानना है कि इस तिमाही में विकास की दर का जो आँकड़ा पेश किया गया है, वह शायद कुछ अधिक अंदाजा है, क्योंकि उन्हें वहाँ की अर्थव्यवस्था में मंदी का रुख स्पष्ट दिखाई दे रहा है।

उदाहरण के लिए, मार्च में चीन के निर्यात 6.6 प्रतिशत की दर से घटे हैं, जबकि

वे पिछले माह फरवरी में भी वे 18.1 प्रतिशत की दर से घटे थे। उल्लेखनीय है कि मार्च में इन निर्यातों का 4.8 प्रतिशत से बढ़ने का अनुमान लगाया गया था। इसी प्रकार वहाँ के आयात, जहाँ फरवरी में 10.1 प्रतिशत की दर से बढ़े थे, वहाँ मार्च में वे 11.3 प्रतिशत कम हुए हैं, जबकि उनके 3.9 प्रतिशत के दर से बढ़ने का अनुमान था।

यदि वर्ष दर वर्ष निर्यात की विकास दर देखें, तो सन् 2009 के बाद ऐसा पहली बार हुआ है कि लगातार दो महीनों में निर्यात में कमी का रुख दिखाई दिया है। उधर आयातों में कमी से घरेलू अर्थव्यवस्था में कमजोर माँग (डिमांड) का रुख नजर आ रहा है। औद्योगिक उत्पाद 8.6 प्रतिशत से बढ़ा जरूर है पर यह भी अनुमानित नौ प्रतिशत के लक्ष्य से कुछ कम ही रहा है। इसके अलावा मार्च माह में संपत्ति (प्रॉपर्टी) के सौदों में वर्ष दर वर्ष आधार पर 7.5 प्रतिशत कमी आई है, जबकि नए घरों की दर में 21.9 प्रतिशत की कमी आई है।

जाहिर सी बात है कि चीनी अर्थव्यवस्था में क्रेडिट (बैंक ऋण) की विकास दर भी कम रही जो 12 प्रतिशत पर एक रिकॉर्ड निम्न स्तर है। लगता है कि अब वहाँ बैंक भी अधिक जोखिम उठाने से परहेज कर रहे हैं। इसके अलावा एचएसबीसी विनिर्माण पीएमआई (परचेज मैनेजर्स सूचकांक) जो पिछले महीने 48.5 था वो और गिरकर 48 हो गया। गौरतलब है कि यह सूचकांक यदि 50 से कम हो तो इसे आर्थिक मंदी की पूर्वाहट के रूप में देखा जा सकता है।

इन सबके बीच उम्मीद की एक क्षीण किरण चीनी खुदरा बिकवाली के क्षेत्र में नजर आ रही है, जो 11.8 प्रतिशत से बढ़कर मार्च में 12.2 प्रतिशत रही पर फिर भी अन्य तथ्यों के विश्लेषण से यही अंदेशा लगता है कि शायद चीन की विकास दर को बढ़ाना या स्थिर रख पाना भी चीन के लिए काफी चुनौतीपूर्ण साबित हो सकता है।

कारण है कि चीन की समस्याओं का सरोकार उसके आधारभूत ढाँचे से है, जिसे बदलना चीन जैसी राजनीतिक विचारधारा वाले देश के लिए कठिन समझा जा सकता है। उदाहरण के लिए, वहाँ की अर्थव्यवस्था में तीव्र गति से जो विकास पिछले कई वर्षों से देखा गया, वो मुख्यतः सरकार द्वारा भारी निवेश की बदौलत हासिल हुआ। उल्लेखनीय है कि जब अनेक विकसित अर्थव्यवस्थाएँ वैश्विक मंदी की मार झेल रही थीं, तब चीन के प्रमुख बैंकों ने रिकॉर्ड मात्रा में ऋण जारी किए। इस जद्दोजहद में काफी निवेश अनुत्पादक क्षेत्रों में भी चला गया, जिसे वसूल कर पाना चीन बैंकों के लिए काफी मुश्किल साबित हो सकता है। इसके अलावा चीन की अनेक गैर-बैंकिंग वित्त कंपनियों (एनबीएफसी) द्वारा भी प्रतिबिंबित (शैडो) बैंकिंग बड़े पैमाने पर किए जाने की आशंका भी जताई जा रही है।

इसमें चिंता इस बात की है कि गैर बैंकिंग कंपनियाँ पारंपरिक बैंकों के समान कार्य

तो करती हैं पर इन पर विनियमन का दायरा बैंकों से कुछ कम ही कठोर होता है। यह काफी जोखिमपूर्ण इसलिए भी है कि ये गैर बैंकिग कंपनियाँ विनियमन के कड़े दायरे से बाहर होने की वजह से उन नियमों को ताक में रख सकती हैं, जो किसी भी बड़े वित्तीय क्राइसिस से बचने के लिए बनाए जाते हैं। हालाँकि वहाँ इन कंपनियों पर विनियमन का दायरा कसने की कोशिशें जारी है, पर यहाँ दुविधा यह है कि अधिक कठोर विनियमन (रेग्यूलेशन) और वहाँ की लोकल सरकारों पर ऋणों का भार कम करने से चीनी अर्थव्यवस्था में निवेश का स्तर कहीं कम न हो जाए।

यही कारण है अब चीन में आर्थिक सुधार पर अधिक ध्यान दिया जा रहा है। इनमें शंघाई में फ्री ट्रेड जोन (स्वतंत्र व्यापार क्षेत्र) बनाना तथा वित्तीय एवं टेलीकॉम सेवा क्षेत्र में सुधार और बाजार संचालित ब्याज दरें जैसे उपाय शामिल हैं। उल्लेखनीय है कि 1.35 बिलियन की जनसंख्या वाली चीनी अर्थव्यवस्था ने एक अनुमान के अनुसार सन् 2013 में 12.38 ट्रिलियन डॉलर का सकल राष्ट्रीय उत्पादन किया है, जो उसे अमेरिका (16.72 ट्रिलियन) और यूरोपियन यूनियन (15.83 ट्रिलियन डॉलर) के बाद की तीसरी सबसे बड़ी अर्थव्यवस्था बनाता है। सन् 2013 में चीन विश्व का सबसे बड़ा निर्यातक देश भी रहा। ऐसे महत्त्वपूर्ण देश की विकास दर का ऊपर-नीचे होना वैश्विक अर्थव्यवस्था के लिए काफी मायने रखता है और भारत भी इसका अपवाद नहीं। चीन में आर्थिक सुधार प्रक्रिया से भले ही उसकी विकास दर कुछ कम अवश्य हुई है, पर दीर्घकाल में आर्थिक सुधार के विभिन्न उपायों से उसकी विकास दर में स्थिरता आएगी, जो वैश्विक अर्थव्यवस्था को भी संबल प्रदान करेगी।

(मुंबई में प्रकाशित दैनिक 'हमारा महानगर' में शुक्रवार 18-04-2014 को व्यापार पृष्ठ पर प्रकाशित)

□

77

शेयर बाजार में बढ़ रहा है पी-नोट निवेश

इन दिनों शेयर बाजार में काफी गहमागहमी चल रही है और शेयर बाजार जब सुर्खियों में हो तो उसके साथ-साथ ही कहीं विदेशी संस्थागत निवेश के आने या जाने की खबर भी अकसर अखबारों की हेडलाइंस में नजर आ ही जाती है। भारत के आम चुनावों ने लोकतंत्र के पावन पर्व के रूप में न सिर्फ जन-जन को उत्साहित कर दिया है, बल्कि लगता है कि भारतीय पूँजी बाजार में शिरकत करनेवाले विदेशी संस्थागत निवेशक भी इस माहौल का लुत्फ उठाते हुए शेयर मार्केट में जमकर खरीदी कर रहे हैं।

मार्च 2014 में जहाँ विदेशी संस्थागत निवेशकों ने 20,077 करोड़ रुपए का शुद्ध निवेश किया, वहाँ 21 अप्रैल, 2014 तक वे 7,095 करोड़ रुपए का शुद्ध निवेश कर चुके हैं। शेयर बाजार में तेजी और विदेशी संस्थागत का बढ़ना, ऐसा संयोग भारतीय पूँजी बाजार में आम बात है। पर इन दिनों पी-नोट निवेश में जो जबरदस्त तेजी देखी जा रही है, वो काफी महत्त्वपूर्ण समझी जा सकती है। गौरतलब है कि पी-नोट (अर्थात् पार्टिसिपेटरी नोट) भारत में रजिस्टर्ड विदेशी संस्थागत निवेशकों द्वारा जारी किए गए वो लेख-पत्र हैं, जिनके जरिए विदेशी निवेशक बिना सेबी-रजिस्ट्रेशन की औपचारिकता निभाए भारतीय पूँजी बाजार में हिस्सा ले सकते हैं।

उल्लेखनीय है कि भारतीय पूँजी बाजारों की नियामक संस्था सिक्योरिटीज एंड एक्सचेंज बोर्ड ऑफ इंडिया (सेबी) ने सन् 1992 के बाद के सिर्फ पंजीकृत (रजिस्टर्ड) विदेशी संस्थागत निवेशकों को ही भारतीय पूँजी बाजार में हिस्सा लेने की इजाजत दी थी।

हालाँकि जो निवेश पी-नोट के जरिए किया जाता है, वे भारत के बाहर से काम में लिए जाते हैं, भले ही निवेश भारत में किया गया हो। जाहिर तौर पर जो विदेशी निवेशक प्रत्यक्षतः भारतीय पूँजी बाजार में हिस्सा नहीं लेना चाहते, वे अन्य रजिस्टर्ड विदेशी निवेशकों के जरिए परोक्ष रूप से भारतीय पूँजी बाजार में भाग ले लेते हैं।

यह पी-नोट का रास्ता बड़ा ही आकर्षक है। सबसे पहले तो ऐसे विदेशी निवेशक को अपनी पहचान भारत में बतानी नहीं पड़ती, क्योंकि अन्य विदेशी संस्थागत निवेशकों की तरह इन्हें सेबी के पास रजिस्ट्रेशन कराने की कतई आवश्यकता नहीं है। फिर इन लेखा-पत्रों के जरिए वे आसानी से सौदे कर लेते हैं क्योंकि एक तरह से यह एक कांट्रेक्ट नोट (लेखा-पत्र) है, जिसका आसानी से समर्थन (एनडोर्समेंट) और वितरण किया जा सकता है।

उल्लेखनीय है कि मार्च के महीने में पी-नोट के जरिए होने वाला निवेश पिछले तीन वर्षों के अधिकतम स्तर लगभग 2.07 लाख करोड़ रुपए के करीब पहुँच चुका है। सेबी द्वारा जारी आँकड़ों के अनुसार, फरवरी के माह में इनका स्तर करीब 1.73 लाख करोड़ रहा था।

जानकारों के अनुसार, भारत में आम चुनावों के उपरांत केंद्र में एक मजबूत सरकार आने की उम्मीद जैसे-जैसे बढ़ रही है, वैसे ही इन विदेशी निवेशकों का भारतीय पूँजी बाजार में शेयरों की खरीदी के प्रति विशेष रुझान दिखाई दे रहा है।

पी-नोट के जरिए निवेश बढ़ने का दूसरा बड़ा कारण अमेरीकी डॉलर के सापेक्ष रुपए की विनियम दर में कुछ स्थिरता आने को भी समझा जा रहा है। यदि कुल विदेशी संस्थागत निवेशक (एफआईआई) में पी-नोट का हिस्सा देखें, तो वह भी पिछले महीने के 11.7 प्रतिशत से बढ़कर मार्च में 13 प्रतिशत हो गया है।

हालाँकि कुछ वर्षों पहले तक भारत में आधे से अधिक विदेशी निवेश पी-नोटों के जरिए ही आया करता था, लेकिन जब से सेबी ने इन गुमनाम निवेशकों के लिए कड़े प्रकटीकरण नियम बनाए हैं, इनका 'पार्टिसिपेशन' कम होता देखा गया था। यही कारण है कि अब भारतीय पूँजी बाजार में बढ़-चढ़कर हिस्सा लेने की प्रवृत्ति जो इनकी दिखाई पड़ रही है, उसे एक महत्त्वपूर्ण खबर समझा जा सकता है।

गौरतलब है कि 16 अक्तूबर 2007 को सेबी ने जब पी-नोट के जरिए होने वाले निवेश पर कुछ प्रतिबंध लगाए, तो उसका मकसद शायद यह था कि पी-नोट के माध्यम से निवेश करनेवाले गुमनाम निवेशकों के बारे में जानकारी न होने पर विदेशी 'हैज फंड' भारतीय शेयर बाजार को अस्थिर बनाने की चेष्टा न कर पाएँ। लेकिन सेबी द्वारा उठाए गए कदम के औचित्य को स्पष्टता से न समझ पाने की वजह से अगले ही दिन भारत के शेयर बाजार को एक भीषण झटका लगा जबकि 'सेंसेक्स' 1,744 अंकों (9 प्रतिशत) से ऐसा टूटा कि ये भारत के शेयर बाजार के इतिहास में एक ही दिन में होने वाली रिकॉर्ड गिरावट के रूप में दर्ज किया गया।

एक घंटे तक कारोबार स्थगित करना पड़ा और भारत के वित्त मंत्री को एक स्पष्टीकरण तक जारी करना पड़ा था कि भारत विदेशी संस्थागत निवेश के विरोध में नहीं

है और न ही पी-नोट निवेश पर भी तुरंत प्रतिबंध लगाने का कुछ इरादा ही था। इसके बाद बाजार में सुधार तो आया पर जब तक सेबी द्वारा पी-नोटों के संबंध में स्पष्ट जानकारी दी गई, शेयर मार्केट में कुछ दिनों तक अफरा-तफरी का माहौल बना रहा। हालाँकि पिछले कुछ वर्षों में पी-नोट बंद तो नहीं हुए पर उनका विदेशी संस्थागत निवेश में हिस्सा धीरे-धीरे काफी कम होता गया।

दरअसल, पी-नोट को भारत में काले धन की 'राउंड ट्रिपिंग' अर्थात्, देश में विद्यमान काला धन देश के बाहर से घुमाकर वापस ले आने का जरिया भी समझा जाता है। वो इसलिए क्योंकि देश के बाहर से पी-नोट के जरिए निवेश करनेवाले लोगों को अपनी पहचान बताने की अनिवर्यता नहीं है।

सवाल यह भी है कि आखिर स्टॉक मार्केट में कालाधन के उपयोग और हेज फंडों द्वारा अस्थिरता की स्थिति ले जाने की संभावना दिखाई पड़ने के बावजूद इन पी-नोटों की सुविधा को बंद क्यों नहीं कर दिया जाता? शायद भारत जैसे उदीयमान बाजार में विदेशी संस्थागत निवेश का महत्त्व समझते हुए इसे बंद नहीं किया जा सका है क्योंकि विदेशी निवेशकों को टैक्स में बचत का जो आकर्षण इन पी-नोटों के माध्यम से मिलता है, उस वजह से भी वे भारत के शेयर बाजार में निवेश करने के लिए प्रेरित या उत्साहित होते हैं।

पी-नोट के महत्त्व को इस प्रकार भी समझा जा सकता है। सन् 2007 में महज पी-नोट के बंद होने की आशंका मात्र से ही शेयर मार्केट में भूकंप-सा आ गया था। अत: इन पर कड़े नियमन द्वारा नियंत्रण रखना एक बेहतर विकल्प माना गया है, ऐसा प्रतीत होता है।

फिलहाल भारत में विदेशी निवेश का बढ़ना एक अच्छी खबर के रूप में देखा जा रहा है, पर खुदा न खास्ता, यदि आम चुनावों में किसी एक दल को स्पष्ट बहुमत न मिल पाया या एक मजबूत गठबंधन वाली सरकार न बन पाई या फिर जो भी सरकार बनी वो रिफॉर्म (आर्थिक सुधार) एजेंडे पर त्वरित कदम न उठा सकी या फिर किसी भी अन्य घरेलू या बाह्य कारणों से इन निवेशकों का 'मूड' बदला तो ये यहाँ से हाथ खींच भी सकते हैं। कुल मिलाकर भारतीय पूँजी बाजार में पी-नोट निवेश जारी रखना एक प्रकार से दोधारी तलवार पर चलने के समान है, जहाँ हमेशा अत्याधिक सतर्कता से चलने की अनिवार्यता बनी रहती है।

(मुंबई में प्रकाशित दैनिक 'हमारा महानगर' में शुक्रवार 25-04-2014 को व्यापार पृष्ठ पर प्रकाशित)

□

78

क्या इस वर्ष बेहतर होगा वैश्विक अर्थव्यवस्था का प्रदर्शन ?

हाल ही में संयुक्त राष्ट्र (यूनाइटेड नेशनस) के तत्त्वावधान में जारी की गई 'विश्व की आर्थिक स्थिति और संभावनाएँ 2014' नामक रिपोर्ट में स्पष्ट तौर पर कहा गया है कि सन् 2013 में हालाँकि वैश्विक अर्थव्यवस्था का प्रदर्शन उम्मीद से कम रहा, पर यह सन् 2014-15 में बेहतर रहेगा, ऐसी अपेक्षा है। गौरतलब है कि इस रिपोर्ट के अनुसार, वैश्विक अर्थव्यवस्था सन् 2013 में महज 2.1 प्रतिशत की धीमी गति से विकास कर पाई। जहाँ अधिकांश विकसित अर्थव्यवस्थाएँ वित्तीय महासंकट के उपरांत उपजीं अनेक चुनौतियों और समस्याओं का हल अपनी-अपनी राजकोषीय एवं मौद्रिक नीतियों के माध्यम से ढूँढ़ने में लगी रही, वहाँ अनेक उदीयमान अर्थव्यवस्थाएँ, जो कि पिछले दो वर्षों से आर्थिक विकास दर पर दबाव महसूस कर रही थीं, उन्हें भी अनेक नए घरेलू और अंतरराष्ट्रीय मुश्किलात का सामना करना पड़ा।

लेकिन जिस प्रकार से यूरो जोन (क्षेत्र) अंततः एक लंबी मंदी के दौर से बाहर निकला है और अमेरिकी अर्थव्यवस्था में भी सुधार के संकेत नजर आ रहे हैं और कई बड़ी उदीयमान (विकासशील) अर्थव्यवस्थाओं में भी आर्थिक सुधार के आसार दिखाई पड़ रहे हैं। संयुक्त राष्ट्र के आर्थिक और सामाजिक मामलों के विभाग द्वारा जारी इस रिपोर्ट में अनुमान लगाया गया है कि सन् 2014-15 में वैश्विक अर्थव्यवस्था की विकास दर 3.0 और 3.3 प्रतिशत के बीच रहेगी।

हालाँकि विकसित अर्थव्यवस्थाओं में मुद्रास्फीति की दर कमजोर रहने की संभावना भी जताई गई है, जो एक तरह से वहाँ पर अतिरिक्त क्षमता, बेरोजगारी, राजकोषीय मित्तव्ययता और ऋणों पर निर्भरता कम करने की प्रवृत्ति का द्योतक भी समझा जा सकता

है। दूसरी ओर महज दर्जन भर विकासशील अर्थव्यवस्थाओं में मुद्रास्फीति की दर 10 प्रतिशत या उससे अधिक है।

फिलहाल वैश्विक अर्थव्यवस्था में बेरोजगारी की दर ऊँची ही बने रहने का अनुमान लगाया गया है। दरअसल, ग्लोबल मंदी के उपरांत उपजा वित्तीय संकट अभी भी पूरी तरह समाप्त नहीं हो पाया है और यही कारण है कि विश्व के अनेक श्रम बाजारों में रोजगार के अवसरों को लेकर दबाव महसूस किया जा रहा है। स्थिति इतनी विकट है कि यूरो क्षेत्र के ग्रीस और स्पेन जैसे देशों में बेरोजगारी की दर 27 प्रतिशत तक पहुँच गई, जबकि वहाँ के 50 प्रतिशत से अधिक युवा अभी भी बेरोजगार हैं। इसी प्रकार अनेक उदीयमान अर्थव्यवस्थाओं के युवाओं में बेरोजगारी व्याप्त है। ऐसे देशों में युवाओं में कार्य-कौशल बढ़ाने के लिए उचित कदम उठाने की आवश्यकता होगी।

रिपोर्ट के अनुसार, वित्तीय संकट की वजह से विश्व में देशों के मध्य व्यापार की गति कमजोर पड़ी, जिससे भी वैश्विक विकास दर सन् 2012 के 3.1 प्रतिशत से भी कहीं कम होकर सन् 2013 में 2.1 प्रतिशत के स्तर पर जा पहुँची, लेकिन अब वैश्विक व्यापार में भी वृद्धि की संभावना है और वैश्विक निर्यातों का सन् 2014 में 4.6 प्रतिशत तथा सन् 2015 में 5.1 प्रतिशत से बढ़ने का अनुमान लगाया गया है।

हालाँकि विश्व व्यापार का जो ढाँचा है, वो काफी खंडित हो चुका है अत: अनेक देश आपस में किस प्रकार के समझौते बना कर व्यापार करेंगे, इस बारे में निश्चितता के साथ कुछ कहा नहीं जा सकता है, लेकिन फिर भी यूरोप, अमेरिका और कुछ एशियाई देशों में आर्थिक उत्थान के संकेत मिलना, अच्छी फसल के चलते खाद्य महँगाई और सप्लाई (आपूर्ति) बढ़ने की वजह से मेटल के दामों में कमी की संभावना आदि को विश्व व्यापार में वृद्धि का कारण बताया जा रहा है।

खास बात यह है कि एक ओर जहाँ संयुक्त राष्ट्र द्वारा जारी रिपोर्ट में आनेवाले अच्छे दिनों की संभावना जताई गई है, वहीं दूसरी ओर वैश्विक अर्थव्यवस्था के समक्ष उपस्थित अनेक चुनौतियों का भी जिक्र किया गया है। उदाहरण के लिए, इस रिपोर्ट के अनुसार वैश्विक बाजारों में विकसित देशों से विकासशील अर्थव्यवस्थाओं में आनेवाले पूँजी प्रवाह की अस्थिरता जो हमने सन् 2013 में देखी वह स्थिति 2014 में भी बनी रह सकती है जिसके कारण यदि उदीयमान बाजारों से विदेशी निवेशक अपने शेयर बेच कर बाहर निकले तो उनकी घरेलू मुद्रा का अवमूल्यन हो सकता है।

एक ओर अमेरिकी केंद्रीय बैंक की 'टेपर' नीति तो दूसरी ओर चीन सहित अनेक प्रभावशाली उदीयमान अर्थव्यवस्थाओं में आर्थिक विकास दर का धीमा पड़ना, यह संयोग इन देशों के वित्तीय बाजारों को अस्थिर बना सकता है। ऐसे में विकासशील देशों

में आर्थिक नीति निर्धारकों के समक्ष वित्तीय बाजारों पर विनियमन करने और अधिक सतर्कता रखने की आवश्यकता होगी।

इसके अलावा यूरोप और अमेरिका में जो आर्थिक विकास दर बढ़ने की संभावना दिख रही है, वो उन रुझानों पर आधारित है, जिन्हें चिह्नित करनेवाले आधार ही अनिश्चित हैं। अर्थात् ये 'यदि और परंतु' जैसे विश्लेषण आखिर कितनी सटीक जानकारी वैश्विक अर्थव्यवस्था के बारे में दे सकते हैं, इसका तो अनुमान ही लगाया जा सकता है।

अत: संयुक्त राष्ट्र की रिपोर्ट में अंतरराष्ट्रीय स्तर पर बेहतर समन्वय और सहयोग की पुरजोर सिफारिश की गई है, साथ ही यह भी सुनिश्चित करने की सलाह दी गई है कि विकासशील देशों विशेषकर सबसे कम विकसित देशों को पर्याप्त संसाधन उपलब्ध हों। उनके विकास के लिए दी जा रही सहायता में कोई कमी न की जाए।

सभी देशों को वैश्विक अर्थव्यवस्था के समुचित विकास पर केंद्रित नीति निर्धारित करनी चाहिए और अमेरिकी स्टीमुलस (प्रोत्साहन राशि), जिसे क्यू-ई के नाम से भी जाना जाता है, उसके समाप्त होने पर उपजी समस्याओं के निराकरण के लिए भी प्रयास किए जाने चाहिए।

इसके अलावा, कई देशों में मौद्रिक नीति द्वारा संस्थागत सुधार, सामाजिक सुरक्षा, आय वितरण, वित्तीय क्षेत्र कराधान (टैक्सेशन), ऊर्जा क्षेत्र, यातायात, शिक्षा और स्वास्थ्य आदि में सुधार द्वारा आर्थिक संतुलन की स्थिति में पहुँचने की चेष्टा की जानी चाहिए। यहाँ तक कि अंतरराष्ट्रीय स्तर पर टैक्स चुकाने से बचने की प्रवृत्ति या टैक्स चोरी का जरिया बने 'टैक्स हेवनस' जैसे मुद्दों पर भी प्रभावी कदम उठाने जैसे सुझाव भी दिए गए हैं।

कुल मिलाकर संयुक्त राष्ट्र द्वारा जारी इस रिपोर्ट में यह स्पष्ट किया गया है कि वैश्विक स्तर पर वित्तीय सिस्टम में नीतिगत समन्व्यता और परस्पर सहयोग बढ़ाए जाने की आवश्यकता है। जाहिर तौर पर यदि सभी देशों द्वारा समन्वित प्रयास किया जाए तो लड़खड़ाती वैश्विक अर्थव्यवस्था को स्थिरता के साथ-साथ गतिमान भी बनाया जा सकेगा।

(मुंबई में प्रकाशित दैनिक 'हमारा महानगर' में शुक्रवार 02-05-2014 को व्यापार पृष्ठ पर प्रकाशित)

□

79

औद्योगिक उत्पादन और थोक मूल्य सूचकांकों में बदलाव कितना प्रभावी ?

हाल ही में औद्योगिक उत्पादन सूचकांक (आईआईपी) और थोक मूल्य सूचकांक (डब्ल्यूआईपी) जैसे दो महत्त्वपूर्ण संकेतकों को बेहतर बनाने के लिए योजना आयोग की एक उच्च स्तरीय समिति और प्रधानमंत्री की आर्थिक सलाहकार परिषद् (एनएसी) ने अनेक सुझाव दिए हैं। यदि इन सुझावों को लागू किया गया तो न सिर्फ इन सूचकांकों को एक नए आधार वर्ष के सापेक्ष तैयार किया जाएगा, बल्कि इन दोनों सूचकांकों में सम्मिलित किए जानेवाले उत्पादों की लिस्ट में भी बदलाव किए जा सकते हैं।

गौरतलब है कि आईआईपी देश में विभिन्न क्षेत्रों जैसे कि खनन, विद्युत् और विनिर्माण क्षेत्र आदि में कैसा प्रदर्शन चल रहा है, उसे दर्शाने का एक जरिया है। भारत में एक निर्धारित आधार वर्ष के सापेक्ष किसी निर्धारित अवधि में चुने हुए औद्योगिक उत्पादों की मात्रा में क्या बदलाव आया, इस सूचकांक से पता चलता है।

जब सन् 1937 में औद्योगिक उत्पादन सूचकांक बनाने का प्रथम प्रयास किया गया, तब इसमें 15 उत्पादों को शामिल किया गया था, जिन्हें खनन, विनिर्माण और विद्युत् क्षेत्र में वर्गीकृत किया गया था। समय-समय पर देश की औद्योगिक संरचना में परिवर्तन होने पर इसे क्रमशः 1946, 1951, 1956, 1960, 1970, 1980-81 और 1993-94 के आधार पर गठित किया गया। सन् 1993-94 तक इस सूचकांक के गठन में 543 उत्पादों को शामिल किया जा चुका था जबकि अंतिम बार जब इसका आधार वर्ष 2004-05 तय हुआ, तब तक इसमें 682 वस्तुओं को सम्मिलित किया जा चुका था।

सन् 2004-05 के आधार पर इसे संशोधित किया गया, क्योंकि सन् 1993-94 में उत्पादों की लिस्ट में टाइपराइटर्स और टेप रिकॉर्डर जैसे कई ऐसे पुराने उत्पाद भी शामिल

थे, जिन्हें प्रचलन से बाहर कर वैश्वीकरण के इस नए दौर में सेल फोन और आईपॉड जैसे उत्पादों ने अपनी जगह बना ली थी।

दूसरी ओर, थोक मूल्य सूचकांक कुछ चुने हुए उत्पादों की कीमतों में होने वाले उतार-चढ़ाव को दर्शाता है। भारत में इसे मुद्रा स्फीति नापने का जरिया भी समझा जाता है। दरअसल, ये उन खुदरा मूल्यों को नहीं अंकित करता, जिस पर उपभोक्ता वस्तुएँ खरीदते हैं अपितु ये, पूरी अर्थव्यवस्था में माँग और आपूर्ति (डिमांड एंड सप्लाई) की स्थितियों का प्रतीक है।

इन दोनों सूचकांकों में सुधार की आवश्यकता इसलिए महसूस की गई, ताकि न सिर्फ इन्हें अधिक यर्थाथवादी बनाया जा सके बल्कि ये दोनों एक-दूसरे को प्रतिबिंबित भी कर सकें, ऐसी इनकी संरचना हो। दोनों ही सूचकांकों का आधार वर्ष शुरू में 2009-10 और बाद में 2011-12 करने का सुझाव दिया गया है। उल्लेखनीय है कि सूचकांक में शामिल की गई वस्तुओं के मूल्य व मात्रा को आधार वर्ष में 100 मान लिया जाता है और फिर साल-दर-साल उस आधार पर कीमतों या उत्पादन में कितना उतार-चढ़ाव आया, उसे अंकित किया जाता है। दूसरा, सन् 2009-10 की सिफारिश इसलिए की गई है, क्योंकि समिति की राय में यह एक 'नॉर्मल' (ठीक-ठाक) वर्ष था, जिसमें सूखा भी नहीं पड़ा और विकास दर भी अच्छी रही।

जहाँ तक थोक मूल्य सूचकांक का सवाल है, समिति ने सुझाव दिया है कि इसमें शामिल किए जानेवाले उत्पादों की कीमतें, उत्पादन शुल्क शामिल किए बिना ही दर्ज की जाएँ। इस प्रकार से जो थोक सूचकांक बनेगा वो औद्योगिक उत्पादन सूचकांक द्वारा दिखाए उत्पादन के मूल्य को कम करके दरअसल उत्पादन में हुई वास्तविक वृद्धि को दर्शाएगा। यही नहीं, समिति की सिफारिश के अनुसार, मौजूदा सूचकांक में शामिल 676 उत्पादों के स्थान पर 1,200 उत्पादों को सम्मिलित किया जाएगा।

उल्लेखनीय है कि भारत में उत्पादन मूल्य सूचकांक (पीपीआई) नहीं है, जो कि उन कीमतों को बताए जो फैक्टरी या खदान से उत्पाद बाहर निकलने पर उत्पादकों को मिलती हैं। ऐसे में नया थोक मूल्य सूचकांक एक तरह से खुदरा मूल्य सूचकांक के पूरक के रूप में काम करेगा। खुदरा मूल्य सूचकांक अंतिम उपभोक्ताओं के परिप्रेक्ष्य से महँगाई की दर दिखाता है।

जिस प्रकार मौजूदा थोक मूल्य सूचकांक को तैयार किया जाता है, न तो वह पीपीआई है और न ही सीपीआई। यह सिर्फ थोक बाजार की कीमतों को दर्शाता है, जहाँ न तो बेचनेवाले उत्पादक ही होते हैं और न तो खरीदनेवाले उपभोक्ता। फिर ऐसे सूचकांक का नीति निर्धारण में औचित्य को लेकर कई बार प्रश्न किए जाते हैं।

यही कारण है कि योजना आयोग की इस समिति ने थोक मूल्य सूचकांक के गठन

में एक्साइज ड्यूटी को शामिल न करने का सुझाव दिया है, लेकिन फिर भी हर राज्य में उत्पादन शुल्क के अलावा कई सारे टैक्स लागू किए गए हैं, जो उत्पादकों को अलग-अलग दर से चुकाने पड़ते हैं। अत: भविष्य में जीएसटी (गुड्स एंड सर्विसेज टैक्स) जब पूर्ण रूप से लागू होगा, तब इस सूचकांक को और अधिक प्रभावी बनाया जा सकेगा।

इसके अलावा, अगर आईआईपी और डब्ल्यूपीआई की गणना में शामिल वस्तुओं को भी समान रखा जाए, तो इन दोनों सूचकांकों को अधिक सुसंगत बनाया जा सकता है। एक और सुझाव जिस पर यह समिति गौर कर सकती है, वो यह है कि सन् 1937 से अब तक उत्पादों को तीन वर्गों में बाँटा जाता है, जो हैं—विनिर्माण, खनन और विद्युत् लेकिन यदि हम इन्हें 'उपयोग' के आधार पर वर्गीकृत करें जैसे कि 'आधारभूत' उत्पाद, 'मध्यवर्ती' उत्पाद, 'पूँजीगत' और 'उपभोक्ता' उत्पाद तो हमें हर स्टेज पर (बेसिक, इंटरमीडिएटरी और फाइनल) उत्पादन का उतार-चढ़ाव समझ आ सकेगा।

गौरतलब है कि देश की आर्थिक नीतियों के निर्धारण में इन सूचकांकों का काफी महत्त्व है, क्योंकि ये न सिर्फ क्रमागत उन्नति का चार्ट पेश करते हैं, बल्कि भविष्य के रुझान की तस्वीर भी खींचते हैं। ये सूचकांक बताते हैं कि देश में किन चीजों का उत्पादन बढ़ा या घटा अथवा कौन से उत्पाद महँगे या सस्ते हुए। यह सब जानकारी देश की जनसंख्या, राष्ट्रीय आय, विदेश व्यापार, ब्याज दर, रोजगार और अन्य महत्त्वपूर्ण नीतियों के निर्धारण में उपयोगी साबित होती है। कुछ समय पहले रिजर्व बैंक द्वारा गठित उर्जित पटेल कमेटी ने रिजर्व बैंक की मौद्रिक नीति निर्धारण के लिए खुदरा मूल्य सूचकांक को एक बेहतर संकेतक बताया था, जिसकी वजह से भी थोक मुद्रा सूचकांक की उपादेयता को लेकर चर्चा गर्म है।

अत: औद्योगिक उत्पादन और थोक मूल्य सूचकांकों में सुधार करना तो आवश्यक है ही, साथ ही जो उत्पादन या कीमतों के आँकड़े विभिन्न क्षेत्रों या संस्थानों से इकट्ठा किए जाते हैं, उनमें निहित अस्वाभाविक उतार-चढ़ाव की वजह से इन सूचकांकों में अस्थिरता प्रकट न हो, ऐसा प्रयास भी आवश्यक है।

(मुंबई में प्रकाशित दैनिक 'हमारा महानगर' में शुक्रवार 09-05-2014 को व्यापार पृष्ठ पर प्रकाशित)

□

80

केंद्र में सरकार कितनी प्रभावी?

आज दिल्ली में नई सरकार के लिए नतीजे आनेवाले हैं। जाहिर तौर पर, जो भी सरकार आएगी, वो उम्मीदों के रथ पर सवार होकर सत्ता तक पहुँचेगी, क्योंकि लगभग हर प्रमुख राजनीतिक दल ने अपने-अपने मेनीफेस्टो (चुनाव घोषणा पत्र) में अनेक लोक-लुभावन वादे किए हैं, जो इस समय अनेक चुनौतियों का सामना कर रही भारतीय अर्थव्यवस्था के समक्ष एक सुनहरे स्वप्न की लकीरों की तरह हैं, जिन्हें साकार करने के लिए बेहतर निर्णय, त्वरित और समन्वित कार्य शैली और जबरदस्त जोश सभी की जरूरत होगी।

गौरतलब है कि हाल ही में रिजर्व बैंक ऑफ इंडिया ने सन् 2013-14 के दौरान भारत की विकास दर 5 प्रतिशत से भी कम रहने का अनुमान लगाया था। अब पेरिस स्थित आर्थिक सहयोग और विकास संगठन (ओईसीडी), जो कि विश्व की 34 शक्तिशाली देशों का एक प्रमुख अंतरराष्ट्रीय आर्थिक संगठन है, उसने भी भारत में सन् 2014 में विकास दर 4.9 प्रतिशत ही रहने का अनुमान लगाया है।

चिंता की बात तो यह भी है कि ओईसीडी ने अपने कंपोजिट लीडिंग इंडिकेटर्स (समग्र अग्रणी संकेतक) के आधार पर न सिर्फ भारत, बल्कि चीन, ब्राजील और रूस जैसी उदीयमान अर्थव्यवस्थाओं में भी विकास की दर कमजोर ही रहने का अनुमान लगाया है, जबकि अमेरिका, कनाडा, जापान और ब्रिटेन जैसी विकसित अर्थव्यवस्थाओं में भी विकास दर स्थिर ही रहने का अनुमान लगाया है। हालाँकि यूरोप के कुछ प्रमुख देशों जैसे कि जर्मनी और फ्रांस में उसे विकास की अच्छी संभावनाएँ नजर आ रही हैं।

अत: एक ओर अंतरराष्ट्रीय स्तर पर भारत सहित अनेक प्रमुख अर्थव्यवस्थाओं में विकास की दर धीमी या स्थिर रहने से आर्थिक वातावरण में उल्लेखनीय सुधार की गुंजाइश नजर नहीं आ रही है, तो दूसरी ओर घरेलू स्तर पर चुनौतियाँ कुछ कम नहीं हैं।

उल्लेखनीय है कि मार्च में औद्योगिक उत्पादन की विकास दर नकारात्मक रही और यह 0.5 प्रतिशत से घटी। यह लगातार दूसरा महीना है, जब औद्योगिक उत्पादन सूचकांक में गिरावट देखी गई है। फरवरी माह में यह 1.8 प्रतिशत से घटी था। यदि वित्तीय वर्ष 2013-14 की बात करें, तो औद्योगिक उत्पादन 0.1 प्रतिशत से घटा, जबकि सन् 2012-13 में भी यह महज 1.1 प्रतिशत की दर से बढ़ा था।

यदि इस सूचकांक के उप वर्गों का विश्लेषण करें तो विनिर्माण क्षेत्र, जो इसमें 75 प्रतिशत का हिस्सा रखता है, वह इस वर्ष मार्च महीने में 1.2 प्रतिशत से घटा है, जबकि मार्च 2013 में वो 4.3 प्रतिशत से बढ़ा था।

चिंता की बात यह भी है कि पूँजीगत वस्तुओं का उत्पादन,जो कि भविष्य में होनेवाली प्रभावी माँग (डिमांड) का संकेतक माना जाता है, वो 12.50 प्रतिशत से घटा है, जबकि मार्च 2013 में वह 9.6 प्रतिशत की दर से बढ़ा था। साथ ही, टिकाऊ उपभोक्ता वस्तुओं (कंज्यूमर ड्यूरेबल्स) का उत्पादन मार्च में 11.8 प्रतिशत से घटा,जबकि पूरे वित्तीय वर्ष में इनका उत्पादन 12.2 प्रतिशत से घटा है, हालाँकि गैर टिकाऊ उपभोक्ता वस्तुओं और मध्यवर्ती वस्तुओं का उत्पादन पिछले वर्ष की तुलना में कुछ बढ़ा जरूर है। साथ ही, विद्युत् उत्पादन भी 5.4 प्रतिशत से बढ़ा है, पर खनन क्षेत्र में 0.4 प्रतिशत से उत्पादन कम हुआ है।

उल्लेखनीय है कि औद्योगिक उत्पादन कम होने का असर लोगों की आय, रोजगार के अवसर, महँगाई का स्तर और विदेश व्यापार सहित शेयर बाजार आदि के संकेतकों को प्रभावित करता है। दूसरी ओर, उपभोक्ता मूल्य सूचकांक (सीपीआई) इस वर्ष जनवरी से ही 8 प्रतिशत के ऊपर रहता आया है। खाद्यान्नों के मूल्य में वृद्धि को इसका प्रमुख कारण माना जा रहा है। कहीं तूफान तो कहीं बिन मौसम की बरसात ने कई स्थानों पर खड़ी फसल को नुकसान पहुँचाया है। गौरतलब है कि अप्रैल में खुदरा मूल्य सूचकांक 5.59 प्रतिशत से बढ़ा है, जिसकी वजह से जून माह में घोषित होने वाली मौद्रिक नीति में रिजर्व बैंक द्वारा ब्याज की दरों में कटौती की संभावना कम होती जा रही है। विशेषकर खाद्य पदार्थों में महँगाई की दर 9.66 प्रतिशत रही, जो कि मार्च में 9.1 प्रतिशत थी। सब्जियों की कीमतें जो मार्च में 16.8 प्रतिशत से बढ़ीं वे अप्रैल में 17.5 प्रतिशत से बढ़ीं। फलों की कीमतें तो 21.73 प्रतिशत से बढ़ी हैं।

भारत सरकार के वाणिज्यिक और औद्योगिक मंत्रालय द्वारा जारी किए गए आँकड़ों के अनुसार, थोक मूल्य सूचकांक (डब्ल्यूपीआई) मार्च के महीने में वार्षिक आधार पर 5.70 प्रतिशत से बढ़ा है, जो कि पिछले तीन महीनों का सर्वोच्च स्तर है। यह वृद्धि ज्यादातर ईंधन और विनिर्मित पदार्थों की कीमतों में आई उछाल के कारण हुई है। अप्रैल माह में इसके भी बढ़ने की संभावना है।

भारतीय अर्थव्यवस्था में एक अन्य समस्या है—बैंकों में बढ़ते खराब ऋणों (एनपीए) की। सरकारी क्षेत्रों के बैंक अधिक समस्याग्रस्त हैं, जहाँ एनपीए का प्रतिशत बैंक के कुल अकाउंट्स का 4.4 प्रतिशत हो गया है, जो कि पिछले वर्ष 3.84 प्रतिशत था। खास बात यह है कि टॉप 30 बैंक ऋण खातों में कुल एनपीए का 40 प्रतिशत से अधिक पैसा अटका है। खराब ऋणों का आकार इतना बढ़ चुका है कि इन बैंकों को अपने बही खातों में 90,000 करोड़ रुपए की प्रव्हिजनिंग करनी पड़ रही है। जाहिर तौर पर भारत की अर्थव्यवस्था की धीमी रफ्तार की वजह से अनेक बैंकों का कारोबार प्रभावित हुआ है।

बैंकों और उद्योगों के खराब प्रदर्शन के साथ ही बेरोजगारी की समस्या भी काफी गंभीर है। अंतरराष्ट्रीय श्रम संगठन के अनुसार, पिछले तीन वर्षों से भारत में बेरोजगारी की दर लगातार बढ़ रही है। उसकी रिपोर्ट के अनुसार, इस वर्ष भारत में बेरोजगारी की दर 3.8 प्रतिशत रह सकती है। पिछले एक दशक में रोजगार रहित विकास जैसी स्थिति के कारण 18–25 वर्ष के आयु वर्ग में कई नौजवान श्रम-कौशल होने के बावजूद उचित रोजगार पाने के लिए जद्दोजहद कर रहे हैं।

इन सबके बीच एक अच्छी खबर निर्यात क्षेत्र से है, जो लगातार दो महीने गिरने के बाद अप्रैल में 5.26 प्रतिशत से बढ़े। लेकिन यहाँ आयात भी 15 प्रतिशत की दर से घटे हैं। इससे व्यापार घाटा तो सिकुड़ कर 10.1 बिलियन डॉलर हो गया है, पर घटते आयात अर्थव्यवस्था की धीमी होती रफ्तार के द्योतक हैं, जो निवेश के प्रति उत्साह की कमी को भी दिखाता है।

इसके अलावा रुपए की मजबूती से निर्यातकों की प्रतियोगात्मक क्षमता घटने और केंद्र में मजबूत सरकार के लिए स्पष्ट बहुमत न मिलने पर उत्पन्न अनिश्चितता की स्थिति में विदेशी निवेशकों का शेयर मार्केट से मोह भंग होने की संभावना भी नीति निर्धारकों के लिए चिंता का कारण बना हुआ है।

वस्तुतः केंद्र में जितनी मजबूत सरकार बन सके और वो सरकार नीतिगत गतिरोध को दूर कर आर्थिक सुधार के एजेंडे पर जितना जल्दी और प्रभावी तौर पर काम शुरू करे, उतना ही भारत की अर्थव्यवस्था और उसके उत्तरोत्तर विकास के लिए अच्छा होगा।

(मुंबई में प्रकाशित दैनिक 'हमारा महानगर' में शुक्रवार 16-05-2014 को व्यापार पृष्ठ पर प्रकाशित)

□

81

नायक कमेटी ने सुझाया बैंक प्रशासन का नया मॉडल

हाल ही में बैंकों के निदेशक मंडल द्वारा विनियामक अनुपालना (रेग्यूलेटरी कंपलायसंस) उसकी संरचना, निदेशकों की योग्यता के मानदंड, प्रशासनिक कार्यशैली और इस बारे में केंद्रीय बैंक के विनियामक दिशा-निर्देश आदि के बारे में विचार-विमर्श हेतु रिजर्व बैंक द्वारा गठित आठ सदस्यीय पीजे नायक कमेटी ने अपनी रिपोर्ट पेश की है।

इस रिपोर्ट में जो सिफारिशें की गई हैं, वो वाकई दिलचस्प हैं और यदि उन्हें लागू किया गया तो वे भारत में बैंकिंग क्षेत्र जिस प्रकार से काम करता है, उसका स्वरूप ही बदल देंगी।

सबसे पहले तो जिस परिप्रेक्ष्य में यह रिपोर्ट तैयार की गई है, वो काफी निराशाजनक है। खासतौर पर सरकारी बैंकों के मौजूदा हालात को नाजुक करार दिया गया है, जो कुछ हद तक विनियामक धैर्य के आवरण के पीछे छिपी हुई जरूर है पर यदि हालात वाकई खराब है, तो देर से ही सही, अंतत: तथ्य सामने आ ही जाएँगे।

रिपोर्ट के मुताबिक, बैंकों में खराब ऋणों का प्रतिशत बढ़ने से उनकी पूँजी का तेजी से क्षय हो रहा है। यही कारण है कि रिपोर्ट में सन् 2018 तक बैंकों की बैलेंस शीट सुधरने और बेसिल-3 की जरूरतों के हिसाब से पूँजी उपलब्ध कराने हेतु विभिन्न परिस्थितियों में संबंधित अनुमान भी लगाए गए हैं।

उल्लेखनीय बात यह है कि नायक कमेटी को ऐसा नहीं लगता है कि अधिकांश सरकारी बैंकों के निदेशक मंडलों के समक्ष आवश्यक व्यावसायिक रणनीति और जोखिम प्रबंधन को लेकर कोई स्पष्ट उद्देश्य भी हैं, जिससे कि वे कठिन परिस्थितियों

से बैंकों को बाहर निकालने की कोशिश कर सकें। न सिर्फ बैंकों के निदेशक मंडलों के पास कोई उचित अधिकार ही है, बल्कि निदेशकों की चुनाव की प्रक्रिया में भी काफी कंप्रोमाइज (समझौता) किया जाता है।

इसके अलावा कमेटी ने यह भी सुझाव दिया है कि मौजूदा व्यवस्था में महत्त्वपूर्ण सुधार लाने की जिम्मेदारी केंद्र सरकार की ही बनती है, क्योंकि यदि सुधार आंशिक या सार रहित तौर पर लाया गया तो वह बैंकों की प्रशासनिक कार्यशैली में कोई उल्लेखनीय सुधार नहीं ला सकेगा।

कमेटी के अनुसार, ये प्रशासनिक सुधार इसलिए भी जरूरी हैं, क्योंकि एक शेयर होल्डर के नाते सरकार को इन बैंकों से उचित रिटर्न नहीं मिल पा रहा है। बल्कि कई मामलों में तो उसे नकारात्मक रिटर्न्स ही मिल पाए हैं। अत: यह सरकार के अपने हित में भी है कि वो बैंकों के निदेशक मंडल के लिए लक्ष्य निर्धारित करने और उनका प्रशासन सुधारने की दिशा में उचित कदम उठाए।

यही कारण है कि रिपोर्ट में साफ तौर पर कहा गया है कि सरकार को बैंकों से संबंधित सभी दायित्वों से दूर हो जाना चाहिए। इसके लिए बैंक राष्ट्रीयकरण कानूनों (1970 और 1980) को निरस्त करने और बैंकों की संस्थापना कंपनीज एक्ट के तहत किए जाने की सिफारिश की गई है। साथ ही, यह सुझाव भी दिया है कि एक बैंक निवेश कंपनी बनाई जाए जिसमें सरकार अपनी मौजूदा हिस्सेदारी स्थानांतरित कर दे। जाहिर सी बात है कि कमेटी यह भी चाहती है कि सरकार अपने प्रशासनिक अधिकार भी इस बैंक निवेश कंपनी को ही सौंप दे।

कुल मिलाकर समिति का विचार यह है कि बैंकों के निदेशकों की नियुक्ति प्रोफेशनल ढंग से की जानी चाहिए, ताकि बैंकों के निदेशक मंडल को अधिक ताकतवर बनाया जा सके। सरकारी बैंकों पर दोहरा विनियमन भी बैंकों के लिए एक बड़ी समस्या बताया गया है जहाँ एक ओर वित्त मंत्रालय, तो दूसरी ओर रिजर्व बैंक इसके काम-काज पर दबाव बनाए रखते हैं। इस कारण भी उन्हें प्राइवेट बैंकों के समक्ष समान अवसर नहीं मिल पाते हैं।

अत: सरकारी बैंकों में सरकारी भागीदारी को 50 प्रतिशत से कम रखने की सिफारिश भी इस समिति ने की है। इस प्रकार सरकार जहाँ एक ओर बैंकों की पूँजी में बड़े हिस्सेदार की भूमिका अदा करते हुए बैंकों के लाभांशों के बड़े हिस्से की हकदार होगी तो वहीं दूसरी ओर बैंकों के काम-काज में उसका हस्तक्षेप न होने से बैंक त्वरित प्रशासनिक निर्णय लेने में सक्षम होंगे और उनके निदेशक मंडल भी अधिक ताकतवर बन सकेंगे।

इसके अलावा अधिकृत बैंक निवेशकों के रूप में प्रोव्हिडेंट फंडों, पेंशन फंडों,

प्राइवेट इक्विटी आदि द्वारा बैंकों में 20 प्रतिशत तक हिस्सेदारी देने का सुझाव भी इस कमेटी ने दिया है। आपदाग्रस्त बैंकों में इसे 40 प्रतिशत तक भी कैप किया जा सके, ऐसी भी सिफारिश की गई है।

दरअसल, समिति का मत है कि अधिकांश सरकारी बैंकों की नाजुक हालत का जिम्मेदार बड़े स्तर पर सरकारी हस्तक्षेप है और शायद इसीलिए वो सरकारी हिस्सेदारी कम करके बैंकों के निदेशक मंडल को अधिक पॉवरफुल (सक्षम) बनाने की पक्षधर है। हालाँकि इतना बड़ा परिवर्तन रातोंरात तो लाया नहीं जा सकता है। सरकार द्वारा बैंक निवेश कंपनी को तथा इस कंपनी द्वारा निदेशक मंडलों को अधिक शक्तियाँ ट्रांसफर करने की प्रक्रिया के लिए दो-तीन वर्ष का समय आवश्यक बताया गया है।

बैंकों के प्रबंधन में युवा लोगों को भी प्रोत्साहन देने की बात भी की गई है। समिति ने सुझाव दिया है कि एक बैंक बोर्ड्स ब्यूरो बनाया जाए, जो कि सरकारी बैंकों में प्रबंधकों को नियुक्त करने में सक्षम हो। दूसरा, कमेटी चाहती है कि बैंकों पर सरकार और रिजर्व बैंक का दोहरा विनियमन हटे। दूसरे शब्दों में, वह सरकार द्वारा बैंकों को रेग्यूलेटरी दिशा-निर्देश देने के पक्ष में नहीं है। पर प्राइवेट सेक्टर में तो बहुसंख्यक शेयर होल्डर्स अपने हिसाब से निर्णय लेते हैं, तब सरकारी बैंकों में सरकार द्वारा नियुक्त किए गए निदेशकों द्वारा निर्णय लेने में आपत्ति का औचित्य क्या है, यह एक वैचारिक मतभेद का कारण हो सकता है। शायद समिति की राय में बैंकों में प्रोफ्रेशनल तौर पर की गई नियुक्तियों को अधिक उपयुक्त समझा गया है।

जहाँ तक बैंक कर्मचारियों का प्रश्न है, उनकी सभी प्रमुख एसोसिएशनों ने बैंकों के निजीकरण की प्रक्रिया का विरोध करने का निश्चय किया है। उन्हें लगता है कि समिति की सिफारिशों को अमल में लाया गया तो यह फिर से सन् 1969 के पहले के युग में लौटने के समान होगा।

इन सबके बीच बड़ा सवाल यह भी है कि क्या मौजूदा ढाँचे में निदेशकों की नियुक्ति की प्रक्रिया में बदलाव लाने से भी निदेशक मंडल को अधिक शक्तिशाली, स्वतंत्र और जवाबदेह बनाया जा सकता है? यदि हाँ, तो इस समिति ने आमूल-चूल (बुनियादी) परिवर्तन लाने की बात क्यों की है? जाहिर तौर पर अभी इस विषय में काफी मंथन होगा।

कुल मिलाकर यदि बैंकों के निदेशक मंडल की गवर्नेंस प्रक्रिया बेहतर बनाई जा सके तो प्रोफेशनल और स्वतंत्र डायरेक्टरों के अनुभव और विचारों से बैंकों में जेखिम प्रबंधन को बल मिलेगा और उनकी बैलेंसशीट भी उन्नत हो सकेगी।

(मुंबई में प्रकाशित दैनिक 'हमारा महानगर' में शुक्रवार 23-05-2014 को व्यापार पृष्ठ पर प्रकाशित)

□

82

एमएसएमई क्षेत्र में मिले विकास को प्राथमिकता

भारतीय अर्थव्यवस्था में लघु (माइक्रो), छोटे और मध्यम आकार के उद्यमों (एमएसएमई) का अपना विशिष्ट महत्त्व है। ये उद्योग न सिर्फ करोड़ों लोगों को रोजगार के अवसर देते हैं, बल्कि देश की सकल राष्ट्रीय आय में भी बड़ा योगदान देते हैं। इसके अलावा वे अर्थव्यवस्था में कुछ हाथों में ही हो रहे आय तथा संपित्त के संकेंद्रण को रोकने में भी महत्त्वपूर्ण भूमिका अदा करते हैं। भारत जैसे अत्यधिक जनसंख्या वाले देश में, जहाँ युवाओं का बाहुल्य है, ये 'श्रम गहनता' वाले एमएसएमई भरपूर रोजगार प्रदान करते हैं।

यही कारण है कि केंद्र हो या राज्य सरकारें, सभी के लिए एमएसएमई क्षेत्र एक प्राथमिकता वाला क्षेत्र है। हालाँकि देश की सकल राष्ट्रीय आय में इस क्षेत्र का योगदान महज 8 प्रतिशत है पर यदि रोजगार, औद्योगिक उत्पादन और निर्यात का आँकड़ा देखें तो इन सभी में इसका योगदान लगभग 40 प्रतिशत है। लेकिन हैरानी की बात यह है कि वैश्विक मंदी जैसे कठिन दौर में भी भारत की घरेलू अर्थव्यवस्था को संबल प्रदान करने वाला ये क्षेत्र लगातार अनेक प्रकार की समस्याओं से त्रस्त रहा है।

सबसे पहले तो एमएसएमई क्षेत्र की परिभाषा ही को लें। एमएसएमई विकास कानून 2006 के तहत भारत के विनिर्माण उद्योगों को इन क्षेत्रों में वर्गीकृत करने का आधार इन उद्यमों के संयंत्र और मशीनरी में किए गए निवेश को माना गया है। इस कानून की धारा 7 (1) के तहत यदि यह निवेश निर्धारित उद्यमों के संयंत्र एवं मशीनरी में 25 लाख रुपए का है तो इन्हें माइक्रो उद्यम, 25 लाख से 5 करोड़ तक होने पर लघु उद्यम (स्मॉल एंटरप्राइज) और 5 करोड़ से 10 करोड़ रुपए होने पर मध्यम (मीडियम) उद्यमों के रूप में वर्गीकृत किया जाता है।

उल्लेखनीय है कि सन् 2006 और सन् 2014 के दरम्यान महँगाई की दर लगातार ऊँची बनी रहने से और रुपए की सेहत कमजोर रहने से भी विभिन्न उद्यमों के लिए संयंत्र तथा मशीनरी की लागत काफी हद तक बढ़ी है। ऐसे में, इन उद्यमों में निवेश की सीमा को भी कुछ हद तक बढ़ा दिए जाने की आवश्यकता है ताकि अधिकाधिक उद्यमों को प्राथमिकतावाले क्षेत्रों के लिए उपलब्ध सुविधाओं और प्रोत्साहन का लाभ मिल सके।

उदाहरण के लिए, सन् 2012 में एमएसएमई मंत्रालय द्वारा जारी की गई सार्वजनिक खरीद नीति (पब्लिक प्रोक्योरमेंट पॉलिसी), जिसे एक अप्रैल 2015 तक अनिवार्य रूप से लागू किया जाना है, उसके तहत यह व्यवस्था है कि सभी सरकारी विभाग और सार्वजनिक क्षेत्र के उपक्रमों द्वारा की जानेवाली कुल खरीदी का 20 प्रतिशत छोटे और लघु उद्योगों से लिया जाएगा। गौरतलब है कि केंद्र सरकार के करीब 51 मंत्रालय और 46 विभाग हैं और करीब 179 सार्वजनिक उपक्रम कार्यरत हैं। जाहिर तौर पर अब नई सरकार से अपेक्षा है कि यह नीति जल्दी से लागू की जाए, क्योंकि अभी भी अनेक सरकारी दफ्तरों या सार्वजनिक उपक्रमों में इस नीति को लागू किया जाना बाकी है।

इसके अलावा जहाँ-जहाँ छोटे और मध्यम आकार के उद्योग बड़ी कंपनियों को अपना उत्पाद सप्लाई करते हैं, वहाँ से उन्हें समय पर भुगतान मिले, यह भी सुनिश्चित किया जाना चाहिए। कई बार उन्हें पेमेंट मिलने में देरी होती है जिसकी वजह से इनके उत्पादन कार्यक्रम बिगड़ने की संभावना रहती है। एमएसएमई कानून 2006 के पाँचवें अध्याय में इस समस्या को संबोधित किया गया है। इन धाराओं को व्यापक तौर पर लागू किए जाने की आवश्यकता है।

पिछले कुछ वर्षों में एमएसएमई सेक्टर को दिए जानेवाले संस्थागत ऋणों की मात्रा एवं संख्या में वृद्धि अवश्य देखी गई है, पर भी आमतौर पर कई लघु व मध्यम आकार के उद्योगों को समय पर ऋण न मिल पाने की समस्या बनी रहती है। इन उद्यमों को कभी लोन मंजूर होने में देरी तो कभी मंजूर किए गए ऋणों के जारी होने में देरी का सामना करना पड़ता है। अकसर उन्हें इन ऋणों को प्राप्त करने के लिए ऊँची लागत लगती है। उल्लेखनीय है कि सर्विसेज क्षेत्र में भी माइक्रो उद्योगों (10 लाख रुपए तक निवेश) छोटे उद्यमों (2 करोड़ रुपए तक का निवेश) तथा मध्यम उद्यमों (5 करोड़ रुपए तक निवेश) को भी कई प्रकार की समस्याओं का सामना करना पड़ता है।

दरअसल, इन उद्योगों को टैक्स और कौशल विकास—इन दोनों ही क्षेत्रों में काफी प्रोत्साहन दिए जाने की आवश्यकता है। गौरतलब है कि एमएसएमई क्षेत्र का महत्त्व समझते हुए कुछ महीनों पूर्व अंतः मंत्रालयिक समितियाँ बनाई गईं जिन्होंने क्रमशः इन क्षेत्रों में विकास कैसे बढ़ाया जाए और इन क्षेत्रों में निर्यात किस प्रकार बढ़ें, ऐसे विषयों

पर चर्चाएँ की हैं और अपनी सिफारिशें भी सरकार को दी हैं। हालाँकि इन सिफारिशों पर अमल किया जाना अभी बाकी है।

इन उद्योगों में विकास बढ़े, इसके लिए समिति ने इन छोटे आकार के उद्यमों को अनुसंधान और विकास (आर एंड डी) नई तकनीक और उत्पादन के बेहतर तरीकों आदि के बारे में जानकारी उपलब्ध कराने और आगे भी मदद देने हेतु सरकार एवं रिसर्च संस्थानों के बीच सहयोग बढ़ाने की आवश्यकता पर बल दिया है। जहाँ एक ओर यह जरूरी है कि छोटे उद्योगों को अपना काम-काज शुरू करने में अधिक लागत न आए, वहाँ यह भी जरूरी है कि यदि ये उद्यम किसी कारणवश मुश्किलों में घिर जाएँ तो इन्हें बंद करने की प्रक्रिया का भी सरलीकरण किया जाए।

रिजर्व बैंक ने भी बीमार पड़े एमएसएमई उद्यमों की पुनर्स्थापना के लिए अलग प्रकोष्ठ बनाने का सुझाव दिया है। इसके अलावा सर्फेसी कानून के तहत भी विशेष राहत होनी चाहिए। मसलन, अपना बकाया ऋण चुकाने के लिए उन्हें कुछ और मोहलत दी जा सके। अकसर छोटे उद्योगों में श्रमिकों के असंतोष के मामले भी सामने आते हैं। ऐसे में संबंधित श्रम कानूनों में भी जो प्रावधान हैं उन्हें इस क्षेत्र की विशिष्ट जरूरतों के हिसाब से ढालने की आवश्यकता है।

कुल मिलाकर इस क्षेत्र में विकास की असीम संभावनाएँ हैं और अब नई सरकार से काफी अपेक्षाएँ हैं कि वह इस क्षेत्र की समस्याओं को तरजीह देते हुए अनुकूल नीति के तहत इस क्षेत्र को विकसित करने का प्रयास प्राथमिकता के साथ कर पाने में सक्षम होगी।

(मुंबई में प्रकाशित दैनिक 'हमारा महानगर' में शुक्रवार 30-05-2014 को व्यापार पृष्ठ पर प्रकाशित)

□

83

भारतीय अर्थव्यवस्था का प्रदर्शन निराशाजनक

हाल ही में केंद्रीय सांख्यिकी दफ्तर (सीएसओ) द्वारा जारी किए गए आँकड़ों के अनुसार, भारत की अर्थव्यवस्था ने 2013-14 के वित्तीय वर्ष में 4.7 प्रतिशत की दर से विकास किया है, हालाँकि यह सन् 2012-13 के 4.5 प्रतिशत की विकास दर, जो कि पिछले दस वर्षों का न्यूनतम स्कोर था, उससे कुछ ही बेहतर है। लेकिन जिस प्रकार भारत की विकास दर लगातार दूसरे वर्ष भी पाँच प्रतिशत से कम रही है, यह वाकई चिंता का विषय है।

भारत की विकास दर कम होने का मुख्य कारण विनिर्माण और कंस्ट्रक्शन क्षेत्र में उत्पादन का घटना है। गौरतलब है कि विनिर्माण क्षेत्र में विकास दर माइनस 0.7 प्रतिशत अर्थात् नकारात्मक रही है, जबकि पिछले वर्ष यह महज 1.1 प्रतिशत से ही बढ़ी थी। इसी प्रकार कंस्ट्रक्शन क्षेत्र में विकास दर मात्र 1.6 प्रतिशत रही जो अपने पूर्वानुमानों से भी कम रही। खनिज़ और उत्खनन क्षेत्र में विकास दर 0.8 प्रतिशत से नकारात्मक रही।

सबसे अधिक चिंता का विषय है—सकल स्थिर पूँजी की दर में उल्लेखनीय कमी आ जाना। सन् 2013-14 में यह दर 28.3 प्रतिशत रही, जो कि ग्लोबल मंदी से आहत सन् 2008 में जो इसका स्तर था, उससे भी 4 प्रतिशत कम रही। यद्यपि व्यापार, होटल, यातायात और संचार क्षेत्र में तीन प्रतिशत की विकास दर रही पर यह भी पिछले वित्तीय वर्ष 2013 के मुकाबले 40 प्रतिशत कम ही रही। राहत की बात यह रही कि कृषि क्षेत्र में विकास दर 6.3 प्रतिशत रही, जो कि वित्तीय वर्ष 2013 के मुकाबले काफी अच्छी रही। कृषि को छोड़कर सभी क्षेत्रों में भारतीय अर्थव्यवस्था का प्रदर्शन खराब ही रहा।

हालाँकि राजकोषीय घाटा सिकुड़ कर 4.47 प्रतिशत अवश्य रहा पर यदि इसकी विस्तृत समीक्षा करें, तो सिर्फ मार्च के महीने में ही तत्कालीन सरकार ने 75,000 करोड़ रुपए का अधिशेष (सरप्लस) हासिल किया जिससे राजकोषीय घाटे को लेकर जो 4.9

प्रतिशत का अनुमान लगाया गया था, उसके दायरे में इसे सीमित रखा जा सका। गौरतलब है कि राजकोषीय घाटे का संशोधित अनुमान 5.24 लाख करोड़ रुपए था, जो 5.08 लाख करोड़ पर सीमित हुआ। यद्यपि यह पूर्वानुमान का 96.9 प्रतिशत तो रहा पर फिर भी यह प्रदर्शन पिछले वर्ष की तुलना में खराब ही रहा। न सिर्फ सरकारी राजस्व में कमी आई बल्कि नियोजित खर्चों में भी 4.53 लाख करोड़ की कटौती की गई। जाहिर तौर पर इसने भी भारत में उत्पादन और निवेश की दर को प्रभावित किया।

हैरान करनेवाली बात यह है कि दो वर्ष पहले भारत की विकास दर 8 प्रतिशत रही थी। एक अनुमान के अनुसार, भारी जनसंख्या वाले हमारे देश में हर वर्ष करीब 10 मिलियन नौकरी के अवसर बनाए जाने की आवश्यकता है। अत: उसे पूरा करते रहने के लिए विकास दर का ऊँचा ही रहना बहुत जरूरी है। उल्लेखनीय है कि सन् 2004-05 और 2011-12 के दौरान सिर्फ 53 मिलियन नौकरियों के नए अवसर पैदा हो सके।

यही कारण है कि नई सरकार से जहाँ काफी अपेक्षा है कि वह आर्थिक सुधार और विकास के मुद्दों की प्राथमिकता देगी, वहाँ पिछले दो वर्षों के खराब आर्थिक प्रदर्शन से यह स्पष्ट हुआ है कि नई सरकार के लिए विकास की डगर पकड़ना इतना भी आसान नहीं, खासतौर पर तब जबकि इस बार भारतीय मौसम विज्ञान संस्थान द्वारा पहली बार 'वास्तविक काल' के आधार पर की गई भविष्यवाणी के अनुसार पहले दौर में मानसून के देरी से आने की संभावना तो है ही, पर वह अपर्याप्त और काफी कमजोर भी रह सकता है, ऐसा अनुमान लगाया गया है। अत: मानसून का मिजाज कृषि की विकास दर को कम कर सकता है।

इस प्रकार भारत की विकास यात्रा (ग्रोथ स्टोरी) को आगे ले जाने के लिए विनिर्माण, खनन और सर्विसेस क्षेत्र में और भी अचछा प्रदर्शन करना होगा। साथ ही, भारत की अर्थव्यवस्था को बीमार करने वाली मुख्य समस्याओं, जैसे—महँगाई, राजकोषीय घाटा और बेरोजगारी के अलावा भ्रष्टाचार को भी नियंत्रण में लाना होगा।

यह सब भारतीय अर्थव्यवस्था में एक नए दौर की शुरुआत के रूप में देखा जा सकेगा। नए भारत के निर्माण के लिए आधारभूत और नीतिगत ढाँचे में भारी बदलाव की आवश्यकता पड़ सकती है, जहाँ व्यापक तौर पर गरीबी और बेरोजगारी से जूझ रहे इस देश में लोक लुभावन नीतियाँ जब बनें तो उनका मकसद अल्पकालिक लाभ मात्र न हो, बल्कि दीर्घकालीन विकास हो। नीतियों में लक्ष्य निर्धारित हो, उनका क्रियान्वयन ठीक से हो, उसमें पारदर्शिता हो और साथ में जवाबदेही भी हो।

खासतौर पर वैश्वीकरण के इस युग में हमें भ्रष्टाचार रहित सिस्टम, नीतियों में स्पष्टता और स्थिरता और सरकारी कामकाज में पारदर्शिता की जरूरत है ताकि देश में औद्योगिक क्षेत्र में देसी और विदेशी निवेश बढ़े। एक निवेश अनुकूल वातावरण में

निवेशकों को दीर्घ कालीन निवेश संबंधी निर्णय लेने में सुविधा होती है। खासकर कराधान (टेक्सेशन) और पर्यावरण संबंधी नीतियों में सरलीकरण, स्पष्टता और स्थिरता की आवश्यकता है।

दरअसल, नीतिगत निर्णयों का आधार ठोस आर्थिक और अन्य आधारभूत तत्त्वों को बनाया जाए तो परिणाम अनुकूल प्राप्त होते हैं। नीतियाँ वे ही श्रेष्ठ समझी जा सकती हैं, जिनका सामान्य लक्ष्य (कॉमन ऑबजैक्टिव) विकास हो और वे एक दूसरे की पूरक हों। जब नीतियाँ विरोधाभासी लक्ष्यों को लेकर चलती हैं, तब उनका प्रतिफल अपने इष्टतम परिणाम से कुछ कम ही रहता है।

मसलन मौद्रिक, राजकोषीय और व्यापार नीतियों में समन्वय हो तो विकास की गति को तेजी से बढ़ाया जा सकता है। साथ ही, आर्थिक नीतियाँ भले ही जन-जन के कल्याण के लिए बनें पर यदि वे रोजगार और उत्पादन बढ़ाने में भी सहयोगी बनें तो न सिर्फ औसत आय ही बढ़ेगी, बल्कि महँगाई पर भी काबू पाया जा सकता है।

अर्थव्यवस्था के इस खराब प्रदर्शन के बाद अब नई सरकार की मुश्किलें कुछ बढ़ अवश्य गई हैं, लेकिन जहाँ चुनौतियों के समाधान ढूँढ़ लिए जाते हैं, वहीं से अवसरों का नया दौर शुरू होता है, जो किसी भी देश में विकास रूप ट्रेन को पटरी पर लाकर खड़ा कर सकता है।

दूसरे विश्वयुद्ध के बाद जापान और विश्व बैंक की सदस्यता ग्रहण करने के बाद चीन ने जिस प्रकार तेजी से विकास किया, वह उदाहरण हमारे सामने है। देखना दिलचस्प होगा कि सरकार किस प्रकार इन चुनौतियों का सामना कर देश की विकास दर को आगे बढ़ा पाती है।

(मुंबई में प्रकाशित दैनिक 'हमारा महानगर' में शुक्रवार 06-06-2014 को व्यापार पृष्ठ पर प्रकाशित)

□

84

महँगाई रोकना सबसे बड़ी चुनौती

भारत की अर्थव्यवस्था अनेक समस्याओं से त्रस्त है, परंतु यदि प्राथमिकता के आधार पर हम इन समस्याओं की सूची तैयार करें, तो शायद महँगाई एक बड़ी महत्त्वपूर्ण समस्या के रूप में सबसे ऊपर खड़ी होगी। ऐसा इसलिए कि एक विकासशील देश में यदि उच्च दर से विकास करना हो, तो महँगाई पर काबू रखना ही होगा। दरअसल, जब भी विकास और महँगाई—दोनों में से किसी एक को प्राथमिकता देने की दुविधा होगी तब सामान्यता महँगाई को तवज्जो दिया जाना आवश्यक हो जाता है, क्योंकि दीर्घकालीन विकास के लिए कीमतों में स्थिरता होना बहुत जरूरी है।

स्थिर विकास के लिए अर्थव्यवस्था में माँग (डिमांड) और आपूर्ति (सप्लाई) में संतुलन रखना अति आवश्यक है। पिछले 6 वर्षों से लगातार महँगाई की दर वास्तविक सकल राष्ट्रीय आय की विकास दर से कहीं ऊँची ही रही है। माँग और आपूर्ति में असंतुलन के लिए कई आधारभूत और चक्रीय तत्त्व जिम्मेदार होते हैं, जो खाद्य एवं गैर-खाद्य क्षेत्र में महँगाई बढ़ाते हैं।

राजकोषीय नीति के तहत लिए गए अनेक निर्णयों से देश में महँगाई का स्तर प्रभावित होता है। राजकोषीय नीति से सरकार की कराधान नीति, ऋण नीति और व्यय नीति का देश की अर्थव्यवस्था में बचत, निवेश, उत्पादन व उपभोग—सभी पर प्रभाव पड़ता है। उदाहरण के लिए, राजकोषीय नीति के तहत लागू लोक-लुभावन योजनाओं की वजह से, जहाँ एक ओर लोगों की खर्च योग्य औसत आय बढ़ती है, वहाँ अगर उत्पादन में वांछित वृद्धि नहीं हो पाती है, तो इससे माँग व आपूर्ति में असंतुलन की स्थिति पैदा हो जाती है।

हालाँकि मुद्रास्फीति को एक मौद्रिक समस्या माना जाता है। यही कारण है कि जब महँगाई का स्तर ऊँचा रहता है, तो केंद्रीय बैंक नीतिगत दरों को बढ़ाकर अर्थव्यवस्था में

प्रभावी माँग के स्तर को कम करने की कोशिश करता है। अकसर देखा गया है कि यदि महँगाई और विकास के परस्पर विरोधी लक्ष्यों में से किसी एक को प्राथमिकता देनी है, तो मौद्रिक नीति में महँगाई को काबू में रखने की कोशिश की जाती है।

यही कारण है कि जब-जब नीतिगत दरों में वृद्धि की जाती है तो इसे विकास दर को आहत करनेवाला कदम करार दिया जाता है, क्योंकि देश में आर्थिक क्रियाओं का स्तर बढ़ाने के लिए व्यवसायियों को ऊँची ब्याज दर पर संसाधन जुटाने पड़ते हैं, जिससे उत्पादन लागत बढ़ती है और उद्योगों का लाभांश कम होता है। इसके विपरीत यदि ब्याज की दर कम की जाए तो वह आर्थिक क्रियाओं का स्तर बढ़ाने में सहायक सिद्ध होती है।

उल्लेखनीय है कि पिछले वित्तीय वर्ष में तीन बार नीतिगत दरों में वृद्धि की गई, जिसकी वजह से रेपो रेट, जो मई 2013 में 7.25 प्रतिशत थी, वह बढ़ाकर आठ प्रतिशत कर दी गई। हालाँकि जून 2014 में इसे और अधिक बढ़ाया नहीं गया है, पर यदि महँगाई का स्तर नियंत्रण में रहा तो इसे कम किया जा सकेगा।

दरअसल नीतिगत दरों में कटौती से औद्योगिक व अन्य क्षेत्रों में उत्पादन बढ़ता है, जिससे धीरे-धीरे आपूर्ति का असंतुलन कम होता है और महँगाई कम होने लगती है। समझा जा सकता है, किस प्रकार नीतिगत दरें और महँगाई एक-दूसरे के स्तर को प्रभावित करती हैं।

यही कारण है कि कहीं-न-कहीं इस चक्र को भेदना होगा। हमने देखा है कि महँगाई पर लगाम कसने के क्षेत्र में मौद्रिक नीति की अपनी सीमाएँ हैं। राजकोषीय नीति में घाटे पर नियंत्रण रखना भी आवश्यक है, क्योंकि इससे मौद्रिक नीति को वह जगह मिलती है, जहाँ पर महँगाई पर दबाव कम होने पर ब्याज दरों में कटौती कर सके। इसी प्रकार राजकोषीय नीति में यदि निवेश और उत्पादन बढ़ाने पर बल दिया जाए, तो आनेवाले समय में आपूर्ति की कमी को दूर किया जा सकता है।

दरअसल, महँगाई जैसी समस्या का भारत जैसे बड़े और विकासशील देश में कोई अल्पकालिक उपाय अधिक कारगर सिद्ध नहीं होगा, क्योंकि भारत की अधिकांश समस्याओं का स्थायी हल विकास है और यदि उसके लिए वर्तमान में कुछ त्याग करना भी पड़े, तो वह देश के दीर्घकालीन हित में होगा।

हालाँकि जिस प्रकार से देश का चालू खाता घाटा पिछले वित्तीय वर्ष में सकल राष्ट्रीय आय का 1.7 प्रतिशत रहा है, जो कि सन् 2013 के वित्तीय वर्ष में 4.7 प्रतिशत रहा था। महँगाई के लिहाज से इसे एक अच्छा संकेत माना जा सकता है। वस्तुतः देश में जिस प्रकार का आर्थिक वातावरण तैयार होगा, उसके अनुरूप मौद्रिक व अन्य नीतियों को ढाला जा सकता है और नीतियों में जितना अच्छा तालमेल होगा, उतना ही अच्छा आर्थिक वातावरण बनेगा।

मसलन, यदि आर्थिक नीति भारत में विदेशी निवेश को प्रोत्साहन देती है और अत्यधिक विदेशी संस्थागत निवेश भारत में आने पर रुपए के मूल्य में सुधार आता है और रिजर्व बैंक बाजार से डॉलर खरीदने लगता है, ताकि रुपए के मूल्य में आई वृद्धि से भारत के निर्यात आहत न हो, तो ये नीतिगत स्तर पर संतुलन बनाने का उदाहरण माना जा सकता है। लेकिन आर्थिक नीतियों व अन्य नीतियों में संतुलन या तालमेल बैठाने का कार्य इस प्रकार होना चाहिए कि किसी भी प्रकार विकास का लक्ष्य आहत न हो, और देश में स्थिरता के साथ विकास हो।

जब नीतियों के लक्ष्य में और रणनीति में भी तालमेल बिठा लिया जाता है, तब ये एक 'सिनर्जी' (एक और एक ग्यारह) जैसा प्रभाव देती हैं और देश के विकास रूपी इंजन को तेजी से आगे बढ़ाने में मदद देती हैं। जिस प्रकार जून में घोषित मौद्रिक नीति में ब्याज दरों को और अधिक बढ़ाया नहीं गया है, उससे आभास होता है कि आनेवाले समय में राष्ट्रीय स्तर पर नीतियों में अधिक समन्वय देखने को मिल सकता है।

(मुंबई में प्रकाशित दैनिक 'हमारा महानगर' में शुक्रवार 13-06-2014 को व्यापार पृष्ठ पर प्रकाशित)

□

85

पोंजी स्कीम के फैलते साम्राज्य पर लगे लगाम

पिछले कुछ वर्षों में निवेशकों को ऊँची रिटर्न का भरोसा देकर रकम जमा करने और समय पर उन्हें उनका निवेश वापस न लौटा पाने के कई मामले सामने आए हैं। अकसर ठगे गए लोगों में वित्तीय साक्षरता का अभाव देखा गया है। या तो वे ऐसे स्वप्न जाल में फँस जाते हैं कि इन्हें इन स्कीमों के अवैध होने या धोखाधड़ी से लिप्त होने की भनक तक नहीं लगती।

इस प्रकार की स्कीमों को 'पोंजी स्कीम' के नाम से भी पुकारा जाता है। पोंजी स्कीम एक प्रकार से निवेश धोखाधड़ी का मामला है, जिसमें मौजूदा निवेशकों को नए निवेशकों से प्राप्त रकम में से आकर्षक रिटर्न दिया जाता है, जिससे प्रभावित होकर नए-नए लोग इस स्कीम से जुड़ते जाते हैं। इन निवेशकों को स्कीम चलानेवालों की तरफ से भरोसा दिया जाता है कि वे ऐसी अच्छी स्कीम में पैसा निवेश कर रहे हैं, जहाँ बिना किसी जोखिम के ऊँची रिटर्न्स मिलनी ही हैं। जैसे-जैसे नए निवेशक आते-जाते हैं, मौजूदा निवेशकों को वे आकर्षक रिटर्न देते जाते हैं और एक झूठा भरोसा भी देते हैं कि यह पैसा एक वैध व्यवसाय के माध्यम से उपजे लाभ से जुटा है। हालाँकि अकसर अवैध गतिविधियों में लगा हुआ या फिर किसी अन्य बिजनेस आदि में घुमा दिया गया यह पैसा नित नए निवेशकों के आते रहने के दम पर फलता-फूलता दिखाता जरूर है, पर यह एक भ्रम मात्र ही होता है, जो मासूम निवेशकों को यूँ ठग लेता है, मानो गलती उन्हीं की थी कि आखिर क्यों उन्होंने एक अवैध या कागजी बिजनेस में निवेश किया।

पोंजी स्कीम की समस्या कितनी विकराल है, उसे हम कुछ उदाहरणों के माध्यम से समझने का प्रयास करें, जो हाल ही में सामने आए हैं। इनमें से एक है, पश्चिम बंगाल में घटित हुआ सारदा घोटाला। बोलचाल की भाषा में चिटफंड स्कीमों के नाम से करीब 200 प्राइवेट कंपनियों के माध्यम से अनेक स्कीमें यहाँ चलाई गईं। अप्रैल

2013 में जब सारदा ग्रुप भड़भड़ा कर ढह गया, तब तक कथित तौर पर करीब 1.7 मिलियन डिपॉजिटरों के 200-300 बिलियन रुपए डूब चुके थे। इस घोटाले की जाँच के लिए पश्चिम बंगाल की सरकार ने गरीब निवेशकों के नुकसान की भरपाई के लिए 5 बिलियन रुपए का फंड भी बनाया और जाँच कमीशन भी बैठाया। केंद्र सरकार के आयकर विभाग और प्रवर्तन विभाग द्वारा भी बहु-एजेंसी जाँच शुरू की गई। हाल ही में सुप्रीम कोर्ट ने सारदा सहित 44 अन्य मामलों में केंद्रीय अन्वेषण ब्यूरो द्वारा जाँच कराए जाने का आदेश दिया है।

सवाल यह भी उठता है कि कड़े कानूनों के बावजूद नित नई पोंजी स्कीमें बाजार में आती हैं और आए दिन लोग इनके झांसे में आ भी जाते हैं। दरअसल, भारत के कई गाँवों में अभी भी औपचारिक बैंक सुविधाओं का अभाव है। इसके अलावा समाज के एक बड़े वर्ग में वित्तीय साक्षरता का अभाव है और निवेशकों में जागरुकता की भी कमी है। मौजूदा कानूनों में कहीं न कहीं कुछ कमियाँ भी अवश्य हैं और विनियमन के दायरे की अपनी कुछ सीमाएँ हैं, जिसके चलते ऐसे घोटाले होते रहते हैं।

यदि सारदा ग्रुप का ही उदाहरण लें तो इसने ग्रामीण पृष्ठभूमि से कमीशन एजेंट नियुक्त किए, जो डिबेंचर और प्रिफरेंस बॉण्ड आदि के माध्यम से पैसा जमा करते थे। इसके लिए उन्हें 25-30 प्रतिशत तक का भारी कमीशन दिया जाता था। गौरतलब है कि कोई भी कंपनी बिना प्रोस्पेक्टस और बैलेंस-शीट तैयार किए, 50 से अधिक लोगों से पूँजी नहीं जमा कर सकती। सेबी ने जब सन् 2009 में इस कंपनी को तलब किया, तो इस ग्रुप ने 200 नई कंपनियाँ खड़ी कर दीं, ताकि ज्यादा-से-ज्यादा निवेशकों से रकम जमा कर सकें। इसके अलावा उसने ट्यूरिज्म पैकेज फॉर्वर्ड ट्रेवल और होटल बुकिंग में टाइम शेयर क्रेडिट ट्रांसफर जैसी अनेक स्कीमें निकाल कर एक ऐसा जटिल बिजनेस मॉडल तैयार कर लिया, जिससे निवेशकों तक को पता न चल सका कि आखिर उनका पैसा कहाँ पर निवेश कर दिया गया है। सन् 2012 तक सेबी को पता लग चुका था कि यह ग्रुप सामूहिक निवेश स्कीमें चला रहा था। अत: उसने इन स्कीमों को तुरंत बंद कर देने और पहले सेबी से अनुमति लेकर काम करने की हिदायत दी।

सारदा ग्रुप ने सेबी का निर्देश दरकिनार रखते हुए काम-काज जारी रखा और अप्रैल 2013 तक पूरी तरह ढह गया। यद्यपि इस ग्रुप में फँसे लोगों के प्रति व्यापक संवेदना का माहौल बना पर लगता है, गुजरे वक्त के साथ नए-नए घोटालेबाज प्रकट होते हैं और कोई नई स्कीम बनाकर नए निवेशकों को अपने जाल में फँसा लेने में सफल हो जाते हैं।

उदाहरण के लिए, रियल इस्टेट सेक्टर में एक दिल्ली स्थित पर्ल ग्रुप पर पोंजी स्कीम चलाने का आरोप लगा। बताया जा रहा है कि करीब 5 करोड़ लोगों का 45,000 करोड़ रुपया इस ग्रुप की सामूहिक निवेश योजना में फँसा है। कृषि भूमि को बेचने और

विकास करने के लिए बनी इस स्कीम में भी कमीशन एजेंटों के माध्यम से पैसा जमा किया जा रहा।

इसी प्रकार जुलाई 2013 में सेबी ने रोज वेली नामक एक कंपनी द्वारा जलाई जा रही 'हॉलिडे मेंबरशिप प्लान' स्कीम में बिना नियामक मंजूरी (रेग्यूलेटरी एप्रूवल) के करीब 1,000 करोड़ रुपया जमा कर लेने की गतिविधि बंद कर देने का निर्देश दिया। हालाँकि ऐसे मामले लंबी जाँच और कानूनी प्रक्रिया में वर्षों अटके रहते हैं। यही कारण है कि पिछले एक वर्ष में तीन अध्यादेशों को जारी कर सेबी को 100 करोड़ रुपए से अधिक पूँजी जमा करनेवाली स्कीम का रजिस्ट्रेशन करने का अधिकार दिया गया है। इस वर्ष मार्च में लाए गए तीसरे अध्यादेश में तो सेबी को अभियोग चलाने और जिन मामलों में आरोप सिद्ध हो चुके, वहाँ वसूली करने के सीधे अधिकार दिए गए हैं।

नए अध्यादेश में पुराने अध्यादेशों के तहत दी गई शक्तियों (पॉवर्स) को बरकरार रखा गया है, साथ ही अब सेबी को बकाएदारों पर लगाई गई पेनल्टी बढ़ाने और खोज तथा जब्ती की काररवाई हेतु केंद्र सरकार और पुलिस की सेवाएँ माँगने की अनुमति भी दे दी गई है। अब नई सरकार द्वारा इस पर कानून बनाया जा सकता है। नए अध्यादेश आने से सेबी द्वारा पोंजी योजनाओं पर विनियमन का दायरा असरदार ढंग से कसा जा सकेगा। पोंजी स्कीमों पर जितनी जल्दी काररवाई की जा सके, वह निवेशकों के हित में तो है ही, साथ ही वित्तीय सिस्टम की स्थिरता के लिए जरूरी है।

(मुंबई में प्रकाशित दैनिक 'हमारा महानगर' में शुक्रवार 20-06-2014 को व्यापार पृष्ठ पर प्रकाशित)

□

86

इराकी संकट से आहत होगी भारत की अर्थव्यवस्था

उत्तर में टर्की, पूर्व में इरान, दक्षिण पूर्व में सऊदी अरब और पश्चिम में सीरिया की सीमा से सटा इराक एक ऐसा मध्य पूर्वी देश है, जिसकी अर्थव्यवस्था में पेट्रोलियम क्षेत्र का बहुत महत्त्वपूर्ण स्थान है। गौरतलब है कि इराक विश्व में रूस और सऊदी अरब के बाद तेल निर्यात करनेवाला सबसे बड़ा देश है। सीधी-सी बात है कि इराक में छाए गृह-युद्ध की वजह से यदि वहाँ तेल रिफाइनरीज बंद पड़ीं, तो पूरे विश्व में तेल की कीमतों में उछाल होना लाजिमी है। पारंपरिक रूप से इराक के विदेशी मुद्रा कोष में 95 प्रतिशत का योगदान करनेवाला यह तेल उद्योग इराक के लिए तो रणनीतिक क्षेत्र है ही, पर समूचे विश्व के लिए भी गृह-युद्ध की चपेट में आए इस क्षेत्र की वजह से दूरगामी प्रभाव पड़ सकते हैं।

उल्लेखनीय है कि सन् 1991 के खाड़ी युद्ध के बाद से ही इराक से निर्यात किए जानेवाले तेल की वजह से पश्चिमी देशों का इराक की घरेलू राजनीति में दखल बढ़ा है, क्योंकि आज भी तेल विश्व में ऊर्जा का एक बड़ा महत्त्वपूर्ण स्रोत है।

जहाँ तक भारत का सवाल है, यह विश्व में तेल का उपभोग करनेवाला चौथा सबसे बड़ा देश है। भारत अपनी कुल जरूरतों का 80 प्रतिशत तेल आयात करता है। जनवरी माह में 91 डॉलर प्रति बैरल रहनेवाली तेल की कीमतें बढ़कर 106.50 डॉलर प्रति बैरल तक पहुँच गई हैं। जाहिर तौर पर तेल की कीमतें बढ़ने से भारत का चालू खाता बढ़ने की पूरी संभावना तो फिलहाल दिखाई दे ही रही है, साथ ही इस वजह से रुपए की सेहत डॉलर के मुकाबले कमजोर पड़ने की भी संभावना है। कच्चे तेल की कीमतों में प्रति एक डॉलर की वृद्धि होने मात्र से भारत सरकार द्वारा सार्वजनिक क्षेत्र की तेल विपणन कंपनियों की दी जानेवाली सब्सिडी (माली मदद) में अतिरिक्त एक बिलियन डॉलर का

भार भी बढ़ सकता है। दूसरी ओर, यदि तेल की खुदरा कीमतों में इजाफा किया गया, तो इससे महँगाई और अधिक बढ़ेगी और ब्याज दरों पर दबाव बढ़ेगा। देश में कई उत्पादों की उत्पादन लागत बढ़ेगी, जिससे कंपनियों के लाभांशों पर भी दबाव बढ़ेगा।

राहत की बात बस यह है कि इराक में तेल के अधिकांश भंडार दक्षिणी क्षेत्र में हैं, जबकि गृह–युद्ध का असर ज्यादातर उत्तरी क्षेत्र में पड़ रहा है। अतः भारत की अर्थव्यवस्था पर तेल की बढ़ी हुई कीमतों का प्रभाव तो अवश्य पड़ेगा, पर आपूर्ति फिलहाल बाधित नहीं होगी।

लेकिन यदि इराक में संघर्ष दक्षिणी हिस्से तक पहुँचा और आतंकी समूहों ने प्रमुख तेल भंडारों पर कब्जा किया या तेल की कीमतें 150 डॉलर प्रति बैरल तक पहुँच गईं तो वाकई भारत की अर्थव्यवस्था बुरी तरह प्रभावित हो सकती है।

चिंता की बात तो यूँ भी है कि भारत में तेल के जितने जाहिर रिजर्व्स है, उनसे महज अगले 20 वर्षों तक ही तेल का उत्पादन किया जा सकता है, जबकि विश्व के लिए औसतन 53.3 वर्षों तक के लिए तेल की उपलब्धता है। एक अनुमान के अनुसार, अप्रैल 2012 में भारत के तेल रिजर्व्स करीब 761 मिलियन टन (मीट्रिक टन) थे। इसी प्रकार मौजूदा उत्पादन दर के हिसाब से भारत में प्राकृतिक गैस के लिए 31 वर्ष का भंडार है, जबकि विश्व के लिए ये औसतन 60 वर्ष तक का है।

दूसरा, भारत में रिलायंस इंडस्ट्रीज के केजी–डी 6 बेसिन प्रोजेक्ट में उत्पादन की दर घटने से भी भारत की तेल आयात पर निर्भरता बढ़ी है। सीएजी के अनुमान के अनुसार, यहाँ 2013–14 में समाप्त हुए चार वर्षों में 154 मिलियन स्टैंडर्ड क्यूबिक मीटर (एमएससीएम) उत्पादन अपने निर्धारित लक्ष्य से कम रहा। भारत सरकार के पेट्रोलियम एवं प्राकृतिक गैस मंत्रालय द्वारा जारी आँकड़ों के अनुसार, मई 2014 में सार्वजनिक उपक्रम (ओएनजीसी एवं ओआईएल) तथा प्राइवेट और ज्वाइंट वैंचर प्रोजेक्ट आदि सभी कंपनियों में तेल का उत्पादन नियोजित लक्ष्य से औसतन तीन प्रतिशत कम रहा।

हालाँकि रिजर्व बैंक के गवर्नर के अनुसार, फिलहाल भारत में विदेशी मुद्रा के पर्याप्त भंडार हैं और चालू खाता घाटा भी कम है, अतः भारत इराक संकट की वजह से उपजे हालातों से निपटने के लिए काफी हद तक बेहतर स्थिति में है, पर फिर भी इराकी मसले में निहित अनिश्चितता की वजह से सावधानी बरतने की आवश्यकता है।

गौरतलब है कि इरान में तेल क्षेत्र का रोजगार बढ़ाने में खास योगदान नहीं है। इसके अलावा वहाँ का विद्युत् उत्पादन उसकी जरूरतों का 50 प्रतिशत ही है। अनेक इंफ्रास्ट्रक्चर प्रोजेक्टों के चलने के बावजूद सन् 2016 तक उसे जितने घरों की आवश्यकता पड़ेगी, उसके 5 प्रतिशत भी अब तक तैयार नहीं हुए। करीब 35 मिलियन की आबादी वाला ये देश आज एक ऐसे मुकाम पर खड़ा है, जहाँ उसका विघटन तक

हो सकता है अर्थात् उसका सार्वभौमिक अस्तित्व ही खतरे में पड़ा है।

अत: इस इराक संकट की वजह से उत्पन्न तेल संकट को भारत में अत्याधिक गंभीरता से लिए जाने की आवश्यकता है, क्योंकि यह जटिल मसला जल्द सुलझने वाला नहीं। देश में तेल और प्राकृतिक गैस का उत्पादन बढ़ाने और प्रति व्यक्ति तेल का उपभोग घटाए जाने पर जोर देना होगा। पब्लिक ट्रांसपोर्ट व्यवस्था को उन्नत करने पर तेल का उपभोग कम किया जा सकता है। कुल मिलाकर तेल की कीमतों के प्रति संवेदशनशील भारतीय अर्थव्यवस्था में इराक संकट से निपटने के लिए त्वरित उपाय किए जाने की आवश्यकता होगी।

(मुंबई में प्रकाशित दैनिक 'हमारा महानगर' में शुक्रवार 27-06-2014 को व्यापार पृष्ठ पर प्रकाशित)

□

87

कमजोर मानसून से बढ़ सकती है महँगाई

हाल ही में समाप्त हुए जून माह में भारत में इस सदी की सबसे कम बारिश दर्ज की गई। बारिश के न्यूनतम स्तर का यह रिकॉर्ड निश्चित तौर पर हमारी अर्थव्यवस्था के लिए अच्छी खबर नहीं। कारण यह है कि जिस 'अल नीनो' की वजह से भारत में मानसून कमजोर रहने का जो अनुमान लग रहा था वो तो अभी आया भी नहीं और भारत में बारिश की मात्रा में 37 प्रतिशत कमी दर्ज की जा चुकी है।

उल्लेखनीय है कि 'अल नीनो' उस प्रभाव को दिया गया एक नाम है, जिसकी वजह से विश्व के कई देशों का मौसम बिगड़ जाता है। प्रशांत महासागर क्षेत्र में समुद्र के जल के तापमान में हुई एक निर्धारित वृद्धि (सामान्यतया 0.5 डिग्री सेलसियस या अधिक) का प्रभाव हिंद महासागर तक भी पहुँच जाता है और भारत में भी बारिश के स्तर को प्रभावित कर देता है।

सन् 1790-93 के बाद अब तक के इतिहास में सबसे कठोर 'अल नीनो' प्रभाव को 1997-98 में दर्ज किया गया। इसके अलावा सन् 2009-10 में भी 'अल नीनो' का असर देखा गया था। माना जा रहा है कि समय-समय पर प्रकट होने वाला अल नीनो प्रभाव फिर से भारत में आने वाले मानसून की राह में बाधा बन यहाँ खेती पर बुरा असर डाल सकता है। इससे न केवल उत्पादन, बल्कि अनाज की आपूर्ति पर भी असर पड़ सकता है। जाहिर सी बात है कि इस वर्ष खाद्य महँगाई काफी हद तक बढ़ने की संभावना है।

फिलहाल गर्मी के मौसम में की जानेवाली बोवाई में 48 प्रतिशत की कमी आ गई है। भारत के कृषि मंत्रालय द्वारा जारी आँकड़ों के अनुसार, जहाँ 28 जून, 2013 को 251 लाख हेक्टेयर क्षेत्र में बुवाई की गई थी, वहाँ 27 जून, 2014 को 131 लाख हेक्टेयर क्षेत्रों में बुवाई की गई है। सामान्यता गर्मी के मौसम में की जानेवाली खेती में जून माह

में फसल बोई जाती है, जो सितंबर माह के मध्य तक तैयार हो जाती है। आज भी भारत के 60 प्रतिशत खेतों में सिंचाई के पर्याप्त साधन उपलब्ध नहीं हैं और वहाँ बारिश के ही भरोसे खेती की जाती है। खास बात तो यह भी है कि वर्ष भर में होनेवाली कुल बारिश की 70 प्रतिशत मात्रा इसी अंतराल (जून से सितंबर) में हो जाती है।

चिंता की बात तो यह भी है कि अब भारत के अनेक बड़े जलाशयों में पानी का स्तर तेजी से कम हो रहा है। दूसरी ओर, बारिश कम होगी ऐसे अनुमान लगने के बाद पहले से ही बढ़ी तरकारी, फलों और खाद्यान्नों आदि की कीमतों में वृद्धि होना शुरू हो गया है। पिछले कुछ दिनों में प्याज की कीमतों में 16 से 20 प्रतिशत तक की वृद्धि हो चुकी है और लगभग ऐसा ही ट्रेंड कई अन्य उत्पादों में भी देखा जा सकता है।

हालाँकि विशेषज्ञों की मानें तो यदि जुलाई में भी बारिश की मात्रा कुछ बढ़ सके तो स्थिति कुछ नियंत्रण में लाई जा सकती है। गौरलतब है कि सन् 2009-10 में जब साढ़े तीन दशकों की न्यूनतम बारिश हुई, तब जून माह में हुई बारिश औसत से 47 प्रतिशत कम थी, जबकि जुलाई माह में वह औसत से महज 4.6 प्रतिशत कम थी। इसके अलावा फूड कॉर्पोरेशन ऑफ इंडिया, जो भारत में सार्वजनिक वितरण प्रणाली के माध्यम से खाद्यान्नों का वितरण करता है, उसके पास गेहूँ और चावल जैसे खाद्यान्नों के पर्याप्त भंडार बताए जाते हैं। यही कारण है कि मानसून के आने में देरी होने की वजह से कृषि उत्पादन कम होगा पर बेहतर आपूर्ति प्रबंधन द्वारा इसके प्रभाव को कम भी किया जा सकता है।

कुल मिलाकर यह कहा जा सकता है कि भारतीय कृषि में अच्छे दिन तभी आते हैं, जबकि यहाँ अच्छे मानसून आते हैं। आज भी हमारे गाँवों के 70 प्रतिशत से अधिक लोग अपनी जीविका हेतु कृषि पर निर्भर हैं। भारत की सकल राष्ट्रीय आय में 17 प्रतिशत का योगदान देनेवाला कृषि क्षेत्र भारत की कुल श्रम संख्या के 51 प्रतिशत लोगों की रोजगार देता है। इस लिहाज से यूँ भी कहा जा सकता है कि अच्छे मानसून का आना भारत में एक खुशखबरी के तौर पर समझा जा सकता है।

भारत कृषि उत्पादन क्षेत्र में विश्व का दूसरा बड़ा देश है। बावजूद इसके, हमारा कृषि क्षेत्र आज भी अनेक समस्याओं से ग्रसित है। कृषि क्षेत्र की मानसून पर निर्भरता कम हो, इसके लिए सिंचाई के साधनों का विकास, उत्पादकता बढ़ाने और बेहतर आपूर्ति प्रबंधन किए जाने की आवश्यकता है।

(मुंबई में प्रकाशित दैनिक 'हमारा महानगर' में शुक्रवार 04-07-2014 को व्यापार पृष्ठ पर प्रकाशित)

□

88

मोदी बजट में आर्थिक विकास पर जोर

केंद्र में नई सरकार जिस प्रकार बदली, हर कहीं एक अपेक्षा थी कि केंद्रीय बजट के माध्यम से देश की सुस्त पड़ी अर्थव्यवस्था में कुछ बड़े बदलाव लाए जा सकते हैं। हाल ही में जारी किए गए आर्थिक सर्वेक्षण में भारत के नाजुक आर्थिक हालात, महँगाई की समस्या और राजकोषीय घाटे का ऊँचा स्तर आदि की वजह से बने एक निराशामय वातावरण के बीच सभी मोदी बजट में कुछ नया, कुछ दमदार और ठोस उपायों द्वारा देश को नई ऊँचाई तक ले जानेवाले प्रस्तावों के पेश होने का अनुमान भी लगाए हुए थे।

लेकिन जो बजट आया, उसमें कुछ अच्छा करने का इरादा तो स्पष्ट रूप से नजर आया पर कई मसलों पर जो घोषणाएँ की गईं, वे शायद निवेशकों की अपेक्षाओं पर खरी नहीं उतरीं और बेहद उतार-चढ़ाव वाले कारोबार के दौर की समाप्ती पर शेयर मार्केट के 'सेंटीमेंट' और देश की अर्थव्यवस्था के स्वास्थ्य का 'बेरोमीटर' समझा जानेवाला 'सेंसेक्स' पिछले दो सप्ताह के न्यूनतम स्तर पर आ पहुँचा।

हालाँकि केंद्रीय वित्त मंत्री ने अपने बजट की प्रस्तुति में निवेशकों का भरोसा जीतने, राजकोषीय स्थिति में सुधार लाने और आर्थिक विकास की दर बढ़ाने के लिए अनेक उपायों की घोषणा की और महँगाई को रोकना अपनी बड़ी प्राथमिकता भी बताया, लेकिन आय और व्यय के आँकड़ों का गणित कुछ ऐसा रहा कि मोदी बजट को कुछ महत्त्वाकांक्षी बजट ही समझा जा सकता है।

उदाहरण के लिए केंद्रीय वित्त मंत्री ने स्वयं राजकोषीय घाटे को अंतरिम बजट द्वारा निर्धारित 4.1 प्रतिशत पर बनाए रखना अत्यधिक चुनौतीपूर्ण कार्य माना है, लेकिन उसे इसी स्तर पर बरकरार रखा है। इसी प्रकार आर्थिक सर्वेक्षण के अनुसार, सन् 2014-15 में सकल राष्ट्रीय आय के 5.4 से 5.9 प्रतिशत तक बढ़ने का पूर्वानुमान लगाया है। साथ

ही, जून माह में भारत के रिजर्व बैंक ने इसके लिए 5.5 प्रतिशत का अनुमान लगाया था, पर मोदी बजट में उम्मीद जताई गई है कि भारत की जीडीपी को अगले दो-तीन वर्षों ही में 7-8 प्रतिशत लाया जा सकेगा। यही कारण है कि राजकोषीय घाटे को सन् 2016 में 3.6 प्रतिशत व 2017 में तीन प्रतिशत ले आने का टार्गेट भी काफी चुनौतीपूर्ण समझा जा रहा है।

हालाँकि आयकर में छूट की सीमा को 50,000 रुपए से बढ़ा दिया गया है और आयकर की दरों में कोई बदलाव नहीं किया गया है पर व्यावसायिक क्षेत्र में काफी शिद्दत से यह अपेक्षा जरूर की जा रही थी कि इस बजट में जीएसटी (गुड्स एवं सर्विसेज टैक्स) लागू करने और पूर्वकालिक टैक्स पर पुनर्विचार के मामलों के संबंध में कुछ सकारात्मक घोषणाएँ की जाएँगी, लेकिन ऐसा नहीं हो सका। हालाँकि वित्त मंत्री ने उम्मीद अवश्य जताई है कि शायद इस वित्तीय वर्ष के अंत तक जीएसटी मसले का समाधान ढूँढ़ लिया जाएगा।

स्टॉक मार्केट और आर्थिक मसलों के विशेषज्ञों की उम्मीदों पर भले ही मोदी बजट खरा न उतर सका, पर हरेक के लिए घर और हर घर के लिए बिजली और पानी पहुँचाने का प्रयास जरूर शुरू किया गया है। साथ ही, युवाओं में कौशल विकास और रोजगार हेतु सहायता के लिए स्किल इंडिया प्रोग्राम चलाने की बात कही गई है। शिक्षा के क्षेत्र में 5 नए आईआईटी संस्थान, 5 आईआईएम, 4 नए एम्स संस्थान और 12 नए मेडिकल कॉलेज खोलने का प्रस्ताव किया गया है।

खासतौर पर ग्रामीण क्षेत्रों के लिए एक नई विद्युत् योजना हेतु 500 करोड़ रुपए का आवंटन किया है, जिसके तहत कृषि और गैर-कृषि विद्युत् वितरण के लिए अलग-अलग फीडर लाइनें डालने का काम किया जाएगा। कृषि क्षेत्र में सिंचाई योजनाओं के लिए 1,000 करोड़ रुपए, मिट्टी की क्वालिटी की जाँच के लिए हेल्थ कार्ड बनाने और स्मार्ट सिटी प्रोजेक्ट के लिए 7,060 करोड़ रुपए का प्रावधान किया गया है। यातायात को बढ़ावा देने के लिए भी कई उपाय बताए गए हैं। गाँवों को ब्रॉडबैंड से जोड़ने, किसान टेलीविजन शुरू करने और पीने के पानी की सुविधा पहुँचाने के लिए भी प्रस्ताव रखे गए हैं।

इसी प्रकार विनिर्माण और आधारभूत सुविधाओं के विकास के लिए भी उपाय सुझाए गए हैं। साथ ही, रक्षा बजट में 12.50 प्रतिशत की वृद्धि की गई है। बजट में प्रत्यक्ष कर प्रस्तावों की वजह से सरकारी आय में इस स्रोत से 22,000 करोड़ रुपए की कमी आएगी, जबकि अप्रत्यक्ष करों से 7,525 करोड़ रुपए की अतिरिक्त आय होगी।

जाहिर तौर पर अपनी महत्त्वाकांक्षी योजनाओं को पूरा करने के लिए वित्त मंत्री को गैर-टैक्स संसाधनों को अधिक मात्रा में जुटाना होगा। यही कारण है कि रेलवे और

डिफेन्स जैसे अति संवेदशनशील क्षेत्रों में एफडीआई को आकर्षित करने, बैंकों के शेयरों को खुदरा निवेशकों को बेचने और सार्वजनिक संपत्ति का निजीकरण करने जैसे उपाय भी इस बजट में शामिल किए गए हैं। देखना दिलचस्प होगा कि उम्मीदों के रथ पर सवार यह मोदी बजट देश को आर्थिक विकास की राह पर किस गति से आगे ले जा पाता है।

(मुंबई में प्रकाशित दैनिक 'हमारा महानगर' में शुक्रवार 11-07-2014 को व्यापार पृष्ठ पर प्रकाशित)

□

89

बढ़ रही है ब्रिक्स अर्थव्यवस्था की ताकत

हाल ही में ब्राजील में संपन्न हुए ब्रिक्स शिखर सम्मेलन में कई महत्त्वपूर्ण निर्णय लिए गए। ब्राजील, रूस, भारत, चीन और दक्षिण अफ्रीकी देशों के प्रमुख नेताओं ने ब्रिक्स अर्थव्यवस्थाओं को मजबूती प्रदान करने के लिए पहला जबरदस्त निर्णय लेते हुए 100 बिलियन डॉलर का विकास बैंक खोलने और मुद्रा कोष बनाने की घोषणा की है। ब्रिक्स अर्थव्यवस्थाओं की विशिष्ट जरूरतों को पूरा करने के लिए बना यह बैंक इन विकासशील अर्थव्यवस्थाओं में इंफ्रास्ट्रक्चर जैसे आधारभूत प्रोजेक्टों को वित्तीय सहायता प्रदान करेगा।

यद्यपि इस बैंक का मुख्यालय चीन में होगा, पर इसका पहला अध्यक्ष भारत से नियुक्त किया जाएगा। इस संस्थापक अध्यक्ष का कार्यकाल 5 वर्षों का होगा। इस लिहाज से इसे भारत के लिए बड़ी उपलब्धि समझा जा रहा है। इसके अतिरिक्त एक 100 बिलियन डॉलर का जो मुद्रा कोष बनाया जानेवाला है, वो ब्रिक्स संगठन के सदस्य देशों को अल्पकालिक तरलता की कमी से बाहर निकालने में मदद करेगा।

उल्लेखनीय है कि ब्रिक्स दल का नामकरण इसके सदस्य देशों के नाम के प्रथम अक्षर को मिला कर किया गया है। यूँ तो ये सभी देश विकासशील अर्थव्यवस्थाओं के रूप में जाने जाते हैं, पर तेजी से विकसित होने वाली ये अर्थव्यवस्थाएँ जब एक साथ 'ब्रिक्स समूह' के तौर पर खड़ी होती हैं, तब ये क्षेत्रीय और वैश्विक स्तर पर भी एक मजबूत संगठन के तौर पर जानी जाती हैं, क्योंकि संयुक्त रूप से ये विश्व के 3 बिलियन लोगों को प्रतिनिधित्व करती हैं, 16.04 ट्रिलियन डॉलर की सकल राष्ट्रीय आय और 4 ट्रिलियन डॉलर के विदेशी मुद्रा का भंडार रखती हैं।

ब्रिक्स देशों की पहली शिखर मीटिंग (सम्मिट) सन् 2009 में हुई थी और उसमें ब्राजील, रूस, इंडिया और चीन एक शक्तिशाली समहू के रूप में सामने आए। पाँचवाँ

देश दक्षिण अफ्रीका सन् 2010 में इनसे जुड़ा। ब्रिक्स फोरम की संस्थापना सन् 2011 में हुई। जून 2012 में इस समहू ने अतंरराष्ट्रीय मुद्रा कोष को मजबूती प्रदान करने के लिए सामूहिक तौर पर 75 बिलियन डॉलर की सहयोग राशि कुछ शर्तों के साथ देने का निर्णय लिया। इसके उपरांत उन्होंने खुद का नया विकास बैंक बनाने की पेशकश की, जिसकी रूप-रेखा हाल ही में हुए शिखर सम्मलेन में तैयार की गई है।

दरअसल, ब्रिक्स समूह के कुछ सदस्यों को ऐसा महसूस हुआ कि इन विकासशील अर्थव्वयस्थाओं के काफी संसाधन यूरो को बचाने और इन विकासशील देशों की घरेलू मुद्रा की विनिमय दर को स्थिर बनाए रखने में जाया हो रहे हैं। ब्रिक्स समूह के देश काफी समय से अंतरराष्ट्रीय मुद्रा कोष की कार्यप्रणाली में अपेक्षित सुधार की भी माँग करते रहे हैं।

उल्लेखनीय है कि विश्व में विदेशी मुद्रा का सर्वाधिक भंडार जमा करके रखनेवाला चीन इस बैंक की संस्थापक पूँजी में 41 बिलियन डॉलर का योगदान देगा, जबकि रूस, भारत और ब्राजील क्रमश: 18 बिलियन डॉलर का योगदान करेंगे तथा अपेक्षाकृत कुछ कम विकसित दक्षिण अफ्रीका 5 बिलियन डॉलर डालेगा। जरूरत पड़ने पर चीन अपने द्वारा दिए गए योगदान का 50 प्रतिशत, जबकि दक्षिण अफ्रीका दोगुने और अन्य देश अपने-अपने योगदान के 100 प्रतिशत तक की सहायता राशि बैंक से ले सकेंगे।

एक प्रकार से इस नए विकास बैंक की स्थापना के बाद ब्रिक्स देशों को अंतरराष्ट्रीय वित्तीय सिस्टम में ज्यादा अहमियत मिल सकेगी और उनकी आवाज और मिजाज को कुछ अधिक गंभीरता से सुना या परखा जाएगा।

उल्लेखनीय है कि ये सभी देश अंतरराष्ट्रीय जी-20 ग्रुप के भी सदस्य देश हैं और इस लिहाज से क्रीमियन संकट के उपरांत कुछ प्रभुत्व रखने वाले देशों ने रूस को ग्रुप-20 के प्लेटफॉर्म पर घेरने की जो कोशिश की, उसके बाद ब्रिक्स देशों के इस सम्मेलन में रूस के राष्ट्राध्यक्ष को वो भू-राजनीतिक धरातल मिला, जहाँ से वे एक संदेश दे सके कि उनके कई और दोस्त भी हैं। ये देश यदि एक जुट हो जाएँ और अपने राजनीतिक मसलों पर भी आम सहमति बना लें तो इन्हें अंतरराष्ट्रीय स्तर पर एक मजबूत संगठन के रूप में स्थापित होने में कोई अड़चन नहीं आएगी।

हालाँकि भारत, रूस और ब्राजील के सम्मिलित योगदान (18 बिलियन डॉलर प्रत्येक) से कहीं अधिक योगदान देनेवाला चीन कहीं बाकी देशों पर भारी न पड़ जाए, यह अंदेशा भी अन्य देशों को है। दरअसल, आर्थिक तौर पर जुड़ने वाला यूरो समूह राजनीतिक रूप से एक बेहतर और स्थिर अवस्था में होने के बावजूद अभी तक वैश्विक मंदी के सदमों से बाहर नहीं निकल पा रहा है, क्योंकि आर्थिक नीतियों के संदर्भ में विभिन्न सदस्यों में समन्वय का कहीं न कहीं अभाव अवश्य रहा। तब भौगोलिक और

राजनीतिक तौर पर भिन्न ब्रिक्स देश अपने आर्थिक विकास के पृथक्-पृथक् मॉडलस के साथ काम करते हुए किस प्रकार परस्पर सहयोग करेंगे, यह एक विचारणीय प्रश्न अवश्य है।

विशेषकर चीन का जब-तब भारतीय सीमाओं को लेकर विवाद खड़े करते रहना ब्रिक्स देशों में सबसे महतवपूर्ण दो देशों के बीच कभी भी एक बड़ी चुनौती के रूप में प्रस्तुत हो सकता है। जाहिर तौर पर आर्थिक सहयोग की पृष्ठभूमि राजनीतिक सौहार्द्र के वातावरण में बन सके तो ये 'सोने पर सुहागा' सम कारगर सिद्ध होगी।

कुल मिलाकर ब्रिक्स देशों के समूह ने अपनी संस्थापना के बाद नए विकास बैंक की घोषणा करके पहली बार आम सहमिति की ताकत दिखाई है। देखना है कि यह कदम आगे कितना सार्थक सिद्ध हो पाता है।

(मुंबई में प्रकाशित दैनिक 'हमारा महानगर' में शुक्रवार 18-07-2014 को व्यापार पृष्ठ पर प्रकाशित)

□

90

रिजर्व बैंक ने महत्त्वपूर्ण बैंकों की पहचान हेतु बनाई रूप-रेखा

सन् 2009 के वैश्विक वित्तीय संकट के दौरान एक महत्त्वपूर्ण बात यह सामने आई कि बड़े और आपस में काफी हद तक जुड़े हुए कुछ बड़े वित्तीय संस्थानों में यदि कोई भीषण परेशानी आ खड़ी हो, तो उसका नकारात्मक असर पूरे वित्तीय सिस्टम के व्यवस्थित काम-काज को बाधित करता ही है। बहुत सी अर्थव्यवस्थाओं में इन बड़े वित्तीय संस्थानों को परेशानी से निकालने के लिए वहाँ की सरकारों को सीधे तौर पर हस्तक्षेप करना पड़ा, ताकि किसी तरह अंतरराष्ट्रीय वित्तीय सिस्टम की स्थिरता को बरकरार रखा जा सके और उसके निर्बाध संचालन में कोई व्यवधान न आ पाए। रिजर्व बैंक का मानना है कि सार्वजनिक हस्तक्षेप और उसकी वजह से उत्पन्न नैतिक जोखिम की स्थिति से उबरने में जो लागत आती है, उसी की वजह से यह आवश्यक समझा गया है कि भविष्य में बनाई जानेवाली विनियमन नीतियों में इन बैंकों के लिए विशिष्ट मानदंड स्थापित किए जाएँ।

वस्तुतः किसी भी देश में विद्यमान प्रणालीबद्ध महत्त्वपूर्ण घरेलू बैंकों (सिस्टमेटिकली इंपार्टेंट डोमेस्टिक बैंक) को निगरानी में रखना जरूरी है। इन्हें बोलचाल की भाषा में 'टू बिग टू फेल' बैंक के नाम से भी पुकारा जाता है अर्थात् ये वो बैंक हैं, जो इतने बड़े बन चुके हैं और इतनी बारीकी और जटिलता से वित्तीय सिस्टम से जुड़े हैं कि इन्हें किसी भी प्रकार असफल होने (अत्यधिक बीमार या दिवालियेपन) की स्थिति में जाने से रोकना आवश्यक ही नहीं, बल्कि एक मजबूरी के समान समझा जा सकता है। अतः यूँ भी कहा जा सकता है कि ऐसे महत्त्वपूर्ण बैंकों के असफल (फेल) होने की संभावना को न्यूनतम स्तर पर रखना किसी भी देश के

वित्तीय सिस्टम को स्थिर बनाए रखने के लिए अति आवश्यक है।

पिछले कुछ वर्षों से इस विषय पर खासी चर्चा राष्ट्रीय और अंतरराष्ट्रीय मंचों पर होती चली आ रही है। अक्तूबर 2010 में वित्तीय स्थिरता बोर्ड ने सिफारिश की थी कि उसके सभी सदस्य देशों में उनके कार्यक्षेत्र में पड़ने वाले व बाकायदा महत्त्वपूर्ण समझे जानेवाले बैंकों की पहचान कर ली जाए, ताकि उन बैंकों के संकट में घिर जाने की स्थिति से उत्पन्न जोखिम को घटाया जा सके।

यही कारण है कि बैंकिंग पर्यवेक्षण (सुपरविजन) हेतु गठित बेसिल कमेटी ने नवंबर 2011 में समूचे विश्व में अंतरराष्ट्रीय स्तर पर महत्त्वपूर्ण समझे जानेवाले बैंकों और उनके नुकसान में चले जाने की स्थिति से उबरने के लिए कितनी अतिरिक्त पूँजी की आवश्यकता होगी, उसका आकलन करने और इन बैंकों के लिए विशिष्ट विनियमन प्रणाली बनाने की आवश्यकता पर जोर दिया।

उल्लेखनीय है कि वित्तीय स्थिरता बोर्ड एक अंतरराष्ट्रीय संस्था है, जो वैश्विक वित्तीय सिस्टम की निगरानी करने और उसकी कार्यप्रणाली दुरुस्त रखने से संबिंधत सिफारिशें पेश करती है। इसकी स्थापना सन् 2009 में लंदन में की गई थी और सभी ग्रुप-बीस देश (जी-20), यूरोपियन कमीशन तथा वित्तीय स्थिरता फोरम इसके सदस्य हैं। इसका हेडक्वॉटर स्विट्जरलैंड में बेसिल नामक स्थान पर है।

भारत जी-बीस और बेसल कमेटी का सदस्य है और इस लिहाज से भारतीय रिजर्व बैंक ने भी घरेलू स्तर पर ऐसे बड़े बैंकों पहचान करने और इनके विशिष्ट पर्यवेक्षण हेतु एक रूप-रेखा जारी की है। यह ढाँचा ज्यादातर बेसिल कमेटी ऑन बैंकिंग सुपरविजन द्वारा सुझाए गए मानदंडों पर आधारित है।

मोटे तौर पर भारत की सकल राष्ट्रीय आय के 2 प्रतिशत से अधिक का आकार रखने वाले बैंकों को घरेलू स्तर पर महत्त्वपूर्ण बैंकों के रूप में एक नमूने के तौर पर शामिल किया जाएगा। इनका महत्त्व आंकने के लिए इनका आकार कितना बड़ा है, अन्य बैंकों और वित्तीय ढाँचे के साथ इनका संबंध कितना जुड़ा है, क्या इनका कोई विकल्प प्रस्तुत किया जा सकता है और ये कितनी जटिलता से कार्य करते हैं आदि संकेतकों का आकलन किया जाएगा। इन संकेतकों के विश्लेषण के आधार पर सभी बैंकों को नंबर (स्कोर) दिए जाएँगे और रिजर्व बैंक फिर एक कट-ऑफ स्कोर निर्धारित करेगा जिसके ऊपर नंबर पाने वाले बैंकों को प्रणालीबद्ध आधार पर महत्त्वपूर्ण बैंक मान लिया जाएगा।

इन बैंकों को अपने जोखिम भार से बद्ध असेट का 0.20 से 0.80 प्रतिशत तक अतिरिक्त सामान्य पूँजी बढ़ानी पड़ेगी। किस बैंक को कितनी अतिरिक्त पूँजी बढ़ानी पड़ेगी यह भी इस पर निर्भर करेगा कि रिजर्व बैंक ने उसे किस 'उप-वर्ग'

में वर्गीकृत किया है। ऐसा माना जा रहा है कि भारत में ऐसे बैंकों की संख्या 4 से 6 तक हो सकती है।

उल्लेखनीय है कि अगस्त 2015 के बाद से हर वर्ष रिजर्व बैंक इन बैंकों की फेहरिस्त जारी करेगा। रिजर्व बैंक के इस प्रयोजन से भारत के घरेलू वित्तीय सिस्टम में भारतीय और वैश्विक निवेशकों का भरोसा अवश्य बढ़ेगा, ऐसी अपेक्षा है।

(मुंबई में प्रकाशित दैनिक 'हमारा महानगर' में शुक्रवार 25-07-2014 को व्यापार पृष्ठ पर प्रकाशित)

□

91

मानव विकास को मिले प्राथमिकता

हाल ही में संयुक्त राष्ट्र (यूएन) द्वारा वैश्विक मानव विकास रिपोर्ट 2014 जारी की गई। इस रिपोर्ट को बनाने और जारी करने का मक़सद मानव प्रगति को कायम रखना और उसे बाधित कर सकनेवाली कमजोरियों को दूर करना है।

उल्लेखनीय है कि संयुक्त राष्ट्र विकास प्रोग्राम (यूएनडीपी) के तत्वावधान में पिछले कुछ दशकों से हर वर्ष मानव विकास रिपोर्ट जारी की जाती रही है। इस दौरान मानव विकास के क्षेत्र में जबरदस्त तरक्की दर्ज की गई है, मगर अफसोस, भारत की वरीयता (रैंकिंग) में कोई खास सुधार नहीं आ पाया है।

मानव विकास के परिप्रेक्ष्य में 187 देशों के फेहरिस्त में भारत का स्थान 135वाँ है। गौरतलब है कि पिछले वर्ष शामिल 186 देशों में भारत का स्थान 136वाँ था। हालाँकि पिछले वर्ष भारत को मानव विकास सूचकांक में 0.554 अंक दिए गए थे और इस वर्ष यह मामूली सुधार के साथ 0.586 हो गया है, पर इसे कतई अच्छी प्रगति के तौर पर नहीं समझा जा सकता है।

गौरतलब है कि मानव विकास रिपोर्ट (एचडीआर) में शामिल मानव विकास सूचकांक में सभी 187 देशों को उनके द्वारा प्राप्त अंकों के आधार पर चार वर्गों में बाँटा गया है। पहला वर्ग वह है जिसमें 'अत्याधिक' मानव विकास करनेवाले देश शामिल हैं। इनमें 0.944 अंकों के साथ नॉर्वे पहले स्थान पर और 0.808 अंकों के साथ अर्जेंटीना अंतिम (49वें) स्थान पर है। इस ग्रुप में ऑस्ट्रेलिया दूसरे स्थान पर और स्विट्जरलैंड तीसरे स्थान पर है। दुनिया का सबसे शक्तिशाली राष्ट्र समझा जानेवाला अमेरिका पाँचवें स्थान पर है। इस ग्रुप में शामिल 49 देशों में ज्यादातर यूरोप और खाड़ी क्षेत्र के देश और विकसित राष्ट्र शामिल हैं।

दूसरे वर्ग में 'उच्च' मानव विकास करनेवाले 53 देश हैं, जिन्हें 0.700 से 0.790

तक के अंक मिले हैं। इस ग्रुप में उरुग्वे प्रथम (50वाँ) और डोमिनिकन रिपब्लिक अंतिम (102वाँ) स्थान पर हैं। इन देशों में रूस (57वाँ), ब्राजील (79वाँ), थाइलैंड (89वाँ) और चीन (91वाँ स्थान) शामिल है।

तीसरे ग्रुप में 'मध्यम' गति से मानव विकास करनेवाले देशों की फेहिरस्त है, जिन्हें 0.556 से 0.698 तक के स्कोर हासिल है। इस ग्रुप में शामिल 42 देशों में मालद्वीव का स्थान पहला (वैश्विक स्तर पर 103वाँ) और इक्वेटोरियल गुएना अंतिम स्थान (144वाँ) पर है। इसी ग्रुप में भारत है और वह वैश्विक स्तर पर 135 वें स्थान पर दक्षिण अफ्रीका (118वाँ स्थान) इराक (120वाँ स्थान) जैसे देशों से भी कहीं पीछे है।

चौथे और अंतिम ग्रुप में नेपाल 0.540 अंकों के साथा 145वें स्थान पर, प्रथम और नाइजीरिया 0.337 अंकों के साथ 187वें स्थान पर अंतिम देश है।

कुल मिलाकर भारत मध्यम स्तर पर मानव विकास करनेवाले देशों में भी काफी नीचे स्थान पर है। गौरतलब है कि इस सूचकांक की गणना में जीवन प्रत्याशा (लाइफ एक्सपेक्टेंसी), शिक्षा के अवसरों की उपलब्धता, आय के स्तर, स्वास्थ्य और आर्थिक असमानता जैसे तत्त्व शामिल किए जाते हैं।

जाहिर तौर पर 0.586 के स्कोर से नॉर्वे के अधिकतम स्कोर 0.944 तक पहुँचने के लिए भारत को एक लंबा सफर तय करना है। वस्तुत: मानव विकास सूचकांक किसी भी देश में आर्थिक प्रगति का लाभ लोगों के जीवन की गुणवत्ता और जीवन स्तर में कितना सुधार ला पाया, इसका भी संकेतक समझा जा सकता है।

विचारणीय बात तो यह है कि पिछले कई वर्षों से अनेक कल्याणकारी कार्यक्रमों और लोक-लुभावन नीतियों की घोषणाओं और क्रियान्वन के बाद भी गरीबी, रोजगार और शिक्षा के उचित अवसर, स्वास्थ्य और महिला सशक्तीकरण जैसे क्षेत्रों में कोई अभूतपूर्व प्रगति भारत में दर्ज नहीं हो सकी। मोटे तौर पर ऐसा अनुमान लगाया जाता रहा है कि या तो जहाँ खर्चा किया जाना चाहिए था, वहाँ नहीं हो पाया या फिर जितना होना नियोजित था, उतना नहीं हो पाया अर्थात् आर्थिक विकास का लाभ लोगों तक पहुँचाने वाले सिस्टम में कहीं न कहीं कोई कमी अवश्य है, जिसकी वजह से 12वीं पंचवर्षीय योजना तक भारत की विकास की श्रृंखला इतनी आगे बढ़ जाने के बावजूद लोगों को जीवन की गुणवत्ता में कोई खास सुधार होता दिखाई नहीं दे रहा।

संयुक्त राष्ट्र की मानें तो आज भी भारत में 631 मिलियन लोग गरीब हैं। यह आँकड़ा रंगराजन रिपोर्ट में दिए गए गरीबी के आँकड़ों (30 प्रतिशत) से कहीं अधिक है। इसी प्रकार औसत स्कूल वर्ष को 4.4 वर्ष बताया गया है, जो अपने आप में भारत की जनसंख्या के दो भागों में विभक्त होने का द्योतक है। सिर्फ 50 प्रतिशत पुरुषों और 34 प्रतिशत महिलाओं को सेकेंडरी स्कूल शिक्षा की उपलब्धता है।

मानव विकास सूचकांक में भारत का स्थान ऊँचा हो, उसके लिए सुनिश्चित करना होगा कि सभी को शिक्षा, रोजगार के लिए कौशल ज्ञान मिले, सरकारी नीतियों के तहत कल्याणाकरी कार्यक्रमों के क्रियान्वयन में पारदर्शिता और जवाबदेही तय हो, स्वास्थ्य सेवाओं का लाभ दूर-दराज के गाँवों तक भी पहुँचे तथा विकास से वंचित या उपेक्षित इलाकों या तबकों को आर्थिक विकास की मुख्यधारा से जोड़ा जाए।

यद्यपि नए वित्तीय बजट में भी ऐसी अनेक योजनाओं का समावेश है। लेकिन मानव विकास सूचकांक में भारत का स्थान तभी ऊँचा होगा जब कल्याणकारी योजनाओं का उचित क्रियान्वयन होगा और मौजूदा सरकारी तंत्र में अपेक्षित सुधार से विकास का लाभ जन-जन तक पहुँचेगा।

(मुंबई में प्रकाशित दैनिक 'हमारा महानगर' में शुक्रवार 01-08-2014 को व्यापार पृष्ठ पर प्रकाशित)

□

92

रिजर्व बैंक की मौद्रिक नीति कितनी सार्थक?

किसी भी देश में अर्थव्यवस्था के प्रबंधन में मौद्रिक नीति का अपना विशिष्ट स्थान होता है। एक विकसित देश में केंद्रीय बैंक की नीति सिद्धांतत: इस प्रकार की होनी चाहिए कि पूर्ण रोजगार के साथ मूल्यों की स्थिरता प्राप्त हो, व्यावसायिक चक्रों में अत्यधिक उतार-चढ़ाव पर नियंत्रण रखा जा सके, राजकीय वित्त की आवश्यकताओं को पूरा करने के लिए उपयुक्त वातावरण हो और वह समूची बैंकिंग सिस्टम में मुश्किल घड़ी में उधार देने वाला अंतिम जरिया बना रहे, लेकिन भारत जैसे एक विकासशील देश में जहाँ आधिकारिक तौर पर एक तिहाई से अधिक जनता गरीबी के रेखा से नीचे बसर करती है, वहाँ केंद्रीय बैंक की पहली प्राथमिकता बनती है, रुपए की कीमतों में स्थिरता लाना और दैनिक उपभोग में आनेवाली वस्तुओं की कीमतों को बढ़ने से रोकना।

वैश्विक मंदी के कठिन दौर में भारत की मौद्रिक नीति और उच्च स्तरीय विनियमन के चलते हमारे बैंकिंग सिस्टम में मजबूती अवश्य दिखाई पड़ी, लेकिन मूल्यों में स्थिरता और सामान्य आर्थिक वातावरण को संतुलित बनाए रखने में हमारी मौद्रिक नीति कितनी सफल रही है, यह एक विचारणीय प्रश्न है। भारत में मौद्रिक नीति की समीक्षा लगभग हर तिमाही या दो-दो महीने के अंतराल में भी की जाती है। हर बार नीति विश्लेषकों, निवेशकों और बैंकरों से लेकर आम जनता तक को अनुमान लगाते देखा जा सकता है कि इस बार मौद्रिक नीति का रुख क्या रहेगा। जिस प्रकार पिछले कुछ वर्षों से महँगाई को प्राथमिकता देने के संदर्भ में रिजर्व बैंक ने अपना रुख कड़ा कर लिया है कि महँगाई की रफ्तार पर समझ रखनेवालों के लिए लगता है, रिजर्व बैंक की मौद्रिक नीति के संदर्भ में अनुमान लगाना, देश में आनेवाले मानसून का मिजाज जानने से भी कहीं अधिक आसान हो गया है।

इस बार भी यही हुआ। वित्तीय बाजार में महँगाई की दर रिजर्व बैंक के अपेक्षित स्तर से कहीं ऊँची होने पर यह अनुमान लगा लिया गया था कि फिलहाल नीतिगत दरें

घटाई नहीं जाएगी और ऐसा हुआ भी। एक ऐसे समय में जबकि देश की औद्योगिक उत्पादन दर में कुछ सुधार आता दिख रहा है, ब्याज दरों के न घटाए जाने से निराशा अवश्य हुई पर दूसरी ओर रिजर्व बैंक ने ऋणों की उपलब्धता बढ़ाए जाने के प्रयास किए हैं। मसलन, बैंकों द्वारा सरकारी प्रतिभूतियों में निवेश करके रखने के लिए जरूरी सिक्योरिटीज लिक्विडिटी अनुपात (एसएलआर) को 50 बेसिस अंकों से कम कर दिया गया है। अब यह 22 प्रतिशत है। इस प्रकार के प्रयासों से अब बैंक अपने दीर्घकालीन ऋणों के 0.5 प्रतिशत तक के अतिरिक्त ऋण वित्तीय बाजारों के लिए जारी कर सकेंगे।

लेकिन फिर भी जिस प्रकार से महँगाई की दर में कुछ महीनों से थोड़ी-थोड़ी कमी देखी जा रही है, तब रिजर्व बैंक द्वारा नीतिगत दरों को न घटाना फिर से यह संदेश देता है कि उसकी प्राथमिकता महँगाई का वो वांछित स्तर है, जिसे प्राप्त करने के बाद ही शायद वो नीतिगत दरें कम करना चाहेगा। उल्लेखनीय है कि थोक महँगाई की दर जुलाई में 5.43 प्रतिशत रही, जो अपने पिछले स्तर 6.01 प्रतिशत (जून माह) से कम ही रही।

वस्तुतः देश की अर्थव्यवस्था में विकास, मूल्य-स्थिरता और रोजगार के स्तर में समन्वय बैठाना भी मौद्रिक नीति का एक मूलभूत सिद्धांत है। भारत जैसे विकाससील देश में हमेशा नीतिगत दरों के घटाने या बढ़ाने में सिर्फ महँगाई के सूचकांक को प्राथमिकता देना कितना उचित है, इस बात पर भी विचार किया जाना चाहिए।

उदाहरण के लिए, यदि फलों और सब्जियों आदि की कीमतें बढ़ रही हैं, तो इन क्षेत्रों में जमाखोरी से लड़ने के लिए खाद्य स्टॉक्स (भंडारों) के सामने ऋण न दिए जाएँ, या तो ब्याज दर ऊँची की जाए या फिर मार्जिन मनी बढ़ाया जा सकता है। जारी किए गए ऋणों का उपयोग उन्हीं क्षेत्रों में हो रहा है, जिसके लिए मंजूर किए गए थे, इसकी कड़ी निगरानी की जानी चाहिए।

हालाँकि खाद्य मुद्रास्फीति (महँगाई) के मुद्दे पर मौद्रिक नीति और राजकोषीय नीति में समवन्य बिठाना जरूरी है, पर यूँ नीतिगत दरों को सभी क्षेत्रों के लिए ऊँचे स्तर पर बनाए रखने से उत्पादों की लागत बढ़ती है, जिससे भी महँगाई और अधिक बढ़ती है। वक्त आ गया है कि जिन क्षेत्रों में महँगाई अधिक बढ़ रही है, उन्हीं विशिष्ट क्षेत्रों में ब्याज दर बढ़ाई जाए। उत्पादक क्षेत्रों में न सिर्फ ऋणों की उपलब्धता बढ़े, बल्कि उनकी लागत भी कम हो। आर्थिक विकास और रोजगार से प्रति व्यक्ति आय बढ़ेगी तो बेहतर खाद्य प्रबंधन और सिलेक्टिव मौद्रिक नियंत्रण द्वारा महँगाई को काबू में रखा जा सकता है।

भारत जैसे विकासशील देश में मौद्रिक नीति को 'प्रो-एक्टिव' बनाने की आवश्यकता है, अर्थात् महज 'रिएक्शन' नहीं, बल्कि एक्शन हो तो बेहतर परिणाम मिल सकते हैं। विकास की गति से कंप्रोमाइज कर महँगाई रोकना कोई अद्वितीय उपलब्धि नहीं, यह तो सामान्य अर्थशास्त्र है।

हालाँकि ब्याज की दर को विभिन्न क्षेत्रों की पृथक् जरूरतों के हिसाब से निर्धारित करना और कड़े विनियमन द्वारा ऋणों के उपयोग और वसूली पर निगरानी रखना, अत्यंत चुनौतीपूर्ण कार्य अवश्य है, पर 'विकास के साथ स्थिरता' या दूसरे शब्दों में 'स्थिरता के साथ विकास' एक ही सिक्के को दो पहलू समान मौद्रिक नीति का आधार हों, यह जरूर अपेक्षित है।

(मुंबई में प्रकाशित दैनिक 'हमारा महानगर' में शुक्रवार 08-08-2014 को व्यापार पृष्ठ पर प्रकाशित)

□

93

औद्योगिक उत्पादन में गिरावट निराशाजनक

भारतीय अर्थव्यवस्था की नब्ज पर पारखी नजर रखनेवाले विदेशी संस्थागत निवेशक, जो पिछले दो ट्रेडिंग सत्रों में भारतीय शेयर मार्केट से बाहर खिसकते नजर आ रहे थे, उन्होंने हाल ही में 370 करोड़ रुपए की शुद्ध खरीदी करके आनेवाले दिनों में इसके अच्छा प्रदर्शन होने की उम्मीद जगाई।

निवेशकों के आशावादी दृष्टिकोण के चलते भारतीय शेयर बाजार के सूचकांक (सेंसेक्स) ने 360 अंकों की ऊँची छलांग भी लगाई, लेकिन अगले ही दिन जारी किए गए औद्योगिक उत्पादन सूचकांक के आँकड़ों ने काफी निराश किया। दरअसल, जिस प्रकार मई के महीने में औद्योगिक उत्पादन सूचकांक 4.7 प्रतिशत की दर से बढ़ा था, कई निवेशकों और विशेषज्ञों को उम्मीद थी कि जून के महीने में इसका प्रदर्शन कुछ बेहतर ही रहेगा लेकिन आँकड़ों के मुताबिक, जून में औद्योगिक उत्पादन 3.4 प्रतिशत की दर से ही बढ़ा अर्थात् इसकी विकास दर में गिरावट आई है। उल्लेखनीय है कि मई में औद्योगिक उत्पादन दर के आँकड़े को संशोधित करने के बाद 5 प्रतिशत बताया गया है।

हालाँकि खनन एवं विद्युत् उत्पादन के क्षेत्र में क्रमशः 4.3 व 15.7 प्रतिशत से उत्पादन बढ़ा है, पर विनिर्माण क्षेत्र में औद्योगिक उत्पादन महज 1.8 प्रतिशत की दर से बढ़ा है। एक ओर जहाँ कॉपर (ताँबा) व इससे बने उत्पाद, विटामिन, आयुर्वेदिक दवाइयाँ, स्कूटर, मोपेड जैसे कुछ क्षेत्रों में प्रदर्शन काफी सकारात्मक रहा, वहीं दूसरी ओर शक्कर, टेलीफोन उपकरण, कंप्यूटर्स, जेम्स एंड ज्वैलरी आदि अनेक उत्पादों का प्रदर्शन निराशाजनक रूप से कम हुआ।

जानी-मानी रेटिंग एजेंसी 'क्रिसिल' ने औद्योगिक उत्पादन दर के यूँ धीमी पड़ जाने के बावजूद 2014-15 के वित्तीय वर्ष के उत्तरार्द्ध में धीमी गति से ही सही, कुछ सुधार का पूर्वानुमान अवश्य लगाया है, लेकिन कमजोर मानसून और ऊँची खुदरा महँगाई की दर भारत में आर्थिक विकास की दर को आहत कर सकते हैं। इसके अलावा विनिर्माण क्षेत्र, जिसे 'भारत की आर्थिक विकास दर का बेरोमीटर' कहा जाता है और जिसका औद्योगिक उत्पादन सूचकांक के गठन में अधिकतम भार है, उसमें विकास

दर कमजोर पड़ना काफी चिंताजनक है।

खासतौर पर जून माह में उपभोक्ता वस्तुओं का उत्पादन 10 प्रतिशत से कम हुआ। इनमें कंज्यूमर ड्यूरेबल्स (टिकाऊ) वस्तुओं के उत्पादन में 23 प्रतिशत कमी देखी गई है। यह कमजोर उपभोक्ता डिमांड का द्योतक है।

राहत की बात यह है कि पूँजीगत पदार्थों का उत्पादन 23 प्रतिशत से बढ़ा है, जिसका अभिप्राय यह है कि निवेश सेंटीमेंट कुछ सकारात्मक अवश्य है, लेकिन जिस प्रकार पिछली आठ तिमाहियों में भारत की विकास दर सिर्फ एक बार ही 5 प्रतिशत के ऊपर जा पाई है, मौजूदा वित्तीय वर्ष में आर्थिक विकास दर में कोई उल्लेखनीय सुधार की उम्मीद कम नजर आती है।

उधर, जिस प्रकार रिजर्व बैंक ने हाल ही में घोषित मौद्रिक नीति में महँगाई को लेकर अपने रुख को कड़ा करते हुए नीतिगत दरों को अपने पूर्व स्तर पर बरकरार रखा है और केंद्रीय सांख्यिकी दफ्तर द्वारा जारी आँकड़ों में खुदरा महँगाई दर जून माह के 7.46 प्रतिशत के मुकाबले जुलाई माह में बढ़कर 7.96 प्रतिशत हो गई, अब देश में निवेश और उत्पादन कैसे बढ़े, इसका दारोमदार (दायित्व) रोजकोषीय उपायों पार आ टिका है।

निर्यातों के सिकुड़ने और घरेलू डिमांड के कमजोर पड़ने तथा रिजर्व बैंक के कठोर रुख के बावजूद महँगाई काबू में न आ पाने जैसे संकेतकों को अधिक समय तक नजरअंदाज नहीं किया जा सकता है। इसके अलावा मानसून की अनिश्चिता भी निराशावादी आउटलुक (दृष्टिकोण) को बल ही प्रदान कर रही है।

यही कारण है कि अब औद्योगिक उत्पादन को प्रोत्साहन देने के लिए आर्थिक सुधार के एजेंडे पर तेजी से काम करने के लिए दबाव बढ़ेगा। औद्योगिक उत्पादन को बाधित करनेवाली समस्याओं जैसे कि भूमि अधिग्रहण, श्रम नियमों और पर्यावरण संबंधी नीतियों आदि में सुधार की अपेक्षा है।

इन सबके बीच एक बात साफ है। औद्योगिक उत्पादन की विकास दर जून माह में कमजोर अवश्य पड़ी है पर धीमी गति से ही सही, उत्पादन बढ़ जरूर रहा है। यदि राजकोषीय और मौद्रिक नीतियों में बेहतर समन्वय के साथ प्रयास हों और महँगाई किसी प्रकार कम हो सके, तो आर्थिक विकास दर फिर से गति पकड़ सकती है।

पिछले वर्ष भारत की आर्थिक विकास दर महज 4.7 प्रतिशत रही थी। भारत जैसे युवा देश में, जहाँ श्रम बाजार में आनेवाले नए लोगों के लिए रोजगार के पर्याप्त अवसर पैदा किए जाने के लिए तेज रफ्तार से विकास करना जरूरी है, औद्योगिक उत्पादन को बढ़ाने के हर संभव प्रयास करने ही होंगे।

(मुंबई में प्रकाशित दैनिक 'हमारा महानगर' में शुक्रवार 15-08-2014 को व्यापार पृष्ठ पर प्रकाशित)

□

94

विदेशी निवेशकों को आकर्षित कर रहा है भारतीय स्टॉक मार्केट

हाल ही में भारतीय शेयर बाजार के सूचकांक 'सेंसेक्स' ने एक नया कीर्तिमान स्थापित करते हुए 26,420.67 का नया स्तर छू लिया और 'निफ्टी' ने भी 7,897.50 का रिकॉर्ड स्तर छुआ। पिछले 5 ट्रेडिंग सेशन्स में विदेशी फंड निवेशकों ने करीब 550 मिलियन डॉलर की खरीदी भारतीय शेयर बाजार में की है और 2014 के कैलेंडर वर्ष में अब तक 12.5 बिलियन डॉलर की खरीदी कर चुके हैं।

जाहिर तौर पर विदेशी निवेशकों को उम्मीद है कि नई सरकार के आगमन के बाद भारत की आर्थिक विकास दर में वृद्धि होगी और साथ ही कंपनियों के लाभांश भी बढ़ेंगे ही, लेकिन भारत में अब अच्छे दिन आनेवाले हैं, यह भरोसा लेकर ही विदेशी संस्थागत निवेशक भारतीय स्टॉक मार्केट में निवेश कर रहे हैं, ऐसा नहीं है। दरअसल, कई अन्य तत्त्व जो हमारे स्टॉक मार्केट को प्रभावित करते हैं वे भी काफी सकारात्मक बन पड़े हैं। उदाहरण के लिए, शेयर सूचकांकों में महत्त्वपूर्ण स्थान रखनेवाली कुछ कंपनियों ने इस वित्तीय वर्ष की प्रथम तिमाही में अच्छे परिणामों की घोषणा की, जिससे उनके शेयरों की कीमतें बढ़ीं और वह उछाल सेंसेक्स में भी परिलक्षित हुआ।

इसके अलावा विदेशों में स्थित अन्य शेयर बाजारों में भी सुधार देखा गया है। एशिया के प्रमुख सूचकांक, जैसे कि निक्केई 225, हैंग सेंग आदि का प्रदर्शन भी काफी अच्छा रहा। इसी प्रकार का यूरोप के प्रमुख सूचकांक, जैसे कि एफटीएसई 100 और सीएसी 40 आदि और अमेरिकी फ्यूचर्स मार्केट में भी सकारात्मक ट्रेंड नजर आ रहे थे।

उल्लेखनीय है कि यूक्रेन क्राइसिस का कोई ठोस समाधान जल्द ही निकाला जा सकता है, ऐसी उम्मीद नजर आने की वजह से विश्व भर में निवेशकों में उत्साह बढ़ गया है। अमेरिकी अर्थव्यवस्था भी मजबूत नजर आ रही है और वहाँ के श्रम बाजार में भी

परिस्थितियाँ बेहतर बन रही हैं। यही कारण है कि विदेशी निवेशकों को अमेरिकी मौद्रिक नीति में भी सकारात्मक बदलाव की उम्मीद है।

उल्लेखनीय है कि भारत जैसी विकासशील अर्थव्यवस्थाओं में विदेशी निवेश की काफी अहमियत है। यही कारण है कि वैश्वीकरण के युग में भारत में विदेशी पूँजी निवेश के लिए द्वार खोले गए ताकि देश के विकास के जरूरी विदेशी मुद्रा कोष जुटाया जा सके और आर्थिक विकास को गति मिले।

विदेशी निवेश को दो वर्गों में बाँटा जा सकता है। एक, प्रत्यक्ष विदेशी निवेश और दूसरा, विदेशी संस्थागत निवेश। जहाँ प्रत्यक्ष विदेशी निवेश से देश की उत्पादक और बौद्धिक क्षमताओं का विस्तार संभव होता है और वे सामान्यतया दीर्घकालीन निवेश बढ़ाते हैं, वहाँ विदेशी संस्थागत निवेश ज्यादातर अल्पकालीन निवेश के रूप में घरेलू वित्तीय बाजार में आता है।

भारत विदेशी संस्थागत निवेश के लिए एक आकर्षक मार्केट बनता जा रहा है। सन् 1993 में जहाँ सिर्फ 18 विदेशी संस्थागत निवेशक (एफआईआई) सेबी में पंजीकृत (रजिस्टर्ड) किए गए, अब उनकी संख्या बढ़ कर 1,710 हो चुकी है। सन् 1992-93 में शेयर बाजार में निवेश की अनुमति मिलने के बाद से अब तक वे 7.08 लाख करोड़ रुपए का शुद्ध निवेश इक्विटी मार्केट में कर चुके हैं।

शेयर मार्केट में जब विदेशी संस्थागत निवेश सेंटीमेंट बढ़ता है तब सेंसेक्स में उछाल तो आता ही है, साथ ही रुपए की विनिमय दर में सुधार या मजबूती भी नजर आती है। भारत में बढ़ता विदेशी निवेश हमारी घरेलू अर्थव्यवस्था में इन निवेशकों के बढ़ते विश्वास का प्रतीक तो है ही, साथ ही हमारी कंपनियों द्वारा बेहतरीन प्रति शेयर लाभांश (ईपीएस) का भी परिणाम है।

गौरतलब है कि सेंसेक्स में शामिल कई कंपनियाँ औसतन कई प्रतिद्वंद्वी विदेशी कंपनियों के शेयर बाजारों से बेहतर प्रतिफल (अर्निंग्स) दे रही हैं। जाहिर तौर पर विदेशी निवेशकों को भारत की ग्रोथ स्टोरी में दम नजर आ रहा है और वे यहाँ की कंपनियों से और भी अच्छे प्रदर्शन की उम्मीद करते हुए अपना निवेश बढ़ा रहे हैं। इसके अलावा महँगाई कम होने, ब्याज की दरें और अधिक न बढ़ाए जाने और पेट्रोल की कीमतों में कमी आने की भी उन्हें उम्मीद है। इस लिहाज से आनेवाले वर्षों में भारत में विदेशी निवेश और अधिक बढ़ते जाने का अनुमान लगाया गया है, लेकिन फिर भी जहाँ तक विदेशी संस्थागत निवेश का सवाल है, वे किसी भी देश में निवेश करते समय न सिर्फ वहाँ के घरेलू तत्त्वों का विश्लेषण करते हैं बल्कि वैश्विक स्तर पर हो रहे भू-राजनीतिक जोखिम, प्रतिद्वंद्वी वित्तीय बाजार और अपने खुद के देश की अर्थव्यवस्था और आर्थिक नीतियों का भी आकलन करते हैं।

यही कारण है कि यदि अमेरिका में ब्याज दरें बढ़ा दी जाएँ या पश्चिम एशिया में राजनीतिक अस्थिरता या अन्य किसी कारण से पेट्रोल की कीमतें बढ़ जाएँ या फिर यूक्रेन संकट फिर से गहरा जाए तो भी विदेशी निवेशकों का उत्साह कमजोर पड़ सकता है।

इसके अलावा, भारत में यदि उनकी उम्मीदों के अनुरूप आर्थिक विकास के अनुकूल वातावरण न बन पाया या मानसून का औसत प्रदर्शन ठीक न रहा, महँगाई और ब्याज की दरें कम न की जा सकीं या फिर कंपनियों का प्रदर्शन अपेक्षा से कहीं कम रहा, तो भी ये विदेशी निवेशक भारतीय पूँजी बाजार से अपना हाथ खींच सकते हैं।

राहत की बात यह है कि धीरे-धीरे भारतीय पूँजी बाजार में खुदरा निवेशकों की रुचि बढ़ रही है। खुदरा निवेशकों की भागीदारी बढ़ने पर शेयर बाजार की गहराई और स्थिरता बढ़ेगी, लेकिन जिस प्रकार इस कैलेंडर वर्ष में भारतीय शेयर बाजार पहले ही काफी उछाल ले चुका है, आम निवेशकों को निवेश करते समय आधारभूत तत्त्वों और घरेलू तथा वैश्विक स्तर पर हो रहे बदलावों पर पैनी नजर रखनी होगी।

(मुंबई में प्रकाशित दैनिक 'हमारा महानगर' में शुक्रवार 22-08-2014 को व्यापार पृष्ठ पर प्रकाशित)

□

95

'कोलगेट' में सुप्रीम कोर्ट का फैसला स्वागत योग्य

हाल ही में कोयला आवंटन घोटाले में, जो 'कोलगेट' के नाम से भी सामान्यतया जाना जाता है, देश की सर्वोच्च अदालत (सुप्रीम कोर्ट) ने एक अहम फैसला सुनाते हुए सन् 1993 से 2010 के दरम्यान हुए 218 कोयला आवटंन मामलों को गैर-कानूनी और मनमाने तरीके से किया गया कार्य बताया है। ये कोयला आवंटन 14 जुलाई, 1993 के बाद करीब 36 मीटिंगों में स्क्रीनिंग जाँच कमेटी द्वारा मनमाने ढंग से किए गए और कुछ मामलों में सीधे तौर पर सरकार द्वारा भी किए गए।

सुप्रीम कोर्ट के अनुसार, प्राइवेट कंपनियों और सार्वजनिक उपक्रमों को कोयला खदानों का आवंटन करते समय अधिकांश मामलों में स्क्रीनिंग कमेटी ने न तो किसी दिशा-निर्देश का पालन किया और न कोई पारदर्शिता से काम किया और न ही किसी प्रकार की नियमितता बरती। कई मामलों में तो ऐसा लगा कि जैसे कोयला खदान आवंटित करते समय कमेटी सदस्यों ने मानो दिमाग का इस्तेमाल तक नहीं किया और न ही जरूरी कागजातों की जाँच ही की। कोयला आवंटन के लिए प्राप्त अर्जियों का तुलनात्मक विश्लेषण करने के लिए कोई निष्पक्ष मानदंड नहीं लागू किए गए और न ही न्यायोचित अथवा पारदर्शी प्रक्रिया का ही इस्तेमाल किया गया।

एक प्रकार से जैसा उन्हें ठीक जान पड़ा, वैसा निर्णय ले लिया गया और यही कारण है कि सर्वोच्च न्यायालय के फैसले में यह स्पष्ट तौर पर कहा गया कि इस प्रकार के मनमाने ढंग से किए गए कोयला आवंटन से देश की संपदा का अनुचित वितरण हुआ और जाहिर सी बात है, इससे भारत की जनता के सामूहिक हित को चोट पहुँची है।

यहाँ तक कि कोयला आंवटन के जो फैसले उस वक्त की मौजूदा सरकारों द्वारा सीधे तौर पर किए गए, जिसके द्वारा सार्वजनिक निगमों (कॉर्पोरेशंस) और सार्वजनिक

उपक्रमों को कोयला खदानों का आवंटन किया गया और संयुक्त उपक्रमों को प्राइवेट पार्टनर या सहयोगी कंपनियों (सिस्टर कंसंर्स) के साथ खदानों के विकास कार्य समझौते करने की इजाजत भी दी गई, उससे भी न सिर्फ कोयला खदान (राष्ट्रीयकरण) कानून (सीएमएन एक्ट) में निहित विधायी नीति (लेजिसलेटिव पॉलिसी) का उल्लंघन हुआ है, बल्कि इस प्रकार के आवंटन से कोयला खदानों से प्राइवेट कंपनियाँ अपने खुद के व्यावसायिक हितों के लिए कोयला निकालने में सक्षम हो गईं।

गौरतलब है कि कोयला खदान आवंटन में गड़बड़ी की जानकारी सन् 2012 में भारत के कंट्रोलर एंड ऑडिटर जनरल (महालेखा परीक्षक) रिपोर्ट में दी गई थी, जिसमें भारत के सरकारी खजाने को करीब 1.86 लाख करोड़ रुपए का नुकसान होने का अंदेशा जताया गया था। हालाँकि कोयला आवंटन के 218 मामलों में से जिन 12 अल्ट्रा मेगा पॉवर प्रोजेक्ट्स का आवंटन प्रतिस्पर्धी बोली (ऑक्शन) द्वारा किया गया था, उन्हें सर्वोच्च न्यायालय के निर्णय में ठीक बताया गया है, पर वहाँ भी जिस प्रोजेक्ट में कोयला खदान आवंटित की गई है, उसका उपयोग किसी अन्य व्यावसायिक कार्य हेतु करना गलत ठहराया गया है।

इस प्रकार कोलगेट घोटाले पर सुप्रीम कोर्ट द्वारा सुनाए गए निर्णय से 105 प्राइवेट कंपनियों और 99 सार्वजनिक कंपनियों को किए गए आवंटन गैर कानूनी ठहरा दिए जाने पर न सिर्फ कोयला उद्योग बल्कि कोयला उद्योग पर आधारित अन्य उद्योगों, जिनमें पॉवर सेक्टर, सीमेंट सेक्टर, स्टील उद्योग आदि शामिल हैं, उन पर भी प्रतिकूल प्रभाव पड़ने की संभावना जताई गई है। उल्लेखनीय है कि इन प्रभावित कंपनियें के पास 44.8 बिलियन टन के कोयला ब्लॉक्स हैं।

एक अनुमान के अनुसार, इन कंपनियों ने करीब 2,86,677 करोड़ रुपए का निवेश इस क्षेत्र में लगा रखा है। एक अन्य अनुमान के अनुसार भारतीय बैंकों ने लाखों करोड़ रुपयों के ऋण उन उद्योगों में भी दिए हुए हैं, जिनकी सेहत 'कोलगेट' पर आए इस निर्णय से खराब हो सकती है। अनुमान है कि सिर्फ आयरन एंड स्टील और पॉवर क्षेत्र में ही बैंकों द्वारा जारी करीब तीन लाख करोड़ रुपए के ऋणों की वसूली में भी जोखिम बढ़ गया है।

इससे पूर्व सन् 2012 में जब 122 टू जी स्पेक्ट्रम लाइसेंस रद्द कर देने का फैसला सुनया था, तब भी बैंकों के लिए मुश्किल आई थी, लेकिन इस क्षेत्र में बैंकों का एक्सपोजर करीब 10,000 करोड़ रुपए था, जो कि कोलगेट से प्रभावित ऋणों से काफी कम था।

इसके अलावा, कोयला उत्पादन प्रभावित होने पर हमारा आयात बिल करीब 17–18,000 करोड़ रुपए से बढ़ सकता है। कोयला उद्योग का महत्त्व समझते हुए सुप्रीम

कोर्ट ने फिलहाल इन कंपनियों के भाग्य पर फैसला एक सितंबर 2014 तक सुरक्षित रखा है। हो सकता है कि इस निर्णय के परिणामों की समीक्षा के लिए किसी रिटायर्ड सुप्रीम कोर्ट जज की अध्यक्षता में कमेटी बना दी जाए।

जो भी हो, कोलगेट पर आया सुप्रीम कोर्ट का फैसला, जिसके तहत कोयला खदानों का मनमाने तरीके से किया गया आवंटन गैर कानूनी ठहराया दिया गया है, उसका स्वागत किया जाना चाहिए। यदि प्राकृतिक संसाधनों का आवंटन करते समय कानूनी प्रक्रिया, विधायी नीतियाँ और जनसाधारण के हितों की अवहेलना की जाती है, तो निश्चय ही ऐसे आवंटनों को निरस्त किया जाना चाहिए। फिर भले ही कुछ उद्योगपतियों या बैंकों की बैलेंसशीट खराब हो, पर भविष्य में भारत में हमारे प्राकृतिक संसाधनों का वितरण पारदर्शी और सुनियोजित ढंग से हो सके, तो यह देश के दीर्घकालीन हित ही में होगा।

(मुंबई में प्रकाशित दैनिक 'हमारा महानगर' में शुक्रवार 29-08-2014 को व्यापार पृष्ठ पर प्रकाशित)

□

96

भारत-जापान की दोस्ती से लाभान्वित होंगी दोनों अर्थव्यवस्थाएँ

हाल ही में भारत के प्रधानमंत्री ने अपनी जापान यात्रा में दोनों देशों के बीच मैत्री तथा सहयोग के एक नए युग की शुरुआत करने की कोशिश की। यह यात्रा निस्संदेह बहुआयामी सिद्ध हुई, जहाँ न सिर्फ आर्थिक और राजनीतिक दृष्टि से परस्पर सहयोग की पेशकश की गई, बल्कि हमारे प्रधानमंत्री ने जापानी वाद्ययंत्र 'फ्लूट' बजा कर 'सुर' और जापानी ड्रमर के साथ 'ताल' मिलाकर दोनों देशों को सांस्कृतिक पृष्ठभूमि से भी जोड़ने की कोशिश की।

प्रधानमंत्री ने अपनी जापान यात्रा में भारत को निवेश के लिए एक सुरक्षित विकल्प के तौर पर प्रोजेक्ट तो किया ही, साथ ही वहाँ के लोगों को भारत आने का न्योता देते हुए यहाँ तक कह दिया कि यदि वे हमारे देश में छह महीने भी गुजारें और रोज नए-नए व्यंजन खाना पसंद करें, तो यह भी संभव होगा। भारत की सांस्कृतिक विरासत और आधुनिक भारत की विश्वसनीय छवि को पेश करने का यह अंदाज नया भले ही हो पर इसके पीछे एक गहरी सोच है और वो ये कि भारत जितने अधिक मित्र देशों से मेलजोल बढ़ाएगा उतना ही अधिक रणनीतिक दृष्टि से उसका अंतरराष्ट्रीय स्तर पर महत्त्व तो बढ़ेगा ही साथ ही ट्यूरिज्म (पर्यटन), निवेश और निर्यात के क्षेत्र में आर्थिक दृष्टि से उसे लाभ भी मिलेगा।

भारत और जापान सांस्कृतिक तौर पर एक-दूसरे से काफी करीब हैं। पिछले एक दशक में कई जापानी कंपनियों ने करीब 15 बिलियन डॉलर का निवेश भारत की अर्थव्यवस्था में किया है। जापान की भारत में होनेवाले प्रत्यक्ष विदेशी निवेश में 7 प्रतिशत की भागीदारी है और इस लिहाज से वह भारत में चौथा सबसे बड़ा निवेशक है। ऑटोमोबिल, इलेक्ट्रॉनिक्स से लेकर इंफ्रास्ट्रक्चर के क्षेत्र में करीब 1072 जापानी कंपनियाँ भारत में सक्रिय हैं।

सन् 2012-13 में जापान ने 1.3 बिलियन डॉलर का प्रत्यक्ष विदेशी निवेश भारत में किया है, लेकिन प्रधानमंत्री की यात्रा के दौरान जापान ने अगले 5 वर्षों में 35 बिलियन डॉलर (3.5 ट्रिलियन येन) का निवेश भारत में करने की घोषणा की है। यह वाकई बहुत बड़ा कमिटमेंट है, जो भारत में स्मार्ट सिटी और गंगा को स्वच्छ बनाने जैसे महत्त्वाकांक्षी प्रोजेक्ट्स को पूरा करने और बुलेट ट्रेन तथा मेट्रो जैसी आधारभूत सुविधाएँ विकसित करने में काम आएगा।

हालाँकि अब भारत सरकार को ये भी देखना होगा कि इस राशि का पूरा इस्तेमाल किस प्रकार से होगा और इसके लिए जरूरी आर्थिक और औद्योगिक वातावरण कैसे तैयार होगा। इनमें श्रम बाजार, भूमि अधिग्रहण प्रक्रिया और पर्यावर्णीय नीतियों में अपेक्षित सुधार भी शामिल है। उल्लेखनीय है कि वित्तीय वर्ष 2012 को छोड़ कर जब कि 8,303 करोड़ रुपए का जापानी निवेश का लक्ष्य हासिल कर लिया गया था, अधिकांशतः भारत में जापानी ऋणों का पूरा उपयोग नहीं किया जा सका है।

उदाहरण के लिए, सन् 2013 में 23,180 करोड़ के ऋणों की प्रतिबद्धता के बावजूद महज 31 प्रतिशत ऋण उठाए गए और सन् 2014 में जून तक प्रतिबद्ध किए गए 6,812 करोड़ रुपयों के ऋणों में से सिर्फ 18 प्रतिशत ही जारी किए जा सके।

ऐसे में जापान द्वारा आनेवाले पाँच वर्षों में 35 बिलियन डॉलर (2,10,000 करोड़ रुपए) के निवेश की प्रतिबद्धता को हमारे प्रधानमंत्री एक बहुत बड़ी उपलब्धि तो मान रहे हैं पर अब उन्हें इस राशि का उपयोग ठीक से करने के लिए अनेक चुनौतियों का सामना भी करना होगा।

यही कारण है कि भारत के प्रधानमंत्री ने एक 'जापान प्लस मैनेजमेंट टीम' बनाने की घोषणा की है, जो उनके ऑफिस (दफ्तर) से संलग्न रहेगी और उसमें जापानी व्यवसायी अपने दो सदस्यों को नामांकित कर सकेंगे, जो स्थायी रूप से अपने सुझाव इस टीम के समक्ष प्रस्तुत कर सकेंगे।

शांति और अहिंसा भारत के लोगों के डीएनए में समाए हैं और भारत गौतम बुद्ध की धरती है, जैसे विचार रख कर हमारे प्रधानमंत्री ने भारत की अणुशक्त नीति जैसे संवेदनशील मुद्दे पर जापान को भरोसा देने की कोशिश भी की। ये संतोष भी जताया कि जापान का भारत में भारी निवेश का फैसला इस बात का द्योतक है कि जापान ने भारत पर 'भरोसा' किया।

अब भारत-जापान की दोस्ती को 'भाई-भाई' की नजरों से भले ही देखा जा रहा हो पर तथ्य यह भी है कि अंतरराष्ट्रीय स्तर पर जब दो सार्वभौमिक देश भू-राजनीतिक और आर्थिक मेल मिलाप बढ़ाने के लिए कटिबद्ध होते हैं तो उसके पीछे दोनों देशों की एक दूसरे पर निर्भरता काफी मायने रखती है।

जापान जहाँ निवेश के लिए एक सुरक्षित विकल्प ढूँढ़ रहा है, वहाँ भारत को 21वीं सदी के परिप्रेक्ष्य में तेजी से विकास करने के लिए भारी संसाधनों की आवश्यकता है। फिर भले ही प्रधानमंत्री ने इस दोस्ती को फेवीकोल से भी ज्यादा मजबूत जोड़ बताया हो पर ये दोस्ती टिकाऊ साबित हो इसके लिए दोनों देशों को परस्पर हितों को संरक्षण देते हुए काम करना होगा।

(मुंबई में प्रकाशित दैनिक 'हमारा महानगर' में शुक्रवार 05-09-2014 को व्यापार पृष्ठ पर प्रकाशित)

□

97

कैसे होगा 21वीं सदी के भारत का निर्माण?

हाल ही में जिनेवा स्थित विश्व आर्थिक मंच (वर्ल्ड इकॉनॉमिक फोरम) द्वारा वार्षिक विश्व प्रतिस्पर्धा रिपोर्ट 2014-15 जारी की गई, जिसमें भारत की वरीयता पिछले वर्ष के मुकाबले 11 स्थान लुढ़क कर 71वें स्थान पर जा पहुँची है। गौरतलब है कि इस रिपोर्ट में 144 देश शामिल किए गए हैं। यही नहीं, भारत की वरीयता ब्रिक्स देशों की फेहरिस्त में सबसे नीचे आ पहुँची है।

सन् 1979 से प्रकाशित की जानेवाली इस रिपोर्ट को विश्व के नीति-निर्धारकों, प्रमुख व्यावसायिक कंपनियों और समाज के अन्य सदस्यों के प्रति विश्व आर्थिक मंच का एक महत्त्वपूर्ण योगदान माना जाता है।

भारत के संदर्भ में इस रिपोर्ट का महत्त्व इसलिए भी बढ़ गया है, क्योंकि यह रिपोर्ट ऐसे वक्त आई है, जब कि हाल ही में भारत में चुनी गई नई सरकार ने 100 दिन पूरे किए हैं। देश के स्वाधीनता दिवस पर दिए गए अपने प्रथम भाषण में हमारे प्रधानमत्री ने दुनिया की सभी कंपिनयों को खुला न्योता भी दिया है कि 'आइए, भारत में विनिर्माण कीजिए' क्योंकि शायद उन्हें लगता है कि देश में रोजगार की कमी, धीमी विकास दर और ऊँचे व्यापार घाटे जैसी अनेक समस्याओं का प्रभावी निदान इसी में निहित है।

विश्व आर्थिक मंच की इस रिपोर्ट में भी कुछ ऐसे ही विचार प्रस्तुत किए गए हैं। कहा गया है कि प्रतिस्पर्धात्मक क्षमताओं का विकास करने से भारत की अर्थव्यवस्था लाभान्वित होगी और यहाँ मजबूती और स्थिरता के साथ विकास संभव हो सकेगा। साथ ही, तेजी से बढ़ती हुई भारत की जनसंख्या के लिए रोजगार के अवसर भी उपलब्ध हो सकेंगे।

हर वर्ष विश्व आर्थिक संगठन द्वारा जारी इस रिपोर्ट में 12 आधारभूत तत्त्वों पर आधारित सूचकांक तैयार किया जाता है। इस वर्ष जारी इसके 35वें संस्करण में

नवीनीकरण (इनोवेशन) और कौशल विकास को आर्थिक विकास का मुख्य संचालक माना गया है। आर्थिक संकट के दौर से बाहर निकलती वैश्विक अर्थव्यवस्था में अभी भी अनेक भू-राजनीतिक परिस्थितियाँ, आर्थिक असमानता और वित्तीय संकुचन की संभावना जैसी चुनौतियाँ सामने खड़ी हैं।

अत: विश्व आर्थिक मंच को लगता है कि दुनिया में हो रहे ढाँचागत परिवर्तन के मद्देनजर हर देश को स्थायी और स्थिर विकास की ओर बढ़ते हुए इस प्रकार आगे बढ़ना होगा कि जिससे विश्व भर के लोगों के लिए एक बेहतर जीवन स्तर हासिल किया जा सके।

विश्व प्रतियोगिता रिपोर्ट के 12 आधारभूत तत्त्वों को तीन वर्गों में बाँटा गया है। ये हैं—आधारभूत (बेसिक) आवश्यकताएँ, दक्षता बढ़ाने वाले तत्त्व और नवीनीकरण तथा कौशल बढ़ानेवाले तत्त्व। बेसिक आवश्यकताओं वाले पहले वर्ग में चार तत्त्व हैं—संस्थाएँ, इंफ्रास्ट्रक्चर, आर्थिक वातावरण और स्वास्थ्य एवं प्राथमिक शिक्षा। इस वर्ग में भारत की वरीयता (रैंक) 92 है और यहाँ हमें सात में से महज 4.2 अंक मिले हैं।

संस्थाओं के उप-वर्ग में संपत्ति का अधिकार, बौद्धिक संपत्ति का संरक्षण, सार्वजनिक फंडों का अन्यत्र मोड़ा जाना, रिश्वत आदि देना, राजनेताओं में जनता का विश्वास, न्यायपालिका की स्वतंत्रता, सरकारी नीतियों में पारदर्शिता, विनियमन प्रणाली, बिजनेस एथिक्स और निवेशक संरक्षण जैसे मुद्दे शामिल हैं।

इंफ्रास्ट्रक्चर के उप-वर्ग में आधारभूत सुविधाओं की गुणवत्ता, सड़क, रेल और हवाई यातायात की उपलब्धता, बिजली, टेलीफोन आदि सुविधाओं का आकलन किया जाता है। यहाँ हमारी वरीयता 87 है। आर्थिक वातावरण में 101वीं तथा हेल्थ व प्राथमिक शिक्षा में 98वीं रेंक है।

दूसरे वर्ग कार्यकुशलता (दक्षता) बढ़ाने वाले तत्त्वों में उच्च शिक्षा व ट्रेनिंग (93वाँ स्थान), उत्पाद-बाजारों की कुशलता (95वाँ स्थान), श्रम बाजार कुशलता (112वाँ स्थान), वित्तीय बाजार का विकास (51वाँ स्थान), तकनीकी तैयारी (121वाँ) तथा बाजार का आकार में तीसरा स्थान है। समझा जा सकता है कि चीन और जापान से लेकर अमेरिका तक सभी देशों की निगाहें भारत में अपने व्यावसायिक हित तलाशने में क्यों जुटी हैं। भारत एक बड़ा उपभोक्ता बाजार है और यही कारण है कि यदि आर्थिक सुधार द्वारा भारत अपनी प्रतियोगी क्षमता बढ़ा पाए तो यहाँ विकास की असीम संभावना है।

तीसरे वर्ग में दो तत्त्व शामिल किए गए हैं। वे हैं—व्यावसायिक सरलता और इनोवेशन (आविष्कारी उत्पाद)। इनमें भारत की वरीयता क्रमश: 57 व 49वीं है।

कुल मिलाकर इस ग्लोबल कांपीटीटिवनेस रिपोर्ट में भारत को व्यवसाय करने के लिए एक मुश्किल अर्थव्यवस्था माना गया है। विशेषकर आर्थिक वातावरण, स्वास्थ्य,

शिक्षा, ट्रेनिंग, रोजगार और तकनीकी पहल के क्षेत्र में भारत की स्थिति काफी कमजोर है।

जाहिर तौर पर देश की अर्थव्यवस्था में तेजी से विकास हेतु अनेक चुनौतियों का सामना मौजूदा सरकार को करना है, विशेषकर तब जबकि भारत 21वीं सदी की अपेक्षाओं के अनुरूप तेजी से विकास करने का लक्ष्य लेकर आगे बढ़ना चाहता है।

यद्यपि विश्व आर्थिक मंच की रिपोर्ट में अनेक समस्याओं को हाईलाइट किया गया है, लेकिन फिर भी हमारी सबसे महत्त्वपूर्ण समस्या है—गरीबी उन्मूलन और प्राथमिक शिक्षा और स्वास्थ्य की उपलब्धता, जिनसे निपटना हमारा पहला लक्ष्य होना चाहिए।

(मुंबई में प्रकाशित दैनिक 'हमारा महानगर' में शुक्रवार 12-09-2014 को व्यापार पृष्ठ पर प्रकाशित)

□

98

कैसे हो योजना आयोग का विकल्प ?

भारत के 68वें स्वतंत्रता दिवस पर दिए गए अपने भाषण में हमारे प्रधानमंत्री ने योजना आयोग, जिसकी स्थापना सन् 1950 में तत्कालीन सोवियत रूस के जैसी 'कमांड' शैली में आर्थिक विकास के मॉडल से प्रेरणा लेते हुए की गई थी, को रद्द करके एक नई संस्था द्वारा बदल डालने की घोषणा क्या की, देश भर में इस प्रस्ताव पर चर्चा और विचार-विमर्श का दौर चल रहा है।

इस विषय के संदर्भ में दो मुद्दे अहम हैं। पहला यह कि आखिर क्यों इस 64 वर्ष पुरानी संस्था को निरर्थक समझा गया अर्थात् किस प्रकार इसकी उपादेयता कम होती गई और दूसरा यह कि नई संस्था का गठन किस प्रकार हो तथा इसकी कार्यप्रणाली कैसी हो कि ये योजना आयोग से बेहतर विकास करके दिखा सके ?

जहाँ तक पहले मुद्दे का प्रश्न है, योजना आयोग की स्थापना एक ऐसे समय पर हुई, जबकि एक संघीय ढाँचे के तहत गठित केंद्रीय सरकार के समक्ष एक अविकसित राष्ट्र को तेजी से विकास की ओर ले जाने की चुनौती थी। साथ ही, भारत के संविधान में प्रतिपादित राज्य के नीति निर्धारक सिद्धांतों में निहित सामाजिक, आर्थिक और राजनीतिक न्याय की अवधारणा के तहत इस संस्था के लिए एक अत्यधिक केंद्रीयकृत स्वरूप बेहतर समझा गया।

जाहिर तौर पर राज्य-नियंत्रित योजनाओं द्वारा देश के सभी संसाधनों का उपयोग तेजी से लोगों के जीवन स्तर को बेहतर बनाने और उत्पादन तथा रोजगार बढ़ाने के उद्देश्य से योजना आयोग की स्थापना की गई थी। योजना आयोग द्वारा बनाई गईं पहली आठ योजनाओं में सर्वाजनिक क्षेत्र में विकास और आधारभूत एवं भारी उद्योगों के विकास पर काफी बल दिया गया। लेकिन जिस प्रकार 90 के दशक से भारत राज्य नियंत्रित सोशलिस्ट अवधारणा से परे बाजार नियंत्रित 'खुली' अर्थव्यवस्था की तरफ बढ़ता गया, धीरे-धीरे

योजना आयोग की उपयोगिता, या यूँ कहें कि महत्त्व कम होता गया।

उल्लेखनीय है कि एक बाजार नियंत्रित अर्थव्यवस्था में निजी क्षेत्र की कंपनियाँ देश को विकास की ओर ले जानेवाला इंजिन बन जाती हैं। यही कारण है कि कई विशेषज्ञ पहले से भी योजना आयोग की जरूरत पर सवाल खड़े कर रहे थे। इधर सन् 1990 से पहले का रिपोर्ट कार्ड देखें, तो सन् 1951-56 में प्रथम पंचवर्षीय योजना के दौरान हमारी सकल राष्ट्रीय आय (जीडीपी) 3.6 प्रतिशत बढ़ी। इसके बाद द्वितीय योजना (1956-61) में विकास दर 4.27 प्रतिशत, तथा तृतीय योजना (1961-66) में 2.4 प्रतिशत रही, जबकि 5.6 प्रतिशत का लक्ष्य निर्धारित किया गया था। चौथी योजना (1969-74) में भी 3.3 प्रतिशत, पाँचवीं योजना (1974-79) में पाँच प्रतिशत, छठी योजना (1980-85) में 5.4 प्रतिशत और सातवीं योजना (1985-90) में 6.01 प्रतिशत विकास दर हासिल की गई। सन् 1990 के बाद दो वर्षों तक वार्षिक योजना बनी और कई आधारभूत बदलावों के परिप्रेक्ष्य में आठवीं योजना सन् 1992 से लागू हुई। वर्तमान में 12वीं योजना (2012-2017) चल रही है। विकास दर का लक्ष्य 8 प्रतिशत रखा गया है, जबकि पिछले दो वर्षों के दौरान जिस प्रकार विकास दर कमजोर पड़ी है, 6.5 प्रतिशत की औसत विकास दर प्राप्त करना भी मुश्किल जान पड़ रहा है।

अत: दूसरा मुद्दा बहुत अहम हो चला है और वो यह कि नई संस्था का स्वरूप कैसा हो कि ये रचनात्मक सोच, सार्वजनिक-निजी भागीदारी, संसाधनों का इष्टतम उपयोग युवा शक्ति का बेहतर उपयोग तथा विभिन्न राज्यों की महत्त्वाकांक्षाओं को समाहित करते हुए देश के विकास को एक नई दिशा दे सके और संघीय ढाँचे को मजबूती भी प्रदान करे।

यह तो तय है कि नई संस्था का खाका (डिजाइन) और ढाँचा इस प्रकार का होगा कि मानो एक नया शरीर, नई आत्मा ने जन्म ले लिया हो और जाहिर तौर पर इस प्रकार एक नई सोच, नई दिशा लेकर ये संस्था आने वाली है। इसका नाम क्या होगा, इस पर भी चर्चा गर्म है।

हालाँकि सरकार द्वारा गठित स्वतंत्र मूल्यांकन कार्यालय (आईईओ) ने कुछ महीनों पहले ही प्रधानमंत्री कार्यालय में एक रिपोर्ट भेजी थी जिसमें योजना आयोग को एक 'सुधार और समाधान आयोग' द्वारा बदल डालने की सिफारिश की थी जो कि सरकार में एक विशेषज्ञ दल (थिंक टैंक) के रूप में कार्य कर सकेगी।

इस नए आयोग के तीन प्रमुख कार्य होंगे—एकीकृत प्रणाली में सुधार के लिए नवीन विचार प्रस्तुत करना, नई तथा उभरती हुई चुनौतियों का आकलन करना और उनसे निपटने के लिए पहले से ही समाधान सोचना। नई संस्था में राज्यों को पहले से अधिक महत्त्व भी मिल सकता है।

कुल मिलाकर योजना आयोग भले ही आज के नए युग में अप्रासंगिक अथवा निरर्थक समझा जा रहा हो, लेकिन देश के एकीकृत विकास में इसके योगदान को कम नहीं आँका जा सकता। बेहतर हो, मौजूदा योजना आयोग की उपलब्धियों को ध्यान में रखते हुए इसके सकारात्मक पहलुओं को नई संस्था में समाहित किया जाए, फिर भले ही योजना आयोग कल एक इतिहास बन जाए पर नई संस्था को भारत के अतीत से जोड़ना इसलिए भी जरूरी है, ताकि हम उन गलतियों को न दोहराएँ जिनकी वजह से योजना आयोग असफल अथवा अनुपयोगी करार दिया गया।

(मुंबई में प्रकाशित दैनिक 'हमारा महानगर' में शुक्रवार 19-09-2014 को व्यापार पृष्ठ पर प्रकाशित)

□

99

आर्थिक विकास में रोजगार को मिले महत्त्व

हाल ही में राष्ट्रीय नमूना सर्वेक्षण दफ्तर (एनएसएसओ) द्वारा रोजगार और बेरोजगारी पर जारी आँकड़ों से जाहिर होता है कि सन् 2004-05 और 2009-10 के दरम्यान देश में औसतन 9 प्रतिशत से भी अधिक आर्थिक विकास दर होते हुए भी रोजगार के अवसरों में लगभग न के बराबर वृद्धि हुई।

सर्वेक्षण के मुताबिक, सन् 2011-12 में भारत की श्रम संख्या 440 से 480 मिलियन के बीच थी। 440 मिलियन की निचली सीमा में वे लोग थे जो हर रोज काम की तलाश में रहते हैं, जबकि ऊपरी सीमा में वे लोग भी शामिल हैं, जो वर्षभर में कभी भी श्रम संख्या में आकर जुड़ गए। सर्वे के अनुसार, 440 मिलियन लोगों में से भी सिर्फ 416 मिलियन लोगों को ही रोजगार उपलब्ध था यानि कि करीब 25 मिलियन (ढाई करोड़) लोग बेरोजगार रहे।

इतना ही नहीं, सन् 2011-12 में महज 18 प्रतिशत लोगों को नियमित तनख्वाह (वेतन) वाला रोजगार उपलब्ध था। करीब 30 प्रतिशत लोग अस्थायी रूप से रोजगार कर रहे थे, जबकि बाकी 52 प्रतिशत लोग स्व-रोजगार प्राप्त थे। इनमें से अधिकांश कृषि क्षेत्र में बिना किसी वेतन के पारिवारिक व्यवसाय में लगे थे।

स्व-रोजगार प्राप्त श्रेणी में कई लोग छद्म रूप से बेरोजगार भी हैं, ऐसा आमतौर माना जाता है। कारण यह है कि आँकड़ों के अनुसार कृषि, वन-आधारित और मछली पालन जैसे प्राथमिक व्यवसायों का जहाँ एक ओर देश की सकल राष्ट्रीय आय में 18 प्रतिशत का योगदान है, वहीं दूसरी ओर कुल श्रम-संख्या के 49 प्रतिशत लोग इस क्षेत्र में लगे हुए हैं। इसके सापेक्ष अगर माध्यमिक क्षेत्र को देखें, जिसमें कि विनिर्माण, खनन, विद्युत् और कंस्ट्रक्शन जैसे क्षेत्र शामिल हैं, तो जहाँ सकल उत्पादन में इनका योगदान 27 प्रतिशत है, वहाँ ये 24 प्रतिशत लोगों को ही रोजगार प्रदान करते हैं और अगर तृतीय क्षेत्र

की बात करें, जिसे 'सर्विसेज क्षेत्र' कहा जाता है और जिसे भारत के आर्थिक विकास के इंजिन के तौर पर प्रोजेक्ट किया जाता है, तो जहाँ देश की सकल राष्ट्रीय आय में यह 55 प्रतिशत योगदान देता है वहाँ सिर्फ 27 प्रतिशत लोगों को ही रोजगार प्रदान करता है।

वैश्वीकरण के इस महायुग में खासतौर पर युवाओं में बेरोजगारी बढ़ती जा रही है। हाल ही में अंतरराष्ट्रीय श्रम संगठन द्वारा जारी एक रिपोर्ट के हवाले से राष्ट्रीय नमूना सर्वे में ये भी कहा गया है कि विश्व भर में करीब 75 मिलियन युवा लोग बेरोजगार है अर्थात् करीब 12.7 प्रतिशत युवा बेरोजगार हैं। लेकिन फिर भी हमें भारत में बेरोजगारी की समस्या को गंभीरता से लेने की आवश्यकता है, क्योंकि जो आँकड़े इस नमूना सर्वे ने उजागर किए हैं, खासतौर पर संगठित और असंगठित क्षेत्र के संदर्भ में भी, वे काफी अधिक निराशाजनक हैं।

विश्व बैंक की विश्व विकास रिपोर्ट में कहा गया है कि भारत में सन् 2001 से 2010 के दशक में महज 17 प्रतिशत लोग ऐसे थे, जिन्हें नियमित रूप से वेतन मिलने वाला रोजगार मिला हुआ था। ज्यादातर लोग असंगठित क्षेत्र में काम करते हैं। 'असंगठित श्रमिकों के सामाजिक सुरक्षा कानून 2008' के तहत असंगठित श्रमिक वे हैं जो घर से ही काम करते हैं या स्व-रोजगार प्राप्त है और इनमें संगठित क्षेत्र में काम करनेवाले वो श्रमिक भी शामिल हैं, जो निर्दिष्ट श्रम-कल्याण कानूनों की परिधि से बाहर हैं।

सबसे अधिक चिंता का विषय तो यह है कि भारत में वैश्वीकरण और निजीकरण के नए युग की शुरुआत के बाद से ही लगातार हमारी अर्थव्यवस्था को 'खुला' किया जाता रहा है। ये 'आर्थिक खुलापन' और 'आर्थिक सुधार' मानो एक पर्यायवाची शब्द समूह की तरह भी लगभग प्रयोग किए जाते रहे हैं। सन् 2011-12 के जिन आँकड़ों से बेरोजगारी की समस्या की गंभीरता नजर आ रही है, उससे पहले के तीन-चार वर्षों में भारत ने 9 प्रतिशत की औसत विकास दर हासिल की थी और अब सन् 2014-15 की बात करें तो पिछले तीन वर्षों में भारत की आर्थिक विकास दर औसत 5 प्रतिशत रही है।

योजना आयोग के अनुसार, 2004-05 और 2009-10 के दरम्यान रोजगार की विकास दर बिल्कुल धीमी पड़ गई थी और सिर्फ 27 मिलियन लोगों के लिए अतिरिक्त रोजगार बढ़ा। यही नहीं, कृषि सहित कई क्षेत्रों में रोजगार घटा भी।

जाहिर तौर पर, भारत जैसे युवा देश में अगले पाँच वर्षों में तेजी से रोजगार के अवसर पैदा करने होंगे। न सिर्फ विभिन्न कारणों से रुके पड़े या 'लेट' चल रहे प्रोजक्टों को तेजी से पूरा करने की आवश्यकता है, बल्कि यह भी ध्यान रखना होगा कि नए प्रोजेक्ट भ्रष्टाचार की चपेट में न आने पाएँ।

उल्लेखनीय है कि पहले खनन, 2जी और अब कोयला घोटाले जैसे मामलों में गलत या गैर-कानूनी रूप से आवंटित या परिचालित कई कंपनियों के लाइसेंस रद्द होने

या काम-काज रुकने से अनेक लोगों के रोजगार प्रभावित हुए। इसके अलावा आर्थिक धीमेपन से कई उद्योग बीमार हो कर बंद पड़ने से भी रोजगार आहत होता है। साथ ही, मनरेगा जैसे ग्रामीण रोजगार योजनाओं को प्रभावी बनाए जाने की भी आवश्यकता है।

वस्तुतः 'आर्थिक खुलेपन' को आर्थिक सुधार का पैमाना मानने वाली सोच को सुधारना होगा। भारत जैसे जनसंख्या बाहुल्य वाले देश में आर्थिक सुधार ऐसा हो कि आर्थिक विकास के साथ-साथ रोजगार भी बढ़े।

(मुंबई में प्रकाशित दैनिक 'हमारा महानगर' में शुक्रवार 26-09-2014 को व्यापार पृष्ठ पर प्रकाशित)

□

100

कितनी प्रभावी है हमारी मौद्रिक नीति ?

हाल ही में घोषित द्विमासिक मौद्रिक समीक्षा में रिजर्व बैंक ने नीतिगत दरों को यथावत रखा है अर्थात् उनमें कोई बदलाव नहीं किया गया है। इतना ही नहीं, मार्च 2016 में महँगाई की दर अपेक्षा से अधिक ऊँची रहने का जो पूर्वानुमान लगाया गया है उससे निकट भविष्य में भी ब्याज दर घटने के कोई उम्दा आसार भी नजर नहीं आ रहे।

गौरतलब है कि महँगाई पर दबाव कम करनेवाले अनेक मजबूत तत्वों के सक्रिय दिखने के बावजूद रिजर्व बैंक के आर्थिक अनुसंधान विभाग ने मार्च 2016 तक महँगाई की दर 7 प्रतिशत से बढ़ने की संभावना जताई है।

दरअसल, रिजर्व बैंक भारत में उपभोक्ता मूल्य सूचकांक (खुदरा सूचकांक) को जनवरी 2016 तक 6 प्रतिशत के स्तर पर ले आना चाहता है। जहाँ अगस्त महीने में थोक मूल्य सूचकांक पिछले पाँच वर्षों के न्यूनतम स्तर 3.74 प्रतिशत पर आ गया, वहीं खुदरा मूल्य सूचकांक अभी 7.8 प्रतिशत के स्तर पर बना हुआ है।

यही कारण है कि फिलहाल रेपो रेट, जिस पर केंद्रीय बैंक अन्य बैंकों को ऋण देता है, वह 8 प्रतिशत पर बरकरार है। साथ ही, रिवर्स रेपोरेट (7 प्रतिशत), बैंक रेट (9 प्रतिशत) और केश रिजर्व रेश्यो (चार प्रतिशत) के अपने पूर्व स्तर पर ही बने हुए हैं।

खास बात यह है कि अगस्त 2014 के बाद से ही लगातार आर्थिक वातावरण को निर्धारित करनेवाले तत्त्वों में सकारात्मक संकेत मिल रहे हैं, लेकिन फिर भी रिजर्व बैंक ने न सिर्फ वित्तीय वर्ष 2015 के लिए आर्थिक विकास दर का पूर्वानुमान 5.5 प्रतिशत ही रखा है, बल्कि वित्तीय वर्ष 2016 के लिए भी 6.3 प्रतिशत के विकास दर का पूर्वानुमान भी यथावत रखा है।

हालाँकि अंतरराष्ट्रीय रेटिंग एजेंसी स्टैंडर्ड एंड पूअर्स (एसएंडपी) ने हाल ही में भारत की रेटिंग बढ़ा दी है। एसएंडपी ने भारत की क्रेडिट आउटलुक को निगेटिव

(नकारात्मक) से बढ़ाकर स्टेबल (स्थिर) तो किया ही है, साथ ही पॉवर ग्रिड, एनटीपीसी, रिलायंस, ओएनजीसी और टीसीएस जैसी दिग्गज (टॉप) कंपनियों की रेटिंग को भी सुधारा है।

रेटिंग में सुधार के कारण केंद्र में एक मजबूत सरकार आने से भारत में आर्थिक सुधार की संभावना को बल मिलना, विदेशों में भारत की स्थिति मजबूत होना, सोने के आयात पर शुल्क बढ़ाने से चालू खाता घाटा कम हो जाना आदि बताए गए हैं। एजेंसी के अनुसार, भारत की विदेशी ऋणों पर निर्भरता काफी कम है और साथ ही मार्च 2018 तक शुद्ध सामान्य सार्वजनिक ऋण का प्रतिशत सकल राष्ट्रीय आय के 60 प्रतिशत से भी कम हो जाने की संभावना है, जिससे सरकार पर ब्याज का बोझ भी कम हो सकेगा। इसके अलावा भारत की प्रति व्यक्ति वास्तविक आय में अगले वर्ष तक 5 प्रतिशत वृद्धि की संभावना है, जबकि सन् 2017 तक ये 2000 डॉलर के स्तर को भी पार कर लेगी।

गौरतलब है कि अंतरराष्ट्रीय रेटिंग सुधरने से भारत में विदेशी निवेश बढ़ने, व्यापार घाटा कम होने और विस्तार कर रही कंपनियों को विदेशों से कर्ज जुटाने में आसानी तो होगी ही, साथ ही रुपए की विनिमय दर भी मजबूत होने की संभावना है। इसके अलावा, भारत के वित्त सचिव को भी भरोसा है कि सन् 2014 में भारत की विकास दर 5.5 प्रतिशत से अधिक ही रहेगी और रेटिंग में उत्तोत्तर सुधार भी होगा।

वित्तीय सेवा क्षेत्र में एक नामी कंपनी नोमुरा (जापान) ने हाल ही में भारत में निजी उपभोग, निवेश और निर्यात डिमांड में वृद्धि के आसार भांपते हुए भारत की विकास दर को अपने 5 प्रतिशत के पूर्व स्तर से बढ़ाकर 6 प्रतिशत कर दिया है। साथ ही, सन् 2016 के लिए भी भारत की सकल राष्ट्रीय आय में वृद्धि की दर को पूर्व घोषित 6.5 प्रतिशत से बढ़ाकर 6.8 प्रतिशत कर दिया है। नोमुरा के अनुसार, भारत में निवेश सेंटीमेंट सुधरा है और यही कारण है कि यातायात, इंफ्रास्ट्रक्चर और पूँजीगत वस्तुओं के उत्पादन के साथ-साथ अन्य क्षेत्रों में विकास की अच्छी संभावना नजर आ रही है।

लेकिन जिस प्रकार बिजनेस सेंटीमेंट में जबरदस्त सुधार देखा जा रहा है और महँगाई भी कम होती नजर आ रही है, रिजर्व बैंक द्वारा नीतिगत दरों में कटौती न करने से उद्योग जगत् को भारी निराशा हुई है। ब्याज की ऊँची दरों की वजह से अनेक कंपनियाँ अपनी मौजूदा उत्पादक क्षमता का पूरा उपयोग नहीं कर पा रहीं।

उल्लेखनीय है कि सितंबर माह में भारतीय फेक्टरीज ने पिछले नौ महीनों की न्यूनतम गति से विस्तार किया है, ऐसा एचएसबीसी के पीएमआई इंडेक्स सर्वे से विदित हुआ है। हालाँकि यह जुलाई में 53 और अगस्त में 52.4 रहा था, जबकि सितंबर में 51 रहा, लेकिन सूचकांक पिछले 11 महीनों से लगातार 50 के ऊपर बना हुआ है, जिसका अभिप्राय यह है कि भारत में निवेश सेंटीमेंट सकारात्मक बना हुआ है। साथ ही, कच्चे

माल की कीमतों में भी वृद्धि दर कम पड़ी है।

अब उद्योग जगत् को यही अपेक्षा है कि किसी तरह महँगाई 6 प्रतिशत के उस जादुई स्तर पर आ जाए, जहाँ रिजर्व बैंक को वह आरामदायक स्तर मिल पाएगा कि वह नीतिगत दरों में कुछ कटौती कर सकेगा। जाहिर तौर पर रिजर्व बैंक ने महँगाई कम करने का दायित्व सरकार की झोली में भी डाल दिया है, जो विकास के एजेंडे पर काम करने के लिए शायद महँगाई कम करने के प्रति प्रतिबद्ध होगी। ऐसे में, मौद्रिक नीति में भी कुछ लचीलापन दिखाते हुए विकास और महँगाई के परस्पर विरोधी लक्ष्यों को हासिल करने के लिए प्रयास करने की आवश्यकता है।

(मुंबई में प्रकाशित दैनिक 'हमारा महानगर' में शुक्रवार 03-10-2014 को व्यापार पृष्ठ पर प्रकाशित)

□

101

विदेशी मुद्रा प्रबंधन के प्रति सजगता जरूरी

हाल ही में रिजर्व बैंक ने भारतीय कंपनियों को उनके सुरक्षित न किए गए विदेशी मुद्रा जोखिम के संदर्भ में स्पष्ट चेतावनी दी है। उल्लेखनीय है कि जुलाई और अगस्त के महीने में सुरक्षित (हेज) न किए गए विदेशी ऋणों की मात्रा 85 प्रतिशत हो गई है अर्थात् महज 15 प्रतिशत विदेशी ऋणों की 'हेजिंग' की गई है। सन् 2014 के वित्तीय वर्ष में 34 प्रतिशत विदेशी ऋणों के लिए विदेशी मुद्रा जोखिम से बचाव के प्रयास (हेजिंग) किए गए थे।

दरअसल, हेजिंग एक जोखिम प्रबंधन रणनीति है, जो मुद्रा के मूल्य में होने वाले उतार-चढ़ाव के फलस्वरूप होने वाली हानि की संभावना को सीमित या समायोजित करता है। वस्तुत: हेजिंग की परिभाषा यदि व्यापक तौर पर की जाए तो इसमें कमोडिटीज, करेंसी या फिर प्रतिभूतियों (सिक्योरिटीज) तक के मूल्य में उतार-चढ़ाव के कारण होने वाली किसी भी संभावित हानि के प्रभाव को सीमित करने का प्रयास किया जाता है। यूँ तो हेजिंग के लिए कई प्रकार की तकनीक उपलब्ध हैं, पर ज्यादातर यह दो भिन्न बाजारों, जैसे कि नकद और फ्यूचर मार्केट में विपरीत पोजीशन लेकर की जा सकती है।

जहाँ तक विदेशी मुद्रा के मूल्य में परिवर्तन से उत्पन्न जोखिम का सवाल है, तो साधारणतया 'हेजिंग' के तहत वित्तीय कांट्रेक्ट के माध्यम से विदेशी मुद्रा के मूल्य में आनेवाले अचानक या अपेक्षित या संभावित बदलाव से बचाव का उपाय किया जा सकता है। जो कंपनियाँ या विदेशी निवेशक अंतरराष्ट्रीय स्तर पर व्यवसाय या निवेश करते हैं, उन्हें हेजिंग की सलाह दी जाती है ताकि वे अपने बिजनेस या निवेश पर विदेशी मुद्रा जोखिम का प्रभाव सीमित कर सकें।

कई तरीकों से हेजिंग की जा सकती है और ज्यादातर यह अंतरराष्ट्रीय व्यवसाय में निहित मुद्रा जोखिम और कंपनी की वित्तीय तरलता की स्थिति पर निर्भर करता है

कि कौन सी तकनीक का इस्तेमाल किया जाए। इस प्रकार हेजिंग एक जटिल प्रक्रिया है, जिसमें व्यवसायी को पहले विदेशी मुद्रा का एक्सपोजर (जोखिम) भांपना पड़ता है, फिर मुद्रा जोखिम के प्रबंधन हेतु उचित नीति निर्धारित करते हुए अपनी आवश्यकता के अनुसार हेजिंग की रणनीति क्रियान्वित करनी होती है।

पारंपरिक तौर पर विदेशी मुद्रा में हेजिंग 'फॉर्वर्ड कांट्रेक्टस' या फिर 'ऑप्शंस' के माध्यम से भी की जाती है। एक फॉर्वर्ड कांट्रेक्ट में व्यवसायी आज एक विनिमय दर (एक्सचेंज रेट) निर्धारित या 'लॉक' कर देगा, जिस पर भविष्य में किसी भी दिन सौदा किया जाना है। ऑप्शन में वह एक विनिमय दर 'सेट' करता है जिस पर कंपनी या व्यवसायी मुद्रा विनिमय का निर्णय ले सकते हैं। यदि मौजूदा एक्सचेंज रेट बेहतर जान पड़ती है, तो वे ऑप्शन का इस्तेमाल नहीं भी कर सकते हैं।

सवाल यह है कि आखिर भारतीय कंपनियाँ विदेशी मुद्रा जोखिम प्रबंधन के प्रति उदासीन या यूँ कहें कि बेफिक्र क्यों होती जा रही हैं? इसका कारण हेजिंग की ऊँची लागत तो है ही, साथ ही वे विगत कुछ महीनों से रुपए की विनिमय दर में आ रही स्थिरता से वे निश्चिंत-सी बैठी हैं, मानो आगे भी ये सिलसिसा जारी रहनेवाला है।

गौरतलब है कि पिछले एक वर्ष में हेजिंग की लागत बढ़कर लगभग 8.5 प्रतिशत हो गई है, जो काफी अधिक है। ऐसा माना जा रहा है कि इसका कारण मुख्यत: रिजर्व बैंक द्वारा स्पॉट और फॉर्वर्ड करेंसी मार्केट में भाग लेना है। विशेषतया 28 अगस्त 2013 को रुपए का मूल्य 68.85 प्रति डॉलर के न्यूनतम स्तर पर आ जाने के बाद से शायद रुपए के मूल्य में स्थिरता बनाए रखने के लिए रिजर्व बैंक ये प्रयास कर रहा है। भारतीय कंपनियाँ भी, लगता है कुछ निश्चिंत-सी होकर बैठी हैं कि अब रुपए के मूल्य में अधिक उतार-चढ़ाव आनेवाला नहीं।

उल्लेखनीय है कि इस वर्ष रुपए का मूल्य डॉलर के सापेक्ष 60.66 और 61.90 के बीच रहता रहा है, जबकि पिछले वर्ष ये 54.68 और 61.90 प्रति डॉलर की रेंज में रहा था। फॉरेन एक्सचेंज का भरपूर रिजर्व, विदेशी निवेशकों द्वारा इस वर्ष अगस्त तक 78,334 करोड़ रुपए का निवेश इक्विटी मार्केट एवम् 1,02,473 करोड़ रुपए का निवेश ऋण बाजार में किए जाने से भी व्यवसायियों को उम्मीद है कि रुपए की विनिमय दर में अधिक उतार-चढ़ाव की संभावना नहीं है।

लेकिन फिर भी, जिस प्रकार अमेरिकी अर्थव्यवस्था की सेहत सुधरती दिख रही है और बेरोजगारी की दर भी घट रही है, वहाँ का केंद्रीय बैंक उम्मीद से कुछ पहले ही ब्याज की दरें बढ़ा सकता है। आज भले ही भारत की अर्थव्यवस्था पहले से कुछ बेहतर है और हो सकता है कि अमेरिकी फेडरल बैंक द्वारा बॉण्ड खरीदी कम करते जाने की घोषणा के बाद जैसा संकट झेलने की क्षमता भी बढ़ गई हो पर फिर भी मुद्रा की हलचल

किसी भी कंपनी या फिर देश को भी परेशान कर सकती है। जाहिर तौर पर भारतीय कंपनियों द्वारा रिजर्व बैंक की चेतावनी को गंभीरता से लिए जाने की आवश्यकता है।

(मुंबई में प्रकाशित दैनिक 'हमारा महानगर' में शुक्रवार 10-10-2014 को व्यापार पृष्ठ पर प्रकाशित)

□

102

उदीयमान बाजारों को वैश्विक असंतुलन से रहना होगा संतर्क

हाल ही में अंतरराष्ट्रीय मुद्रा कोष (आईएमएफ) द्वारा जारी वैश्विक वित्तीय स्थिरता रिपोर्ट में चेतावनी दी गई है कि अमेरिकी फेडरल बैंक द्वारा अचानक निम्न ब्याज दर के दौर को विदा कर देने की संभावना और प्रमुख भू-राजनीतिक मसलों के भड़क उठने की वजह से उदीयमान बाजार (इमर्जिंग मार्केट्स) अब विकसित बाजारों के मुकाबले अधिक आसानी से आहत होने की स्थिति में पहुँच रहे हैं।

आईएमएफ की मानें तो वैश्विक असंतुलन की स्थिति उत्पन्न करनेवाले इन तत्त्वों की वजह से 3.8 ट्रिलियन डॉलर या उससे भी अधिक वैश्विक निवेश आहत हो सकते हैं। इतनी बड़ी मात्रा में यदि नुकसान होता है तो ग्लोबल वित्तीय बाजारों की उठा-पटक से उदीयमान अर्थव्यवस्थाओं में भूचाल आ सकता है, विशेषकर तब जबकि पिछले करीब एक दशक में विकसित अर्थव्यवस्थाओं से बाहर किए जानेवाले निवेश में उदीयमान अर्थव्यवस्थाओं का हिस्सा कई गुना बढ़ा है।

हालाँकि अंतरराष्ट्रीय मुद्रा कोष के अनुसार, यदि मौद्रिक सामान्यीकरण और ब्याज की दरों में सामंजस्य बैठाने का कार्य अच्छे से कर लिया जाए तो बाजार के उतार-चढ़ाव का असर नियंत्रण में लाया जा सकता है।

यही कारण है कि अब अमेरिकी फेडरल बैंक को अपने नीतिगत उपायों को सुचारू रूप से क्रियान्वित करने की सलाह भी दी गई है। ध्यान देने योग्य बात यह है कि अमेरिकी केंद्रीय बैंक द्वारा ब्याज की दरें बढ़ाए जाने की संभावना मात्र से ही भारत में विदेशी निवेश की औसत मात्रा में कमी देखी जा रही है। पिछले करीब दस सत्रों का आँकड़ा देखें तो विदेशी संस्थागत निवेशकों ने 6,157.49 करोड़ रुपए की शुद्ध बिकवाली की। ये वही निवेशक हैं, जिनके समर्थन से इस कैलेंडर वर्ष में भारतीय शेयर बाजार के सूचकांक में

25 प्रतिशत से भी ज्यादा की रैली दिखाई ही। सोचा जा सकता है कि यदि अमेरिका में ब्याज दरें अचानक बढ़ा दी गईं या कोई बड़ा भू-राजनीतिक संकट आ खड़ा हुआ तो क्या हाल होगा?

यही कारण है कि आईएमएफ के वित्तीय सलाहकार और वित्तीय व पूँजी बाजार के निदेशक जोस विलास ने साफ तौर पर कहा है कि आज वित्तीय जोखिम बढ़ने से विश्व के नीति निर्धारिकों के समक्ष बेहद कठिन चुनौती प्रस्तुत हुई है।

गौरतलब है कि हाल ही में आईएमएफ द्वारा जारी विश्व आर्थिक आउटलुट 2014 में सन् 2015 के लिए वैश्विक आर्थिक विकास दर के पूर्वानुमान को 3.8 प्रतिशत से घटाकर 3.3 प्रतिशत कर दिया है। इस रिपोर्ट में भी भू-राजनीतिक जोखिम बढ़ जाने की बात कही गई है। इसके अलावा यूरो क्षेत्र में अभी भी आर्थिक विकास की गति धीमी पड़ी हुई है।

राहत की बात यह है कि वैश्विक बैंकिंग सिस्टम अपेक्षाकृत अधिक सुरक्षित जरूर है, पर इतना भी मजबूत नहीं कि जोखिम से उपजे हालातों से उबरने में पूरी तरह कारगर सिद्ध हो सके। शायद अब समय आ गया है कि मौद्रिक नीति के संचरण द्वारा वास्तविक अर्थव्यवस्था में 'रिकवरी' हेतु आर्थिक जोखिम उठाया जाए और जहाँ तक वित्तीय जोखिम का सवाल है, उससे निपटने का कार्य माइक्रो (सूक्ष्म) व मेक्रो (स्थूल) स्तर पर विवेकपूर्ण नीतियों के माध्यम से किया जाए।

सन् 2008 की वैश्विक मंदी के बाद 6 वर्ष बीत जाने के बाद भी विकसित अर्थव्यवस्थाएँ ज्यादातर उदार मौद्रिक नीतियों का सहारा लेती नजर आ रही हैं। इससे एक ओर कंपनियों द्वारा निवेश ओर रोजगार के संबंध में आर्थिक जोखिम लेने की क्षमता, तो दूसरी ओर गृहस्थों (हाउसहोल्ड) द्वारा उपभोग बढ़ाने के लिए जोखिम लेने की क्षमता बढ़ी जरूर है, पर इसका प्रभाव सीमित और कहीं कम तो कहीं ज्यादा दिखाई पड़ा है। उदाहरण के लिए, अमेरिका, इंग्लैंड और जापान में हालात जितने बेहतर बने, उतना प्रभाव यूरोप और अधिकांश इमर्जिंग देशों में नजर नहीं आया।

इतने लंबे समय तक चली आ रही उदार मौद्रिक नीति से वित्तीय सिस्टम में जोखिम की अधिकता बढ़ी है। उल्लेखनीय है कि आईएमएफ ने विकसित देशों में करीब 300 बड़े बैंकों (लगभग संपूर्ण बैंकिंग सिस्टम) का अध्ययन करके यह पता लगाया है कि कुल असेट्स का 40 प्रतिशत हिस्सा रखने वाले बैंक इतने मजबूत नहीं हैं कि ग्लोबल मंदी फिर से आ जाने की स्थिति से बाहर निकनले के लिए पर्याप्त ऋण दे सकें।

इसके अलावा वित्तीय बाजारों में गैर-बैंकिंग क्षेत्रों से जो बड़ी मात्रा में पैसा लगा है वो भी जोखिम से परे नहीं है। इन निवेशकों का करीब 4 ट्रिलियन डॉलर का निवेश इमर्जिंग मार्केट्स में लगा है।

वैश्विक असंतुलन की वजह से यदि बड़ी हलचल मची तो इन बाजारों में कीमतें तेजी से गिर सकती हैं। अत: बैंकों को चाहिए कि वे ज्यादा ऋण वास्तविक अर्थव्यवस्था को दें। उन्हें वित्तीय बाजारों के अत्यधिक जोखिम और अत्यधिक तरलता की स्थिति के प्रति सतर्क रहने की भी सलाह दी गई है।

ऐसे में भारत जैसे उदीयमान देश में आईएमएफ की चेतावनी को गंभीरता से लिए जाने की आवश्यकता है।

(मुंबई में प्रकाशित दैनिक 'हमारा महानगर' में शुक्रवार 17-10-2014 को व्यापार पृष्ठ पर प्रकाशित)

□

103

तेल की कीमतों में गिरावट कितना सार्थक?

हाल ही में अंतरराष्ट्रीय बाजार में तेल की कीमतें तेजी से कम हुई हैं। उल्लेखनीय है कि जून 2014 ही में जब ब्रेंट क्रूड सूचकांक पर तेल की कीमतों ने 115 डॉलर प्रति बैरल का स्तर छुआ तो तेल बाजार की समझ रखनेवाले कई विशेषज्ञों ने कीमतों में और भी वृद्धि होगी, पूर्वानुमान लगाया था, लेकिन अक्तूबर माह आते-आते तेल की कीमतें 95 डॉलर तक आ गईं और अब वे 80 डॉलर तक आ चुकी हैं। साधारणतया तेल की कीमतों में कमी आना वैश्विक अर्थव्यवस्था के लिए एक शुभ संकेत माना जाता है। तेल की कीमतों में गिरावट से लोगों का पेट्रोल बिल कम होने से वे अन्य वस्तुओं पर अधिक खर्च कर पाते हैं, जिससे आर्थिक विकास को बल मिलता है। भारत जैसे विकासशील देश में तेल का आयात बिल कम होना एक बड़ी राहत समझा जा सकता है। तेल की कीमतों में गिरावट से महँगाई पर भी दबाव कम होता है।

लेकिन इस बार तेल की कीमतें कम होने पर भी अंतरराष्ट्रीय बाजारों में कुछ चिंता-सी व्याप्त है। तेल की कीमतों में गिरावट का मुख्य कारण यूरोप और चीन की अर्थव्यवस्था में आर्थिक विकास की गति सुस्त पड़ना, अमेरिका द्वारा तेल का घरेलू उत्पादन बढ़ाना और सऊदी अरब द्वारा तेल का उत्पादन तेजी से बढ़ाना आदि समझे जा रहे हैं। इसके अलावा भू-राजनीतिक कारणों का सक्रिय होना भी महत्त्वपूर्ण तत्त्व माना जा रहा है। यह एक प्रकार से तेल युद्ध के तौर पर भी देखा जा रहा है, जहाँ अमेरिका और सउदी अरब एक तरफ, तो रूस एवं इरान दूसरी तरफ जा रहे हैं और इसे सीरिया में चल रहे एक छद्म युद्ध के रूप में भी देखा जा रहा है। अंतरराष्ट्रीय बाजार में तेल की कीमतें बहुत तेजी से कम हुईं तो ईरान और रूस को तेल बेचने पर मिलनेवाले राजस्व में भारी गिरावट हो सकती है और उनके यहाँ वित्तीय तरलता की भारी कमी हो सकती है। तेल का उत्पादन करनेवाले चार अन्य देश लीबिया, इराक, नाइजीरिया और सीरिया

पहले ही भारी उथल-पुथल में फँसे हैं। अगर सामान्य परिस्थितियाँ होतीं तो तेल की कीमतें आसमान छू रही होंती, लेकिन आश्चर्यजनक रूप से, बल्कि तेल की कीमतें नीचे की ओर लुढ़क रही हैं।

जानकारों की मानें तो तेल की कीमतें अभी और भी कम हो सकती हैं, क्योंकि सउदी अरब अपना उत्पादन घटाने के मूड में बिल्कुल नहीं है। शायद वह तेल उत्पादन करनेवाले देशों के ग्रुप 'ओपेक' में अपना वर्चस्व बनाए रखना चाहता है।

ऐसा नहीं है कि रूस में इस विषय पर मंथन नहीं हो रहा। कुछ ही महीनों पहले रूस के एक अखबार में छपे लेख में यह अंदेशा जताया गया था कि जिस प्रकार सन् 1985 में तेल का उत्पादन नाटकीय रूप से बढ़ाकर 2 मिलियन से 10 मिलियन बैरल प्रतिदिन कर दिया गया था, जिसके कारण तेल की कीमतें 32 डॉलर प्रति बैरल से गिर कर 10 डॉलर प्रति बैरल हो गईं, तब रूस को अपना तेल बेचने के लिए 6 डॉलर प्रति बैरल भी कहीं-कहीं करना पड़ा। शायद उसी तर्ज पर आज अमेरिका सउदी अरब के माध्यम से रूसी अर्थव्यवस्था को तहस-नहस कर देना चाहता है। उल्लेखनीय है कि तब सउदी अरब को कोई नुकसान नहीं हुआ, क्योंकि तेल की कीमतें कम होने पर उसका उत्पादन पाँच गुना अधिक बढ़ गया था, जबकि रूस, जो कि एक नियोजित अर्थव्यवस्था थी, वह तेल के निर्यात में होनेवाली घटती आमदनी की वजह से मुसीबत में पड़ गई और इसे रूसी साम्राज्य के विघटन का एक अहम कारण माना गया। सन् 1991 से 1994 के बीच रूस के कार्यकारी प्रधानमंत्री रहे येगोर गैदर ने भी माना कि सउदी अरब के इस निर्णय से रूस को प्रति वर्ष करीब 20 बिलियन डॉलर का नुकसान हुआ, जिसे रूसी अर्थव्यवस्था बरदाश्त न कर सकी।

गौरतलब है कि ईरान और रूस के निर्यातों में तेल से मिलनेवाले राजस्व का प्रतिशत क्रमश: 60 से 50 प्रतिशत से अधिक है। जाहिर तौर पर आनेवाले समय में तेल की कीमतों की वजह से वित्तीय बाजारों में अस्थिरता आ सकती है। अक्तूबर माह के आरंभ में ही रूस के केंद्रीय बैंक ने घोषणा की थी कि यदि तेल की कीमतें 60 डॉलर प्रति बैरल तक गिर जाती हैं, तो ही वह रूसी अर्थव्यवस्था में हस्तक्षेप करेगा। इसका अभिप्राय यह हुआ कि रूस को भी अंदेशा है कि तेल की कीमतें अभी और गिरेंगी और शायद वह इससे निटपने की तैयारी भी कर रहा है।

इसके अलावा पहले से ही आर्थिक मंदी से जूझ रही यूरोपियन और अन्य अर्थव्यवस्थाओं में आर्थिक गतिविधियों का स्तर और कम होने के आसार भी दिख रहे हैं। जाहिर तौर पर ऐसे देशों में तेल की गिरती कीमतों की वजह से महँगाई कम होने की संभावना को अवांछनीय ही माना जा रहा है।

जो भी, हो फिलहाल जिस प्रकार तेल की कीमतें में करीब 30 प्रतिशत कमी

आई है, भारत जैसे तेल आयात करनेवाले देशों को आयात बिल में राहत मिलने वाली है, जिससे उनके चालू खाता घाटे पर दबाव कम होगा। इसके अलावा उद्योगों के लिए उत्पादों की लागत घटेगी और उपभोक्ताओं का पेट्रोल बिल कम होने से भी अन्य वस्तुओं की डिमांड बढ़ेगी और इससे भारत की अर्थव्यवस्था में विकास दर बढ़ने, या यूँ कहें अच्छे दिन आने के आसार बढ़ेंगे, लेकिन जो देश आर्थिक मंदी से जूझ रहे हैं या फिर बड़ी मात्रा में तेल निर्यात करते हैं, उनके लिए मुश्किलें बढ़ सकती हैं और यही कारण है कि फिलहाल तेल की कीमतों का यूँ कम होना वैश्विक अर्थव्यवस्था के दीर्घकालीन हित में नहीं समझा जा रहा।

(मुंबई से प्रकाशित दैनिक 'हमारा महानगर' में शुक्रवार 24-10-2014 को व्यापार पृष्ठ पर प्रकाशित)

□

104

भारतीय अर्थव्यवस्था में व्यवसाय करना आसान नहीं

हाल ही में विश्व बैंक द्वारा जारी 'ईज ऑफ डूइंग बिजनेस' (व्यवसाय करने में आसानी) रिपोर्ट 2015 में भारत की वरीयता 189 देशों में 142 स्थान पर दी गई है। उल्लेखनीय है कि पिछले वर्ष भारत 140 वें स्थान पर था और इस प्रकार भारत की वरीयता (रैंक) और भी कम हो रही। हमारा स्कोर पिछले वर्ष के 52.8 से मामूली तौर पर बढ़कर 54 हो गया है, लेकिन जाहिर सी बात है कि कुछ अन्य देशों ने भारत की अपेक्षा अधिक तीव्रता से सुधार किया और हमसे बेहतर स्थान प्राप्त कर लिए।

उल्लेखनीय है कि इस लिस्ट में सिंगापुर पहले स्थान पर बना हुआ है और उसके बाद न्यूजीलैंड, हाँगकाँग, डेनमार्क व दक्षिण कोरिया जैसे देशों को उच्च वरीयता दी है। जाहिर है, भारत को निवेशकों को आकर्षित करनेवाले टॉप 50 देशों की फेहरिस्त में पहुँचाने का 'विजन' लेकर चल रही सरकार को काफी तेजी से आर्थिक सुधार करना होगा, जिससे कि भारत में व्यवसाय करना आसान हो सके।

यह रिपोर्ट जून 2014 तक किए गए सर्वेक्षणों के आधार पर तैयार हुई है और भारत में सरकार द्वारा आर्थिक सुधारों में की पहल, जिसमें श्रम सुधार, विदेशी प्रत्यक्ष निवेश और पर्यावरण से संबिधित नीतियाँ शामिल हैं, उसे शायद इस रिपोर्ट में दर्ज न भी किया गया हो, लेकिन फिर भी भारत की रैंक काफी निम्न स्थान पर है और निश्चय ही जब अंतरराष्ट्रीय स्तर के तुलनात्मक अध्ययन में 189 देशों में से 141 देश (75 प्रतिशत) भारत से अच्छा व्यावसायिक वातावरण रखते हैं, तो इस विषय को गंभीरता से लेना भी लाजमी है।

अगर भारत के कुछ पड़ोसी देशों की बात करें, तो श्रीलंका का स्थान 99वाँ नेपाल का 108वाँ पाकिस्तान का 120वाँ और भूटान का 125वाँ है, जबकि बांग्लादेश का स्थान 173वाँ व म्याँमार का 177वाँ है।

दरअसल, इस रिपोर्ट को हर देश के कुछ चुने हुए शहरों में किए गए सर्वेक्षण के आधार पर तैयार किया जाता है और विभिन्न तत्त्वों के विश्लेषण के आधार पर जो रैंकिंग दी जाती है, उसमें काफी विरोधाभास भी अकसर देखा जा सकता है। अत: औसत रैंक के साथ-साथ अन्य अवयवों का पृथक् विश्लेषण करना भी उतना ही आवश्यक है। मसलन, पहला तत्त्व है कि बिजनेस शुरू करने में कितनी आसानी यहाँ है। इसमें भारत का स्थान 158 वाँ अर्थात् औसत से भी कहीं ज्यादा कम है। इसी प्रकार कंस्ट्रक्शन के लिए परमिट देने के क्षेत्र में भारत का स्थान 184वाँ, बिजली का कनेक्शन लेने में 137वाँ, प्रॉपर्टी का रजिस्ट्रेशन कराने में 121वाँ और ऋण प्राप्त करने में 36वाँ है। विदेशों से व्यापार करने में आसानी के क्षेत्र में 126वाँ, कांट्रेक्स को लागू करने में 186वाँ, टैक्स चुकाने में 156वाँ और दिवालिएपन से निपटने में 137वाँ है। हाँ, जहाँ तक अल्पसंख्यक निवेशकों के हितों की सुरक्षा का मसला है, वहाँ भारत का रैंक टॉप 10 देशों में 7वाँ है। अत: जहाँ हम ऋण और शेयर बाजार में काम-काज में आसानी की बात करते हैं, वहाँ तो भारत का रैंक काफी अच्छा है, लेकिन जहाँ हम कारोबार, कंस्ट्रक्शन या फैक्टरी शुरू करने, चलाने या फिर बंद करने की बात करते हैं, तो इन्हें काफी मुश्किल समझा गया है।

उदाहरण के लिए, मुंबई में बिजनेस शुरू करने के लिए 13 प्रक्रियाएँ हैं और इन्हें पूरा करने के लिए करीब 30 दिन का वक्त लगता है और जो लागत है, वह देश की प्रति व्यक्ति आय का 16 प्रतिशत है। इसके सामने दक्षिण एशिया (जहाँ पर भारत स्थित है) में औसत आठ (8) प्रक्रियाएँ हैं, महज 16 दिन का वक्त लगता है और लागत 146 प्रतिशत है। प्रथम स्थान प्राप्त सिंगापुर में 3 प्रक्रियाएँ और ढाई दिन का वक्त लगता है, नया व्यवसाय शुरू करने में, जबकि लागत 0.6 प्रतिशत है। इसके अलावा जहाँ नया व्यवसाय शुरू करने के लिए न्यूनतम पूँजी की आवश्यकता भारत में प्रति व्यक्ति आय का 111.12 प्रतिशत है, वहाँ सिंगापुर में यह शून्य है।

यहाँ ध्यान देने योग्य बात यह भी है कि जहाँ भारत की अर्थव्यवस्था को निम्न मध्यम आय के वर्ग में रखा गया है और हमारी प्रति व्यक्ति आय को 1,570 डॉलर बताया गया है, वहाँ सिंगापुर को उच्च आय वर्ग में रखा गया है, जिसकी प्रति व्यक्ति आय 54,040 डॉलर है। इसके अलावा, जहाँ भारत की जनसंख्या 125 करोड़ से अधिक है, वहाँ सिंगापुर की जनसंख्या करीब 54 लाख है। अत: इस रिपोर्ट में व्यवसाय चालू करने की लागत और न्यूनतम पूँजी की आवश्यकता जैसे तत्त्वों को प्रति व्यक्ति आय से जोड़ना इसके विश्लेषण में पूर्वाग्रह की गुंजाइश दिखाता है। इसी प्रकार अन्य तत्त्वों को भी पूर्वग्रह से परे हट कर देखने की आवश्यकता है।

हर देश का भौगोलिक, सांस्कृतिक और राजनीतिक ताना-बाना अलग है। अत: भारत में रोजगार बढ़े, इसके लिए आर्थिक सुधार अवश्य हो पर भारत की विशिष्ट जरूरतों

को ध्यान में रखते हुए विकास एकमात्र लक्ष्य होना चाहिए। टॉप 50 अर्थव्यवस्थाओं में आने की महत्त्वाकांक्षा और 'मेक-इन इंडिया' का अभियान सफलतापूर्वक पूरा करने के लिए इंफ्रास्ट्रक्चर, शिक्षा, श्रम, कौशल विकास, विनियमन और बिजनेस फाइनांस के क्षेत्र में समन्वित प्रयास किए जाने की आवश्यकता है। देश की अर्थव्यवस्था में विनिर्माण क्षेत्र का योगदान बढ़ाने के लिए उस वातावरण को ठीक करना ही होगा, जहाँ लाभपूर्ण व्यवसाय करना कुछ आसान बन सके।

(मुंबई में प्रकाशित दैनिक 'हमारा महानगर' में शुक्रवार 31-1 0-2014 को व्यापार पृष्ठ पर प्रकाशित)

□

105

दक्षिण एशिया में क्यों बढ़ रहा है जापानी निवेश ?

चीन के साथ व्यापारिक रिश्तों में कड़वाहट और चीन में बढ़ती श्रम लागत की वजह से पिछले कुछ वर्षों से जापान दक्षिण पूर्वी एशिया में अपना निवेश बढ़ा रहा है। पहले थाईलैंड और अब धीरे-धीरे इस क्षेत्र के अन्य देशों में जापान अपना निवेश बढ़ा रहा है। सबसे महत्त्वपूर्ण बात यह है कि जापान न सिर्फ विनिर्माण क्षेत्र में अपना निवेश बढ़ा रहा है, बल्कि उपभोक्ता बाजारों में भी बढ़-चढ़कर निवेश कर रहा है।

उल्लेखनीय है कि अप्रैल 2014 में जापान विदेशी व्यापार संगठन द्वारा जारी एक रिपोर्ट के अनुसार, सन् 2013 में वियतनाम, फिलीपींस, सिंगापुर, थाईलैंड, मलेशिया और इंडोनेशिया में जापान ने 2.33 ट्रिलियन येन (करीब 22.8 बिलियन डॉलर) का निवेश किया, जबकि चीन में उसका निवेश 887 बिलियन येन रहा। जहाँ दक्षिण पूर्वी एशिया में सन् 2012 के मुकाबले सन् 2013 में जापानी निवेश दुगना (डबल) हो गया, वहाँ चीन में उसका निवेश 18 प्रतिशत कम हुआ।

जाहिर तौर पर दक्षिणी पूर्वी देशों में उत्पादन करने पर जापान को श्रम की लागत तो कम पड़ ही रही है, साथ ही उसकी नजर अपने उत्पादों को खपाने के लिए वहाँ के बड़े उपभोक्ता बाजारों पर भी है। उदाहरण के लिए, थाईलैंड में सन् 2013 में जापान ने 1.23 मिलियन वाहन बेचे, जिनमें से 95 प्रतिशत जापान द्वारा निर्मित थे।

वियतनाम में जापान का निवेश सन् 2012 के 169 मिलियन डॉलर से बढ़कर सन् 2013 में 4.45 बिलियन डॉलर हो गया। नए निवेश की बात करें, तो इनकी संख्या भी इस दौरान 35 से बढ़कर 125 हो गई। यहाँ भी जापान विनिर्माण के साथ-साथ शॉपिंग कॉम्प्लेक्स खोलने की योजना बना रहा है।

गौरतलब है कि आर्थिक सहयोग एवं विकास संगठन (ओईसीडी) के अनुसार

इंडोनेशिया, कंबोडिया, लाओस, म्याँमार और वियतनाम का वास्तविक सकल घरेलू उत्पादन (जीडीपी) सन् 2014 से 2018 के बीच औसतन 5.4 प्रतिशत या अधिक से बढ़ने की संभावना है और लगता है, इसी वजह से जापानी कंपनियाँ इन उभरती हुई अर्थव्यवस्थाओं में अपने पैर मजबूती से जमा लेना चाहती हैं।

उधर, विश्व में सर्वश्रेष्ठ जीवन प्रत्याशा वाले टॉप तीन देशों में से एक जापान में 20 प्रतिशत लोग 65 वर्ष या अधिक के आयुवर्ग में है। वहाँ की जनसंख्या बढ़ने के बजाय घटती जा रही है। ऊपर से राजकोषीय घाटे और सार्वजनिक ऋण के भार कम करने के लिए लगाए गए 'उपभोग कर' तथा कीमतों में गिरावट से वहाँ आर्थिक विकास दर गतिहीन हो चुकी है। ऐसे में, जापान अपने उत्पादन बढ़ाने और उसे बेचने के लिए अपने देश के बाहर जा कर संसाधन और उपभोक्ता बाजार तलाश रहा है।

उल्लेखनीय है कि हाल ही में जापान और आगे बढ़कर दक्षिण एशियाई देशों जिनमें भारत, बांग्लादेश और श्रीलंका शामिल हैं, में अपना निवेश बढ़ाने को उत्सुक है। इसी वर्ष सितंबर माह में जापान के प्रधानमंत्री शिजो अबे ने बांग्लादेश और श्रीलंका की यात्रा की। इससे पूर्व वे भारत में भी अपना निवेश बढ़ाने की पेशकश कर चुके हैं। हालाँकि दक्षिण एशिया में वे मुख्यतः इंफ्रास्ट्रक्चर और रेलवे सिस्टम आदि क्षेत्रों में निवेश करने के लिए उत्सुक हैं।

गौरतलब है कि हाल ही में जापान ने भारत में 35 बिलियन डॉलर का निवेश करने की बात की है। अप्रैल से अगस्त 2014 के बीच भारत में निवेश करनेवाले देशों की लिस्ट में जापान 897 मिलियन डॉलर के साथ चौथे स्थान पर पहुँच चुका है। जापान की सुजुकी मोटर्स 18,000 करोड़ रुपए का निवेश करके गुजरात में एक नई फैक्टरी खोलने जा रही है। इसके अलावा टेलीकॉम क्षेत्र में कार्यरत जापान की एक विशाल कंपनी सॉफ्टबैंक भारत में आईटी क्षेत्र में 60,000 करोड़ (10 बिलियन डॉलर) का निवेश करने को उत्सुक है।

इस प्रकार उदीयमान अर्थव्यवस्थाओं में, जहाँ कि आर्थिक विकास दर औसतन वैश्विक विकास दर से काफी बेहतर है और जहाँ जनसंख्या बाहुल्य के चलते एक आकर्षक उपभोक्ता बाजार भी मौजूद है, जापान को निवेश के लिए आकर्षक विकल्प मिल रहा है। इन देशों के साथ व्यापार बढ़ाने से जापानी कंपनियों को बड़े पैमाने पर उत्पादन से मिलनेवाली किफायतें तो मिलेंगी ही, साथ ही सस्ते श्रम की उपलब्धता से उनकी लाभप्रदता भी बढ़ेगी। साथ ही, इन विकासशील देशों को भी विदेशी निवेश बढ़ने पर अपना आर्थिक विकास बढ़ाने में मदद मिलेगी। यह एक तरह की 'विन-विन' रणनीति है, जिसमें अन्य देशों के साथ-साथ जापान का भी हित निहित है।

आर्थिक मंदी से उबरने के लिए प्रतिबद्ध जापानी सरकार के समक्ष विदेशी निवेश

बढ़ाना एक जरूरत बन चुका है। हाल ही में जापान के केंद्रीय बैंक ने प्रतिवर्ष 80 ट्रिलियन येन (करीब 721 बिलियन डॉलर) की बॉण्ड खरीदी के माध्यम से जापानी अर्थव्यवस्था में अतिरिक्त मुद्रा का संचरण करने की घोषणा कर सभी को आश्चर्यचकित कर दिया। एक लंबे समय से गतिहीन आर्थिक विकास दर और गिरती कीमतों के कुचक्र में फँसी जापानी अर्थव्यवस्था को गतिमान बनाने के लिए ही शायद बैंक ऑफ जापान ने इतना बड़ा कदम उठाया है। अब, जब अमेरिका में आर्थिक विकास दर कुछ गति पकड़ चुकी है, जापान की अर्थव्यवस्था यदि कुछ बेहतर बन सके तो यह वैश्विक अर्थव्यवस्था को संबल ही प्रदान करेगा।

(मुंबई में प्रकाशित दैनिक 'हमारा महानगर' में शुक्रवार 7-11-2014 को व्यापार पृष्ठ पर प्रकाशित)

□

106

आसियान देशों में बढ़ रहा है भारत का महत्त्व

हाल ही में भारत के पड़ोसी देश म्याँमार में आयोजित आसियान शिखर सम्मेलन में आसियान और उससे जुड़े अनेक देश भारत के साथ बातचीत, संपर्क और परस्पर साझेदारी बढ़ाने के लिए काफी दिलचस्पी दिखा रहे हैं। आसियान अर्थात् एसोसिएशन ऑफ साउथ ईस्ट एशियन कंट्रीज द्वारा हर वर्ष इस प्रकार के शिखर सम्मेलन आयोजित किए जाते हैं। यहाँ अन्य देशों को भारत के साथ अपना संवाद बढ़ाने, विभिन्न प्रकार से साझेदारी स्थापित करने और एशिया के विकास से संबंधित मुद्दों पर चर्चा करने का एक जबरदस्त मंच (प्लेटफॉर्म) मिलता है।

उल्लेखनीय है कि आसियान मुख्यत: दक्षिणपूर्व एशिया के दस देशों का एक राजनीतिक एवं आर्थिक संगठन है, जिसका गठन आठ अगस्त 1967 में किया गया था। तब इंडोनेशिया, मलेशिया, फिलीपींस, सिंगापुर और थाइलैंड संस्थापक सदस्य रहे थे। धीरे-धीरे इसकी सदस्यता बढ़ी और इसमें पाँच अन्य देश—ब्रुनेई, कंबोडिया, लाओस, म्याँमार (बर्मा) और वियतनाम भी सदस्य राष्ट्र के रूप में शामिल हो गए।

आसियान का उद्देश्य अपने सदस्य देशों के बीच आर्थिक विकास बढ़ाना और उत्तरोत्तर सामाजिक एवं सांस्कृतिक विकास करना है। परस्पर संवाद एवं सहयोग के जरिए क्षेत्रीय स्थिरता के साथ शांति बनाए रखना भी इस संगठन का एक महत्त्वपूर्ण उद्देश्य है।

इस संगठन के सदस्य देशों के पास इस पृथ्वी का 4.46 मिलियन वर्ग किलोमीटर क्षेत्र है, जो कि कुल जमीन का तीन प्रतिशत है, जबकि यहाँ की जनसंख्या करीब 600 मिलियन है, जो पूरे विश्व की जनसंख्या का नौ प्रतिशत है। सन् 2012 में यहाँ की सकल राष्ट्रीय आय करीब 2.3 ट्रिलियन डॉलर रही थी और इस लिहाज से आसियान विश्व की छठी सबसे बड़ी अर्थव्यवस्था है। पहले पाँच स्थान पर अमेरिका, चीन, भारत, जापान एवं जर्मनी हैं।

जाहिर सी बात है कि विश्व का हर प्रमुख देश आसियान के साथ जुड़ना पसंद करेगा

और यह हुआ भी। पहले इसमें चीन, जापान और दक्षिण कोरिया जुड़े और फिर भारत, न्यूजीलैंड, ऑस्ट्रेलिया, अमेरिका एवं रशिया (रूस) भी इसमें आ जुड़े। सन् 2006 में आसियान को संयुक्त राष्ट्र की साधारण सभा में समीक्षक का पद प्राप्त हुआ। फिर सन् 2007 में आसियान के सदस्य देशों ने अपना संविधान बनाया। इसके प्रमुख उद्देशों में सदस्य राष्ट्रों के बीच स्वतंत्र व्यापार और ऊर्जा सुरक्षा को प्रोत्साहन देना शामिल है। इसके अलावा आसियान के चीन, कोरिया, जापान, न्यूजीलैंड, ऑस्ट्रेलिया और भारत के साथ स्वतंत्र व्यापार समझौते हैं। आसियान-भारत द्विपक्षीय व्यापार इतना तेजी से बढ़ा है कि सन् 2015 तक 70 बिलियन डॉलर का लक्ष्य सन् 2012 में ही हासिल कर लिया गया।

यही कारण है कि भारत ने आसियान को रणनीतिक दृष्टि से काफी गंभीरता से लिया है। आज एशिया समूचे विश्व में आर्थिक विकास के इंजन के रूप में कार्य करते हुए लगातार आर्थिक विकास कर रहा है। आसियान विकास बैंक के अनुसार, इस क्षेत्र की सकल राष्ट्रीय आय सन् 2014 में 6.2 प्रतिशत और सन् 2015 में 6.4 प्रतिशत से बढ़ सकती है। अंतरराष्ट्रीय मुद्रा कोष के अनुसार भारत में आर्थिक विकास दर सन् 2014 में 5.6 प्रतिशत और सन् 2015 में 6.4 प्रतिशत रहने की संभावना है और इस लिहाज से आसियान-इंडिया का एक जबरदस्त संयोजन संभव है और दोनों मिलकर वैश्विक अर्थव्यवस्था में काफी महत्त्वपूर्ण भूमिका अदा कर सकते हैं। यही कारण है कि आज आसियान-भारत को इस क्षेत्र में एक तेजी से उभरती हुई सशक्त अर्थव्यवस्था के रूप में देख रहा है और विभिन्न क्षेत्रों में भारत के साथ संवाद करने को तत्पर हुआ है। भारत भी आसियान के सदस्य राष्ट्रों के साथ न सिर्फ व्यापार बल्कि विज्ञान एवं तकनीक, मानव संसाधन विकास, स्वास्थ्य केयर, अंतरिक्ष, विज्ञान, कृषि और विद्युत् आदि क्षेत्रों में सहयोग या साझेदारी बढ़ाने को उत्सुक है।

खास बात तो यह है कि भारत और आसियान के बीच परस्पर सहयोग से न सिर्फ आर्थिक, बल्कि अन्य क्षेत्रों में भी आम (कॉमन) समस्याओं के समाधान में मदद मिलेगी। सन् 1992 से ही भारत 'पूर्व की तरफ देखें' (लुक-ईस्ट) की नीति के तहत सन 1996 में आसियान क्षेत्रीय फोरम और सन् 2005 में ईस्ट आसियान शिखर का सदस्य बना। सन् 2009 में आसियान-भारत व्यापार समझौता हुआ और अब भारत के प्रधानमंत्री एक कदम आगे बढ़कर 'एक्ट-ईस्ट' (पूर्व की तरफ काम करें) की नीति बना रहे हैं। भारत-म्याँमार-थाइलैंड हाई-वे जैसे प्रोजेक्टों के माध्यम से निश्चित तौर पर भारत की रणनीतिक साझेदारी इन देशों के साथ बढ़ेगी और इसका भरपूर लाभ भारत और आसियान दोनों को मिलेगा।

(मुंबई में प्रकाशित दैनिक 'हमारा महानगर' में शुक्रवार 14-11-2014 को व्यापार पृष्ठ पर प्रकाशित)

□

107

भारतीय अर्थव्यवस्था के सकारात्मक रुझान

हाल ही में केंद्रीय सांख्यिकी कार्यालय द्वारा जारी आँकड़ों के अनुसार सितंबर माह में औद्योगिक उत्पादन सूचकांक 2.5 प्रतिशत बढ़ा है। विशेषक विनिर्माण एवं पूँजीगत उत्पाद क्षेत्र में अच्छे प्रदर्शन के चलते औद्योगिक उत्पादन दर में काफी सुधार आया है। उल्लेखनीय है कि पिछले दो महीनों से औद्योगिक उत्पादन दर महज 0.4 प्रतिशत पर ठहर-सी गई थी। इसी प्रकार अप्रैल से सितंबर 2014 के बीच औद्योगिक उत्पादन दर 2.8 प्रतिशत रही, जो कि पिछले वित्तीय वर्ष में इस दौरान महज 0.5 प्रतिशत रही थी।

गौरतलब है कि विनिर्माण क्षेत्र, जो कि औद्योगिक उत्पादन सूचकांक के तीन चौथाई भाग का प्रतिनिधित्व करता है, वह सितंबर माह में पिछले वर्ष के 1.4 प्रतिशत के मुकाबले 2.5 प्रतिशत से बढ़ा है, जबकि अप्रैल से सितंबर के दरम्यान यह पिछले वर्ष के 0.2 प्रतिशत के मुकाबले 2 प्रतिशत से बढ़ा। खनन क्षेत्र में प्रदर्शन कुछ कमजोर रहा क्योंकि सितंबर माह में यह महज 0.7 प्रतिशत से बढ़ा, जबकि पिछले वित्तीय वर्ष में यह 3.6 प्रतिशत से बढ़ा था। अब यदि अप्रैल से सितंबर के अंतराल में उत्पादन की बात करें, तो पिछले वर्ष बल्कि खनन क्षेत्र में उत्पादन 2.5 प्रतिशत से घटा था, जबकि इस वर्ष यह 2.1 प्रतिशत से बढ़ा है।

लेकिन महत्त्वपूर्ण बात यह है कि पूँजीगत वस्तुओं का उत्पादन सितंबर माह में 11.6 प्रतिशत की दर से बढ़ा, जो कि पिछले वर्ष 6.6 प्रतिशत की दर से बल्कि कम हुआ था। इसी प्रकार मौजूदा वित्तीय वर्ष में अप्रैल से सितंबर माह के मध्य पूँजीगत वस्तुओं का उत्पादन 5.8 प्रतिशत से बढ़ा, जबकि पिछले वर्ष यह 0.6 प्रतिशत से घटा था। गौरतलब है कि पूँजीगत उत्पादों का उत्पादन बढ़ना देश की अर्थव्यवस्था में बढ़ती डिमांड (माँग) का द्योतक है। सबसे अच्छी बात तो यह है कि विनिर्माण क्षेत्र में शामिल 22 उद्योग समूहों

में से 15 में सितंबर माह में सकारात्मक रुझान देखे गए हैं।

भारतीय अर्थव्यवस्था में दूसरा बड़ा रुझान मूल्यवृद्धि दर के घटने से मिला। पिछले कुछ महीनों में महँगाई की दर से काफी गिरावट आई है। अक्तूबर माह में उपभोक्ता मूल्य सूचकांक कम हो कर 5.5 प्रतिशत पर आ पहुँचा है, जो कि सितंबर माह में 6.5 प्रतिशत के स्तर पर था। इस लिहाज से अब यह रिजर्व बैंक द्वारा प्रस्तावित 6 प्रतिशत के बेंचमार्क स्तर से भी नीचे आ गया है। महँगाई की खुदरा दर में कमी मुख्यत: खाद्य वस्तुओं की कीमतों में गिरावट आने से संभव हुई, जो कि पिछले माह के 7.7 प्रतिशत के मुकाबले अक्तूबर माह में 5.6 प्रतिशत हो गई। खासतौर पर यहाँ अनाज, तेल, सब्जियों और शक्कर आदि की कीमतें काफी घटीं। उल्लेखनीय है कि अक्तूबर 2013 में खुदरा मूल्य वृद्धि दर 10.17 प्रतिशत व खाद्य वस्तुओं की महँगाई दर 12.93 प्रतिशत रही थी।

हालाँकि इस वर्ष कुछ हद तक खराब मानसून की वजह से कृषि उत्पादन पर असर जरूर पड़ा है और उस वजह से आने वाले वर्ष में खाद्य पदार्थों की कीमतें फिर से बढ़ने का अंदेशा भी है, लेकिन फिलहाल कीमतें कम हुई हैं और आशा की जा सकती है कि रिजर्व बैंक शायद अब ब्याज की दरों में कुछ कटौती करने की दिशा में प्रेरित होगा। ये भी हो सकता है कि रिजर्व बैंक कुछ देर और इंतजार करके निश्चित होना पसंद करे कि महँगाई में कमी यूँ ही नहीं आ गई, बल्कि यह रुझान आगे भी कायम रहनेवाला है।

उधर थोक मूल्य सूचकांक भी 1.77 प्रतिशत से ही बढ़ा है, जो कि पिछले करीब पाँच वर्षों का न्यूनतम स्तर है और पिछले माह के मुकाबले 70 बेसिस अंकों से कम हुआ है। वस्तुत: वैश्विक कमोडिटीज की कीमतों में गिरावट व अंतरराष्ट्रीय बाजारों में क्रूड तेल (कच्चे तेल) की कीमतों में भारी कमी आने से भी थोक मूल्य सूचकांक महँगाई की दर में गिरावट दर्ज कर रहा है। उल्लेखनीय है कि कच्चे माल व ईंधन की कीमतें घटने पर कंपनियों के लाभांश बढ़ते हैं, जिससे देश की अर्थव्यवस्था में निवेश प्रवृत्ति बढ़ती है।

इसके अलावा देश में स्टॉक मार्केट्स नित नई ऊँचाइयों को छू रहे हैं। बैंक ऑफ जापान द्वारा मुद्रा प्रसार नीति की घोषणा के बाद तो जैसे स्टॉक मार्केट में विदेशी संस्थागत निवेशकों में भारत में निवेश हेतु उत्साह और भी बढ़ा है।

इन सबके बीच कुछ चुनौतियाँ भी भारतीय अर्थव्यवस्था के समक्ष तैयार खड़ी है, जिनके प्रति सचेत रहना आवश्यक है। एक तो हमारे देश में 40 लिस्टेड बैंकों के खराब ऋणों (एनपीए) में पिछले वर्ष की तुलना में 17.5 प्रतिशत की वृद्धि हुई है। दूसरा, अमेरिका में रोजगार और सकल राष्ट्रीय आय में सकारात्मक रुझान मिलने से डॉलर मजबूत होगा और उसके सापेक्ष रुपए की विनिमय दर कुछ कमजोर हो सकती है। तीसरा, हमारे निर्यात की विकास दर तेजी से कम होती जा रही है। उधर चीन, जापान व यूरोप की अर्थव्यवस्थाओं में विकास दर ठहरी हुई है, जिससे रुपए की विनिमय दर कम होने

पर निर्यात बढ़ाना और भी मुश्किल होगा। चौथा, सोने के आयात में अभूतपूर्व वृद्धि से चालू खाता घाटा चौड़ा हो जाने की संभावना है। पाँचवाँ, राजस्व घाटा अभी से 82.6 प्रतिशत पूरा हो चुका है और टैक्स कलेक्शन भी बजट के अनुरूप नहीं बढ़ पा रहा। ऐसे में सरकार को खर्चों में कमी लानी होगी।

कुल मिलाकर, भारतीय अर्थव्यवस्था में नजर आ रहे सकारात्मक बदलावों से लाभ उठाने के लिए सरकार को आर्थिक सुधार संबंधित कदम तेजी से उठाने होंगे, ताकि भारत की आर्थिक विकास दर को तेजी से बढ़ाया जा सके।

(मुंबई में प्रकाशित दैनिक 'हमारा महानगर' में शुक्रवार 21-11-2014 को व्यापार पृष्ठ पर प्रकाशित)

□

108

कैसे बढ़ेगी सार्क देशों की ताकत ?

हाल ही में नेपाल की राजधानी काठमांडु में संपन्न हुए सार्क शिखर सम्मेलन में सदस्य राष्ट्रों के बीच रेल तथा सड़क यातायात बढ़ाने और क्षेत्रीय स्तर पर पॉवर ग्रिड बनाने जैसे महत्त्वपूर्ण समझौतों पर आम सहमति न बन सकी। लगता है कि जिन आपसी मतभेदों को भुलाकर दक्षिणी एशियाई क्षेत्र के सम्मिलित विकास के उद्देश्य को लेकर ये सार्क देश एकजुट हुए थे, उनमें से कुछ अभी भी ताजा हैं।

हालाँकि भारत के प्रधानमंत्री ने उम्मीद जताई कि यदि सार्क देश हाथों में हाथ लेकर साथ-साथ चलें तो इस क्षेत्र की विकासरूपी यात्रा आसानी से पूरी की जा सकती है। उल्लेखनीय है कि हमारे पड़ोसी देश पाकिस्तान द्वारा आतंरिक प्रणालियों से संबंधित आपत्ति के चलते ये समझौते नहीं किए जा सके, जबकि सभी दूसरे देश इनके लिए सहमति बना चुके थे।

इस प्रकार से तीन वर्षों के अंतराल के बाद हुए सार्क देशों के इस शिखर सम्मेलन में इन समझौतों पर हस्ताक्षर न हो पाने से दक्षिण एशियाई देशों को परस्पर आर्थिक साझेदारी व निवेश बढ़ाने की दिशा में जबरदस्त झटका लगा है। इस स्थिति को हमारे प्रधानमंत्री ने काफी स्पष्टता से एक वाक्य में समाहित किया और कहा कि 'हम पास-पास हैं पर साथ-साथ नहीं। साथ होने से ताकत कई गुना बढ़ जाती है।' गौरतलब है कि सार्क साउथ एशियन एसोसिएशन फॉर रीजनल को-ऑपरेशन के प्रथम अक्षरों को जोड़कर बनाया गया शब्द समूह है, जिसके बैनर तले इस क्षेत्र के सात देशों ने सन् 1985 में औपचारिक रूप से विश्व में एक शक्तिशाली राष्ट्र समूह के रूप में स्थापित होने की महत्वाकांक्षा के साथ हाथ मिलाया। बाद में, अफगानिस्तान इनसे आ जुड़ा और कई अन्य देश भी समीक्षक के रूप में इसमें शामिल हुए।

भारत, पाकिस्तान, नेपा, भूटान, श्रीलंका, बाँग्लादेश, मालदीव और अफगानिस्तान—

ये आठ देश मिलकर विश्व की प्रमुख अर्थव्यवस्थाओं में शामिल होते हैं, जहाँ विश्व की 21 प्रतिशत (करीब एक करोड़ 70 लाख) जनसंख्या निवास करती है। जाहिर तौर पर क्षेत्रफल और अर्थव्यवस्था के आकार के लिहाज से भारत इस एसोसिएशन का सबसे बड़ा और शक्तिशाली राष्ट्र है। भारत के लिए भी सार्क देशों का महत्त्व है क्योंकि ये सभी भारत में पड़ोसी देश हैं।

जाहिर तौर पर सार्क देशों की भू-राजनीतिक पृष्ठभूमि ऐसी है कि परस्पर शांतिपूर्ण संबंध समूची सार्क अर्थव्यवस्था को बेहद शक्तिशाली बना सकते हैं। लेकिन हकीकत यह है कि सार्क संगठन की स्थापना के 30 वर्ष बाद भी इसके सदस्य राष्ट्र आपस में अपने कुल वैश्विक व्यापार का महज 5 प्रतिशत व्यापार करते हैं और इसका 10 प्रतिशत से भी कम व्यापार सार्क के स्वतंत्र व्यापार क्षेत्र में किया जाता है। सन् 2012 के एक अनुमान के अनुसार, सार्क देश एक-दूसरे के साथ जो व्यापार करते हैं, वो उनकी सम्मिलित सकल राष्ट्रीय उत्पाद (जीडीपी) का करीब एक प्रतिशत मात्र है। यहाँ तक कि कई भारतीय कंपनियों ने भले ही विश्व के अन्य देशों में अरबों रुपए का निवेश किया हो, पर सार्क देशों में उनका निवेश नगण्य (एक प्रतिशत से भी कम) है।

भारत को लगता है कि इस क्षेत्र में परस्पर विकास की असीम संभावनाएँ हैं। भले ही सार्क शिखर सम्मेलन में उम्मीद के मुताबिक बड़े और महत्त्वपूर्ण समझौते न हो सके पर भारत ने 'सार्क बिजनेस कार्ड' इंफ्रास्ट्रक्चर के क्षेत्र में विशेष सुविधा देने तथा भौगोलिक सीमाओं के आर-पार औद्योगिक कॉरिडोर (गलियारे) बनाने जैसी पहल दिखा कर सार्क देशों को एक नई दिशा दिखाई है, जिससे उसके बड़े भाई जैसी भूमिका में माने जाने की संभावना इस संगठन में बढ़ सकती है। निश्चित तौर पर सार्क देशों को परस्पर सहयोग बढ़ाने के लिए परस्पर 'संदेह' के बजाय 'भरोसा' करने की मानसिकता रखनी पड़ेगी, साथ ही एक-दूसरे की सुरक्षा के प्रति सजग रहने और अपने लोगों के बीच मैत्री बढ़ाने का प्रयास भी करना होगा।

यही कारण है कि हमारे प्रधानमंत्री ने सार्क के समक्ष एक विवाद रहित दक्षिण एशिया बनाने की परिकल्पना प्रस्तुत की है, जहाँ एक-दूसरे से लड़ने की बजाय ये सभी देश इस क्षेत्र में व्याप्त गरीबी, भुखमरी, बीमारी, निरक्षरता और बेरोजगारी जैसी समस्याओं से लड़ें। कुल मिलाकर सार्क शिखर सम्मेलन में भारत ने जो प्रयास किए हैं वे इस क्षेत्र में परस्पर सहयोग तो बढ़ाएँगे ही साथ ही इन देशों की आर्थिक विकास दर को और अधिक बल देंगे।

(मुंबई में प्रकाशित दैनिक 'हमारा महानगर' में शुक्रवार 28-11-2014 को व्यापार पृष्ठ पर प्रकाशित)

□

109

बैंकिंग इतिहास से जुड़ा एक न्याय अध्याय

हाल ही में रिजर्व बैंक ने छोटे एवं पेमेंट्स् (भुगतान) बैंकों के लिए अंतिम अर्थात् फाइनल दिशा निर्देश जारी किए। गौरतलब है कि किसी क्षेत्र में नए बैंकों के लिए फरवरी 2013 में रिजर्व बैंक ने एक ड्राफ्ट गाइड लाइन जारी की थी और तभी से इस विषय पर फाइनल गाइड लाइन बनाने हेतु भारी मंथन और विचार-विमर्श चल रहा है। इसी वर्ष 10 जुलाई को मौजूदा वित्तीय वर्ष (2014-2015) का बजट पेश करते वक्त हमारे केंद्रीय वित्त मंत्री ने छोटे उद्योगों, स्थानीय लोगों, असंगठित क्षेत्रों, निम्न आय वर्ग, किसान और प्रवासी श्रमिक वर्ग इत्यादि की विशिष्ट जरूरतों की पूर्ति हेतु रिजर्व बैंक द्वारा छोटे और विशिष्ट प्रकार के बैंकों के ढाँचा बनाने व लाइसेंस जारी करने के लिए निर्दिष्ट प्रणाली बनाए जाने के संबंध में संकेत दिए थे। तदुपरांत 17 जुलाई, 2014 को ही इस प्रकार की ड्राफ्ट गाइड लाइन जारी की गई और अब जबकि फाइनल गाइड लाइन जारी कर दी गई है तो इसे उद्योग जगत् द्वारा काफी सराहा गया है, क्योंकि यह पिछली सभी नीतियों से कहीं अधिक व्यापक और खुली हुई नजर आती है।

नई गाइड लाइन के तहत कॉर्पोरेट समूह, यहाँ तक कि टेलीकॉम और खुदरा क्षेत्र में कार्यरत कंपनियाँ भी अब भुगतान बैंक (पेमेंट्स बैंक) खोलने में सक्षम हो सकेंगी। इसके अलावा उन्हें कमर्शियल बैंकों के साथ संयुक्त उपक्रम खोलने की भी अनुमति दे दी गई है, हालाँकि भुगतान बैंक हेतु लाइसेंस देते समय प्रवर्तक (प्रमोटर) अथवा प्रवर्तक समूह का 'फिट एवं प्रॉपर' (योग्य और समुचित) होना इस प्रकार जाँचा जाएगा कि या तो वे पेशेवर अनुभव का सुदृढ़ रिकॉर्ड रखते हों या जिन्होंने कम से कम पाँच वर्ष की अवधि के लिए कारोबार अवश्य चलाया हो।

भुगतान बैंकों के लिए 100 करोड़ रुपए की न्यूनतम चुकता इक्विटी पूँजी रखनी होगी। प्रमोटर का न्यूनतम प्रारंभिक अंशदान पहले पाँच वर्ष का अवधि के लिए कम-से-

कम 40 प्रतिशत रखा गया है, जबकि ड्राफ्ट गाइड लाइन में 40 प्रतिशत से अधिक की हिस्सेदारी को बैंक का कारोबार शुरू होने के बाद तीन वर्षों में 40 प्रतिशत, दस वर्षों में 30 प्रतिशत और 12 वर्षों बाद 26 प्रतिशत तक ही सीमित करने की बात कही थी। इसके अलावा भुगतान बैंकों के काम-काज के दायरे को और भी विस्तृत कर गया है। वे अब म्युच्अल फंड, बीमा और पेंशन जैसे जोखिम वित्तीय उत्पादों के वितरण का कार्य कर सकेंगे। वे अन्य बैंकों का व्यवसाय प्रतिनिधि बन भी सकते हैं। इसके अलावा ये भुगतान बैंक अपने ग्राहकों से एक लाख रुपए तक की डिमांड डिपाजिट स्वीकार कर सकेंगे तथा उन्हें डेबिट कार्ड सुविधा भी दे सकेंगे, पर वे न तो क्रेडिट कार्ड जारी कर सकेंगे और न ही किसी को ऋण ही जारी कर पाएँगे। हालाँकि उन्हें विभिन्न माध्यमों के जरिए भुगतान और रेमिटेंस (प्रेषण) सेवाएँ प्रदान करने की अनुमति दी जाएगी।

इसके अलावा भुगतान बैंकों की बाहरी देनदारियों और नेटवर्थ का अनुपात 3 प्रतिशत रखा गया है जो कि पहले पाँच वर्ष सुझाया गया था। इन बैंकों में एफडीआई नीति के अनुसार विदेशी शेयरधारिता भी रखी जा सकती है। रिजर्व बैंक ने भुगतान बैंक खोलने के लिए आगामी 16 जनवरी, 2015 तक आवेदन पत्र मांगे हैं, जिन्हें एक बाह्य कमेटी द्वारा जाँचा जाएगा जो अपनी सिफारिशें केंद्रीय बैंक को सौंप देगी।

गौरतलब है कि भारत में करीब छह लाख गाँव हैं, जबकि 31 मार्च, 2013 तक देश में बैंकों की महज 102,377 शाखाएँ काम कर रही थीं। इनमें से सिर्फ 35 प्रतिशत ग्रामीण क्षेत्रों में काम कर रही हैं। सन् 2011 में की गई जनगणना के अनुसार, देश के कुल 21 मिलियन परिवारों (हाउसहोल्डस) में से सिर्फ 11.2 मिलियन ही औपचारिक रूप से बैंक सेवाएँ प्राप्त कर रहे थे। इसका अभिप्राय यह हुआ कि 41 प्रतिशत परिवार बैंक सेवाओं से वंचित थे। जिस गति से भारतीय बैंक शहरी और ग्रामीण इलाकों में अपनी नई शाखाएँ खोल रहे हैं, वो कतई संपूर्ण वित्तीय समावेशन जैसे महत्त्वाकाक्षी लक्ष्य को तेजी से हासिल करने के लिए पर्याप्त नहीं है।

यही कारण है कि वित्तीय समावेशन को बढ़ावा देने के लिए भुगतान बैंक खोलने का रास्ता साफ कर दिया गया है जिनका प्रमुख उद्देश्य लोगों को लघु बचत खाते उपलब्ध कराना और प्रवासी श्रमिक वर्ग, निम्न आय अर्जित करने वाले परिवारों, लघु कारोबारियों, असंगठित क्षेत्र की अन्य संस्थाओं आदि को भुगतान या विप्रेषण सेवाएँ प्रदान करना है। साथ ही, रिजर्व बैंक ने छोटे वित्तीय बैंक खोलने के लिए भी एक गाइड लाइन जारी की है। इनका उद्देश्य भी वित्तीय समावेशन को बढ़ावा देना है।

भुगतान बैंकों से तुलना करें तो ये छोटे वित्तीय बैंक न सिर्फ बचत खाता सुविधा प्रदान करेंगे, बल्कि छोटे-छोटे कारोबारियों, किसानों, माइक्रो और लघु उद्योगों को उच्च तकनीक और न्यूनतम लागत के साथ ऋण सुविधा भी प्रदान करेंगे। इसके अलावा, लघु

वित्त बैंकों के परिचालन क्षेत्र के संबंध में कोई प्रतिबंध नहीं होगा, जबकि ड्राफ्ट गाइड लाइन में कुछ प्रतिबंध प्रस्तावित किए गए थे। हालाँकि प्रमोटर हिस्सेदारी के संबंध में नियम भुगतान बैंकों की अपेक्षा अधिक सख्त हैं, जिसे क्रमशः पहले पाँच वर्षों में 40 प्रतिशत, दस वर्षों में 30 प्रतिशत और 12 वर्षों में 26 प्रतिशत तक ले आना होगा। इन बैंकों में विदेशी निवेश निजी क्षेत्र पर लागू एफडीआई नीति के तहत किया जा सकेगा। मौजूदा गैर बैंकिंग वित्तीय कंपनी, सूक्ष्म वित्त संस्थाएँ और स्थानीय क्षेत्र बैंक भी लघु वित्तीय बैंक में परिवर्तित होने का विकल्प चुन सकते हैं।

कुल मिलाकर, रिजर्व बैंक की भुगतान बैंकों तथा लघु वित्तीय बैंकों के लिए लाइसेंस देने की प्रक्रिया के संदर्भ में जारी गाइड लाइंस को वित्तीय समावेशन के क्षेत्र में एक बड़े कदम के रूप में देखा जा रहा है। इन बैंकों की स्थापना से उन लोगों तक भी औपचारिक बैंक सुविधा पहुँच सकेगी जो अब तक इन सेवाओं से वंचित रहे हैं।

(मुंबई में प्रकाशित दैनिक 'हमारा महानगर' में शुक्रवार 5-12-2014 को व्यापार पृष्ठ पर प्रकाशित)

□

110

क्या होगा योजना आयोग का विकल्प ?

हाल ही में भारत के प्रधानमंत्री ने राज्यों के मुख्यमंत्रियों के साथ की गई बैठक में मौजूदा योजना आयोग को एक उपयुक्त ढाँचे द्वारा बदल दिए जाने का सुझाव दिया क्योंकि उनके अनुसार पिछले करीब दो दशकों से इसकी भूमिका, प्रासंगिकता और पुनर्गठन पर लगातार प्रश्न उठाए जाते रहे हैं। हमारे प्रधानमंत्री का ये भी कहना है कि नीतिगत योजना का स्वरूप 'टॉप टू बॉटम' अर्थात् 'ऊपर से नीचे' के बजाय 'नीचे से ऊपर' की ओर बदल जाना चाहिए।

गौरतलब है कि वर्ष 13 अगस्त ही को सरकार के केंद्रीय मंत्रीमंडल ने 15 मार्च, 1950 को जारी उस प्रस्ताव को निरस्त करने का निर्णय लिया था, जिसके तहत योजना आयोग की स्थापना की गई थी।

अब प्रधानमंत्री सहकारी संघवाद के नारे पर जोर देना पसंद कर रहे हैं और 'टीम इंडिया' के एक नए विचार को प्रतिपादित कर रहे हैं, जिसमें असल में तीन टीमों का समावेश होगा। एक टीम होगी प्रधानमंत्री और सभी मुख्यमंत्रियों की, दूसरी टीम केंद्रीय मंत्रिमंडलों की होगी और तीसरी टीम केंद्र तथा राज्यों के अधिकारी-वर्ग की होगी।

जाहिर है कि विस्तृत टीम सुचारू रूप से, उचित तालमेल से राष्ट्रीय लक्ष्यों के प्रति आस्था के साथ काम कर सके, उसके लिए नई व्यवस्था या ढाँचा तो तैयार करना ही होगा। हालाँकि बहस इस मुद्दे पर ये भी छिड़ गई है कि क्या मौजूदा योजना आयोग का ही पुनर्गठन या उसमें ही आविश्कारी फेरबदल नहीं किया जा सकता ?

योजना आयोग को भंग किया जाए या इसमें वांछित सुधार करके ही ठीकठाक कर लिया जाए यह बहस इतनी चली कि केंद्र और राज्य सरकारों की बैठक में आम राय नहीं बनी। साथ ही, देश की पाँच-वर्षीय योजनाओं और राज्यों की वार्षिक योजनाओं को चालू रखा जाए अथवा बंद कर दिया जाए, इस पर भी आम सहमति न बन सकी।

दरअसल, बदलाव की इस धारा को समझने के लिए हमें उस परिप्रेक्ष्य को भी ध्यान में रखना होगा, जिसकी पृष्ठभूमि में सन् 1950 में योजना आयोग की स्थापना की गई थी। वस्तुत: योजना आयोग भारत सरकार की एक संस्था है जो मुख्यत: भारत की पंचवर्षीय योजनाओं का निर्माण करती है। भारत के प्रधानमंत्री इसके अध्यक्ष होते हैं। भले ही योजना आयोग एक संवैधानिक संस्था न हो, पर यह केंद्र सरकार की एक महत्त्वपूर्ण भुजा के रूप में स्थापित की गई थी।

योजना आयोग द्वारा तैयार प्रथम पंचवर्षीय योजना सन् 1951 में लागू की गई थी, जिसमें मुख्य प्राथमिकता कृषि क्षेत्र के विकास को मिली जबकि दूसरी योजना में औद्योगीकरण पर बल दिया गया, जिसमें भारी उद्योगों की स्थापना और इसमें सार्वजनिक क्षेत्र की भूमिका पर विशेष बल दिया गया था। एक-एक कर के सात पंचवर्षीय योजनाओं और समय-समय पर लागू की गईं वार्षिक योजनाओं के बाद सन् 1992 में आठवीं योजना लागू की गई।

सन् 1951 से लेकर नब्बे के दशक की शुरुआत तक भारत के सामाजिक, आर्थिक और राजनीतिक ताने-बाने में कई बड़े बदलाव आ चुके थे। सदियों से विदेशी और औपनिवेशिक शासन से तहस-नहस पड़ी, अविकसित और शोषित भारतीय अर्थव्यवस्था को आजादी के बाद पुन: विकास के पथ पर तेजी से ले जाने के लिए केंद्रीयकृत योजना का मॉडल उस वक्त काफी उपयुक्त समझा गया था और इसीलिए हमारी पहली योजना की प्रस्तावना में संविधान में निहित राज्य के नीति निर्देशक सिद्धांतों के तहत सामाजिक, आर्थिक व राजनीतिक न्याय की अवधारणा के अनुरूप ही योजना आयोग का कार्यक्षेत्र पारिभाषित किया गया था।

लेकिन धीरे-धीरे वैश्वीकरण और निजीकरण के दौर में भारत की अर्थव्यवस्था जैसे-जैसे 'खुला' कर दी गई सन् 1997 में नौवीं योजना आते-आते सार्वजनिक क्षेत्र का महत्त्व कम होता देखा गया और साथ ही पंचवर्षीय योजनाओं को बनाने वाले योजना आयोग की प्रासंगिकता पर भी प्रश्न उठने लगे।

भारत जैसे संघीय ढाँचे में एक केंद्रीयकृत नियोजित अर्थव्यवस्था से लेकर एक खुली बाजार संचालित अर्थव्यवस्था तक के सफर में योजना आयोग का योगदान महज सांकेतिक योजना भर बनाने तक भले ही सिमटता चला गया हो, पर देश के आर्थिक विकास में उसका योगदान यूँ भुलाया भी नहीं जा सकता है। देश के भविष्य के निर्माण हेतु दीर्घकालीन रणनीतिक सोच बनाना, विकास की प्राथमिकताएँ तय करना, देश के सभी संसाधनों का आकलन, उनका प्रभावी तथा संतुलित उपयोग तथा देश के विशिष्ट सामाजिक व राजनीतिक ताने-बाने को समझते हुए योजनाओं का क्रियान्वयन और मूल्यांकन करना भी योजना आयोग के कार्यक्षेत्र में आता है।

करीब 64 वर्षों से कार्यरत इतनी महत्त्वपूर्ण संस्था को यूँ अचानक बंद कर देना इतना आसान भी नहीं है, विशेषकर तब जबकि वैकल्पिक व्यवस्था कैसी हो यह भी अभी तक सुनिश्चित न किया जा सका हो। संघीय ढाँचे में राज्यों की भूमिका बढ़े यह भी जरूरी है। योजना निर्माण की प्रक्रिया का विकेंद्रीकरण हो यह भी अच्छा है, लेकिन प्रश्न यह है कि एक व्यवहार्य या यूँ कहें कि एक बेहतर विकल्प उपलब्ध न होने पर योजना आयोग बंद किए जाने पर जो असमंजस की स्थिति उत्पन्न होगी उसे कैसे सँभाला जा सकेगा?

विशेषकर, योजना आयोग के पारंपरिक स्वरूप को लेकर अस्पष्टता बनी रहेगी। यह भी स्पष्ट नहीं है कि क्या अब से योजनाएँ बनाने की प्रणाली खत्म हो जाएगी? इस दौरान सरकार के समक्ष भारी चुनौती यह भी होगी कि कोई वैकल्पिक तंत्र स्थापित नहीं होने पर केंद्र से राज्यों को केंद्रीय योजना के तहत दी जानेवाली सहयोग राशि किस माध्यम से ट्रांसफर की जाएगी।

बहरहाल, योजना आयोग के स्थान पर एक नई संस्था का प्रारूप अगले वर्ष जनवरी माह तक बन जाने की संभावना है। उम्मीद की जा सकती है कि आज जो प्रश्न अनुत्तरित-से हैं, तब उनमें से कुछ का जवाब अवश्य मिलेगा। लेकिन योजना आयोग से बेहतर विकल्प ढूँढ़ लेने के लिए सरकार को काफी बौद्धिक, वैचारिक और प्रशासनिक मशक्कत करनी होगी, यह निश्चित है और इस बीच इस मुद्दे पर लंबी बहस चलेगी, यह भी तय है।

(मुंबई में प्रकाशित दैनिक 'हमारा महानगर' में शुक्रवार 12-12-2014 को व्यापार पृष्ठ पर प्रकाशित)

□

111

महँगाई दर में कमी : एक अच्छा संकेत

हाल ही में भारत सरकार के केंद्रीय सांख्यिकी कार्यालय (सीएसओ) द्वारा जारी आँकड़ों के अनुसार, सन् 2010 के मूल्यों पर आधारित उपभोक्ता मूल्य सूचकांक में नवंबर माह में खुदरा महँगाई दर 4.38 प्रतिशत रही, जबकि नवंबर 2013 में यह 11.16 प्रतिशत थी। उल्लेखनीय है कि जहाँ नवंबर 2013 में यह खुदरा महँगाई का उच्चतम (रिकॉर्ड) स्तर रहा था, वहीं नवंबर 2014 में यह अपने इतिहास के न्यूनतम स्तर पर दर्ज की गई। पिछले कई वर्षों से डबल डिजिट महँगाई के स्तर से धीरे-धीरे यूँ महँगाई की दर 5 प्रतिशत से भी कम स्तर पर आ जाना वाकई भारतीय अर्थव्यवस्था के लिए एक अच्छा संकेत माना जा सकता है।

खासतौर पर खाद्य महँगाई की दर 3.6 प्रतिशत रही, जो कि नवंबर 2013 में 14.5 प्रतिशत के रिकॉर्ड स्तर पहुँच चुकी थी और अक्तूबर 2014 के 5.8 प्रतिशत स्तर से भी कहीं कम है। वस्तुतः खुदरा महँगाई दर में कमी आने का प्रमुख कारण विशेषकर सब्जियाँ, शक्कर, तैयार खाद्य वस्तुओं, ईंधन व बिजली आदि की कीमतों में वृद्धि की दर में कमी या गिरावट है।

अब सवाल उठता है कि क्या महँगाई की दर में यूँ जबर्दस्त कमी आना, अच्छे दिनों की शुरुआत की आहट के रूप में देखा जा सकता है? इस प्रश्न का उत्तर सकारात्मक होगा यदि महँगाई की रफ्तार में आई यह कमी आनेवाले दिनों में भी कायम रह सके। ऐसा इसलिए क्योंकि आनेवाले समय में खाद्य महँगाई दर कुछ बढ़ भी सकती है।

दरअसल, खराब मानसून की वजह से खरीफ के मौसम की फसलों के उत्पादन में कमी आने की संभावना जताई जा रही है। सरकारी आँकड़ों में लगाए गए पूर्वानुमान के अनुसार, खरीफ फसलों का उत्पादन इस वर्ष 120 मिलियन टन तक आ सकता है, जो कि पिछले वर्ष से 9 मिलियन टन कम होगा। ऐसा इसलिए है क्योंकि अभी भी भारतीय

कृषि की सेहत काफी हद तक मानसून के मिजाज पर निर्भर है और इस वर्ष बारिश की मात्रा करीब 12 प्रतिशत कम दर्ज की गई है

दूसरा कारण है कि सन् 2013 में महँगाई का स्तर चरम सीमा पर पहुँच चुका था और इसलिए ऊँचे आधार के चलते महँगाई की दर में गिरावट काफी अधिक नजर आ रही है, लेकिन सन् 2014 में जब महँगाई अपने न्यूनतम स्तर पर आ चुकी है तब खराब मानसून की वजह से इस पर दबाव अवश्य बढ़ेगा और ऐसे में महँगाई की वृद्धि दर पर काबू रख पाना सरकार और रिजर्व बैंक—दोनों के लिए एक चुनौतीपूर्ण कार्य होगा।

तीसरा, महँगाई की दर खुदरा मूल्य सूचकांक में शामिल सभी वस्तुओं के लिए समान रूप से कम नहीं दर्ज की गई है। कुछ वस्तुओं के दाम अपेक्षाकृत अधिक तेजी से बढ़े हैं। इसके अलावा जिन वस्तुओं की कीमतें कम हुई हैं, उपभोक्ता माँग बढ़ने पर उनकी कीमतों पर उत्तरोत्तर दबाव बढ़ भी सकता है। लेकिन फिर भी फिलहाल महँगाई की दर में कमी आने को भारतीय अर्थव्यवस्था के लिए एक शुभ संकेत ही माना जाएगा, क्योंकि सरकार द्वारा जो प्रत्यक्ष उपाय खाद्य महँगाई दर को नियंत्रण में लाने हेतु उठाए गए हैं, उनका सकारात्मक प्रतिफल मिला है।

हालाँकि गेहूँ दालें, कांदा (प्याज) और बटाटा (आलू) जैसे दैनिक उपभोग की वस्तुओं की कीमतों पर नियंत्रण रख पाना अभी भी चुनौतीपूर्ण बना हुआ है, पर महँगाई की दर को 5 प्रतिशत से कम ले आना एक बड़ी उपलब्धि ही समझा जा सकता है।

उधर, नवंबर माह में थोक मूल्य सूचकांक भी शून्य प्रतिशत की दर के साथ साढ़े पाँच वर्षों के न्यूनतम स्तर पर आ गया है। सब्जियों और ईंधन के मूल्यों में कमी इसका प्रमुख कारण है, विशेषकर थोक खाद्य महँगाई की वृद्धि दर महज 0.63 प्रतिशत रही और ईंधन व बिजली की कीमतों में बल्कि 4.91 प्रतिशत की गिरावट दर्ज की गई। यह शायद पहली बार है कि थोक मूल्य सूचकांक में महँगाई दर ठीक शून्य प्रतिशत रही। इससे पूर्व जुलाई 2009 में एक बार महँगाई की दर शून्य से भी 0.3 प्रतिशत कम रही थी।

अब थोक मूल्य सूचकांक और खुदरा मूल्य सूचकांक—दोनों में गिरावट आने और अक्तूबर माह में औद्योगिक उत्पादन सूचकांक के 4.2 प्रतिशत से कम होने पर रिजर्व बैंक पर दबाव जरूर पड़ेगा कि वह अब जनवरी 2014 से लगातार ऊँचे स्तर पर स्थित ब्याज की दरों को कुछ तो कम कर दे, ताकि भारत की अर्थव्यवस्था में विकास दर बड़े। गौरतलब है कि सन् 2013-14 में भारत की आर्थिक विकास दर महज 4.5 प्रतिशत रही थी, जिसके इस वित्तीय वर्ष में करीब 5.6 प्रतिशत तक पहुँचाने का पूर्वानुमान लगाया गया है, लेकिन फिर भी जिस प्रकार रिजर्व बैंक अकसर महँगाई या विकास के मुद्दों में लगातार महँगाई पर नियंत्रण रखने को प्राथमिकता देता रहा है, लगता है उसके लिए न सिर्फ मौजूदा महँगाई दर बल्कि आनेवाले समय में महँगाई बढ़ने

या घटने को लेकर क्या संभावनाएँ हैं, ये अभी मायने रखता है।

उधर, विभिन्न कारणों व शेयर बाजार से विदेशी संस्थागत निवेश के भारी बहिर्गमन की वजह से रुपए की विनिमय दर में गिरावट आ रही है, यह भी रिजर्व बैंक के लिए चुनौती प्रस्तुत कर रहा है। इसके अलावा वैश्विक अर्थव्यवस्था में भी कोई उल्लेखनीय सुधार आता नजर नहीं आ रहा, जिसकी वजह से हमारे निर्यात भी प्रभावित हुए हैं।

ऐसे में रिजर्व बैंक द्वारा ब्याज दरों में कटौती किए जाने की आवश्यकता है, ताकि कम से कम घरेलू माँग में तो इजाफा हो। महँगाई कम हो उसी, प्रकार देश में रोजगार और उत्पादन भी बढ़े, यह अब देश की आर्थिक नीतियों का साझा लक्ष्य होना चाहिए। जिस प्रकार सन् 2015 के लिए खुदरा महँगाई के 6 प्रतिशत रहने का पूर्वानुमान लगाया गया है, बहुत संभावना है कि रिजर्व बैंक सांकेतिक ही सही, पर ब्याज दरों में कुछ तो कटौती करेगा और यदि ऐसा हुआ तो इसे भारत में अच्छे दिन लाने हेतु एक सकारात्मक पहल की तरह माना जा सकेगा।

(मुंबई में प्रकाशित दैनिक 'हमारा महानगर' में शुक्रवार 19-12-2014 को व्यापार पृष्ठ पर प्रकाशित)

□

112

नए अध्यादेश से मिलेगा बीमा क्षेत्र को बढ़ावा

भारत की अर्थव्यवस्था में आर्थिक सुधार हेतु कटिबद्ध केंद्रीय सरकार ने बीमा क्षेत्र में विदेशी निवेश की अधिकतम सीमा को बढ़ाने के लिए एक अध्यादेश जारी करने का फैसला कर लिया है। संसद के ऊपरी सदन राज्यसभा में सन् 2008 से अटके हुए बीमा विधेयक को मौजूदा शीतकालीन सत्र में भी मंजूरी न मिल पाने की वजह से सरकार ने इस अध्यादेश के जरिए बीमा क्षेत्र में प्रत्यक्ष विदेशी निवेश की अधिकतम सीमा को मौजूदा 26 प्रतिशत से बढ़ाकर 49 प्रतिशत कर देने का प्रावधान रखा है। हालाँकि इस 49 प्रतिशत की निर्धारित सीमा में प्रत्यक्ष विदेशी निवेश और विदेशी पोर्टफोलियो निवेश—दोनों ही शामिल किए जाएँगे।

एक अनुमान के अनुसार, इसकी अधिकतम सीमा में प्रस्तावित बढ़त से करीब 7-8 बिलियन यूएस डॉलर (अर्थात् करीब 50,000 करोड़ रुपए) बीमा क्षेत्र में विदेशी निवेश के रूप में आ सकते हैं, और यदि ऐसा हुआ तो बीमा क्षेत्र को एक बड़ा प्रोत्साहन मिलेगा और जिस प्रकार बीमा क्षेत्र 15-20 प्रतिशत की दर से विकास कर रहा है, उम्मीद की जा रही है कि विदेशी निवेश सीमा बढ़ने से इस क्षेत्र में भारी विदेशी निवेश आकर्षित होगा और कंपनियाँ भी बाजार में आ सकती हैं।

गौरतलब है कि भारतीय बीमा क्षेत्र में 52 कंपनियाँ कार्यरत हैं, जिनमें से 28 गैर जीवन बीमा क्षेत्र में और 24 कंपनियाँ जीवन बीमा क्षेत्र में काम कर रही हैं। करीब 36 करोड़ पॉलिसियों के साथ भारत का जीवन बीमा उद्योग समूचे विश्व में सर्वाधिक बड़ा है। दरअसल, जितने लोगों ने अपने जीवन का बीमा भारत में कराया है, विश्व के करीब 200 देशों की जनसंख्या तक उसके बराबर नहीं है, अर्थात् उससे कहीं कम ही है।

सन् 2013 में भारतीय बीमा बाजार का आकार 66.4 बिलियन डॉलर था, जिसके सन् 2020 तक बढ़कर 350-400 बिलियन डॉलर तक हो जाने की संभावना है। भारतीय

बीमा नियामक विकास प्राधिकरण (आईआरडीए) के अनुसार, भारत के बीमा क्षेत्र में करीब 50,000 करोड़ रुपए का पूँजीगत आधार बढ़ाए जाने की आवश्यकता है। अब विदेशी निवेश की अधिकतम सीमा को 26 प्रतिशत से बढ़ाकर 49 प्रतिशत कर देने से एक ओर इस क्षेत्र को पर्याप्त पूँजीगत आधार मिल सकेगा, वहीं दूसरी ओर इन कंपनियों का प्रबंधन और नियंत्रण भारतीय लोगों के हाथ में बना रहेगा, जिनकी हिस्सेदारी 51 प्रतिशत या अधिक होगी।

उल्लेखनीय है कि अगस्त 2014 में लागू की गई 'प्रधानमंत्री जनधन योजना' के तहत बैंकों में खाता खोलनेवालों के लिए एक लाख रुपए की दुर्घटना बीमा सुविधा उपलबध कराई गई है। जल्द ही किसानों के लिए भी उनकी फसल के कीमत और उत्पादन संबंधी जोखिम से उनकी आय को सुरक्षित रखने हेतु बीमा सुविधा शुरू किए जाने की संभावना है।

भारत में बीमा क्षेत्र का भविष्य उज्ज्वल दिख रहा है, क्योंकि जनसंख्या के लिहाज से भारत एक बड़ा बीमा-बाजार है, बीमा उत्पादों के बारे में लोगों में जागरुकता बढ़ रही है, कई कंपनियाँ अपने उत्पादों और कार्य पद्धति को उपभोक्ताओं की विशिष्ट जरूरतों के हिसाब से ढाल रही हैं और इस क्षेत्र को सरकार भी भरपूर समर्थन देना चाह रही है। एक अनुमान के अनुसार, सन् 2020 में भारत में करीब 75 करोड़ लोगों को बीमा की आवश्यकता होगी।

इसके अलवा भारत में बीमा कंपनियों द्वारा एकत्र किया जाने वाला प्रीमियम हमारी सकल राष्ट्रीय आय का 3.2 प्रतिशत ही है, जबकि जापान और ऑस्ट्रेलिया में यह क्रमशः 10 एवं 6 प्रतिशत है। जाहिर है कि विदेशी निवेश की सीमा बढ़ने पर बीमा कंपनियाँ अपना आकार और कारोबार—दोनों बढ़ा सकेंगी।

उल्लेखनीय है कि कुल जीवन बीमा बाजार का 70 प्रतिशत से अधिक कारोबार आज भी सार्वजनिक क्षेत्र के उपक्रम जीवन बीमा निगम के नियंत्रण में है। सन् 2013-14 के वित्तीय वर्ष में एलआईसी ने जहाँ नए प्रीमियम कारोबार में 18 प्रतिशत की वृद्धि दर हासिल की थी, वहीं निजी क्षेत्र की कंपनियों की विकास दर बल्कि 4 प्रतिशत से घटी थी।

अतः अब इस प्रकार विदेशी निवेश की सीमा बढ़ाने से निजी क्षेत्र की कंपनियाँ अपने कार्यक्षेत्र का विकास कर पाएँगी। जीवन बीमा क्षेत्र के विकास से युवाओं के लिए रोजगार बढ़ेगा, आईटी क्षेत्र को बढ़ावा मिलेगा और ईंफ्रास्ट्रक्चर क्षेत्र को भी बढ़ावा मिलेगा। इसके अलावा, अध्यादेश के लागू होने पर पेंशन सेक्टर में भी एफडीआई लिमिट को मौजूदा 26 प्रतिशत से बढ़ा कर 49 प्रतिशत कर दिए जाने के लिए रास्ता साफ हो सकेगा।

सन् 2000 में जब बीमा क्षेत्र को निजी कंपनियों के लिए 'खुला' किया गया, तब

से इस क्षेत्र का लगातार विकास हो रहा है। अभी भी देश में जीवन बीमा व गैर बीमा क्षेत्र में विकास की बड़ी संभावनाएँ हैं। उम्मीद की जा सकती है कि विदेशी निवेश की सीमा बढ़ाने पर अधिकाधिक लोगों को बीमा सुविधा उपलब्ध होगी, कई नए उत्पाद भी बाजार में आएँगे और लोगों को अपनी विशिष्ट जरूरतों के लिए पॉलिसी चुनने के लिए बेहतर विकल्प भी मिलेंगे।

(मुंबई में प्रकाशित दैनिक 'हमारा महानगर' में शुकवार 26-12-2014 को व्यापार पृष्ठ पर प्रकाशित)

□

113

उम्मीदों से भरा है नव वर्ष 2015

सन् 2014 में संपन्न हुए आम चुनावों में केंद्र में नई सरकार का आना और वह भी पिछले 30 वर्षों में पहली बार पूर्ण बहुमतवाली सरकार का बनना, यह सब भले ही अप्रत्याशित न रहा हो पर जिस भरोसे, उम्मीद और आकांक्षाओं के साथ नई सरकार बनी, उस पर खरा उतरने के लिए लगता है कि एक जादुई छड़ी की आवश्यकता पड़े। ऐसा इसलिए कि पिछले कुछ वर्षों से भारतीय अर्थव्यवस्था में विकास दर काफी कमजोर रही है, ब्याज की दर लगातार ऊँचे स्तर पर बनी रही है और औद्योगिक उत्पादन में कोई विशेष प्रगति नहीं हुई है। इसके अलावा, इस वर्ष अप्रैल से नवंबर के दरम्यान भारत का राजकोषीय घाटा अपने बजट अनुमान के 98.9 प्रतिशत के स्तर पर पहुँच चुका है। टैक्स के स्रोत से कलेक्शन उम्मीद से कम हैं, इसलिए सरकार द्वारा राजकोषीय घाटे को बजट में निर्धारित 4.1 प्रतिशत पर नियंत्रित रख पाना खासा चुनौतीपूर्ण कार्य होगा विशेषकर तब, जबकि इस घाटे को सन् 2016 तक करीब 3 प्रतिशत के स्तर पर ले आने का लक्ष्य सामने हो।

यही नहीं, सरकार की राजस्व आय बजट में निर्धारित अनुमानों से कहीं धीमी गति से बढ़ रही है। उल्लेखनीय है कि वित्तीय वर्ष 2014-15 के बजट में 13.6 लाख करोड़ रुपए का राजस्व टैक्स कलेक्शन के माध्यम से आने का अनुमान लगाया गया था, जबकि अप्रैल से नवंबर के दरम्यान 6.58 लाख करोड़ रुपए ही इस स्रोत से जुट पाए हैं। इसके अलावा, बजट 2015 में सार्वजनिक क्षेत्र में विनिवेश के जरिए करीब 43,000 करोड़ रुपए का लक्ष्य रखा गया था, जिसमें से अब तक महज 1,700 करोड़ रुपए विनिवेश के जरिए जुटाए जा सके हैं। ऐसे में राजकोषीय घाटे को बजट के अनुरूप 4.1 प्रतिशत तक सीमित रखने के लिए यदि सार्वजनिक खर्चों में कमी लाई गई, तो उसके परिणामस्वरूप भी भारत की विकास दर आहत होगी।

इसके अलावा, देश के बैंकिंग सिस्टम में खराब ऋणों (एनपीए) का बढ़ता आकार भी चिंता का सबब बना हुआ है, जोकि मार्च 2014 के 4.1 प्रतिशत से बढ़कर सितंबर माह में 4.5 प्रतिशत हो गया है। खराब ऋणों और पुनर्गठित ऋणों का प्रतिशत देखें तो यह भी क्रमश: 10 प्रतिशत से बढ़कर 10.7 प्रतिशत हो गया है। गौरतलब है कि सन् 2015 के बाद बैंकों पर अधिक प्रोव्हिजनिंग का भार भी पड़नेवाला है।

उधर, तेल की कीमतों में कमी के बावजूद हमारा चालू खाता घाटा सकल राष्ट्रीय आय के 2 प्रतिशत से कुछ ऊपर बना हुआ है। आयातों के बढ़ने और निर्यात कम होने से चालू खाता घाटे पर दबाव बढ़ सकता है। गौरतलब है कि सितंबर माह में 28,903 मिलियन डॉलर के निर्यात थे, जो नवंबर माह में 25,960 मिलियन डॉलर रहे पर कहते हैं कि उम्मीद पर दुनिया कायम है और 2015 में भारत की अर्थव्यवस्था में हालात सुधरेंगे, ऐसा माननेवालों की भी कमी नहीं है। सबसे पहले तो हाल ही में जारी आँकड़ों के अनुसार आधारभूत क्षेत्र के आठ उद्योगों की विकास दर नवंबर 2014 में 6.7 प्रतिशत पहुँच गई, जो पिछले पाँच महीनों का अधिकतम स्तर है विशेषकर तब, जबकि पिछले वर्ष नवंबर माह में यह विकास दर 3.2 प्रतिशत रही थी।

दूसरा, चालू खाता घाटा बढ़ा जरूर है, पर यह अभी 3 प्रतिशत के स्तर से कहीं कम ही है। तीसरा, थोक महँगाई की दर नवंबर माह में शून्य प्रतिशत रही, जोकि एक सुखद अनुभव रहा। साथ ही, खुदरा महँगाई दर (सीपीआई) करीब 4.4 प्रतिशत रही, जिससे कि इस बात की संभावना बढ़ गई है कि रिजर्व बैंक अपनी आगामी मौद्रिक समीक्षा में नीतिगत दरों में कुछ कटौती की घोषणा भी कर सकता है।

चौथा, श्रम कानूनों में सुधार, बीमा क्षेत्र में एफडीआई सीमा बढ़ाने और कोयला आवंटन हेतु अध्यादेश जारी करने और लंबे समय से संसद के गलियारों में अटके जीएसटी विधेयक को संविधान संशोधन विधेयक के रूप में संसद में पेश किए जाने से इस बात के संकेत स्पष्ट रूप से मिल रहे हैं कि भारत की सरकार ने विनिर्माण क्षेत्र में विकास की दर बढ़ाने के लिए कमर कस ली है। आलम यह है कि कुछ माह पहले लॉञ्च किए गए 'मेक इन इंडिया' कैंपेन की सफलता को लेकर जो लोग आशंकित थे, उन्हें भी शायद महसूस होगा कि अगर आर्थिक सुधार ने वाकई 2015 में गति पकड़ ली तो आर्थिक विकास दर बढ़ेगी जरूर। इसके अलावा भारत में नेतृत्व और विकास की संभावनाओं को लेकर कई देशों, अंतरराष्ट्रीय वित्तीय संस्थानों व रेटिंग एजेंसियों आदि में सकारात्मक सोच पनपती दिख रही है। उदाहरण के लिए, अंतरराष्ट्रीय मुद्रा कोष ने भारत की विकास दर के पूर्वानुमान को 5.4 प्रतिशत से बढ़ाकर 6.4 प्रतिशत कर दिया है।

उधर, अमेरिकी अर्थव्यवस्था के अच्छे प्रदर्शन के बावजूद वहाँ के फेडरल बैंक ने फिलहाल अगले छह महीनों तक ब्याज दर न बढ़ाए जाने का जो संकेत दिया है। उससे

इमर्जिंग मार्केट्स ने राहत की साँस ली है। कुल मिलाकर कर सन् 2015 में रोजगार के अवसर बढ़ने और कई उद्योगों की विकास दर बढ़ने के अच्छे आसार नजर आ रहे हैं। हालाँकि अच्छे मानसून, दमदार बजट और तेल की कीमतों में कमी जैसे तत्त्व मौजूद रहे तो भारत की विकास दर को और भी बल मिलेगा।

(मुंबई से प्रकाशित दैनिक 'हमारा महानगर' में शुक्रवार 2-1-2015 के व्यापार पृष्ठ से प्रकाशित)

□□□